NÉCESSITÉ

DE LA

COLONISATION DE L'ALGÉRIE

ET DU RETOUR

AUX PRINCIPES DU CHRISTIANISME

PAR M. BAILLET

ANCIEN AVOUÉ A ROUEN, MEMBRE DE LA SOCIÉTÉ ORIENTALE DE FRANCE.

> « Aidez-moi tous à asseoir sur cette terre
> « bouleversée par tant de révolutions un
> « gouvernement stable, qui ait pour base la
> « religion, la justice, la probité et l'amour
> « des classes souffrantes !... »
> *(Paroles de l'Empereur* LOUIS-NAPOLÉON.)

EN VENTE :

CHEZ LES LIBRAIRES DE ROUEN ET DU DÉPARTEMENT.

A PARIS,	A ALGER,
CHEZ CH. DOUNIOL, LIBRAIRE,	CHEZ BASTIDE, LIBRAIRE,
Rue de Tournon, n° 29.	Rue Bab-Azoun.

1857.

NÉCESSITÉ

DE LA

COLONISATION DE L'ALGÉRIE

ET DU RETOUR

AUX PRINCIPES DU CHRISTIANISME.

—✦—

PREMIER VOLUME.

ROUEN. — IMP. DE H. RIVOIRE ET Cⁱᵉ, RUE ST-ÉTIENNE-DES-TONNELIERS, 1.

NÉCESSITÉ

DE LA

COLONISATION DE L'ALGÉRIE

ET DU RETOUR

AUX PRINCIPES DU CHRISTIANISME

PAR M. BAILLET

ANCIEN AVOUÉ A ROUEN, MEMBRE DE LA SOCIÉTÉ ORIENTALE DE FRANCE.

« Aidez-moi tous à asseoir sur cette terre
« bouleversée par tant de révolutions un
« gouvernement stable, qui ait pour base la
« religion, la justice, la probité et l'amour
« des classes souffrantes !... »
(*Paroles de l'Empereur* LOUIS-NAPOLÉON.)

EN VENTE :

CHEZ LES LIBRAIRES DE ROUEN ET DU DÉPARTEMENT.

A PARIS,
CHEZ CH. DOUNIOL, LIBRAIRE,
Rue de Tournon, n° 29.

A ALGER,
CHEZ BASTIDE, LIBRAIRE,
Rue Bab-Azoun.

1857.

PRÉFACE.

> Mon Dieu, ne permettez pas qu'on puisse dire de nous plus longtemps :
> « *Oculos habent, et non videbunt;*
> « *Aures habent, et non audient.* »
> (*Psaumes de David.*)

Depuis 1847, j'ai parlé à plusieurs reprises de la colonisation de l'Algérie comme d'une nécessité absolue pour la France. Comme moyen d'arriver au but, j'ai indiqué en 1847, 1848 et 1849 la création de grandes exploitations agricoles départementales pouvant réunir, à l'aide de sociétés formées *ad hoc*, un certain nombre de familles d'un même pays, etc., etc.

En 1850 et sur l'excitation du bien regrettable M. Bergasse, ancien procureur général à Montpellier, et par suite d'une visite faite à l'orphelinat fondé à El-Biar (près Alger) par le R. P. Brumault, j'ai publié une petite brochure pour réclamer en faveur de la colonisation l'emploi des jeunes détenus et des enfants trouvés des deux sexes.

En 1851, dans une autre publication, j'ai réclamé la

formation de villages départementaux et spécialement la réalisation de cette pensée dans le département de la Seine-Inférieure, à l'aide d'une combinaison dont le résultat eût été d'établir cinquante familles au village d'Aïn-Benian, sur la route de Milianah, etc.

Cette idée fut accueillie avec bienveillance par M. le ministre de la guerre, par M. le général Daumas et M. le gouverneur général de l'Algérie; je fus même assez heureux pour réunir un certain nombre d'adhésions à Rouen et dans l'arrondissement d'Yvetot; cependant le projet avorta, parce qu'en 1854 les embarras politiques qu'on éprouvait alors arrêtèrent les personnes dont je désirais principalement le concours et l'intervention publique et officielle; puis je fus empêché moi-même de continuer activement mes démarches en faveur de l'œuvre, car à la même époque je vins à perdre ma bonne et sainte fille aînée.

Depuis et jusqu'au commencement de 1856, j'ai fait diverses autres publications dans le même but et pour obtenir des améliorations ou modifications dans le régime algérien; j'ai fatigué bien des personnes de conditions diverses de mes obsessions pour obtenir qu'on daignât lire et examiner mes idées!... j'ai fait des démarches qui m'ont valu par instants d'être considéré comme un maniaque ou un mendiant!... Cependant mes efforts n'ont absolument rien produit. Si, par compensation aux frais d'impression et d'envoi de ma prose, j'ai reçu de temps à autres des lettres de sympathique bienveillance et d'encouragement, je n'ai obtenu le plus souvent qu'un silence peu flatteur; je n'ai à peu près bien réussi qu'à m'attirer le mauvais vouloir de gens qui ont eu le tort de s'appliquer le résultat d'observations consignées dans des rapports *particuliers* faits depuis 1846 à 1854, contenant tous des pensées sur l'Algérie!...

Je ne saurais donc tirer vanité du résultat *tout à fait négatif* de mes tentatives ; convaincu de leur impuissance, j'étais déterminé à ne les pas continuer, lorsque j'eus l'occasion de lire l'an dernier un délicieux et excellent livre intitulé : *Etudes rurales ou Défense des Intérêts matériels, moraux et religieux des Campagnes*, par l'abbé Methivier, curé doyen d'Olivet.

Ce livre contient à la fin le rappel de la phrase suivante :

« Aidez-moi tous à asseoir sur cette terre boule-
« versée par tant de révolutions un gouvernement
« stable, qui ait pour base la religion... la justice... la
« probité et l'amour des classes souffrantes!... » (*Paroles de l'Empereur* Louis-Napoléon.)

Après avoir lu et relu avec soin les divers chapitres de l'œuvre de M. l'abbé Methivier (œuvre d'une raison saisissante, de profonde observation, de vraie charité chrétienne), et en présence aussi de l'appel que je viens de reproduire (mais que j'ignorais), j'ai senti mon culte algérien se réchauffer, d'autant mieux qu'ayant manifesté mon découragement et mes craintes sur l'inanité de mes efforts, le spirituel auteur des *Etudes rurales* avait bien voulu me répondre :

« Quoi qu'il arrive de nos efforts, nous ne devons
« point nous lasser, car nous travaillons pour notre
« pays ; c'est déjà une douce récompense de pouvoir

« dire : Je pouvais rester muet et j'ai parlé ; je pouvais
« laisser passer l'erreur et je l'ai saisie au collet ; je
« pouvais jouir du repos et j'ai préféré les fatigues de la
« lutte, etc. Une vie d'homme usée à faire marcher vos
« idées ne saurait être plus utilement consacrée au bien
« public. »

Je songeai alors à rassembler dans un même travail mes rêveries sur la colonisation et à les présenter comme étant, *après le retour franc et sincère aux pratiques de la religion,* l'unique moyen de rassurer le présent, de préparer la sécurité de l'avenir et de répondre pour ma part au programme posé dans l'appel fait par le chef actuel de l'Etat.

Je soumis cette idée à l'un des premiers fondateurs de la société de Saint-Vincent-de-Paul à Rouen et au vénérable prêtre qui, en 1851 et après la mort de ma fille, m'avait heureusement fait comprendre le bonheur du retour sincère aux idées et pratiques religieuses ; tous deux m'encouragèrent à me remettre à l'œuvre et à traiter la question sous ce nouveau point de vue.

C'est par suite de ces excitations que je reviens sur un sujet dont, l'an dernier, je croyais ne devoir plus m'occuper. J'avais espéré d'abord qu'un seul volume suffirait, je désirais qu'il en fût ainsi pour ne pas m'exposer à une trop forte dépense, car jusqu'à ce jour et à l'occasion de mes publications algériennes, je n'ai reçu *que les quittances de mon imprimeur* et rien de plus *ou à peu près !*... A procéder par un seul volume, j'en espérais un autre avantage, celui de moins fatiguer mes lecteurs, si j'en obtiens, et surtout MM. de l'administration supérieure et du sénat, etc., etc., qui désirent une grande concision dans les idées, parce que les affaires publiques ne leur laissent pas de loisirs suffisants pour examiner une œuvre trop longue; cependant j'ai réfléchi que, si désirable que soit la concision, je ne saurais remplir le but que je me propose si je n'entrais pas dans des détails suffisants pour faire naître et forcer, pour ainsi dire, les convictions sur certaines propositions très-diversement appréciées.

Malgré l'inconvénient d'un surcroît de dépense, je me décide à diviser ma nouvelle publication en deux petits volumes, contenant chacun trois parties distinctes, subdivisées en sections, paragraphes, réflexions et conseils.

Dans le premier volume et la première partie, j'indiquerai les causes générales d'inquiétude qu'on pourrait concevoir pour l'avenir, si le retour aux pratiques religieuses et la colonisation de l'Algérie ne devaient nous venir en aide. J'esquisserai rapidement ce qui concerne l'établissement de nos ancêtres sur le vieux sol gaulois, l'institution de la royauté, de la puissance féodale, de la magistrature, de la bourgeoisie et les causes générales qui, avec le relâchement des devoirs religieux, nous ont conduits aux bouleversements traversés depuis 1789 et dont il s'agit de sortir maintenant d'une manière durable; j'examinerai rapidement les conséquences du développement industriel, du déplacement des populations rurales, des idées de libre-échange, des aspirations générales à plus de bien-être matériel, etc., etc.

Dans la seconde partie, je parlerai de la nécessité indispensable de raviver le respect pour les fonctions et les fonctionnaires, des moyens à prendre pour y parvenir, de la pénalité à établir pour prévenir autant que possible les malversations des agents de l'autorité, et de la nécessité pour parvenir à la colonisation de l'Algérie, de modifier les institutions qui régissent maintenant ce pays, en s'inspirant des pensées émises en 1850 et 1851 par M. le général d'Hautpoul, ancien ministre de la guerre, ancien gouverneur général de l'Algérie, et maintenant grand référendaire du sénat, etc., etc.

Dans la troisième partie, je consignerai les faits qui me paraissent de nature à justifier *l'impérieux besoin* des modifications dont s'agit pour hâter et faciliter la colonisation, en donnant à ceux qui voudront ou pourront s'en occuper des institutions qui les mettent à l'abri des tracas, des ennuis et des déceptions qu'ont eus à subir jusqu'à ce jour bon nombre de ceux qui ont songé à la colonisation.

Je relèverai des faits graves et regrettables qui ne sont dus qu'à l'impossibilité matérielle où se trouvent (malgré la loyauté et la pureté de leurs intentions) les grands pouvoirs actuels qui ont à régir l'Algérie sous la direction unique de M. le ministre la guerre, faits dont la surveillance serait bien plus facile, si le fardeau algérien était divisé entre les divers ministères de la France [1].

---

[1] Ces faits constituent de la *véritable histoire algérienne et de la plus triste ;* ils relèvent des misères locales de diverses espèces... des actes contraires aux intérêts du trésor public... la déraison stupide des contrats arabes, les mensonges qu'ils contiennent, le danger d'y avoir une foi trop vive, les conséquences dangereuses de cette foi pour les intérêts de l'Etat lui-même, lorsqu'il s'agit surtout

— XI —

La révélation de ces faits et les réflexions qui les accompagneront auront pour but de justifier le besoin de s'occuper *sans retard* des institutions algériennes. C'est une œuvre pour laquelle le sénat peut merveilleusement seconder les intentions du chef de l'Etat en examinant le mal scrupuleusement et froidement, et en provoquant à cet égard son attention pour préparer, d'accord avec lui, des modifications qui auront pour résultat inévitable d'activer l'œuvre de la colonisation *et l'immigration* française, condition indispensable à la sûreté de notre établissement *africain*.

Je sollicite de toutes mes forces l'attention de MM. les sénateurs sur la troisième partie de mon travail *et la formation parmi eux d'une commission* composée,

de levées de séquestre, et la nécessité de prendre des précautions à cet égard.

A part deux passages de cette troisième partie (de la page 85 à 89 et de la page 153 à 178, qui contiennent des copies d'actes arabes et dont la lecture pourrait paraître fastidieuse à certaines personnes à raison de l'*inintelligible* de plusieurs de ces actes), le surplus se compose de faits divers, de réflexions, de déductions et d'observations me paraissant mériter (ainsi que la partie *réputée ennuyeuse*) l'attention des hommes *sérieux et observateurs*, surtout des dignitaires de l'Etat chargés de coopérer à son administration, de l'aider ou de l'éclairer. Car à mes yeux, et dans ce que je dirai dans les dernières sections de la troisième partie, il y va presque de l'honneur de la France, de *protéger les Arabes contre eux-mêmes et contre les prétendus officieux* qui veulent les aider !... Aussi, j'insiste pour qu'on daigne tout lire, et jusqu'à la fin. En juin et octobre 1850, M. le comte ***, un des hommes politiques des plus estimés et des plus considérables de France avant 1848 et depuis, et de ceux qui jusqu'à la fin de 1851 se sont le plus occupés de l'Algérie, m'écrivait, à l'occasion de l'indication de faits de cette non-seulement d'anciens généraux, mais aussi de magistrats et de fonctionnaires civils connaissant bien l'Algérie, afin qu'un rapport leur soit fait à cet égard et qu'ils puissent y trouver la raison d'en référer à l'Empereur, afin d'améliorer et modifier ce qui existe, s'ils partagent l'impression que les faits en question me semblent devoir produire.

L'indication de ces faits, s'ils ne devaient servir au but que j'indique et si ces faits n'étaient pas *scrupuleusement exacts*, constituerait une action *blâmable... punissable même*, dont assurément je m'abstiendrais s'ils ne devaient pas servir d'arme principale au succès des idées que je défends au profit de l'avenir de l'Algérie.

Dans le second volume et sa première partie, je par-

nature et de l'envoi de rapports imprimés à cette époque pour m'en remercier et me dire « qu'il partageait mon opinion sur l'avenir de
« l'Algérie, qu'avec du temps, de la persistance et de la fixité dans
« les idées, avec le choix de bons magistrats, moins de mobilité
« dans les hommes et dans les systèmes, etc., etc., on arriverait à
« en tirer parti, etc., etc.
« Je ne puis connaître (disait-il) l'Algérie que par les livres et les
« conversations de ceux qui l'ont vue et étudiée ; c'est mon devoir
« de recourir à toutes les sources pour m'éclairer le plus pos-
« sible, etc., etc. Je vous suis obligé de me tenir au courant sur
« une foule de choses que je ne sais pas et que j'ai besoin de con-
« naître, etc., etc. »

Fasse Dieu que cet exemple soit suivi et qu'on veuille bien donner à toute cette troisième partie l'attention qu'elle me semble mériter.

Si j'étais un personnage revêtu d'autorité, on pourrait supposer que *je veux imposer* mes projets ; mais, comme heureusement je ne suis rien, qu'un homme de bonne volonté et de conviction, on peut examiner mes idées... les passer au crible, pour ainsi dire... afin de ne les admettre que sur la preuve acquise de leur utilité.

lerai de l'inamovibilité à conférer à la magistrature judiciaire algérienne et des auxiliaires de la justice.

Dans la *deuxième partie,* je m'occuperai de l'emploi des enfants d'hospices et des jeunes détenus comme auxiliaires indispensables à la colonisation, je répondrai aux idées émises devant le sénat sur cette grande et grave question, dont voulait bien se préoccuper l'infortuné archevêque de Paris (Mgr Sibour), qui avait daigné accueillir avec bonté des observations que je lui avais adressées ; ensuite j'arriverai à la création de villages départementaux et je répondrai à ce que j'ai appris des craintes qui auraient été manifestées devant la commission du sénat *sur l'impossibilité de réunir les éléments propres à assurer le succès de pareils établissements,* tandis qu'à mes yeux c'est dans la formation de ces villages que se trouve le plus solide levier de prospérité et d'accroissement de la colonisation sur des bases sûres et durables.

Enfin, dans la *troisième partie,* formant le complément et le couronnement de mon nouveau travail, je terminerai par la nécessité du retour aux idées et pratiques religieuses comme grand moyen de favoriser la colonisation et comme moyen unique de prévenir, avec la colonisation, les dangers que l'avenir pourrait réserver à nos descendants.

Le culte *sincère* et *public* des idées et des pratiques religieuses du christianisme est, par rapport aux commandements dictés par Dieu, sur le mont Sinaï, à Moïse, ce que, dans notre société française, le code de procédure se trouve être à notre code civil.

Il ne suffit pas à un peuple d'avoir des lois et des

droits, il lui faut, pour profiter de ces lois, invoquer et faire valoir ses droits, recourir à *certaines formalités* dont l'emploi est nécessaire pour conserver les bénéfices et du droit et de la loi, sans quoi et si le moyen n'est pas uniforme, s'il n'est pas suivi partout et par tous [1], on arrive à des interprétations différentes ou à des doutes fâcheux sur la valeur obligatoire de la loi et le mérite du droit et par suite à des désordres !... Eh bien ! le culte public et la pratique des idées religieuses, mais la pratique franche et sincère de ces idées (car les masques sont et seront toujours méprisés et méprisables !), sont et forment la procédure *unique et invariable* à l'aide de laquelle on s'assure le moyen efficace de satisfaire aux lois (le code civil des nations) dérivant des commandements dictés à Moïse *par le Maître des maîtres* de la terre, et de s'assurer par suite les avantages des droits qui en résultent et que le divin fondateur et ordonnateur du christianisme nous a obtenus, assurés et garantis.

C'est en nous éloignant tous plus ou moins des règles de cette procédure, en nous constituant séparément et à notre guise une petite législation spéciale, nous dispensant, les uns sous un prétexte, d'autres sous un autre, de rendre par nos *actes publics* les hommages dus par les vassaux à leur suzerain et suivant les formes qu'il a tracées, que nous sommes arrivés à la situation dans la-

---

[1] Qu'on veuille bien ne pas s'effrayer de cette proposition, qui pourrait paraître trop absolue à certains esprits. Je connais des dissidents que je respecte, que j'estime et que j'aime de tout mon cœur, et qui pourraient bien avoir leur bonne foi pour excuse (voir troisième volume, page 308, *Philosophie du Christianisme,* par M. Nicolas); mais je dois, sans vouloir être blessant pour personne, exprimer la vérité comme je la comprends.

quelle nous nous trouvons et dont nous ne pourrons sortir qu'en revenant sincèrement *à cette même procédure* trop négligée et en nous occupant de la colonisation qui, nous mettant à même de faire de la grande et de la vraie charité, permettra au chef de l'Etat d'établir la base de son gouvernement, conformément au vœu contenu dans son programme, si heureusement reproduit par M. le doyen d'Olivet.

C'est par le retour de tous au culte religieux et public que les idées envieuses et haineuses qui existent en bas se calmeront... qu'on y supportera avec plus de courage et de résignation l'obligation du travail manuel et de tous les jours, sauf ceux réservés pour Dieu!... C'est par ce procédé, qu'en haut et au milieu de l'échelle sociale, on arrivera mieux à sentir les dangers réels de l'ambition, du luxe effréné, du désir de fortunes trop faciles et trop rapides et de l'absence de bienveillance ou de charité pour ceux qui sont placés dans des conditions plus pénibles et plus modestes.

Reprenant la question algérienne à ce point de vue, un seul volume ne m'eût pas permis de m'expliquer convenablement et comme je le comprends, et je me suis décidé à en publier deux, sauf à retarder le second de deux à trois mois, pour, avant de le livrer à l'impression, m'éclairer moi-même à cet égard, afin de ne pas nuire à la cause que j'ai à cœur de servir.

Je réclame donc indulgence et pardon à ceux qui consentiront lire et examiner ma nouvelle production, et qui, à la lecture, pourraient par instants éprouver de l'ennui par les longueurs (regrettables, mais nécessaires) des faits singuliers que j'aurai à relever pour justifier mes efforts et la nécessité de modifier les institutions africaines.

Avant de terminer cette préface, déjà longue, je crois devoir rappeler que je disais à la fin de celle de ma première brochure de 1847 :

« La colonisation de l'Algérie n'est pas une affaire de « parti, elle réclame le concours de tous, abstraction « faite de leurs idées politiques. »

Maintenant l'ordre est rétabli en France, le fait est vrai; mais des hommes honorables, d'opinions et de conditions diverses, fidèles au culte des souvenirs, se tiennent encore à l'écart de tout ce qui concerne la chose publique, et poussent le scrupule jusqu'à ne pas même vouloir appuyer de leur influence morale, les mesures qu'ils jugent eux-mêmes utiles, laissant au gouvernement le soin de nous tirer tous d'embarras par la puissance des moyens qu'il a à sa disposition.

Cette abstention, toute respectable qu'elle puisse paraître, a cependant ses inconvénients, et il serait préférable, peut-être, *dans l'intérêt du salut commun*, que chacun, sans renier son passé dès qu'il est honorable, refoulant au fond de son cœur ses anciennes affections et ses regrets (quoiqu'en restant même en dehors de la vie politique), aidât de tous ses efforts le chef de l'Etat à réaliser la base du gouvernement, comme il l'a indiquée, en l'appuyant sur la religion, la probité, la justice et l'amour des classes souffrantes... *mais dans la véritable et complète acception des mots.*

Rouen, 22 avril 1857.

Signé BAILLET.

PREMIÈRE PARTIE.

PREMIÈRE PROPOSITION.

La colonisation de l'Algérie est pour nous une nécessité sociale, politique et pressante ; elle est, avec le retour sincère aux idées religieuses et à leur mise en pratique, le plus sûr moyen d'assurer la tranquillité de nos descendants.

. . . .

En voyant la France telle qu'elle est constituée de nos jours, avec sa brillante et immense capitale, ses grandes villes, ses bourgs, ses nombreuses communes rurales, ses ports, ses canaux, ses grandes routes, ses chemins de fer qui la parcourront bientôt dans toute sa superficie, ses riches cultures, son commerce et son industrie ; en présence du luxe effréné, dont l'exemple descend de Paris aux grandes villes, et de là à celles moins considérables, puis aux campagnes ; en présence de ces idées générales d'un bien-être ignoré jusqu'à nos jours, de liberté et de progrès ; en présence d'une telle apparence de richesse, avec un gouvernement qui, en moins de cinq minutes, transmet et fait parvenir ses ordres sur les points les plus éloignés du territoire à ses préfets, à ses généraux et à tous ses agents; en voyant toutes ces merveilles, bien des gens sont portés à considérer comme ridicule ou comme émanant d'un cerveau malade cette proposition *que la colonisation de l'Algérie* est pour nous une nécessité absolue.

Pour la plupart de ceux qui, depuis cinquante ans, ont reçu de leurs familles ou conquis dans les fonctions publiques ou par le travail, une fortune plus ou moins considérable, suffisante à leurs besoins ou à leurs goûts, il leur semble que tout est pour le mieux dans le meilleur des mondes, et que c'est une véritable aberration d'esprit de tant se préoccuper de l'avenir, et de présenter ainsi la colonisation (avec le retour aux idées religieuses) comme remède unique à un mal qu'ils traitent d'imaginaire et de chimérique.

Malgré la pitié ou le dédain des uns contre les idées de cette colonisation, ou, suivant d'autres, contre son opportunité, et au risque de troubler leur douce quiétude, je vais essayer, autant qu'il est en mon pouvoir et malgré les difficultés de la tâche, de justifier les motifs généraux qui m'empêchent de partager leur tranquillité.

PREMIÈRE SECTION.

Avant d'avoir un gouvernement en apparence si fort et si bien obéi, une agriculture si florissante, un commerce aussi considérable, une industrie si développée, nos ancêtres, sous les noms de Gaulois, de Francs, de Saxons, de Normands, avaient obéi successivement à des chefs qu'ils suivirent dans leurs invasions sur *notre sol actuel*, pour en chasser les Romains, qui alors en étaient les possesseurs.

Dans le quatrième siècle, ces divers chefs militaires placèrent ou acceptèrent au-dessus d'eux un des leurs, qu'ils appelèrent roi, pour concentrer dans ses mains les moyens de résistance commune, soit contre les défenseurs de la domination romaine, soit contre les invasions nouvelles de peuples qui voudraient les déplacer; mais chacun de ces chefs conserva pour lui une portion plus ou moins grande du territoire conquis, avec une autorité à peu près absolue.

Ces invasions successives de peuples éloignés avaient pour cause l'espérance *de plus de bien-être;* mais ces nouveaux conquérants s'entre-déchirèrent longtemps entre eux, les uns pour conserver, et les autres pour acquérir des territoires nouveaux.

Du quatrième au neuvième siècle, et par suite des luttes continuelles occasionnées par le morcellement du pays, l'état de guerre fut à peu près permanent, tantôt sur un point, tantôt sur un autre.

Il en était de même en 987, lorsque Hugues Capet (imitant ce que Pepin le Bref avait fait en 752 pour les rois de la première race) se substitua (ou eut fait valider par plusieurs grands vassaux sa substitution) aux représentants de Charlemagne; mais mieux avisé, ou plus habile que ses prédécesseurs, ou plus favorisé par les circonstances, Hugues Capet s'occupa d'augmenter sa puissance personnelle, en amoindrissant les grands tenanciers de sa couronne, qui eux-mêmes avaient d'autres *sous-tenanciers* dans leurs apanages. Dans le quatorzième siècle, Louis XI surtout contribua à augmenter singulièrement la puissance royale et à diminuer celle des princes, ducs, comtes, barons et seigneurs de son temps. Déjà les croisades, d'une part, et les dépenses occasionnées aux hauts barons pour soutenir les rois dans les guerres contre les rois voisins, en avaient affaibli plusieurs, qui avaient dû vendre ou fieffer des portions plus ou moins considérables de leurs biens à des habitants de ville, déjà enrichis par le négoce; et les luttes incessantes continuées depuis par les seigneurs entre eux en avaient gêné un bon nombre, ce qui les porta à se rapprocher davantage des rois de France (dont l'autorité et la puissance allaient toujours grandissant) pour en obtenir des dignités, des charges, etc.; aussi vinrent-ils successivement à avoir des palais ou des hôtels à Paris, que le chef de la troisième dynastie de nos rois avait pris pour siége du gouvernement, et petit à petit, sous ses successeurs, cette ville prit des accroissements qui préparèrent son importance actuelle. Le commerce s'y développa, et les négociants et marchands, divisés en corporations, y devinrent une quasi puissance qui, au treizième siècle, produisit les premiers éléments du tiers état.

Sous Louis XIV, qui avait fini par tout absorber et à être le seul dispensateur des hautes dignités, des grandes fonctions et de tous les honneurs, sa cour, devenue très-brillante, devint le centre obligé, où tout ce qui restait de haute et antique noblesse tint à suprême faveur d'être admis.

Il en fut de même sous le règne licencieux de Louis XV. A cette époque, le commerce, le négoce, les emplois de finance, les fournitures aux armées avaient déjà enrichi un bon nombre de bourgeois de Paris et des autres grandes villes, tandis qu'une partie de la noblesse (au lieu d'habiter le manoir de ses pères, pour y avoir une existence plus calme et moins ruineuse) entamait ou épuisait son patrimoine pour briller dans les fêtes, faire assaut de luxe et s'étourdir dans les plaisirs de toute espèce. Les bourgeois enrichis devenaient les banquiers de cette même noblesse qui, tout en les tenant à distance, à raison de la différence de leur origine, ne s'estimait pas moins heureuse d'en obtenir les moyens de faire face aux dépenses qu'elle s'imposait, et de lui céder de temps à autre pour se libérer des portions plus ou moins considérables de ses anciens domaines.

Forte de ses écus, la bourgeoisie commença à fronder les priviléges de la noblesse et à regretter de ne pouvoir partager des prérogatives dont la légitimité lui parut contestable. Les fêtes données par la cour ou par les grands devinrent aussi une cause de convoitise pour des gens qui, malgré leur fortune, ne pouvaient s'y faire admettre et en partager les plaisirs, parce qu'ils n'étaient que des roturiers, malgré les services réels qu'ils rendaient à l'Etat par le commerce ou l'industrie dont ils s'occupaient.

A cette époque de plaisirs, de fêtes et de mœurs galantes, ceux qui s'y livraient avec le plus d'ardeur commencèrent à s'éloigner des idées et des pratiques religieuses prescrites par le christianisme; on les trouva gênantes, on les tourna en ridicule, et l'usage n'en parut bon que pour maintenir le petit peuple des villes et des campagnes dans le devoir et le respect. On accueillit avec bonheur tous les écrits qui voulaient détruire (sous le masque de haute philosophie ou de rationalisme) le culte catholique, en stigmatisant ses prescriptions et ses règles. Une portion de la noblesse et de la haute bourgeoisie s'inoculèrent ces idées pour jouer ainsi à *l'esprit fort*. Le mal gagna; de Paris, il descendit aux grandes villes, puis à celles moins considérables, tant et si bien que, lorsque plus tard on voulut refondre les nombreuses coutumes qui régissaient les diverses portions du pays et donner à tout le territoire des lois uniformes, faire disparaître les priviléges exorbitants des uns, pour créer à tous une égalité de droits et de devoirs (comme enfants d'une même patrie) et remédier à des abus, on fit (sans que les gens vraiment honnêtes et bien intentionnés, qui désiraient ces changements, l'eussent prévu) éclater une révolution qui conduisit à l'échafaud le bon et vertueux Louis XVI, plusieurs des siens, une notable partie du clergé français et des familles vraiment nobles qui n'eurent pas le temps de se sauver pour échapper à la fureur des bourreaux.

Ce qui restait de châteaux et de domaines aux représentants des ducs, comtes, barons et seigneurs du moyen âge fut confisqué avec ceux du clergé, des églises et des abbayes devenues peut-être trop nombreuses, et pour une portion trop riches.

Royauté, noblesse, religion chrétienne (au moins religion avec culte public et apparent), tout disparut à la fois.

Jusqu'à cette sanglante et terrible époque de 1793 (d'horrible mémoire), la population des campagnes, qui ne recevait ni journaux ni brochures (car l'immense majorité de ceux qui la composaient ne savaient ni lire et écrire), qui avait peu de rapports avec les grandes villes (car les moyens de communication d'un point à l'autre n'étaient ni aussi nombreux et rapides qu'ils le sont maintenant); cette population, dis-je, restée *religieuse* et *morale*, *ignorait* les besoins de luxe dans ses vêtements ou son ameublement et de confortable dans son existence de chaque jour. L'utilité de nombreux cabarets, le bonheur des clubs, les avantages de voter *tous* et souvent sans aucune distinction entre l'homme aisé et celui ne possédant rien, l'homme estimé et estimable ou l'homme taré, ces divers besoins étaient inconnus, etc.; rentiers, marchands, cultivateurs, artisans de toutes les professions, ouvriers de tous les états, chacun avait des goûts simples et des habitudes modestes; la vie de famille, la foi religieuse, la pratique fidèle et publique des exercices de cette foi sauvegardait les mœurs.

Dans les temps difficiles pour certains ouvriers, soit à cause de la cherté des vivres ou la surcharge de petites familles, les malheureux (car, bien que la population fût moindre de plus d'un tiers de celle actuelle, il y avait aussi des malheureux) trouvaient des secours, soit au château (dont les possesseurs en général étaient bons et charitables, malgré leur existence à part), soit à la cure, dont le revenu dans certaines paroisses était alors si considérable que l'aumône y était un devoir autant qu'un acte de vertu chrétienne. Ces secours de la charité distribués par les curés de villages, donnaient plus de force et de crédit à leurs paroles, lorsqu'ils avaient à réprimer et combattre chez certains de leurs paroissiens les pensées d'envie contre ceux dont la position leur paraissait relativement plus heureuse; mais ces cas étaient rares dans des localités où la simplicité de tous prévenait des comparaisons pénibles.

La révolution ayant fermé les églises, proscrit le culte catholique et ses ministres, le frein religieux ne pouvant plus faire obstacle à l'invasion des idées nouvelles, elles pénétrèrent aisément dans les campagnes à l'aide des réunions et fêtes dites patriotiques pour la liberté, pour la déesse Raison, etc., etc., et de tout le propagandisme que les révolutionnaires antireligieux de Paris et des grandes villes avaient à leur disposition. On joua à l'égalité, à la fraternité et à l'incrédulité ; il se trouva même des *penseurs égalitaires* qui mirent en avant l'idée d'un *partage universel* comme moyen de créer entre tous *une égalité* plus *parfaite encore*. Mais au milieu des luttes auxquelles se livraient chaque jour, soit à la tribune, soit dans leurs journaux, les meneurs des factions qui composaient le gouvernement, ces *velléités de partage général* n'eurent pas de suite, et la vente de tous les biens *confisqués* vint y faire diversion, en donnant à un bon nombre des *citoyens de la république* les moyens d'avoir à bon compte et à peu près pour rien le titre de propriétaire foncier que beaucoup d'entre eux n'avaient jamais eu.

Lorsque plus tard, Napoléon Ier (suscité par Dieu pour rétablir enfin l'ordre dans le pays) rappela le clergé et fit ouvrir les églises, le sentiment religieux, vif et profond chez les anciens et dans les localités où l'esprit révolutionnaire avait moins bien pénétré, s'était déjà attiédi singulièrement chez un grand nombre, même dans les populations rurales, jadis si pieuses et exactes dans leurs devoirs. La sainteté et l'utilité des pratiques du culte étaient révoqués en doute ; elles étaient même tournées en ridicule par une partie des *nouveaux esprits forts*, qui, à la faveur de la révolution, étaient devenus, à si bon marché, propriétaires ruraux. On entretint des craintes contre l'influence que le clergé voudrait reconquérir, contre le retour aux dîmes ; aussi on se tint fort en garde contre la religion et ses ministres, contre les vérités et les dogmes qu'ils venaient rappeler aux anciens ou enseigner aux jeunes, dans les com-

munes où il fût possible de placer des prêtres. . . . . . . !
mais bien des communes en furent longtemps privées, car les
ministres du catholicisme avaient été singulièrement diminués en nombre par les échafauds, les noyades et l'exil.

Pendant ce temps, les idées antireligieuses gagnaient du terrain ; mais, par contre aussi, les cabarets devenaient plus nombreux, et les enfants naturels aussi, car l'industrie, en créant ses premiers grands établissements, ses fabriques, ses filatures, en offrant des salaires plus élevés, avait commencé à attirer à elle et près d'elle une portion des ouvriers des deux sexes pour les occuper dans ses manufactures, ce qui aidait fort au relâchement des mœurs et à l'augmentation de la population des hospices.

Sous la Restauration et à la faveur de la paix, l'industrie augmenta encore et provoqua ainsi un grand déplacement des ouvriers de la campagne. On songea, à la vérité, à raviver les idées religieuses, mais les doctrines de l'indifférence ou du mépris contre les dogmes chrétiens (et surtout leur pratique), circonscrites d'abord dans les grandes villes, avaient pénétré dans les campagnes et comptaient bien des adeptes chez ceux qui, enfants en 1793, étaient depuis devenus des hommes, et elles eurent pour défenseurs la plupart de ceux qui, enrichis depuis quinze à vingt ans par le commerce ou l'industrie, ou l'achat des biens nationaux, s'effrayaient de l'importance que le clergé voudrait prendre à la faveur du gouvernement nouveau, du concours qu'il ne manquerait pas de donner à la noblesse pour le rétablissement de ses anciens droits et priviléges, etc., etc. Dans les villes et les campagnes, on conçut des craintes sur ce que la Restauration plaçait un grand nombre de membres de l'ancienne noblesse dans les fonctions publiques, sans voir que ce moyen, avec le milliard de l'indemnité, avait pour but de lui faire oublier sa splendeur passée et la perte de ses biens!
On craignit de rencontrer ainsi des prétendants trop exclusifs aux honneurs et aux dignités, au préjudice des capacités

nouvelles, s'appuyant sur la richesse acquise... et non plus sur l'antiquité plus ou moins respectable d'un nom!

D'un autre côté, les électeurs à 300 fr. de cens jalousèrent les électeurs à 1,000 fr., tandis que ceux qui ne participaient point à l'honneur de l'électorat en envièrent le droit à ceux que la fortune avait plus favorisés. La rivalité et l'envie gagnaient aussi du terrain parmi ceux même qui avaient une aisance plus ou moins grande.

On arriva ainsi à 1830; le gouvernement nouveau (qui permettait d'échapper à une nouvelle République, une, indivisible, et impérissable comme la première) voulut s'appuyer davantage sur la petite propriété et le petit commerce : il réduisit le cens électoral à 200 fr... pour la nomination des députés... on eut même l'adjonction de certaines capacités, et des électeurs ne payant pas 200 fr, pour d'autres élections, afin d'étendre ainsi à un plus grand nombre les habitudes et les avantages de la vie politique.

A la faveur de la liberté de la presse, les ennemis de la religion et de ses pratiques (qui, sous le premier Empire et la Restauration, avaient eu leurs coudées moins franches), revinrent à la charge pour les blâmer et les ridiculiser, puis, en même temps, on trouva qu'il était déraisonnable de ne pas appeler aux élections tous les citoyens et d'exiger un cens quelconque... On représenta les votants comme privilégiés... on sema l'envie.... et plus tard la haine!...

Depuis 1793, bien des gens avaient appris à lire et à écrire... Le nombre des journaux s'était singulièrement accru... Ces journaux comptaient des abonnés, non-seulement dans les hommes aisés, rentiers ou commerçants, mais dans les cafetiers des plus minces villages : le besoin de lire les journaux et les publications hostiles à la religion s'était introduit partout, même chez un bon nombre d'ouvriers, ce qui servit merveilleusement *les capacités mécontentes* (de n'être pas placées à leur gré) et les rêveurs de désordre et de révolutions, à répandre, vulgariser et faire colporter et leurs idées antireligieuses, et leurs élucubrations contre les riches... les manufacturiers..., les industriels, contre tous ceux qui ne paraissaient pas tenus à un travail manuel de tous les jours!... On organisa des sociétés secrètes, on conspira contre le gouvernement... et contre les riches, contre lesquels on parut avoir plus de haine que jadis la bourgeoisie n'avait envié les titres et les honneurs des barons et seigneurs féodaux.

Ces idées s'implantèrent aisément chez ceux que la paresse, la débauche, l'ivrognerie ou d'autres passions mauvaises avaient conduit à la misère ou à ne vivre que d'expédients, et on arriva à la révolution de 1848.

Avec la nouvelle République fraternelle... une... indivisible et *toujours impérissable*, dont se seraient contentés ceux qui ne voulaient que des emplois lucratifs et des dignités largement productives, il s'en trouva d'autres voulant faire du socialisme, qui se mirent à l'œuvre pour désorganiser le travail, sous le prétexte d'améliorer la situation des ouvriers... Puis d'autres, moins modérés encore, songèrent aux idées de Babœuf, et à un partage général comme devant assurer le bonheur de tous... On osa imprimer et distribuer que la propriété était un vol!... On planta force peupliers, comme emblème de la liberté et de *l'égalité,* et pour que cette égalité ne fût pas un vain mot, des *bandes de partageux s'organisèrent!...* La pauvre société française, qui avait mis quatorze siècles à s'organiser, paraissait prête à périr et à retomber dans la barbarie, dont nos ancêtres avaient eu tant de peine à la sortir!...

La jalousie... le goût du plaisir et du bien-être, l'immoralité... la haine... le dégoût du travail... et *l'éloignement des idées religieuses* et de *leur mise en pratique*... portaient leurs fruits!...

Le gouvernement actuel a dominé heureusement ces idées de bouleversement social et réduit au silence leurs dangereux propagateurs... Mais si elles n'ont plus leurs orateurs publics et leurs journaux pour travailler à la ruine universelle et la hâter... ce serait se faire une bien grave illusion de croire qu'il n'en reste plus de traces, et qu'elles n'ont plus de sectateurs prêts à agir, si on leur en laissait l'occasion !

Pour calmer ces idées et les détruire avec le temps, le meilleur moyen (après le retour franc et sincère à la pratique des idées religieuses) c'est de s'occuper de la colonisation de l'Algérie... d'y appeler tous ceux qui veulent véritablement *vivre en travaillant*... et d'y utiliser une partie des enfants trouvés... des jeunes détenus, qui, chez nous, deviendraient, avec le temps, une cause de danger... un appoint presque assuré à tous les ennemis de l'ordre social !

C'est de faciliter à ceux qui souffrent de l'insuffisance du salaire, leur établissement en Algérie... Là, au lieu d'arriver en esclaves, soumis à des chefs barbares, comme furent la plupart de nos ancêtres dans les premiers siècles de notre ère, ils y arriveront en citoyens libres, sur une terre française, pour n'avoir à subir que le despotisme nécessaire, mais honorable de nos lois, et pour continuer l'œuvre entreprise déjà par d'autres Français comme eux, et parvenir par le travail à plus de bien-être, but qui avait déterminé nos aïeux à venir se fixer sur le sol français actuel.

A ce point de vue déjà, la colonisation de l'Algérie est une nécessité, et je vais essayer dans les sections suivantes, et par d'autres considérations (tout en revenant un peu sur la révolution de 1848), d'établir que cette nécessité devient pressante.

DEUXIÈME SECTION.

Malgré les lois qui, pour maintenir le rang et l'importance dans les familles, assuraient à l'aîné la plus grande part de l'héritage paternel... malgré la ressource que trouvaient les familles nobles à placer une partie de leurs enfants dans l'armée, la magistrature, le clergé ou les couvents, avec l'espoir de grosses prébendes ou de riches abbayes, etc., etc., la position de la noblesse tendait à décroître, car ses idées l'empêchaient, sous peine de déroger, de se livrer au commerce ; et lorsque, dans les derniers siècles, elle eut pris le chemin des cours... l'habitude des plaisirs et du luxe, elle ne fit que préparer son amoindrissement et plus tard sa ruine, lors même que la révolution de 1793 ne serait pas venue les foudroyer d'une manière si effrayante.

La bourgeoisie des grandes villes, au contraire, livrée au travail ou au négoce, se préparait les moyens d'acquérir, avec le temps, la majeure partie des domaines de gens qui s'endettaient, sans se créer de moyens pour réparer les effets des dépenses excédant chez un grand nombre leurs ressources annuelles ; aussi cette bourgeoisie ne portait pas d'yeux de convoise sur leurs riches apanages, dont pour elle les écus étaient la compensation ; elle n'enviait que leurs titres et leurs priviléges, qui leur donnaient une supériorité relative que, dans les derniers temps, on s'habitua à trouver injuste.

Cette bourgeoisie était en général simple, économe, parcimonieuse même. Le luxe de table et de vêtement était à peu près inconnu, et assez longtemps on n'enfreignit que bien exceptionnellement les lois somptuaires de Philippe le Bel, qui, au XIIIe siècle, avait voulu réglementer et la toilette de chacun, et le nombre de vêtements qu'on pourrait avoir chaque année... voire même le nombre de mets qu'on pourrait servir à chaque repas !... (Pauvre Philippe le Bel, que dirait-il, s'il lui était donné de revenir de nos jours, avec ses lois somptuaires !...) [1]

---

[1] L'ordonnance de Philippe le Bel, que Ferrière fixe à 1294 dans son recueil des Ordonnances des Rois de France, page 541, porte :

1° Que nulle bourgeoise n'aura de char (voiture) ;

2° Que nul bourgeois ou bourgeoise ne portera vair (fourrure), gris, hermine, ni or, ni pierres précieuses, ni couronne d'or ou d'argent, etc.;

3° Les ducs, comtes ou barons à 6,000 liv. de rente ne pourront avoir

Cette simplicité de mœurs bourgeoises excitait moins l'envie de leurs serviteurs et des artisans et ouvriers des

que quatre habits par an, et les femmes autant, et les prélats, deux robes seulement;

4° Nul escuyer n'aura que deux robes par an, que ce soit par achat, don ou autrement;

5°. Nulle damoiselle, si elle n'est chastelaine ou dame, à 2,000 liv. de rente, *n'aura que deux* robes par an, etc.;

6° Les prélats ou barons ne pourront mettre au delà de 20 à 25 sols (*à l'aune* de Paris) pour les étoffes de leurs robes!... Les bannerets et chastelains ne pourront avoir, pour eux et leurs *femmes*, d'étoffes au delà de 18 sols à l'aune, et les escuyers, à 15 sols;

7° Les bourgeois à 2,000 liv. de rente et au-dessus ne pourront payer les étoffes de leurs robes au delà de 12 sols 6 deniers (l'aune) pour eux, et 16 sols pour leurs femmes.

Les bourgeois ayant moins de 2,000 liv. de rente ne pourront mettre à leurs étoffes qu'un prix de 10 sols 6 deniers pour eux et 12 sols pour celles de leurs femmes.

Outre le règlement de la toilette, on s'occupe aussi du luxe de table :

1° Nul ne donnera au grand *mangier* (repas) que deux mets et un potage au lard, *sans* fraude, et au petit mangier, un mets et un entremets;

2° En temps de jeûne, on ne donnera que deux potages aux harengs et que deux mets, ou trois mets et un potage, *et ne mestra en une escuelle que une manière de chair, une pièce tant seulement*, ou *d'une manière de poisson sans fraude*, et n'entendons pas que *fromage* soit mets, s'il n'est en *pâté*, ou cuit, etc., etc.;

Le tout sous peine de 100 fr. d'amende contre les ducs, comtes, barons et prélats, agissant contre ces prescriptions, et 50 ou 25 fr. contre les bannerets, chevaliers, doyens, prieurs, etc, suivant leurs dignités.

Quant aux laïcs à 1,000 fr. de rente et au-dessus, l'amende était de 25 fr., et de 5 fr. seulement contre les gens ayant moins de 1,000 fr. de rente.

Les amendes dues par les laïcs étaient acquises à leurs seigneurs, et celles des clercs, prêtres, chanoines, etc., étaient dues aux prélats ou, à défaut, au souverain.

Le tiers de ces amendes était dû aux dénonciateurs.

On avait de singulières idées du temps de Philippe le Bel, pour entrer dans de pareils détails... et soudoyer ainsi la dénonciation par l'appât du tiers des amendes!... Mais, s'il y avait exagération à son époque pour prévenir le luxe de vêtement et de table, nous pourrions bien être arrivés aussi à l'*exagération contraire!*...

grandes villes, d'autant mieux que les idées religieuses pratiquées et suivies par le plus grand nombre, protégeaient les uns et les autres, et aidaient chacun à supporter plus facilement le disparate des positions respectives.

Mais lorsque, débarrassés des craintes causées par les premières fureurs révolutionnaires, et sous l'Empire, la Restauration et le gouvernement de 1830, et à la faveur des fortunes faites dans le commerce ou l'industrie, les membres de la bourgeoisie, devenus beaucoup plus nombreux et plus riches que dans le passé, et propriétaires de la majeure partie des anciens biens seigneuriaux, du clergé et des abbayes, voulurent faire de l'importance et se distancer de la population des villes ou de la campagne, alors cette même population se prit à jalouser ceux qui, ses égaux de *la veille*, se croyaient ses *supérieurs le lendemain* avec leurs droits d'électeurs à 1,000 fr., 300 fr. ou 200 fr., ou même de capacités. On ne leur envia pas des titres nobiliaires qu'ils n'avaient pas, mais les droits attachés à leurs fortunes anciennes ou récentes, et à leurs capacités *légales*.

Ce mal prit d'abord dans les villes et les grands centres industriels, parce qu'ils fournissaient plus d'exemples de fortunes rapides faites par des gens qui, ouvriers quinze ou vingt ans avant, étaient déjà parvenus à être millionnaires, tandis que leurs camarades d'autrefois, bien qu'avec un salaire mieux rétribué, n'avaient cependant pas changé de position.

Des villes et des pays de manufactures, ces idées pénétrèrent peu à peu dans les campagnes, où, avec le relâchement des idées et pratiques religieuses, et l'augmentation des cabarets, on s'éloigna de la simplicité qu'on avait eue jadis, pour se mieux nourir et se mieux vêtir... et pour détrôner le pain bis en faveur du pain blanc... etc., etc.

Dans les villes, on ne se borna plus à donner des dîners plus fréquents et plus somptueux que par le passé ; on voulut des ameublements plus riches, on donna des bals, on voulut des voitures, un domestique plus nombreux portant même livrée dans certaines maisons, pour mieux oublier, dans cette splendeur nouvelle, un passé laborieux, d'économie et de travail. On ne s'en tint pas là : on voulut, à l'envi, imiter le plus possible l'exemple de l'aristocratie financière de Paris... On n'estima que les usages, les modes, les meubles, les voitures de Paris!... Et des gens qui, arrivés de leurs villages vingt ou vingt-cinq ans auparavant, comme ouvriers, domestiques, petits employés du commerce, de l'industrie ou de la basoche, et qui, grâce à leur intelligence, à leur activité, à leur esprit d'ordre et à des circonstances heureuses, avaient dû les moyens d'arriver à la fortune, ne trouvèrent plus de *bon genre* ou de *bon ton* de se faire habiller, chausser, meubler ou fournir par les marchands de leurs localités!... Malgré les justes sarcasmes de Molière contre les *Jourdain* de son temps, jouant au *gentilhomme*, ce bon M. Jourdain trouva de nombreux imitateurs qui ne pouvaient trouver qu'à Paris la légitime satisfaction de leurs goûts, devenus exquis!!! Avec l'établissement des chemins de fer, la facilité et la rapidité des communications, ce travers ne fit qu'augmenter!... Aussi, tandis que dans certaines villes on se plaint de la diminution du loyer des maisons de marchands, Paris progresse... et grandit chaque jour!... En moins de six ans, la population augmente de 300,000 individus!... Au monopole de faire les révolutions et de changer les dynasties, Paris tend à tout attirer, à tout centraliser, à réunir tous les genres d'industrie, et appelle et séduit les ouvriers de tous les pays, par l'appât d'un salaire plus élevé et de plaisirs plus nombreux et plus variés!...

. . . .

A ce besoin de luxe se joignit un autre inconvénient, contraire aux idées d'égalité et de fraternité dont on avait fait un grand débit et une vaste consommation en 1793 et les années suivantes jusqu'au premier Empire. Le haut commerce et la grande finance crurent pouvoir faire revivre à leur profit les différences qui jadis s'étaient établies des ducs aux comtes et barons, et de ceux-ci aux seigneurs, chevaliers ou simples écuyers. Ce haut commerce, dis-je, se considéra comme bien supérieur aux fabricants, aux gros marchands, aux gens de science ou de robe, *ayant* ou *gagnant* moins d'écus! Les gros marchands, fabricants et autres en pensèrent autant des boutiquiers et petits détaillants, et ces derniers des artisants et ouvriers en général!

Pour combler les distances et les faire disparaître autant que possible, on s'ingénia dans la classe moyenne à afficher le luxe des classes plus riches!... On fit des efforts pour faire croire à des fortunes plus considérables que celles qu'on avait réellement!... Le commerçant, le marchand d'un ordre secondaire, le petit particulier, le bureaucrate, l'homme de palais, s'imposèrent des privations à l'intérieur, pour paraître et parader avec leurs femmes et leurs enfants dans les salons de la haute administration ou du haut commerce, et y étaler un luxe souvent *obtenu à crédit!*... longtemps dû aux fournisseurs... et pas toujours payé!...

Avec ce besoin incessant de luxe et d'arriver vite aux grosses fortunes et *au prétendu bonheur* du repos et de la retraite, on se montra moins scrupuleux sur les moyens... on trompa sur la qualité et même sur la quantité des marchandises... on vendit à faux poids... on falsifia... on chercha à exploiter tous les genres de position... on ne recula devant rien pour arriver plus haut et plus rapidement... le culte de l'argent et des jouissances obligea *à des sacrifices de toute nature!* (Oh! si la police, aux yeux d'Argus, que tant de gens redoutent, et dont ils n'aiment pas les investigations écrites, dévoilait tout ce qu'elle sait sur les conséquences déplorables de ce luxe si envié!... que de tristes révélations on aurait à entendre!...) Chez bien des gens, la vue du luxe convertit en haine les sentiments de jalousie seulement que précédemment ils éprouvaient contre les fortunes plus considérables. On en voulut plus à ces hauts barons de la fortune, que la bourgeoisie n'avait envié jadis les titres et les priviléges des vrais barons à vieux parchemins!... On admettait qu'il eût pu exister une distance entre ceux qui portaient des noms historiques mêlés aux grands faits de notre histoire, mais on n'admettait pas qu'il en pût exister avec ces petites gens d'hier, improvisés si vite millionnaires par l'industrie ou le commerce!

A ces causes d'embarras, de malaise et de perturbations possibles, il s'en joignit d'une autre espèce.

Avant la première révolution, les dignités, les honneurs, les emplois de toute nature dans l'armée, la haute administration ou la magistrature parlementaire, étaient le partage à peu près exclusif de la noblesse. La haute bourgeoisie n'avait pas un champ bien large pour placer ceux de ses enfants qui (contre la règle ordinaire) ne suivaient pas la carrière paternelle. Le barreau, le notariat, la magistrature subalterne, le clergé ou la médecine, offraient à peu près seuls les moyens d'utiliser l'éducation complète, que, par exception, cette même bourgeoisie pouvait faire donner à ses enfants.

Après la révolution, au contraire, et avec l'égalité de tous proclamée, le libre accès fut ouvert à chacun pour tous les emplois; l'éducation, qui n'était que le partage d'un petit nombre, et dans les familles riches seulement, se généralisa, ce qui fit éclore de nombreuses pensions particulières et un bon nombre de lycées ou colléges.

Propriétaires, commerçants, cultivateurs, millionnaires, ou gens peu aisés, chacun s'empressa de donner aux siens une éducation qui les mît à même de devenir fonctionnaires et de pouvoir occuper tous les postes créés par les divers gouvernements qui s'étaient succédés : chacun visa à avoir dans les siens des héritiers à habits plus ou moins brodés, chez les uns pour relever davantage des fortunes déjà faites, chez les autres, au contraire, pour assurer une existence moins obscure et plus aisée. Aussi, le nombre des bacheliers, licenciés ou docteurs de toute sorte, aptes (ou se croyant aptes) à former des généraux, des préfets, des sous-préfets, des magistrats, des fonctionnaires de la finance, des domaines, de la douane ou autrement, devint si considérable, que, dans l'impossibilité d'utiliser tant et tant de capacités, on fit beaucoup de mécontents...! Parmi ces capacités, il s'en trouva qui devinrent d'autant plus dangereuses qu'elles n'avaient pas de fortunes réalisées ou à espérer de leurs familles, et qu'habituées à la vie libre et dissipée des grandes villes et aux plaisirs, elles ne pouvaient attendre patiemment un emploi très-lucratif ou seulement suffisant à des goûts devenus très-difficiles, et que chargées de sciences, elles auraient cru descendre de beaucoup en revenant à la profession de leurs auteurs : parmi ces capacités besogneuses, déçues dans leurs espérances de grandeurs, privées de participer aux plaisirs du luxe et des fêtes qu'elles avaient rêvé, s'inocula la haine contre une société qui ne les occupait pas, et contre tous ceux que la fortune acquise ou un travail lucratif dans l'industrie ou le commerce dispensait d'envier ou rechercher les fonctions publiques; il y a plus, les capacités pourvues, mais réduites à des traitemens modestes, ne leur permettant pas *sans folie* de rivaliser de luxe, ne se contentèrent plus du brillant et du prestige de leurs fonctions, elles jalousèrent aussi les avantages que donnaient des fortunes territoriales ou industrielles à ceux qui, à défaut d'autorité publique à exercer, paraissaient les écraser du poids de leurs richesses.

Ainsi, rivalités... jalousies et haines *même*, au milieu de ceux que la fortune, l'aisance ou l'éducation plaçait en apparence au-dessus de la classe ouvrière proprement dite.

Mais ce n'est pas tout, à ces embarras, existant en haut, vinrent s'en joindre de bien plus dangereux en bas.

Des procédés nouveaux de fabrication et de production vinrent changer tous les anciens modes... on produisit beaucoup plus et à meilleur marché; on visa le plus possible à la quantité plutôt qu'à la qualité... des machines succédèrent à d'autres machines... et à force de perfectionnements on arriva à diminuer, dans diverses industries, des salaires qui, quinze à vingt ans auparavant, avaient été beaucoup plus considérables, et qui, par cette raison, avaient conduit les ouvriers à modifier leur ancienne manière de vivre... Aux fileurs à la main, avaient succédé les filatures... de trente à quarante broches au début, les métiers atteignirent plusieurs centaines de broches... A l'impression des étoffes à la main, avait succédé l'impression au rouleau!... A la confection sur le métier de la toile de lin ou de calicot, avaient succédé les filatures et les tissages, et ainsi de suite dans d'autres industries!... Plus de besoin de bien-être partout... plus d'aisance extérieure!... et pour une notable portion des ouvriers, moins de moyens d'y satisfaire que dans un passé peu éloigné encore!... Puis, sous les yeux et à chaque pas, la comparaison des fortunes réelles ou factices de leurs anciens camarades d'enfance... d'école ou de pension!...

. . . .

Au lieu de regretter, pour le plus grand nombre, l'absence des idées et des pratiques religieuses, qui auraient enseigné *aux uns* plus de modestie... moins de fastueux apparat... plus de charité chrétienne... moins de morgue parfois insolente envers leurs égaux *jadis*, et aux autres plus de stricte économie, plus d'amour du travail... plus de résignation, les *capacités ambitieuses non casées*, pour briller selon leurs goûts et jouir de plaisirs convoités, et les rêveurs de révolutions, *se drapant pour la plupart du manteau républicain,* entretinrent par des publications perfides les dispositions mauvaises de ceux qui n'avaient pas, contre ceux qui avaient!... Les droits électoraux, conférés aux uns, furent indiqués à ceux qui ne les avaient pas, comme contraire aux lois d'une stricte égalité!... on fit entendre que les fortunes des riches de l'industrie étaient dues aux sueurs des nobles travailleurs qu'on exploitait!... on parla de changer l'organisation du travail... de socialisme... et plus tard même de communisme!!! Puis, à la faveur de sociétés secrètes, on essaya, en 1848, de tout faire craquer et niveler!...

Heureusement pour la France, les idées de raison, de justice, d'ordre, de résignation, enseignées par la religion chrétienne, avaient plus de soutiens et de défenseurs que n'en comptaient tous les fous qui, avec des masques plus ou moins avancés et dangereux, voulaient la perdre et la ruiner, sous le prétexte de la régénérer!... La partie saine et la plus nombreuse des ouvriers (surtout dans les campagnes, où les sentiments religieux avaient été moins atteints), même dans les villes (à de légères exceptions près), ne fut pas dupe de toutes les doctrines de désordre qu'on voulait lui imposer... Ces doctrines n'eurent pour partisans déterminés que les paresseux, les ivrognes, les repris de justice et autres, auxquels souriait fort l'idée de se faire *nourrir par la patrie sans travailler!...*

Alors même, et parmi les ouvriers qui, par irréflexion ou ignorance, s'étaient laissé entraîner et affilier dans les bandes des désorganisateurs... et séduire par les grands mots d'égalité, de fraternité, et la promesse de partage universel (que quelques-uns avaient pris à la lettre), il se trouva (selon l'heureuse expression de M. Louis Veuillot) bien des *Vindex* pour dire et répondre aux *Spartacus* nouveaux, qui, après les avoir employés pour opérer la révolution, voulaient ensuite reconstituer le nouvel ordre social et leur promettaient d'organiser sur d'autres bases le *droit au travail :*
— Allons donc, farceurs... « De tous les droits dont vous
« nous parlez... le *droit au travail* est celui sur lequel nous
« sommes le plus blasés... nous l'exerçons depuis que nous
« sommes au monde... *Sufficit!...* nous demandons à en-
« trer dans *notre droit au repos...* » . . . .

Depuis cette époque, qui date d'hier, pour ainsi dire, le gouvernement actuel, pour rassurer les bons et ôter aux méchants leur principal appoint, a décrété la déportation d'une notable portion des habitués des bagnes (mesure que je sollicitais en 1848 et 1849, et qu'on ferait bien de compléter en suivant le conseil contenu dans l'art. 6 de l'*Essai sur les moyens de sortir du gâchis*, que j'ai publié le 20 mai 1848...). C'est un bienfait, sans doute, à l'occasion duquel je partage les sentiments très-éloquemment exprimés l'an dernier devant la cour de Caen, par M. l'avocat général Février, notre compatriote. Mais ce moyen seul serait bien insuffisant pour constituer un ordre durable!... De ce que l'ordre matériel existe maintenant dans nos villes et nos campagnes, s'ensuit-il qu'il existe dans tous les cerveaux?... Est-ce que les doctrines de 1848 n'en ont pas troublé un trop grand nombre pour que la guérison puisse être générale et radicale?... Est-ce que les projets de la *Marianne* (récemment exposés et dévoilés devant les assises de la cour d'Angers) ne sont pas encore présents aux esprits pour faire entendre une voix qui crie aux hommes honnêtes de toutes les opinions monarchiques, républicaines vraies ou impérialistes, et de tous les régimes... aux riches comme à ceux qui n'ont que l'aisance... et à tous ceux qui veulent noblement gagner leur vie en travaillant : *Veillez*, et *veillez tous*, car si l'orage est passé ou dominé!... le danger n'en subsiste pas moins? Il pourrait devenir plus formidable encore si d'avance on ne prenait des mesures de précaution!... *Revenez d'abord* au culte de vos aïeux! formez-y vos enfants!... cessez de vous moquer du christianisme, de ses dogmes, de sa morale et de ses ministres!... apprenez près d'eux et de leurs conseils à étouffer vos pensées de rivalité, de jalousie et de haine!... redoutez les folies du jeu et les extravagances du luxe!... Riches ou puissants du jour, songez que l'estime sincère, la considération vraie ne s'accordent réellement et d'une manière durable qu'à la probité et à la moralité, faisant compagnie à la fortune ou au pouvoir!...

Puis, pour prévenir les dangers qui vous menacent, inspirez-vous de l'amour des classes souffrantes (suivant l'expression heureuse du chef de l'Etat), pour aider à la colonisation de l'Algérie, qui seule peut ensuite assurer la tranquillité de l'avenir, en sortant de la misère et en conduisant à l'aisance une portion de ceux qui, chez nous, souffrent soit du défaut de travail, soit de l'insuffisance du salaire!... Songez-y, le mal presse!...

TROISIÈME SECTION.

Motifs de la colonisation algérienne, puisés dans l'augmentation de la population francaise... l'état de l'industrie... de l'agriculture... et les idées du libre-échange, etc., etc.

PREMIER PARAGRAPHE.

Depuis soixante ans, la population française a augmenté de plus d'un tiers, malgré les guerres successives et les travaux des ateliers de l'industrie! Après une même période de temps, on peut admettre que la France pourra compter au moins 50 millions d'habitants.

Ce n'est que dans les années de grande abondance que, par exception, notre agriculture suffit à nos besoins, car sans argumenter de ce qui se passe depuis quatre ans, on sait que depuis 1815 à 1847, il a fallu recourir vingt-deux fois aux blés étrangers. Cependant l'agriculture n'est pas restée stationnaire, on l'a perfectionnée... on a cultivé d'anciens parcours communaux... des Landes... on a beaucoup défriché... on s'est même occupé de plantes pour l'industrie, ce qui a réclamé un personnel plus nombreux pour les ouvriers de la terre... Il est même des points en France où l'on se plaint d'en manquer, ou de ne les obtenir qu'à des prix trop coûteux, aux époques d'ensemencement, de plantation de graines industrielles, de binages, de sarclages, et plus tard des récoltes... on accuse même les manufacturiers et les fabricants d'avoir enlevé trop de bras pour leurs usines en offrant des salaires plus élevés, et, pour remédier à cet inconvénient, on s'occupe de découvrir et d'employer des machines nouvelles pour accélérer les travaux agricoles, faire plus et plus vite... on a déjà recouru à la vapeur qu'on ne désespère pas d'employer aux labours...

Cela pourrait bien être un progrès regrettable, car il tend à diminuer les employés de la terre, pour les reporter vers les centres industriels et les grandes villes, où, avec un salaire plus élevé (dans les temps de calme et de prospérité commerciale!), ils trouvent plus de besoins... plus d'occasions de dépenses... et de plaisirs... puis d'ailleurs la véritable force d'une nation réside bien plus dans l'importance de son agriculture que dans son industrie et son commerce, dont il ne faut cependant pas méconnaître les services.

Avant les procédés nouveaux de fabrication de tissus et produits de toute nature, les ouvriers de la campagne, lorsque la terre ne les occupait pas, retrouvaient chez eux un emploi dans leurs professions diverses : le filage à la main... le tissage de la toile... des mouchoirs... de la bonneterie... de la draperie... etc., etc., etc. ; ils revenaient aux champs quand on les y appelait, et vivant au milieu de leurs familles, partie au grand air pour les travaux agricoles, partie à leurs métiers respectifs, ils perdaient moins en forces [1], et surtout en moralité.

Je me borne quant à présent, à constater les faits qui précèdent. J'en déduirai les conséquences dans un instant.

DEUXIÈME PARAGRAPHE.

Depuis soixante ans, l'industrie a fait comme la population, elle a beaucoup augmenté... elle a fait des progrès immenses dans tous les genres... elle a modifié, simplifié et perfectionné ses machines : chaque jour enfante des perfec-

---

[1] En consultant les fonctionnaires qui s'occupent du recrutement de l'armée, on pourrait se convaincre que l'épuisement des ouvriers dans les centres industriels n'est point une chimère, et que souvent on a assez de peine à trouver les contingents de jeunes conscrits à choisir dans ces cantons, eu égard à leur population.

tionnements nouveaux, donnant lieu à une plus grande masse de production... aussi le marché intérieur ne lui suffit plus : elle veut exporter davantage, et, d'accord avec le commerce, elle réclame à grands cris des débouchés nouveaux et plus étendus... elle envie à l'Angleterre ses immenses relations... sans se préoccuper des moyens pris par cette rivale redoutable pour les obtenir, ni des dangers que très-probablement un avenir peu éloigné pourrait bien lui réserver !...

Puis après avoir attiré près d'elle et à ses ateliers une notable portion des populations rurales séduites par un salaire plus élevé... leur avoir ainsi donné plus de goûts de bien-être, avec moins de moralité, l'industrie cependant voudrait, à force de découvertes, arriver *à payer* moins... à produire plus... à exporter davantage... et à remplacer le plus possible, par des machines, l'emploi des bras des ouvriers, quand, à raison de l'augmentation de la population, il serait à désirer qu'elle en employât un plus grand nombre, surtout depuis que, par sa concurrence à l'agriculture, cette dernière s'est vue obligée de recourir à des procédés nouveaux pour échapper aux conséquences de l'éloignement d'une trop grande partie de ceux qu'elle utilisait jadis.

Réflexions générales sur les deux paragraphes qui précèdent.

PREMIÈRE RÉFLEXION.

Si la population a beaucoup augmenté en France depuis soixante ans, le même fait s'est produit aussi chez les autres nations de l'Europe : en Angleterre elle a doublé.

Le contact créé par les guerres depuis la première révolution, et dans les temps de paix, par le commerce, y a développé, avec les idées de liberté et de plus d'égalité, le goût de plus de bien-être. L'industrie, qui n'avait fait qu'y germer par suite de la malheureuse révocation de l'édit de Nantes sous Louis XIV, y a, depuis notre révolution, pris une assez grande extension... et ces nations tendent à se suffire à elles-mêmes pour n'être plus tributaires ni de la France ni de l'Angleterre, qui, pendant longtemps, avaient leur clientèle. Ce fait se produit en Suisse, en Allemagne, en Belgique, etc., où, non content de travailler pour les besoins locaux, on s'occupe d'exporter le plus qu'on peut.

Malgré ce développement industriel, et la masse de travaux qu'il a créés... malgré une organisation intérieure qui fait que les populations y vivent à meilleur marché qu'en France, que leurs besoins sont relativement moins grands que chez nous, l'Allemagne et la Suisse fournissent depuis trente ans un contingent immense à l'émigration pour les Etats-Unis, l'Océanie, etc., etc.

Chez nous, et malgré l'augmentation de population, on a peu songé à émigrer, parce que l'industrie, en grandissant, a pu successivement l'occuper utilement et fructueusement; mais, à raison même de l'augmentation des ateliers, des procédés nouveaux et plus perfectionnés... et de la substitution des machines aux bras, et, par suite de la diminution graduelle de beaucoup de salaires, nous éprouvons déjà des embarras qui seraient immenses pour certaines branches de l'industrie, si depuis quinze à seize ans le marché algérien, tel qu'il est, n'était venu à notre secours; or, cette situation ne peut que devenir de plus en plus critique, par suite du mouvement industriel qui s'opère chez les nations voisines.

A cette réflexion, certains optimistes, qui ne font rouler la gloire, le bonheur d'un pays et la durée de ses institutions que sur le commerce et l'industrie, répondent qu'il faut à tout prix se créer de nouveaux débouchés... se faire des relations nouvelles et *imiter l'Angleterre*, parce que plus on exportera, plus il faudra fabriquer et par conséquent employer de bras!... mais ils se taisent sur le mode à suivre pour obtenir, pour *une nation comme la nôtre*, honnêtement, honorablement et par des moyens rationnellement praticables, ces débouchés nouveaux... autres que l'Algérie!

DEUXIÈME RÉFLEXION.

En Angleterre, le commerce et l'industrie sont tout... l'agriculture rien !... car, si avancée et soignée qu'elle soit, ses produits sont insignifiants, eu égard aux besoins généraux du pays ; aussi tout est sacrifié aux combinaisons commerciales !... A cette occasion, je crois utile de reproduire ici certaines observations qui me sont suggérées par une brochure publiée par notre compatriote M. Thomas, à propos de l'enquête ouverte par MM. de la Chambre de Commerce de Rouen (dont le patriotisme, la prudence et le dévouement aux vrais intérêts français sont bien connus de tous), sur la question si grave et si grosse de dangers du *libre-échange.*

Après avoir dit que le commerce *est la seule raison d'être de l'Angleterre...* que le gouvernement... la constitution... la magistrature... la diplomatie... l'armée... la marine ne sont que des agents commerciaux... que l'éducation y est toute commerciale... qu'on s'y occupe bien plus de docks, de moyens de communication facile, que de construction d'édifices somptueux et improductifs et de créations artistiques qui, au lieu de faire vivre l'ouvrier d'une manière utile au pays (comme on le répète), ne font en réalité que la fortune des entrepreneurs, des architectes, des ingénieurs et la gloire des administrateurs, mais grèvent la consommation sans profit certain pour la généralité, etc., etc., etc... M. Thomas ajoute que l'indivision des fortunes patrimoniales, industrielles ou commerciales est la règle générale de l'Angleterre et la base du règlement des successions... que la famille anglaise forme une société indissoluble pour ses valeurs foncières ou commerciales dont tous les membres sont actionnaires, d'où il conclut : 1° que les entreprises commerciales se continuent nécessairement malgré les décès... 2° que toute l'expérience « acquise dans « une spécialité se continue sans interruption, et que les « rapports ne sont pas brisés ou annihilés par un décès an-

« ticipé ; 3° que toutes les ressources mobilières et immo-
« bilières qui existaient du vivant du père se cumulent pour
« les enfants et présentent au public et aux intéressés les
« mêmes sûretés et les mêmes garanties que par le passé ;
« 4° que par l'indivision des fortunes, toutes les classes de
« la société anglaise sont solidaires des affaires commer-
« ciales, puisque, quelle que soit la carrière que chacun
« choisisse, qu'il soit magistrat, marin, militaire, diplo-
« mate ou clergyman, il reste encore intéressé dans l'in-
« dustrie et membre de la société patrimoniale, sans qu'au-
« cun puisse recevoir autre chose qu'*une portion limitée du*
« *revenu*, » ce qui conduit à ce résultat que, dans le négoce, la banque et les diverses industries, il y a des maisons
séculaires en Angleterre, tandis qu'en France, on voit bien
rarement trois générations continuer la même carrière... ;
c'est à cette indivision des fortunes et à d'autres causes générales qu'il indique (et qu'il oppose à la division de la propriété française, à sa facile et fréquente aliénation, aux
liquidations qui suivent les décès et que je ne saurais toutes
reproduire ici), *qu'il attribue la richesse et la puissance des
Anglais,* la paix dont ils jouissent chez eux et le maintien de
leurs institutions, puisque tous possédant indivisément des
biens mobiliers ou immobiliers, incessibles et inaliénables
pour les caprices ou les besoins des titulaires, tous sont tenus, par un lien indissoluble, au bien-être général et à la
progression incessante et en commun de la fortune publique, etc., etc., etc.; après quoi et après avoir signalé
que, depuis trente ans, il s'est formé à Manchester une société *free-trade* pour faire adopter en France ses idées sur
la liberté illimitée du commerce... que ces spéculateurs ont
cherché *et trouvé* des adhérents dans la presse française
pour travailler l'opinion publique... il fait ressortir qu'avec
notre organisation sociale et notre législation, l'Angleterre
seule profiterait du libre-échange, tandis que l'industrie
française serait ruinée, et il se rassure contre un pareil

danger sur la sagesse du chef de l'Etat, qui, éclairé par les hommes spéciaux et les Chambres de Commerce, saura bien ne pas tomber dans le piége qui nous est tendu par nos rivaux.

Complétement étranger à une question aussi grave que celle du libre-échange ou aux dangers que pourrait présenter l'établissement de droits protecteurs [1], je n'ai cité l'œuvre de M. Thomas (œuvre concise et serrée conçue dans un but tout national, mais contenant sur la coopération du clergé anglais et l'éducation première des enfants des idées que je *ne saurais partager*) que parce qu'on pourrait peut-être en induire que la situation de l'Angleterre est magnifique, à l'abri de tout revers, de tout bouleversement... et que sa population est au comble du bien-être... et du bonheur, grâce à une organisation toute spéciale... et que nous devrions la leur envier !... Dieu nous en garde !!!... Au lieu de faire des révolutions nouvelles pour bouleverser nos institutions, les remplacer, pour modifier la propriété territoriale, ou industrielle, ou commerciale... la rendre inaliénable, etc., etc., et priver chacun du plaisir de sa portion *distincte* et personnelle... avec le droit de la vendre ou l'augmenter, quand bon semble, malgré les petits inconvé-

---

[1] J'ai entendu des hommes graves, et paraissant bien compétents, exprimer la crainte que la fraude, organisée sur une vaste échelle, ne rendît illusoire tout ce qu'on pourrait espérer de l'établissement de droits réputés très et suffisamment protecteurs !...

J'ai même entendu mettre en avant cette pensée que, malgré les droits protecteurs, les Anglais, à raison de leur organisation commerciale, pourraient, dans un moment donné, s'imposer un sacrifice apparent d'un assez bon nombre de millions, pour *vendre à vil prix et à perte* les marchandises dont ils pourraient inonder la France, *de manière à mettre aux abois et réduire d'une manière absolue nos établissements à ne pouvoir plus fabriquer ou produire*... au moyen de quoi, et le but une fois atteint, les mêmes Anglais, rétablissant la vérité dans les prix ou même les augmentant, parce qu'ils auraient conquis notre marché, nous tiendraient ainsi à leur merci !...

En cela, je raconte; mais de pareilles craintes méritent bien qu'on y réfléchisse !...

nients qui en découlent... tenons-nous à ce que nous avons... sachons le conserver... améliorons de tous nos efforts, mais gardons-nous de détruire... car le mieux espéré est trop souvent l'ennemi du vrai bien.

Voyons un peu ce qu'il faut penser de la position de l'Angleterre, position qu'on pourrait supposer si brillante et assurée.

Indépendamment de ce qu'elle ne pourrait avec son agriculture faire vivre ses habitants, *dont l'immense majorité* n'ont absolument que leurs bras pour vivre, et ne possèdent aucune part que ce soit dans sa richesse territoriale ou industrielle (qui est la propriété particulière et inaliénable d'un petit nombre de familles, eu égard à l'ensemble de la population), l'Angleterre en est déjà réduite à voir, avec peine, les efforts faits par les nations de l'Europe pour suffire à leurs besoins, se livrer aussi à l'industrie pour se soustraire à un tribut longtemps payé, et s'essayer même à lui faire à l'occasion concurrence.

A l'aide de ses possessions dans l'Inde... et des relations qu'elle s'est ménagée par sa politique ou par la ruse, ou la force chez d'autres peuples... par les troubles qu'elles y a fait naître ou entretenir, et le concours qu'elle trouve dans ses clergymen (que M. Thomas présente comme agents commerciaux plutôt que comme prédicateurs du christianisme chez les nations nouvelles), et pendant le cours de notre révolution de 1793 et ses suites... l'Angleterre s'est assurée un monopole commercial immense! Le fait est vrai!... et cependant elle fournit chaque année à l'émigration des centaines de milliers de bras... L'Irlande se dépeuple, elle a maintenant des milliers d'ouvriers inoccupés ; donc, sa population est relativement moins heureuse que la nôtre!...

Ce n'est pas tout, les Etats-Unis se peuplent et s'agrandissent chaque jour... Les Américains ne se bornent plus à produire les matières premières... ils fabriquent... leurs établissemens deviennent de plus en plus nombreux, et préparent à l'Angleterre une rivalité formidable, car leur fabrication cotonnière, qui ne portait, il y a quinze ans, que sur 15 millions de kilogrammes, va maintenant à 160 millions (ainsi qu'on le reconnaissait récemment devant la Chambre de Commerce de Manchester.— Voir le *Nouvelliste de Rouen*, du 19 février 1857)!!!...

D'un autre côté encore, avec les progrès en général qui s'opèrent chez tous les peuples pour produire plus et perfectionner, non-seulement les moyens de production, *mais aussi ceux de défense et de destruction*, ne pourrait-il pas arriver que les Indiens, les Chinois et les autres nations longtemps asservies, battues et exploitées par les Anglais, et devenues forcément les tributaires de leur immense commerce, ne les repoussent à la fin, *eux* et leurs produits ?... Où en serait alors l'Angleterre, avec sa puissance *exclusivement commerciale*, et malgré sa tranquillité intérieure qu'elle a pu conserver jusqu'à ce jour, grâce à la ressource que lui fournit son Botany-Bay, pour se débarrasser de ceux que la justice condamne, et de son mode de recrutement qui lui permet de racoler et expédier dans l'Inde les soldats qu'elle prend dans la portion nécessiteuse et surtout remuante de sa population : car en Angleterre, si on naît marchand, on ne devient pas soldat forcément, puisque les grades sont réservés à l'aristocratie ; tandis que si en France chacun *naît* soldat et doit servir sa patrie *sans être acheté*, au moins chacun, avec de l'intelligence et du courage, et sans distinction d'origine, peut aspirer aux plus hautes dignités militaires!...

Ces appréhensions de l'avenir pourraient bien être l'explication vraie des efforts tentés par l'Angleterre pour nous imposer ses produits, sous le prétexte de favoriser l'industrie vinicole, la soierie de Lyon ou les rubans de Saint-Etienne ; mais aussi et en même temps pour tuer beaucoup d'autres industries, insuffisantes déjà pour occuper tous les bras, et pour procurer même à tous ceux qui sont employés un salaire suffisant pour satisfaire à leurs besoins vrais et absolus, et surtout à leurs aspirations d'un bien-être que le luxe des autres leur fait envier davantage !!!...

Par opposition à ce qui se passe en Angleterre, nous sommes les principaux consommateurs de ce que nous produisons!... Dans les bonnes années, notre agriculture peut arriver à nous suffire, et d'ailleurs, pour remédier aux embarras que nous éprouvons maintenant à cet égard, par suite de l'augmentation de notre population, nous avons à nos portes l'Algérie, prête à nous donner ce qui nous manque, dès que nous voudrons lui fournir les bras nécessaires et qui, devenus trop nombreux chez nous (au moins sur certains points), manquent chez elle.

Chez nous, l'agriculture occupe le premier rang; elle est la base de notre force et de notre véritable puissance... L'industrie et le commerce ne peuvent y occuper que le second.

TROISIÈME ET DERNIÈRE RÉFLEXION.

A l'idée de coloniser l'Algérie, d'y employer les jeunes détenus, les enfants trouvés, l'excédant des bras chez nous inoccupés *ou trop faiblement rétribués,* les antagonistes de la colonisation répondent... Prenez garde... prenez donc bien garde... Déjà l'industrie et l'agriculture se plaignent de n'avoir pas partout, et *surtout à assez bas prix,* les bras nécessaires, et l'inconvénient deviendra bien plus grave, si l'émigration algérienne nous les enlève en grand nombre!...

A ces craintes on peut faire la réponse suivante :

Après leur déplacement et des efforts inouïs, nos ancêtres, en se fixant sur le sol français, en se donnant ou acceptant des chefs, des usages, des coutumes, des lois, qui nous ont valu et préparé nos institutions actuelles, ne s'étaient originairement décidés dans leur choix qu'en vue de l'agriculture avec ses applications diverses, dont le sol gaulois leur avait paru susceptible, parce que, par les travaux de chacun dans sa spécialité, ils voulaient obtenir, en bonne qualité, en suffisante quantité et à un prix de revient qui leur en permît l'usage, les divers produits nécessaires à leurs besoins : il ne s'agissait pas pour eux de produire beaucoup au delà du nécessaire... au meilleur marché possible... et de se livrer à l'exportation...

Depuis cette époque, les habitudes rudes et un peu sauvages de nos aïeux se sont modifiées... les mœurs se sont adoucies, et grâce au christianisme (au *christianisme seulement...* ce que trop de gens ignorent !...) l'esclavage a disparu parmi nous; les besoins se sont augmentés, et, pour y satisfaire, il a fallu songer au commerce, puis à l'industrie, qui, en se développant, ont servi l'agriculture, mais en lui enlevant successivement une partie trop considérable peut-être de ceux que d'abord elle faisait vivre.

Maintenant l'accroissement industriel, grâce aux procédés nouveaux, a pris un tel essor qu'il a besoin de l'exportation (le marché français ne lui suffisant plus), et que pour exporter beaucoup, il réclame la main-d'œuvre, dans certaines parties, à un prix si peu élevé, que bien des familles ne peuvent plus se suffire, et que même et à force d'établissements, tous les bras ne sont pas occupés !... N'y a-t-il pas là de sérieux dangers pour l'avenir et la tranquilité du *plus grand nombre,* point capital à considérer, car un gouvernement a à se préoccuper de *tous,* et non d'une manière exexclusive de ceux qui, par leur industrie spéciale, ne forment qu'une minime parcelle de la population, dont les intérêts sont confiés à sa sollicitude ?... *Oui,* disent les uns... car la sécurité de tous ne peut être bien complète qu'autant que par un salaire assez élevé les ouvriers de l'industrie en général pourront vivre et faire vivre leurs enfants; or, ajoutent-ils, il n'y a rien à induire de ce que les employés de la soierie, à Saint-Etienne ou à Lyon, ou de la draperie maintenant, ou de certaines autres industries, ont des rétributions largement rémunératoires, puisqu'à côté il y en a beaucoup ou qui ne sont pas occupés ou qui ne gagnent pas assez !...

Non, disent les autres... car plus la main-d'œuvre sera à bas prix, plus on pourra vendre à bon marché aux nationaux et produire pour l'exportation, sans laquelle ils arriveraient à la ruine... Puis ils continuent et disent que si à l'aide d'un salaire plus élevé ils en sont réduits à ne plus pouvoir soutenir la concurrence étrangère et exporter, ils devront moins fabriquer, et que la diminution du travail industriel laissera sans emploi une masse de bras qui pourront, à ce moyen, devenir une cause de perturbation pour la sécurité générale, *si désirée!*... Puis, quant aux ouvriers inoccupés ou qui se plaignent de n'être pas assez payés, ils ajoutent que c'est leur faute, parce qu'ils ne veulent pas ou travailler ou modifier leurs habitudes routinières de travaux, pour se livrer à d'autres mieux rétribués, ou changer de pays, pour vivre ailleurs dans des conditions moins fâcheuses!...

Au milieu de ces affirmations contraires, il faut cependant bien se poser la question suivante :

Le travail actuel, *dans toutes les branches d'industrie*, et pour l'intérieur et l'exportation surtout, est-il suffisamment rémunérateur pour satisfaire aux besoins généraux des populations, et *dans une* légitime mesure?... Y a-t-il même, et par suite de toutes les inventions modernes, emploi pour tous les bras? Eh! mon Dieu, *non*, malheureusement, et quoi qu'on en puisse dire!!!... Autrement, et en présence de la ressource créée depuis quinze ans par l'établissement des chemins de fer, le gouvernement ne pousserait pas à tous ces immenses travaux coûteux et ruineux, qui ont moins en vue l'embellissement des villes et la création de merveilles architecturales, que d'assurer un emploi utile à ceux qui ne peuvent obtenir que du travail (auquel ils sont habitués) les moyens de vivre!... De Paris, l'impulsion ne serait pas donnée et suivie dans les villes des départements, malgré la surcharge d'impôts qu'ils nécessitent!...[1] Le

---

[1] La masse considérable d'ouvriers de tous états, enlevés à leur

gouvernement n'aurait pas si souvent à accorder des secours extraordinaires, à distribuer aux populations et surtout dans les centres industriels!!!... on ne serait pas obligé si souvent, dans les villes et les campagnes, de recourir aux impôts extraordinaires et aux souscriptions volontaires, en même temps... et aux loteries de toute espèce!!!... on n'aurait pas à créer ou aider tant de sociétés de bienfaisance de toute nature!!!... Ces travaux, ces impôts extraordinaires, ces souscriptions volontaires n'auraient pas de raison d'être, s'il n'y avait pas à aider et soulager les misères et les souffrances de ceux qui, dans l'emploi de leurs bras, ou dans un salaire trop exigu (en présence de leurs besoins actuels) ne peuvent arriver à se suffire!...

Eh bien! ces souffrances et ces misères sont un danger social, d'autant plus grand que, par l'éloignement des idées religieuses... les habitudes plus coûteuses et mauvaises... les rêves de plus de jouissances immédiates, et l'envie et la haine qu'on a essayé de faire naître chez un grand nombre, elles pourraient, à un moment donné, faire explosion et entraîner dans une misère commune et générale toute la société française!... et cela sans différence de la population la plus nombreuse qui s'occupe de l'agriculture, ou de celle, au contraire, bien moins considérable, qui s'occupe du commerce et de l'industrie. Prenons-y garde!...

A cette crainte, on répond encore que, chez nous, la force publique dont le gouvernement dispose est si considérable, si bien organisée et distribuée, qu'aucune révolution nouvelle n'est à craindre, soit par suite de troubles suscités à l'occasion du manque de travail ou de l'exiguité

pays pour venir exécuter, à Paris et ailleurs, des travaux immenses ou mieux retribués, où ils prennent aussi trop souvent de mauvaises habitudes, pourrait bien n'être pas exempte de dangers, lorsque, faute de travaux nouveaux, on ne pourra plus les occuper dans ces mêmes villes... et lorsqu'on voudra qu'ils retournent à leurs villages!!!...

du salaire, soit par suite des instigations des fauteurs de bouleversements nouveaux!... Mais les trois dynasties qui ont gouverné la France avant 1793 avaient aussi une force publique pour assurer la sécurité de tous et la tranquillité générale!... Ces dynasties sont tombées!... les gouvernements qui leur ont succédé avaient aussi une organisation nouvelle, une centralisation et une force qui paraissait plus puissante que dans le passé!!!... et cependant nous avons été les témoins attristés de leur chute!...

Eh bien! c'est dans la colonisation de l'Algérie que le gouvernement actuel peut trouver le véritable et le plus sûr moyen de prévenir des embarras nouveaux, en préparant la tranquillité de l'avenir, sans nuire ni à l'agriculture qui fait notre force, ni à l'industrie; car nous n'avons pas autant que les Anglais à nous effrayer des progrès en tous genres des Américains!... Nous n'avons pas à trembler pour des possessions comme celles de l'Inde et pays voisins!...

En Algérie, nous avons le moyen d'obtenir en céréales ce qui peut manquer à nos besoins actuels, en raison de l'augmentation de notre population...

En y reversant la partie de cette population qui, chez nous, est un excédant, ou que le travail actuel de l'industrie ne peut convenablement faire vivre, nous pouvons avec le temps y obtenir, outre les céréales, la majeure partie des matières premières nécessaires à notre industrie, à nos manufactures et à nos besoins intérieurs, et, en s'en occupant avec soin, nous pourrons probablement en obtenir le coton suffisant à nos filatures, sans recourir d'une manière par trop forcée et absolue aux cotons américains, dont la privation possible préoccupe *si vivement déjà les Anglais,* et les industriels français eux-mêmes!!... En reportant notre activité nationale sur l'Algérie, nous rassurons d'autant la tranquillité des autres Etats de l'Europe, qui, désireux de se suffire sans recourir ni à nous ni aux Anglais, n'auront pas à redouter que des souffrances intérieures (que la colonisation algérienne préviendra) nous entraînent à des conflagrations nouvelles avec elles, pour essayer d'y imposer un écoulement à nos marchandises et un emploi à notre excédant de population!... Loin de là, elles peuvent elles-mêmes en attendre et espérer des produits utiles et nécessaires, quand nos besoins personnels seront satisfaits et quand d'ailleurs, et avec les développements de l'industrie américaine, nous sommes exposés, avant peu, à voir diminuer ailleurs nos exportations actuelles.

Maintenant donc, s'il n'est pas possible (ce qui serait désirable) d'augmenter le salaire de ceux qui se plaignent et souffrent réellement de son insuffisance, tous nos efforts doivent tendre à coloniser et peupler l'Algérie, par prudence et par politique, afin d'utiliser notre conquête de 1830, en assurer la conservation et nous y préparer un marché qui deviendra considérable avec le temps. Nous aurons ainsi un moyen d'employer les familles inoccupées, ou très-peu rétribuées, ou qui manquent de l'intelligence et du courage nécessaires pour changer d'habitudes et se livrer aux travaux nouveaux et mieux payés par l'industrie.

A supposer que cette industrie fût obligée d'augmenter le salaire avec le temps, et parce que l'émigration aurait lieu dans une proportion un peu considérable, cet inconvénient relatif serait avantageux pour les ouvriers, en général, restant en France; ils auraient moins à réclamer de l'assistance publique, et la sécurité de tous s'en accroîtrait d'autant, ce qui compenserait, et bien au delà, l'obligation de payer un peu plus chèrement les articles dont on aurait besoin. S'il en devait résulter que les fortunes industrielles se fissent aussi moins rapidement (parce que l'exportation, si elle devait se réduire principalement à l'Algérie, n'offrirait pas à toutes les industries un marché aussi vaste qu'on le désirerait) et qu'il fallût suivre plus longtemps la même carrière, ce fait en lui-même n'aurait aucune gravité, au point de vue de la sécurité générale. Loin de là ; l'obligation de travailler plus longtemps pour les chefs d'ateliers exciterait moins la jalousie de leurs ouvriers (et le reproche d'*exploitation*, si *souvent mis en avant ! ! !*), quand la plupart d'entre eux sont obligés de travailler jusqu'à la mort.

Pour les chefs, l'obligation d'un travail plus long, au lieu de retraite si précipitée à un âge peu avancé, préviendrait chez beaucoup l'ennui inévitable d'un repos anticipé, et la pensée de courir après des dignités ou des emplois auxquels leur éducation première ne les a pas tous disposés, au risque de faire concurrence à ceux qui y sont préparés par des études spéciales, ou le danger de chercher dans des spéculations nouvelles et hasardeuses (quand, pour devenir plus vite millionnaires, et malgré leurs industries, ils veulent se faire aussi *joueurs de Bourse!*... ou dans les jouissances et dans les folies d'un luxe extravagant) les moyens souvent dangereux d'occuper un désœuvrement trop hâtif [1].

En somme, et pour me résumer à cet égard, je dis que, dans la situation actuelle, une partie notable d'ouvriers non suffisamment rétribués dans les pays où ils sont occupés, n'arrive qu'avec le secours de la charité publique à vivre

---

[1] On se tromperait fort et on interpréterait bien mal ma pensée, si, dans ces réflexions sur l'industrie et les industriels, on voulait y voir une pensée hostile... Dieu me garde heureusement de méconnaître les services que le négoce et l'industrie et leurs chefs ont rendus et rendent encore à la France... mais ces négociants ou industriels ne constituent qu'une minime *portion relative* de la population française, dont ils font vivre une bonne partie aussi !... Or, ces négociants, ces industriels, ont eux-mêmes un besoin pressant qu'on ait recours à tous les moyens qui pourront le mieux assurer la tranquillité de l'avenir... Parmi eux, il en est qui regrettent de ne pouvoir, sous peine *de ruine personnelle*, mieux rétribuer les bras qu'ils emploient, et c'est parce que la situation de tous, sans exception, peut offrir des embarras pour l'avenir, que je mets si en avant la colonisation de l'Algérie... la nécessité d'y reporter une partie de la population qui souffre, *dit-on*, pour en arriver-là, payer un peu plus chèrement celle qui nous restera... et les produits obtenus eux-mêmes... et malgré l'obligation possible de continuer plus longtemps le commerce et l'industrie !...

rigoureusement, ou *plutôt à vivoter*... que cette portion si intéressante et utile s'habitue aux secours.... et à tendre la main... qu'elle perd aussi de sa dignité.... qu'en la laissant souffrir et gangrener davantage elle pourrait, avec le temps, se fondre dans la portion tout à fait vicieuse, dégradée et abâtardie, qui, si on lui en laissait les moyens, voudrait bien, comme le Vindex de M. Louis Veuillot (déjà cité), invoquer *le droit au repos* plutôt que le droit au travail utilement et convenablement rétribué, et que déjà, pour un trop grand nombre, l'exploitation de la charité publique est devenue une industrie contre laquelle il est bon de se mettre en garde ! ! !

A tous, il faut montrer l'exemple de nos ancêtres venant conquérir le bien-être en France... la nécessité, la sainteté et la noblesse du travail partout et dans tous les pays, et, sans se préoccuper du reproche banal que nos familles ouvrières ne veulent pas se déplacer (reproche auquel je répondrai lorsque je parlerai des villages départementaux et de la culture du coton par les enfants trouvés et les jeunes détenus), les convier à la colonisation algérienne par tous les moyens honorables et vraiment chrétiens qu'on pourra employer ! ! !...

DEUXIÈME PARTIE.

EXPOSITION.

Dans la première partie qui précède, j'ai essayé d'expliquer pourquoi, après le retour aux pratiques religieuses (dont je parlerai plus tard et en terminant cette nouvelle rêverie algérienne), la colonisation me paraissait le meilleur et à peu près l'unique moyen de rassurer le présent et de préparer la tranquillité de l'avenir. Pour le triomphe d'une idée, si bonne qu'elle puisse être, il faut un levier puissant et énergique... Les circonstances dans lesquelles nous nous trouvons, et qui nous ont conduit à un nouvel Empire, dont le chef veut appuyer la base sur la religion... la probité... la justice... et l'amour des classes souffrantes, me persuadent que l'Empereur Napoléon III devra être le levier providentiel à l'aide duquel cette colonisation pourra arriver à s'opérer d'une manière solide et durable.

Mais pour arriver à ce résultat et travailler par ce moyen à la consolidation de la sécurité de tous, il faut, en France comme pour l'Algérie, rétablir le culte de l'autorité, singulièrement affaibli depuis 1793, et employer tous les moyens qui seront de nature à faire revivre, au profit des fonctionnaires, une considération vraie et sincère qu'on leur refuse trop souvent, parce que la malveillance... l'esprit de parti!... ou la jalousie ont fréquemment exploité à leur profit des actes blâmables ou honteux constituant des actes isolés... et qu'on s'est trop habitué à ne voir que des exploitants dans ceux qui avaient (en Algérie surtout) une part telle quelle d'autorité publique. Pour rassurer chacun à cet égard, sur la probité et la justice et des actes et des hommes, il faut en revenir à une pénalité plus sévère contre les auteurs ou complices de malversations... se montrer plus difficile dans les choix à faire pour tous les postes... et donner à l'Algérie une magistrature judiciaire inamovible, et modifier même, s'il le faut, le mode de gouvernement donné à ce pays, afin que tout le fardeau de son administration ne reposant pas sur une seule tête, il y ait plus d'yeux surveillant hommes et choses. Le rôle apparent de censeur est ingrat... il indispose contre celui qui ose le prendre, quand il n'a ni mission ni autorité morale pour se l'attribuer!... Pour certaines personnes honnêtes, mais prudentes, c'est un travers que de vouloir se poser en redresseur de torts... de parler de mesures plus répressives contre des fraudes et des abus qui ont existé dans tous les temps et sous tous les régimes!... mieux vaut, disent-elles, pour son repos, voir ou entendre dire, se taire et laisser passer!... Cependant, cette prudence prétendue pourrait bien n'être que de l'égoïsme maladroit; car, à d'autres époques, les mêmes fautes pouvaient n'avoir pas les mêmes conséquences... Elles étaient moins connues, colportées... grossies et exploitées, et avec les habitudes calmes et paisibles de tout le corps social, l'autorité en général n'en était pas affectée! Ce langage de prudente réserve ressemble fort à celui que tiendraient, au moment d'un incendie ou d'une inondation, des gens qui, se croyant à l'abri de danger, se dispenseraient d'y porter remède; car si, à ce moment, chacun en dit autant et refuse de porter de l'eau ou de travailler aux digues, l'incendie ou l'inondation gagne et s'étend de proche en proche, et la ruine de tous a lieu, parce que les peureux ou les égoïstes ont refusé leur concours aux moyens de salut.

En faisant son appel, pour qu'on l'aidât à donner à son gouvernement des institutions ayant pour base la probité... la justice, etc., etc., l'Empereur s'est *adressé à tous* (et non à tels *ou tels*); il a donc donné le droit aux gens de bonne volonté de lui signaler les mesures qui leur paraissent utiles pour arriver au but qu'il se propose d'obtenir... plus de sécurité pour le présent et surtout pour l'avenir, et l'amoindrissement des causes de troubles ou perturbations dans le pays ! Pour en arriver là, j'indique, après le retour aux idées religieuses, la colonisation de l'Algérie, et pour compléter ma réponse à la question *posée à tous* indistinctement, j'ajoute qu'il faut relever la considération des fonctionnaires, et je vais, dans ce chapitre, en indiquer les moyens comme je les comprends. Mais avant d'aborder ce sujet et couper court à toute interprétation malveillante, il me paraît utile de reproduire ici et immédiatement plusieurs des idées que déjà j'ai émises en 1847 et depuis.

A l'occasion de faits bien regrettables dont les tribunaux s'étaient occupés en France ou en Algérie, et en parlant de la nécessité d'une surveillance plus sévère, je disais en note, page 140, de ma première brochure sur la colonisation :

« Si cette surveillance est nécessaire en Afrique de la
« part de tous les grands pouvoirs sur leurs subordonnés, elle
« n'est pas moins indispensable en France; car, en faisant
« la part de l'exagération et de la mauvaise foi, qui gros-
« sissent souvent le mal, il faut bien reconnaître que la fu-
« reur du jeu, les besoins d'un luxe effréné et d'autres pas-
« sions mauvaises, ont entraîné plus d'un fonctionnaire
« dans les fautes les plus déplorables.

« Avec un personnel administratif aussi considérable que

« celui qu'exige le pays, on conçoit qu'il est impossible de
« ne pas se tromper quelquefois sur les choix qui ont lieu ;
« mais il y aurait mauvaise foi à rendre le gouvernement
« responsable des fautes ou des crimes de quelques-uns de
« ses agents, etc., etc. Dans leur répression, on ne saurait
« montrer trop de sévérité, et une funeste indulgence,
« quel qu'en pût être le motif, serait une cause de scan-
« dale.

« Depuis quelques années, des faits graves ont été signa-
« lés... la justice a fait son devoir, quand elle a été saisie ;
« mais, dans certains cas, elle a dû regretter que la péna-
« lité à appliquer ne fût pas suffisante. En effet, la priva-
« tion de droits civiques et civils... une amende, ne punis-
« sent pas d'une manière équitable certains faits de forfai-
« ture ou de concussion : *les travaux forcés à temps et*
« *l'exposition publique* devraient bien être ajoutés, etc., etc.

« On peut et on doit reconnaître qu'avant la révolution,
« sous la République et l'Empire, on a souvent dit et répété
« qu'il y avait bien des abus chez des employés secondaires
« de l'administration... on a souvent dit ou cru que plu-
« sieurs spéculaient sur leur position pour favoriser cer-
« taines fournitures, leur acceptation ou leur refus !... Dans
« les travaux publics, les dépenses relatives aux grands
« établissements... les fourrages... on a souvent répété qu'il
« se glissait plus d'un acte de ce genre ! que bien des articles
« payés par l'Etat n'étaient pas fournis !... On a souvent ca-
« lomnié, le fait est vrai ; mais il est difficile de croire que
« souvent on n'ait pas dit la vérité, en proclamant que bon
« nombre d'employés trouvaient dans ces moyens de rendre
« des services des émoluments bien supérieurs aux traite-
« ments attachés à leur emploi !... etc., etc. »

A la page 166 de la même brochure, et à propos de la position des magistrats en Algérie, je disais :

« Maintenant, ne serait-il pas convenable de conférer
« l'inamovibilité aux magistrats de ce pays, sauf, avant de

« prendre un parti aussi grave, à user des précautions con-
« venables pour qu'il ne pût être dangereux, etc., etc.

« Avec des magistrats révocables, réduits ainsi à la posi-
« tion de simples employés, rendant la justice, etc., etc., il
« s'ensuit un sentiment de défiance *immérité sans doute,*
« mais *fâcheux,* etc., etc. L'administration civile peut chan-
« ger, mais la justice doit être immuable, etc., etc. »

Le 20 mai 1848, et dans un petit factum portant pour titre : *Essai sur les moyens de sortir du gâchis,* je disais :

1° Dans l'article 4 de ces moyens :

« Condamner aux travaux forcés *à perpétuité* et à l'ex-
« position publique tous les fonctionnaires ou agents d'ad-
« mistration ayant un traitement supérieur à 4,000 fr., qui
« seront reconnus coupables de concussion, forfaiture ou
« de vol dans l'exercice de leurs fonctions; pour ceux ayant
« un traitement inférieur à 4,000 fr., *prononcer les travaux*
« *forcés à temps et exposition.* La crainte d'un pareil châti-
« ment arrêtera bien des dilapidations et des vols; l'Etat,
« loyalement servi, trouvera une économie réelle dans ses
« dépenses, qui seront sérieusement faites. »

2° Dans la section 5 de l'article 10 :

« Au lieu de toucher à la propriété des officiers minis-
« tériels, pour en assurer le monopole à l'Etat, et créer
« ainsi à ses divers agents des moyens plus faciles de cor-
« ruption et de camaraderie, s'il s'en trouve (et on peut le
« craindre) qui veuillent en faire... *respecter cette pro-*
« *priété,* etc., etc., surveiller avec exactitude le prix des
« transmissions d'office, afin qu'ils soient en rapport avec
« les produits, etc., etc. »

3° Dans l'article 14 :

« Respecter l'inamovibilité de la magistrature, elle est la
« sauvegarde de la société et de la liberté des peuples. Si on
« la compose d'agents révocables, elle n'inspirera plus de
« respect; elle ne sera plus que l'instrument passif des di-
« vers individus qui, en escaladant le pouvoir, remplace-

« ront de bons magistrats par des créatures dévouées aux
« passions de leurs protecteurs, etc., etc. »

Ces citations sont de nature à prouver que les moyens de répression et les idées dont je veux parler dans ce chapitre, pour arriver à rétablir le respect et la considération pour l'autorité, ne sont pas nouvelles pour moi, et se relient au contraire intimement à l'œuvre de la colonisation qui, à mes yeux, doit être d'un secours si efficace pour le présent comme pour l'avenir.

PREMIÈRE SECTION.

De la vénération pour les grands pouvoirs avant la révolution.

PREMIER PARAGRAPHE OU PREMIER MOYEN.

Les chefs des trois dynasties qui ont gouverné la France jusqu'à 1793 avaient été en général l'objet d'un grand respect et d'un quasi *culte*, bien que tous, assurément, n'eussent pas brillé par la douceur, la loyauté ou la moralité!... La douceur des Frédégonde et des Brunehaut... la loyauté de Louis XI... la moralité de Louis XV laissaient fort à désirer... mais si on les estimait peu, on les craignait et on respectait en eux le dogme de la légitimité.

Ce dogme avait été admis jadis entre les grands chefs ou vassaux pour prévenir de trop fréquents déchirements en France (qui en avait bien assez sans cela), pour élire des rois au décès de chacun de ces derniers et s'exclure ainsi de tous rêves d'ambitions personnelles au gouvernement. Il est à remarquer qu'en 420, en 752 et 987, la nation proprement dite (et comme nous le comprenons maintenant) ne fut pas consultée pour élire les titulaires de la puissance souveraine, ce qui ne l'empêcha pas de s'approprier avec le temps et de conserver comme une planche de salut ce même dogme de la légitimité, qui se trouva entretenu et alimenté par les serments de foi et hommage des grands envers les rois... serments de foi et hommage prêtés au profit des grands vassaux, par les comtes, barons ou chevaliers, leurs tenanciers, et exigés par ces derniers des bourgeois, manants ou vilains qui ressortaient de leurs apanages.

Ces hommages partant d'en bas pour remonter successivement en haut, étaient la raison du respect que chacun, suivant sa position, avait pour les différents pouvoirs, en allant jusqu'au souverain. Quant aux emplois publics, ils furent longtemps remplis, et d'une manière à peu près exclusive, par des titulaires de noble extraction, possesseurs de grandes fortunes, ayant une existence à part qui les tenait fort à distance, même de la bourgeoisie (lorsque cette bourgeoisie commença à compter dans le pays), ce qui augmentait chez tous la considération respectueuse et portait à croire à la loyauté et à l'exacte justice des fonctionnaires, qu'on ne supposait pas facilement capables d'exploiter une situation quelconque par des moyens honteux ou blâmables.

Ces cas se présentaient cependant de temps à autre, même chez de très-hauts personnages (chez le duc d'Anjou, par exemple, volant de vive force au château de Melun, en 1380, les trésors de Charles V); mais si on ne pouvait toujours atteindre et punir des vassaux par trop redoutables, il n'en était pas de même pour d'autres prévaricateurs; l'histoire nous a conservé des exemples de condamnations sévères... et même de l'application de la peine de mort!... On n'en était pas arrivé, comme de nos jours, sous le prétexte de philantrophie et d'adoucissement de mœurs, à se contenter d'une détention de deux, trois ou quatre ans, avec la privation de droits civiques et civils!... Aussi et à raison du sentiment de respect général pour les divers chefs de pouvoir, dans la capitale et les provinces, on n'était pas avare de donner des titres de monseigneur!... On le donnait aux pairs du royaume... aux gouverneurs... aux intendants... aux présidents... aux procureurs... aux lieutenants généraux, etc., etc., et la population trouvait cela rationnel et juste, car chaque fonctionnaire *monseigneurisé* appartenait à une grande famille et était possesseur de vastes domaines.

D'un autre côté encore, il est à remarquer qu'en dehors des grands mouvements populaires commencés à Paris, sous le prévôt Marcel, et qui servaient d'occasion pour signaler de grandes ou prétendues malversations, suivant les passions en jeu ou les meneurs d'émeutes, on avait aussi des gens qui, lorsqu'ils pouvaient parvenir jusqu'aux rois, ne leur ménageaient pas la vérité.

Ainsi, par exemple, en 1504, après la perte du royaume de Naples, sous Louis XII, et après s'être échappé heureusement de Gaëte, Louis de Hauteville ayant pu, à force de persévérance, pénétrer jusqu'au monarque, lui expliquait que la perte du royaume de Naples ne pouvait être attribuée ni aux capitaines ni aux soldats, mais aux commissaires pour les vivres et aux trésoriers, *harpies ravissantes* (disait-il) arrivées à l'armée uniquement pour s'enrichir; de sorte qu'on avait devant soi *l'ennemi* et *derrière* les voleurs!... *Hélas! ce n'est que trop vrai*, aurait répondu le roi; et d'après ce que nous dit Anquetil, dans son histoire de France, on aurait *pendu deux de ces grands voleurs*, et d'autres auraient été exposés sur des échafauds aux insultes de la populace... puis, dans d'autres occasions et à l'aide d'autres moyens dont la légalité et la forme peuvent laisser à désirer, on savait faire regorger d'assez grosses sommes à ceux qui étaient supposés s'être enrichis trop vite aux dépens de l'Etat!...

Quoi qu'il en soit, et malgré ces faits isolés, moins répandus et publiés (car il n'y avait pas de journaux et de lecteurs comme à présent.. il n'y avait pas tant de rivaux et d'envieux pour les places supposées propres à avancer vite les fortunes), ces faits, dis-je, qui n'étaient guère connus qu'à Paris et les très-grandes villes!... malgré même la démoralisation du dernier siècle et les doutes qu'on commença à faire naître sur la loyauté de certaines gens et le ridicule qu'on songea à déverser sur d'autres, les dépositaires de l'autorité dans tous les degrés étaient entourés de plus d'estime et de considération... on croyait plus à leur probité... à la valeur de leurs serments ; car à des noms plus ou moins grandioses, ils joignaient le prestige de la fortune, qui aide toujours à imprimer un certain respect.

Mais par suite de la révolution de 1793... de la confusion générale... de la suppression du culte surtout et des titres nobiliaires... *du fameux tu, citoyen et égalitaire...* du dégoût qu'éprouvaient les administrés pour ceux qui s'étaient improvisés ou imposés comme administrateurs, on n'éprouva plus que du mépris pour la plupart de ceux qui exerçaient une autorité telle quelle... La vénération jadis professée pour les rois et le respect porté aux délégués de leur puissance furent remplacés *silencieusement d'abord* par l'horreur (vu la permanence de la guillotine, dont la mission était d'entretenir le *culte apparent et la soumission* au profit des chefs *moraux,* honnêtes et benins qui avaient chassé et remplacé *les prétendus tyrans,* au nom de la liberté, de l'égalité et de la fraternité!), et plus tard par le mépris non caché, quand la principale fièvre révolutionnaire fut passée ; car en haut il n'y avait plus de chefs ou rois inspirant le respect traditionnel, et au-dessous de ceux qui s'étaient faits leurs successeurs, ces fonctionnaires riches et porteurs de grands noms ; mais, au contraire, trop de gens d'une loyauté fort suspecte, et que leur participation plus ou moins directe dans le drame sanglant qui venait de s'accomplir, recommandait peu.

A cette époque, en voyant le gaspillage des fonds publics, la facilité avec laquelle certaines gens (même dans les emplois subalternes) arrivaient à s'enrichir, des individus à conscience facile et qu'aucune idée religieuse ne retenait plus et que le mépris effrayait moins (si en s'y exposant, on arrivait vite à la fortune), s'imaginèrent qu'il suffisait d'obtenir un emploi public, ou dans les fournitures, ou les travaux de l'administration, et composèrent une assez belle ligne de solliciteurs, admettant que la déprédation des fonds de l'Etat ou la vente de services administratifs n'avait rien de trop sévèrement criminel!... Ces idées, en se répandant à la faveur du dévergondage et de la licence des temps, contribuèrent singulièrement à abaisser le respect et pour les fonctions et pour les fonctionnaires en général!...

DEUXIÈME PARAGRAPHE.

Avec l'établissement du premier Empire... le retour au culte... la suppression du *tu* républicain et par trop égalitaire, les fonctionnaires reprirent un peu d'importance... on en *monseigneurisa* moins que dans le passé, car on comprit qu'on prêterait au ridicule si on essayait de faire revivre, au profit de ceux qu'on investissait du titre de fonctionnaires principaux dans les départements, dans les ministères, etc., etc., des qualifications données jadis aux porteurs de grands noms historiques, possesseurs de grands apanages, tandis qu'alors on n'avait plus que des noms nouveaux, sans racines dans le passé, et appelés à raison de leur capacité, mais qui n'en étaient pas moins alors les égaux seulement de leurs administrés, au milieu desquels ils reviendraient se confondre dès que leurs fonctions viendraient à cesser.

D'un autre côté, il n'y avait pas comme maintenant, foule et exubérance de *capacités* et il importait à l'Empereur, fondateur d'une dynastie nouvelle (comme à tous les nouveaux chefs de gouvernement), de s'entourer d'abord de dévouements supposés aptes aux postes à remplir, sans trop se préoccuper et de leurs noms et de leur position de fortune.

En s'occupant de rétablir la tranquillité dans les esprits, l'ordre dans les villes et les campagnes, et dans les divers services administratifs, Napoléon songea aussi à prévenir le retour des dilapidations passées ; mais à raison de l'immensité de ses travaux et de ses préoccupations de toute nature, il ne put suivre avec tout le soin et la perspicacité qu'il avait, tous les agents civils ou militaires, de ministères ou de préfectures, ni faire souvent des exemples de sévérité contre les auteurs ou complices de malversations, qu'il menait, du reste, assez cavalièrement et durement, si on en juge par la manière dont il en usa, *dit-on*, avec un munitionnaire général fameux, dont le chiffre de fournitures lui paraissait trop élevé... Puis la guerre qui se suivait en dehors de la France, sur des points différents et à des distances assez considérables, semblait couvrir et excuser bien des faits et des actes que, dans d'autres temps et avec un plus long exercice d'autorité, il n'eût pas supportés : aussi son pouvoir, tout couvert de gloire, fort, estimé et respecté dans sa personne, ne fut certes pas l'objet d'un même culte chez un bon nombre de ses agents de toute sorte, surtout chez ceux qui, sans aucune fortune au début de leur carrière, furent supposés s'être enrichis trop vite et à la faveur des fournitures ou travaux, ou de la conscription qui joua un grand rôle alors, dans les moyens de se créer des ressources lucratives additionnelles aux emplois, et des obligés payant les services rendus ou espérés.

Sous la Restauration, le gouvernement fit ce qu'il put pour augmenter la considération de ses fonctionnaires ; mais par suite des idées reçues et accréditées depuis plus de vingt ans, sur l'égalité absolue de tous, des exemples qu'on avait eus sous les yeux, des prédispositions regrettables à souffrir avec peine une supériorité ou autorité telle quelle, avec une noblesse revenant avec des noms honorables sans doute... mais n'ayant plus même, depuis la loi d'indemnité, les châteaux, les créneaux et les grands domaines des temps anciens... le respect et la considération fut loin de ressembler à ce qu'on éprouvait jadis pour les délégués de la puissance des rois !

Après 1830, il fallut au nouveau pouvoir s'entourer à son tour de dévouements nouveaux, choisir dans ceux qui avaient (sans le vouloir peut-être) aidé à renverser le précédent, et servi ou la République ou l'Empire, avec ou sans grands noms, avec ou sans fortunes faites... Le gouvernement de cette époque, obligé de lutter contre les partis... de les contenir... de compter avec les électeurs... de ménager les uns, de s'attacher les autres, ne put encore rétablir dans les masses les sentiments vifs et sincères d'estime ou de considération pour les divers chargés d'autorité en général, qui, suivant les idées auxquelles on appartenait, étaient chaque jour traqués, conspués ou vantés par les journaux des diverses nuances politiques, contenant l'injure ou la louange.

A cette époque, l'Algérie, nouvellement conquise (pour une petite partie au moins), devint un nouveau champ ouvert aux rêveurs de fortunes faciles et rapides... Le droit de conquête sembla autoriser ou servit à couvrir bien des faits fâcheux qu'il ne fut pas toujours possible de rechercher et punir... Il y eut bien des abus, puisqu'en 1843 on fit une ordonnance pour mettre un frein aux spéculations des agents de l'autorité sur les biens algériens... Obligé de tout improviser dans ce pays au fur et à mesure qu'on y avançait, bien des choix de fonctionnaires ou agents secondaires ne furent pas heureux, à n'en juger même que sur les poursuites *non étouffées* et qui furent suivies de condamnations!!!

Peu après 1830, il y eut en France et à diverses reprises, des poursuites et des condamnations à raison de tripotages et de malversations d'employés et de fonctionnaires exploitant leurs positions... La publicité donnée à ces faits commentés par la malveillance, ne fit que développer et entretenir la défiance et la déconsidération contre les représentants du pouvoir, et ce fut à cette occasion que, après un premier voyage en Algérie, où j'avais vu de tristes choses et entendu à plusieurs reprises et assez publiquement des révélations plus tristes encore, je proposai, en 1847, une répression plus sévère contre tous ceux qui abusaient de leur poste et s'en faisaient une machine à exploitation!... car alors, comme maintenant, la sécurité de tous me semblait puiser une grande force dans le respect de chacun pour les fonctionnaires, et la bonne opinion qu'on a de leur loyauté, de leur stricte justice et de leur moralité.

1848 remplaça le gouvernement de 1830; cette époque put sans doute fournir quelques agents vraiment probes et honnêtes, n'ayant en vue que le triomphe d'une forme gouvernementale qu'ils croyaient (à tort assurément!... mais loyalement au moins) pouvoir être appliquée en France... mais le plus grand nombre, plus ou moins criblés de dettes... d'une probité et d'une moralité plus ou moins douteuse, n'étaient certes pas dans des conditions à raviver le respect ou l'estime, et pour les fonctions et pour ceux qui les exerçaient !!!

Depuis lors, avec le redoublement des besoins du luxe... l'augmentation des moyens d'agiotage... les idées de mépris, de jalousie ou de haine répandues à profusion jusqu'au nouvel Empire, contre toutes les nouvelles supériorités sociales ou par les fonctions ou par la richesse... avec la fièvre d'arriver vite à tout... et surtout à la fortune... avec tant et tant de grandes entreprises faites par des gens habiles et intelligents sans doute, mais ayant débuté avec rien et devenus rapidement millionnaires... la considération et le respect pour l'autorité ou les grandes notabilités du pays ont-ils grandi?... Je ne parle pas de ce respect qui n'est qu'un masque (dont se servent tous ceux qui, à toutes les époques, sont disposés à se mettre à genoux et à encenser tout ce qui leur paraît exploitable), mais de ce culte sincère et vrai qu'on éprouve pour ceux qui, à leurs dignités, joignent la sévère probité et la moralité, ou qui se recommandent plus par leurs vertus et leur loyauté que par leurs millions?...

Je laisse à chacun le soin de répondre à la question ainsi

posée!... Pour moi, et tout en reconnaissant qu'à la suite de tant de révolutions dont on est fatigué, il y a tendance à en revenir au respect des fonctions et des fonctionnaires, je suis loin d'admettre que nous en soyons au culte respectueux de nos pères pour tout ce qui est pouvoir, et je comprends que le chef actuel de l'Etat s'en préoccupe, et que pour y parvenir il veuille appuyer la base de son gouvernement sur la probité *partout et chez tous, chez les administrés et les administrants,* et qu'il demande le concours de chacun pour le triomphe d'une œuvre aussi noble et aussi désirable.

Les plus grands ennemis de l'autorité, ceux qui la détestent le plus, parce que sa mission et sa raison d'être, c'est d'assurer le repos et la tranquillité publique, de faire respecter par tous la liberté, les droits et la fortune de chacun, à l'aide des lois qui régissent le pays, sans distinction des individualités!... ce sont les gens flétris et à plusieurs reprises par la justice, qui ne pourraient user de leur liberté, que pour se livrer à de nouveaux crimes et se faire de nouveaux complices... Déjà une mesure salutaire a été prise par la transportation, dont on doit merci et reconnaissance à l'Empereur, qui l'a décrétée et fait exécuter.

Après les grands coupables, viennent les voleurs plus ordinaires, les banqueroutiers frauduleux, les escrocs, que la loi, les gendarmes et tous les fonctionnaires en général contrarient fort, et qu'ils n'aiment ni ne respectent.

A la suite, viennent les auteurs de délits, les mendiants et paresseux de profession, puis ceux élevés par la charité publique, qui n'en deviennent pas moins en trop grand nombre (quand il sont redevenus libres ou rendus à eux-mêmes, lorsqu'on les croit en état de se suffire et de travailler) les infracteurs les plus ordinaires des lois et les plus disposés à voir de mauvais œil tous ceux qui exercent une portion de l'autorité.

Pour ceux-là, la colonisation de l'Algérie, à laquelle on

peut les employer utilement, pourra (en permettant aux uns de se retremper et réhabiliter par le travail, et aux autres de s'y former) les ramener à des dispositions meilleures et leur faire sentir qu'une société ne peut exister sans une autorité active, intelligente et forte, et que cette autorité, qui s'occupe du repos et du bien-être de chacun, a un droit légitime au respect de tous.

Mais pour rétablir dans l'ensemble de notre corps social le culte de l'autorité supérieure qui, à défaut des grands vassaux du moyen âge, prend maintenant son point d'appui sur les illustrations décidées à l'aider, et qu'elle trouve dans le clergé, l'armée, la magistrature, les sciences, le négoce ou la grande finance, il conviendrait de promulguer des lois empreintes d'une plus grande sévérité, et, comme je le demandais en 1847 et au 20 mai 1848 (suivant l'extrait consigné page 43 ci-dessus), contre tous les fonctionnaires ou agents publics quelconques convaincus de malversations dans leurs fonctions, et contre leurs complices sans aucune distinction. Ce redoublement de sévérité effrayerait les uns et les autres, rendrait les concussions, les vols, les exploitations de position plus rares, et conduirait avec le temps à rétablir la considération et le respect pour tous les dépositaires du pouvoir, dont on s'habituerait à ne plus mettre en doute la probité !

Cette pénalité, il serait bon de l'étendre aux fondateurs, gérants et agents de grandes entreprises industrielles et par actions constituées en vertu d'autorisation publique, toutes les fois qu'on arriverait à découvrir des menées blâmables ou honteuses pour attirer les actionnaires... faire croire à une organisation sérieuse... à une surveillance scrupuleuse qui n'existerait pas, et lorsqu'on aurait la preuve de détournements et de déprédations au préjudice d'actionnaires qui tous ne peuvent, de leur personne, s'ingérer dans les détails de ces gigantesques opérations. Il est regrettable de voir ces faits considérés, quand ils se produisent, comme de simples escroqueries du ressort des tribunaux correctionnels seulement.

Pour rassurer complétement l'opinion publique sur la franche, loyale et sévère application de cette pénalité nouvelle, il pourrait être bon de soumettre tous ceux qui s'exposeraient à l'encourir, *sans aucune exception de rang, de qualité ou d'emploi*, à un jury spécial choisi dans les jurés désignés chaque année par MM. les conseillers généraux, et tirés au sort, puis indiqués par les cours souveraines comme membres, pour un an seulement, *du jury d'expropriation*.

Ces jurés, au nombre de dix-huit, et avec l'assistance des magistrats tenant les assises, connaîtraient de ces affaires spéciales ; et, à l'abri par leur position de toute influence et de toute intimidation, ils constateraient la vérité ou l'erreur des imputations faites à tous ceux qui comparaîtraient devant eux, et les magistrats ne pourraient qu'appliquer la loi. A procéder ainsi, on ferait taire bien des suppositions fâcheuses contre la justice de certaines pénalités appliquées!... les influences... sur ce que des vols beaucoup moins importants commis par des malheureux du plus bas étage, et plus ou moins dans la misère ou la fange, *sont* punis de peines plus longues et plus sévères pour des vols insignifians, que les auteurs des grands vols au préjudice de l'Etat, ou de grosses escroqueries préparées et consommées par des gens *instruits*, capables, d'une position sociale plus relevée, et volant des millions.

L'adoption de cette mesure profiterait pour beaucoup à l'Algérie et à sa colonisation ; car pour l'aider et la faire avancer, il faudra y appeler les détenus de certaines catégories, les enfants trouvés, y préparer des villages départementaux (avant que les colons aisés y viennent d'eux-mêmes et à leurs frais). A cette occasion, l'Etat, outre les chemins de fer, dont l'établissement vient d'être décidé, aura à se livrer à de grosses dépenses nouvelles, à réclamer de grandes fournitures, à recourir à de nouveaux agents, à créer plus tard de nouveaux et nombreux fonctionnaires. Or, pour prémunir contre toute velléité d'exploitation ou d'abus, leur assurer plus de considération et de respect, il est bon qu'une pénalité plus forte soit promulguée; elle arrêtera la foule de solliciteurs qui, dans ces fonctions nouvelles, s'y proposeraient une fortune trop rapide et facile.

Lorsque ces établissements nouveaux seront décidés et qu'on aura fixé les emplacements qu'ils devront occuper, les demandes de concessions de terres dans leur voisinage abonderont... Elles seront formées par les uns, pour eux, par d'autres comme prête-noms seulement. Chacun tâchera d'invoquer et faire valoir de prétendus services rendus pour écarter des rivaux; on alléguera l'existence de ressources et de moyens qui ne sont pas toujours d'une vérité bien exacte; les moyens blâmables et cauteleux ne seront peut-être pas dédaignés!... Eh bien! il faut à l'avance, et en vue de l'éventualité de ces créations, protéger les solliciteurs et les sollicités par une pénalité assez forte pour effrayer efficacement chacun à l'occasion de ces demandes ou obtentions de concessions qui, pendant les premières années de l'occupation, ont laissé fort à désirer!

Avec ce redoublement de pénalité ainsi généralisée, chacun deviendrait plus circonspect et serait moins disposé à intriguer et à se remuer pour obtenir des postes et des emplois... où l'exploitation espérée exposerait à un châtiment aussi sérieux!... On songerait moins à arracher ou surprendre des concessions de terrains, n'importe comment, en trompant la religion des chefs d'administration dès qu'on saurait n'avoir pas les moyens de les utiliser!... On s'habituerait ainsi, avec le temps, à croire partout à la loyauté, à la probité de tous les fonctionnaires ou agents du gouvernement ou des grandes compagnies!... Le pouvoir, et tous ceux qui en ont une portion, y gagneraient en force morale, en respect et en vénération, et la société y gagnerait en sécurité.

DEUXIÈME SECTION.

Deuxième moyen pour relever le prestige du pouvoir.

Puisque maintenant, et à raison de l'égalité des droits de tous, chacun peut prétendre à tous les postes et à tous les emplois, sans qu'on ait à invoquer l'ancienneté des noms ni de grosses fortunes, il faudrait au moins que, dans l'avenir, on n'admît à certaines fonctions, en établissant sa capacité et son aptitude, qu'en justifiant au moins d'une certaine aisance.

Bien des gens s'imaginent à tort qu'une fonction publique assure la fortune de ceux qui l'obtiennent, et ne soupçonnent pas qu'elle oblige moralement à une représentation et à un décorum occasionnant des dépenses souvent sans rapport avec le produit du poste. De là des dettes... et par instants des fautes qui déconsidèrent le fonctionnaire!... Mais s'il est marié... s'il a plusieurs enfants... si imprudemment il cède aux entraînements du luxe!... sa position devient insoutenable et sa considération personnelle nulle... On sait qui il est... d'où il vient... sa situation besoigneuse ou gênée au milieu d'administrés aisés ou beaucoup plus riches que lui... ses actions sont commentées... scrutées, et pour peu qu'on croie en apercevoir d'équivoques, il est jugé bien sévèrement, d'autant mieux que chaque fonctionnaire a ses envieux!... Puis aussi, et par moments, à défaut de gros patrimoines et d'un nom bien ronflant et ancien, on cherche dans la morgue ou le dédain, pour ceux avec lesquels on est en contact, le moyen de rehausser la position qu'on occupe. On blesse les susceptibilités, qui se vengent en divulguant la position difficile de celui qui veut en imposer par son importance officielle... et le pouvoir se trouve d'autant déconsidéré!

Souvent on recherche et on désire un poste parce qu'il devra aider à faire un riche mariage... et qu'une grosse dot commerciale ou financière viendra compléter ce qui manque au prestige de la fonction!... Mais le mariage riche n'arrive pas toujours!... et si on n'est pas assez sage pour vivre modestement, on arrive à faire des sottises et des dupes, et on dessert ainsi le gouvernement au lieu de le servir!...

Il ne s'agirait pas de faire revivre des priviléges et de reconstituer une caste nouvelle *en faveur des écus,* mais de prémunir contre l'illusion trop commune, qu'il suffit d'arriver aux dignités pour y trouver bonheur, considération et richesse!

Il y a des emplois modestes et secondaires, en apparence, et cependant mieux rétribués et obligeant à moins de représentation, qui sont plus à la convenance de ceux qui n'ont pas de patrimoine acquis, que des préfectures ou sous-préfectures, par exemple, de places de chefs de corps dans la magistrature, etc., etc. Si le mérite et la capacité peuvent, dans un cas, suppléer au défaut d'aisance déjà acquise, il n'en saurait être de même dans les autres, obligeant, avec des traitements peu élevés relativement, à un apparat assez dispendieux... même lorsqu'il est sage et bien calculé.

Outre ce soin à prendre pour l'avenir, et qui débarrasserait le présent d'un grand nombre de solliciteurs, il serait urgent de provoquer une mesure législative qui permît de forcer aussi dans l'avenir, à se retirer, *ou à révoquer même* (malgré leur inamovibilité) les fonctionnaires ou magistrats poursuivis pour dettes que, dans *les trois mois* de l'avis donné par le chef du corps, ils ne justifieraient pas avoir acquittées.

Des fonctionnaires ou magistrats traqués par leurs créanciers... saisis dans leurs meubles ou expropriés... sous le coup de protêts fréquents... de saisies-arrêts sur leurs appointements, ne sont pas dans des conditions convenables (malgré toute leur droiture et leur capacité possible) pour administrer et gérer une portion de la puissance publique...

On discute leur probité et on en doute, si on a à débattre devant eux des intérêts avec ceux qu'on sait être leurs créanciers... on croit leur opinion contrainte !

Cette menace de révocation possible au cas donné rendrait chacun plus sage et plus réservé dans ses dépenses; on s'en imposerait moins d'inutiles ou de folles.

Ces mesures, si elles étaient adoptées, serviraient beaucoup en Algérie, et *auprès des Arabes*, et *auprès des populations européennes* qui sont allées s'y établir.

Les Arabes ont du culte pour la force qui leur en impose, mais ils en ont aussi un assez grand pour la richesse, qui, à leurs yeux, est aussi un signe de puissance; courbés longtemps sous la tyrannie de leurs anciens maîtres, bey, dey, Turcs et leurs auxiliaires... sans sécurité pour leurs personnes et leurs biens... habitués à tout considérer comme vénal et achetable moyennant finances, ceux qui, les premiers, firent leur soumission franchement à la domination française, y trouvèrent déjà un immense avantage de n'avoir plus à redouter l'autorité de la force, parce qu'au lieu d'en être écrasés, ils trouvaient au contraire, auprès d'elle, protection et sécurité et pour eux et leurs biens... Avec un personnel de fonctionnaires administratifs ou judiciaires assez probes et riches pour les administrer sans jamais les rançonner, ni faire acheter d'une manière ou d'une autre des services, ils auraient pris rapidement des habitudes de respect, de vénération pour des agents si différents de ceux employés par leurs anciens maîtres!... Mais malheureusement, et dans l'obligation de tout improviser sans avoir le temps nécessaire pour bien se renseigner sur les choix, on dut, dans les premières années, caser des individus qui crurent aussi pouvoir jouer aux conquérants, et qui prirent des prétextes différents pour exploiter les uns d'une façon, les autres de l'autre, et faire valoir les positions qu'ils occupaient... Cet exemple malheureux autorisa les chefs laissés aux Arabes, par suite de la capitulation de 1830, à rançonner aussi (comme délégués du pouvoir français) les tribus confiées à leurs soins ; aussi, soit que ces Arabes eussent à subir la direction de leurs préposés nationaux, soit des agents français, un assez bon nombre eut à se plaindre, et ne durent pas trouver ces agents administratifs nouveaux beaucoup meilleurs et plus probes que les anciens, malgré les exemples de destitution et de poursuites mêmes faites à l'occasion, quand le mal avait été assez fort pour être entendu des autorités supérieures.

En ne choisissant pour ce pays, dans l'avenir, que des fonctionnaires déjà fort aisés sinon riches, et protégés par la mesure indiquée dans la section qui précède, on serait assuré que l'impartialité et la loyauté qu'ils apporteraient dans leurs fonctions agiraient d'une manière très-utile sur les populations arabes, exciteraient chez eux l'estime et la considération pour tous les représentants de la puissance française, et l'y façonneraient d'autant mieux qu'ils se trouveraient en face de *gens assez riches* pour se borner à s'occuper de leurs intérêts et de leurs droits, sans jamais avoir à faire payer des services, à quelque titre ou pour quelque cause que ce fût. Ils reviendraient ainsi des défiances que des actes isolés et regrettables ont pu, dans l'origine, inspirer à un grand nombre d'entre eux ; puis, en outre, et ainsi assurés de la loyauté des agents français, ils se gêneraient moins (lorsqu'ils auraient à se plaindre de leurs agents arabes) pour en référer et signaler les faits aux autorités françaises, sur lesquelles ils se reposeraient d'une manière absolue.

Notre influence et notre domination ne feraient à ce moyen que gagner et s'étendre, et les jeunes générations arabes apprendraient de leurs auteurs combien l'administration actuelle de leur pays diffère de celle que jadis, et avant 1830, ils avaient eu à subir, et de celle même qu'ils ont trop longtemps subie depuis de la part des chefs arabes qu'on leur a laissés.

La population européenne maintenant fixée en Algérie, où une grande partie est arrivée plus ou moins besoigneuse (et qui, dans les premiers temps, n'éprouvait pas une grande estime pour des agents dont plusieurs étaient besoigneux eux-mêmes, plus ou moins endettés et poursuivis, et assez disposés à faire payer leurs complaisances pour améliorer leur position), se trouvant aussi en face de tous agents aisés, respectés et respectables, avec un passé comme un présent exempt de reproche, cette population s'habituerait ainsi à plus de respect et pour les fonctions et pour les fonctionnaires, et assurément le pays, qui depuis plusieurs années a déjà beaucoup gagné, ne ferait qu'augmenter en prospérité, car on se formerait à cette idée, que le droit est *tout* et la *faveur* rien près de gens assez riches *pour ne rien vendre*, et qui ne se préoccupent que d'une chose, être justes pour *tous*, *Arabes ou Français, envers et contre tous*.

Ces considérations de *fortune* chez les fonctionnaires et de révocation (si on les adoptait) conduiraient avec le temps d'une manière efficace au respect pour les divers pouvoirs et ceux qui en sont chargés ; ils remonteraient de bas en haut de la part de populations qui s'en sont tenues longtemps affranchies par les scandales de la première révolution ou depuis... elles oublieraient leur défiance (la plupart du temps injuste) contre tout ce qui dépasse leur niveau social, par suite des idées un peu trop égalitaires qu'elles se sont inoculées.

TROISIÈME SECTION.

Du gouvernement de l'Algérie, de l'inamovibilité de la magistrature et de la position des défenseurs et des auxiliaires de la justice.

PREMIER PARAGRAPHE.
De l'Administration.

En 1847, à raison de ce que le ministre de la guerre cen-

tralisait en sa personne tout ce qui avait trait à l'Algérie... l'armée... les finances... les travaux publics... les domaines... la marine... la douane... la justice... etc., etc., je disais : « Quelle que soit la capacité d'un ministre... son dé-
« vouement au pays, j'admets difficilement qu'il puisse être
« une véritable encyclopédie, et que tout ce qu'il prescrit
« sur des matières si différentes soit en rapport avec la
« droiture et la loyauté de ses intentions ; il ne peut tout
« voir, tout faire par lui-même, car il n'est qu'un homme,
« quoique ministre, et la force humaine a ses limites. »

Depuis, et en réclamant des modifications dans le système du gouvernement de l'Algérie, de manière à ce que chaque service ressortît directement des ministères correspondants en France (tout en laissant le premier rôle aux gouverneurs généraux), je faisais la même réflexion des directeurs généraux à Paris, qui, par le fait, représentent à peu près le ministre de la guerre pour les mesures algériennes.

Dans l'intérêt de ce pays, d'autres personnes ont aussi provoqué la même mesure, mais surtout M. le général d'Hautpoul, qui, mieux que tout autre, en sa double qualité et d'ancien ministre de la guerre et d'ancien gouverneur général, avait pu en juger et apprécier l'importance et l'utilité.

En 1850, dans un rapport du 21 décembre, et à propos du projet de l'assemblée constituante et du comité consultatif près du ministre de la guerre, M. le général d'Hautpoul, s'expliquant sur les idées d'un ministère spécial pour l'Algérie, ou de la continuation des pouvoirs du ministre de la guerre avec une direction générale (comme cela existe encore), disait : « La centralisation des affaires entre les
« mains d'un seul service, à Paris, aurait pour résultat
« d'accroître d'une manière exagérée l'importance déjà trop
« grande des bureaux, de reporter à l'examen d'employés
« secondaires des questions pour l'étude desquelles l'expé-

« rience d'hommes spéciaux, d'une capacité éprouvée, est
« souvent indispensable. »

En 1851, et dans une publication remarquable, il disait (page 146) que l'administration tout entière de l'Algérie devait être à Alger (concentrée dans la personne du gouverneur général, avec un conseil supérieur dont il indique la formation) et le contrôle à Paris ; il rattachait aux divers ministères les services algériens qui, par leur nature, devaient en dépendre, et, par ce moyen, chaque ministre, dans sa spécialité, était intéressé à la prospérité de l'Algérie. « Les préfets, sous-préfets, les magistrats, les ingé-
« nieurs, tous les fonctionnaires ne dépendaient pas exclu-
« sivement du ministre de la guerre, ce qui est une anomalie
« choquante et la source de beaucoup d'abus ; ils ne reste-
« raient pas inconnus à leurs ministères respectifs, etc., etc. »

Ainsi, l'autorité si grave et si respectable que je viens de citer prouve que les indications que je faisais timidement, en 1847, n'étaient pas à rejeter tout d'abord et sans examen.

Nous n'en sommes plus à équivoquer sur l'abandon total ou l'occupation restreinte du territoire algérien ; maintenant, il n'y a pas un esprit sérieux qui, en présence des ressources que doit nous assurer l'Algérie, puisse dire au gouvernement actuel ce que disait M. Desjobert, au 11 février 1848, quand il s'exprimait ainsi :

« Je pense que ce qu'il fallait faire était une occupation
« maritime vigoureuse, qui nous aurait assuré dans la Mé-
« diterranée des points inattaquables ; aujourd'hui, tout est
« abandonné au hasard par un gouvernement qui, sans
« croire à l'Afrique, l'exploite pour s'y faire des créatures
« et détourner l'attention de la France et paralyser ses
« forces. Plus on s'éloignera de la pensée de l'occupation
« maritime, plus le danger sera grand et la catastrophe
« prochaine... »

Ce reproche d'exploitation à l'adresse du gouvernement d'alors était une injure gratuite et imméritée, mais qu'expliquait l'antagonisme algérien bien connu de cet ancien député de la Seine-Inférieure, antagonisme que, malgré sa loyauté incontestée, il manifestait par instant d'une manière acerbe et trop peu mesurée.

Le gouvernement actuel croit assurément et tient à l'Algérie... Il n'a pas à redouter le reproche de ne viser qu'à s'y faire des créatures... et s'il y tient, c'est que, malgré les sacrifices énormes déjà faits, il sait les immenses services que plus tard la France en obtiendra, lorsque la colonisation se sera convenablement développée. Pour l'accélérer, il serait opportun de se préoccuper sérieusement des idées émises en 1850 et 1851 par M. le général d'Hautpoul, en les complétant par l'inamovibilité de la magistrature judiciaire *en Algérie;* car, à côté de la force qui veille et qui réprime, il faut trouver la justice qui protége et rassure, et la justice n'y parvient (d'une manière qui ne laisse aucun soupçon de faiblesse) que lorsqu'elle est indépendante, parce que, expression souveraine de la loi, elle n'a rien à redouter de la puissance de l'épée.

Puisqu'en France il importe de ne rien négliger de ce qui pourra restaurer le prestige de l'autorité, ce besoin n'est pas moins important dans un pays nouveau, *où,* pour être dans le vrai, et par suite de l'importation des rouages administratifs... de leur composition originaire... de la difficulté incontestable de la mission de chacun dans un pays inconnu... au milieu des populations hostiles, dont la vérité était difficile à arracher... et de la position particulière des premiers émigrants français, peu soucieux en général des investigations d'une autorité quelconque... la *considération,* et pour le pouvoir et ses divers agents, a longtemps laissé et laisse encore beaucoup à désirer.

Sans doute il a fallu un bon nombre de siècles pour préparer à la France nos institutions actuelles... lui donner des administrations diverses qui, chacune par une action distincte et sous le couronnement d'une justice inamovible et tout à fait indépendante, convergeassent avec des attributions si différentes à la sécurité de tous, sous la protection de lois uniformes, s'appliquant d'une manière inflexible à chacun et dominant même les rois, qui n'en étaient que les premiers serviteurs en même temps qu'ils en étaient les premiers gardiens.

Dans les premiers siècles, il avait fallu ménager les coutumes des divers peuples qui, par droit de conquête ou à la suite de traités, s'incorporaient à la France ; plus tard, il fallut ménager les grands vassaux et seigneurs féodaux qui, par leurs traités entre eux, pouvaient paralyser la puissance des rois... Ce fut l'œuvre du temps qui, à la justice originaire des comtes, substitua celle des pairs et des parlements ambulatoires d'abord, puis ensuite et plus tard encore, celle des parlements qui en imposèrent aux grands, sans distinction, et les soumirent tous à l'empire des lois.

Avant d'opérer ces divers changements, il fallait ménager la susceptibilité des peuples et celle non moins grande de leurs chefs ou seigneurs, leurs habitudes, leurs priviléges, et on ne put d'un seul jet arriver à l'heureuse uniformité dont nous jouissons.

Dans les premières années de la conquête de l'Algérie, il eut été déraisonnable de vouloir lui appliquer nos lois, il fallait être assis d'abord et posséder réellement le pays : la force devait concentrer toute la puissance. La capitulation de 1830 réservait aux Arabes des droits qu'il fallait respecter. En avançant dans le pays, il fallait aussi ménager la puissance des grands chefs de tribus qui faisaient leur soumission, et il y eut eu folie à vouloir de prime saut les assujettir à des lois qu'ils ne connaissaient pas et leur imposer des mœurs si différentes des leurs.

Avec les partis à surveiller et dominer en France... avec les luttes parlementaires, le gouvernement de 1830 ne put que rarement se préoccuper d'une manière sérieuse de tout ce qui concernait l'Algérie, même après que la population européenne et surtout française eut commencé à aller s'y établir.

L'élément militaire domina tout et s'habitua facilement à la domination. Les gouverneurs généraux supportaient difficilement l'autorité des ministres de la guerre et des bureaux de l'Algérie, qui cherchaient aussi, pour prouver leur puissance légale, à amoindrir celle de fait qu'on exerçait en Afrique, où incontestablement on était mieux placé pour juger ce qui était utile d'y faire et indispensable, et les choses s'arrangèrent de telle sorte, que les chefs militaires ne virent et ne voulurent voir que des instruments dans tous les agents civils ou judiciaires que successivement on créa près d'eux, au fur et à mesure des développements de l'occupation et de l'immigration [1]. Chaque administration

---

[1] Avant et depuis 1850, j'ai à plusieurs reprises entendu (contre toute pensée de toucher au mode de gouvernement de l'Algérie) l'objection suivante, venant même de personnes ayant une certaine autorité :
Une colonie ne peut être régie que militairement... Le désordre... le gaspillage... la friponnerie sont une conséquence forcée de tout établissement nouveau de cette nature!... La population qui va s'établir dans les colonies, n'est qu'une écume assez sale qui va cacher au loin sa misère, souvent sa honte, et courir après une position meilleure... Pour la régir le moins mal qu'on peut, on est obligé de prendre pour agents des individus parfois tarés et besogneux, parce qu'en vue du traitement qu'on leur offre, ils consentent ainsi à s'expatrier pour aller vivre bien loin de la mère patrie!... Or, ces agents à mœurs et conscience faciles, vivant au milieu d'administrés plus dégradés qu'eux, doivent forcément tirer parti des services qu'ils rendent, même lorsqu'ils ne font en apparence que contribuer à faire de la justice administrative ou judiciaire, etc., etc... C'est ainsi, dit-on, que les choses se seraient passées dans les premières colonies anglaises ou françaises dans l'origine, etc., etc., et sans l'autorité militaire, pouvant au besoin sabrer ceux qui volaient trop, rien n'eut été possible!... Je ne suis pas en position de vérifier ce qu'il peut y avoir de vrai dans cette opinion sur la formation des premières colonies françaises ou anglaises, mais à supposer que lorsqu'on n'avait ni chemins de fer, ni bateaux à vapeur ; lorsqu'il fallait des mois ou plus d'une année pour se rendre dans l'Inde, à Cayenne, à Saint-Domingue, à Pondichéry, etc., etc... on put se montrer facile sur les abus

particulière chercha à fonctionner en dehors (autant qu'elle le pouvait) de l'autorité militaire, et supporta plus difficilement celle des bureaux algériens établis à Paris, si loin des besoins à surveiller et satisfaire, et il s'ensuivit des tiraillemens, des embarras et des lenteurs, dont la colonisation eut certainement à souffrir, et auxquels les idées

et des administrants et des administrés... à supposer que l'épée du gouverneur fut et dut être tout, et que chaque corps placé près de lui, dut être un simple instrument passif, recouvrant pour la forme un semblant d'administration... il n'y aurait rien à induire assurément de précédents aussi malheureux, pour vouloir qu'il en fût de même en Algérie, qui maintenant, au contraire, est à quarante heures seulement de Marseille, Toulon ou Cette, et à soixante heures de Paris.

Les habitants des colonies françaises, en parvenant avec le temps à plus d'aisance et à des habitudes plus probes, recevant des fonctionnaires mieux choisis que dans l'origine et dignes de la France autant que possible, sont restés et ne peuvent rester que colons régis par des lois spéciales, les plaçant sous la domination quasi exclusive de leurs gouverneurs, parce que, malgré les découvertes modernes, ils sont toujours trop éloignés du chef-lieu du gouvernement de Paris.

Mais l'Algérie n'est pas une colonie... c'est une seconde France... c'est une fille qui touche, pour ainsi dire, la robe de sa mère!... A peine née pour la France, cette fille en a reçu assez rapidement les institutions... Elle a déjà ses préfets... ses sous-préfets... sa justice de cour impériale, de tribunaux civils, etc., etc. Cette fille est destinée providentiellement à devenir l'appui principal et la ressource de sa mère ; en échange des services qu'elle est appelée à lui rendre, et pour les accélérer, il importe de lui assurer sans retard les institutions complètes de celle-ci, avec un personnel de toute nature et dans tous les degrés, qui ne permette pas qu'on puisse plus longtemps sembler excuser des actes ridicules, fâcheux ou coupables, par cette si triste et pitoyable raison, *qu'il ne faut pas se montrer exigeant* dans un pays de formation si nouvelle... et que près du gouverneur il y aurait inconvénient à ce qu'il y eût des administrations ressortant des ministères français, *et surtout debout, mais inamovible, une magistrature* qui serait la gardienne vigilante, hardie et fidèle de tous les intérêts, et de ceux de l'Etat et de ceux des populations françaises ou arabes, même contre les empiétements des chefs militaires... si, ce qu'à Dieu ne plaise, on pouvait jamais avoir à redouter de tels empiétements!... ou une pression pour faire excuser des faits paraissant punissables et en empêcher le châtiment!...

émises par M. le général d'Hautpoul auraient pour but de remédier.

Cet état de choses était tel, qu'avant 1850 un ancien directeur de l'Algérie écrivait :

« C'est toujours me rendre service que de me signaler
« l'état des choses en Afrique, si triste qu'il soit ; je ne cesse
« d'y avoir les yeux, pour puiser dans le mal même le cou-
« rage de sortir le pays de l'état où il est, où je souffre de le
« voir, d'où je voudrais le sortir au prix de mon repos, etc.

« J'ai des idées, je les exposerai; si on m'en offre de meil-
« leures, je les accepterai ; si je ne puis les accepter, je me
« retirerai, je ne resterai pas davantage à mon poste, pour
« laisser l'Algérie au point où elle en est, et dans l'ornière
« où elle se trouve, etc., etc. » (Voilà ce que pensait du pays un ancien directeur général!...)

Sans doute il ne saurait s'agir maintenant d'amoindrir l'autorité des gouverneurs généraux sur les populations arabes en territoire militaire ou même mixte, mais de donner aux autres pouvoirs qui fonctionnent dans les territoires civils, des allures plus franches et plus libres, qui ne les laissassent pas plus longtemps à l'état de simples employés, plus ou moins haut placés, dans la main du pouvoir militaire exclusivement.

Au lieu d'être à la merci des bureaux de l'Algérie à Paris, ou du bon ou mauvais vouloir d'un gouverneur général et des principaux officiers sous ses ordres, les chefs de ces divers services administratifs, ressortant de leurs ministres respectifs à Paris, acquerraient une force et une importance qui les rehausserait à leurs yeux et à ceux de leurs administrés. Leur recrutement, en bons éléments de capacité, de probité et d'aisance, en deviendrait plus facile, parce que chaque ministre aurait à s'en occuper dans ses attributions spéciales et aurait sous ses ordres une division chargée de ce service algérien : à supposer qu'on eût à se plaindre à Alger, au moins on aurait la possibilité de se faire entendre à Paris, parce que chaque sujet isolé de plainte ne viendrait pas aboutir à un seul ministre qui, ayant bien assez des embarras spéciaux à ses attributions ordinaires, n'a pas le loisir de porter son attention sur des faits divers et en dehors de sa spécialité, faits arrivés loin de lui, et pour la surveillance desquels il est obligé de se reposer sur un directeur général qui ne peut *pas plus que lui* vérifier par ses yeux, et se trouve par là même obligé de s'en remettre tout entier à ses bureaux, qui agissent ou n'agissent pas, suivant leur bon plaisir ; de sorte que les rectifications réclamées n'arrivent jamais, ou se font longtemps attendre.

Il y a des faits fâcheux et ridicules (en apparence au moins) qui étonnent et portent forcément à induire qu'une force occulte pèse sur les agents de l'administration que l'on croit chargée de remédier à ces mêmes faits, au lieu de les laisser s'accomplir tranquillement au préjudice de l'Etat et du trésor.

Depuis 1849, j'ai souvent eu l'occasion de signaler des faits de cette nature... En 1851 je sollicitais qu'on fît à leur sujet une enquête! et qu'on ne la confiât qu'à des hommes sûrs, *choisis à Paris exclusivement, et sans rapports jusque-là avec tout ce qui a trait aux choses de l'Algérie.* En 1852, je reproduisais la même demande, je précisais des faits... je signalais des Arabes irrévocablement jugés sans aucun droit sur certains biens *frappés depuis longtemps de séquestre*, et qui n'en jouissaient pas moins tranquillement, en tout ou partie, malgré l'Etat et les propriétaires *reconnus*, au vu et su d'agents d'administration qui auraient dû les chasser et les poursuivre... Au *reproche banal* de n'indiquer personne nommément auquel un de ces faits, *consignés et imprimés tout au long*, pût être imputé, je disais, page 86 d'un rapport de 1852 : « Vous avez les moyens de vous renseigner et de
« faire de la police... voilà des faits qui paraissent ridicules
« et qui, en vérité, pourraient bien être blâmables, recher-
« chez-en les causes et ses auteurs, vous y avez intérêt. »

En examinant avec attention ces rapports, on verrait que tout *n'est certes pas pour le mieux dans la situation des institutions diverses qui fonctionnent en Algérie*, et on y puiserait la preuve qu'il importe de les modifier pour arriver à donner (à ceux qui, sous la direction des divers ministres, auraient à les faire mouvoir) le moyen d'inspirer plus de confiance, et le droit à plus de considération et d'estime.

Mais on se convaincrait en même temps que, dans l'état présent, il y a impossibilité matérielle à ce que chaque chef de corps puisse s'en prendre à chaque fait particulier, le scruter à fond, blâmer ou punir, parce que le temps leur manque pour de pareils soins, et qu'ils sont débordés par la masse énorme d'affaires qui les écrasent, et qu'à Alger les chefs de corps eux-mêmes, et par le même motif, n'ont ni le temps, ni la possibilité de s'en occuper, parce qu'ils doivent être impuissants pour y remédier, car ils ne sont que les agents subordonnés de l'autorité militaire, telle qu'elle est maintenant constituée.

Pour opérer ces modifications dans les territoires *civils actuels* seulement, il est vrai qu'on semblerait ôter un peu au pouvoir jusqu'à présent unique et absolu de MM. les gouverneurs généraux, et sur celui des bureaux arabes établis dans la circonscription *seulement des territoires civils*, bureaux arabes qui, pour les Arabes *habitant ces circonscriptions, devraient ressortir des préfectures ou sous-préfectures;* mais où serait donc l'inconvénient qu'il en fût ainsi, et que l'autorité civile eût un peu à s'occuper de ce qui concerne la portion de population arabe établie sur le territoire spécialement confié à ses soins, et que cette population pût aussi, à défaut du chef du bureau arabe, faire entendre aux préfets, sous-préfets, aux magistrats judiciaires ou autres, les plaintes qu'elle croirait avoir à former contre les chefs qu'ils ont maintenant? Il est fort à croire que cette partie de population s'en trouverait bien, parce qu'elle n'aurait pas à redouter plus longtemps de voir ses plaintes étouffées par l'influence ou le crédit de ses chefs arabes, ou le prétexte du *ménagement dont il faut user* (prétexte qui a dû être trop souvent mis en jeu) même avec ceux qui sont au milieu de nous depuis plusieurs années déjà *et en territoire civil* [1]. A cet égard et au besoin, les chefs de corps seraient toujours à même de se concerter avec le conseil supérieur établi près du gouverneur général (comme le demande M. le général d'Hautpoul), et, en cas de dissidence, d'en référer à leurs ministres respectifs, afin qu'à l'occasion il y fût statué en conseil des ministres. Chaque chef de corps (en territoire civil) aurait ainsi sa véritable personnalité, son action, son pouvoir ; il serait chef et non plus instrument, et les Arabes eux-mêmes, comme la population européenne, s'apercevraient bien de la différence et se sentiraient plus disposés à la considération et au respect.

Quant à l'autorité militaire, à son action de surveillance ou de répression dans ces territoires civils, sa position resterait la même, les gouverneurs généraux la concentreraient en entier, comme cela se pratique dans nos divisions militaires en France : la sécurité de tous serait la même, mais la protection des intérêts particuliers deviendrait plus efficace, on y compterait plus sûrement, car chaque chef de corps, sachant qu'en cas d'actes équivoques non réprimés assez vite on pourra se faire entendre dans chaque ministère spécial à Paris, apporterait une surveillance d'autant plus exacte et sévère à toute chose, qu'il se sentirait plus indépendant et ne ressortir pour ses actes que de son ministre.

Les relations des gouverneurs généraux ou commandants

---

[1] Sur les vexations subies par les Arabes, de la part de leurs chefs, on ferait bien de voir ce qu'en disait M. le général de Bourjolly, l'ennemi franc des abus ! et ce qu'en disait M. de Baudicourt, dans sa dernière brochure, pages 431 à 448.

divisionnaires avec les chefs de tribus arabes dans les territoires militaires ou mixtes ne changeraient pas, leur action continuerait d'être la même.

En France, le gouvernement, pour opérer ces changements, n'a pas, comme au moyen âge, à ménager la puissance de grands vassaux... des droits prétendus ou légitimes, acquis et devenus respectables par leur ancienneté. En Algérie, il n'a que des délégués qui tiennent tout de lui, et ne sont que par lui, et, à leur respect, il est absolument maître souverain pour élargir ou restreindre la délégation d'autorité qu'il a donnée, et sa force est telle, que la désobéissance n'est pas à craindre. Il ne s'agirait pas là le moins du monde d'amoindrir l'armée, ses services, son influence, etc., etc. Rien ne serait changé, sinon que l'autorité des gouverneurs généraux serait un peu diminuée, quant aux populations civiles seulement, qui n'en attendraient pas moins le complément de leur sécurité de la force militaire au besoin.

A la vérité, il faudrait toucher aux attributions du ministre de la guerre pour partager le fardeau algérien avec ses autres collègues ; mais toute l'armée d'Algérie n'en resterait pas moins dans ses attributions et sous son contrôle, calculé avec celui de MM. les gouverneurs généraux. Il n'y aurait de changement notable que dans les bureaux actuels de la direction (où se trouve le véritable ministère de l'Algérie), qu'il s'agirait de modifier, pour les reporter chacun aux ministres spéciaux, et un pareil changement n'aurait rien de redoutable ni de dangereux.

Chaque chef de ces services algériens à Paris serait, sous l'inspiration et la haute surveillance de chaque ministre, en rapport avec le conseil supérieur du gouvernement à Alger (dans le système de M. le général d'Hautpoul), et exercerait ainsi un utile contrôle, sans songer à le rendre tracassier ou trop prédominant, car le conseil des ministres se trouverait appelé, avec connaissance de cause, à vider les cas de conflit ou d'opposition de vues qui se manifesteraient.

Mais pour qu'une pareille modification portât ses fruits, et que chaque ministre pût exercer une action réelle et directe dans le contrôle des faits algériens se rapportant à ses attributions, il faudrait aussi en venir à prescrire des mesures à faire appliquer dans les préfectures, dans les bureaux arabes, chez les notaires, les huissiers, les chefs, scheiks, cadis, etc., etc., de manière à assurer à tous une légitime protection, une justice plus prompte et plus contradictoire, et prévenir des actes ridicules et leurs conséquences, aussi désastreuses pour les Arabes que pour les Français. Avec ces précautions, et dans les cas de négligence ou de mauvais vouloir, les ministres, quand ils en seraient informés, pourraient intervenir d'une manière profitable à tous, et remplir ainsi parfaitement les bonnes et loyales intentions du chef de l'Etat, *voulant tout appuyer sur la justice et la probité*, et par cela même prévenir les causes de ruine soit pour les Arabes, soit pour les Européens fixés en Algérie ou disposés à aller s'y établir.

Sans revenir par des détails fatigants sur *tout ce que j'ai dit* à cet égard en 1849, 1851 et 1852, pour expliquer et justifier la nécessité de ces mesures, je crois pouvoir me borner à reproduire ici un projet d'ordonnance consigné dans mon travail de 1852, et qui serait d'une application facile, en le modifiant, pour l'adapter aux droits nouveaux qu'il s'agirait de donner à chaque ministère à Paris.

Ce projet était ainsi conçu :

ARTICLE 1er.

Il sera ouvert, au secrétariat général des préfectures de l'Algérie, un registre sur lequel, par ordre successif de numéro, seront indiqués jour par jour toutes les pétitions qui seront adressées à MM. les préfets, et ayant trait aux services placés sous leurs ordres.

Il sera donné, *au moment du dépôt* de ces pétitions, un récépissé aux déposants, afin qu'ils puissent en tout temps justifier de la date de leurs réclamations et du délai pris pour y faire droit.

ARTICLE 2.

Il sera ouvert, aux bureaux arabes et chez les cadis de l'Algérie, des registres sur lesquels on constatera, jour par jour et par ordre de numéro, la réception des exploits qui leur seront délivrés et destinés à des Arabes.

Ces registres, dressés par colonnes, indiqueront : 1° jour par jour et en marge, la mention constatant la réception de ces actes, leur remise aux intéressés... par qui et comment la remise aura été faite ; 2° la date de l'envoi qui sera fait par les bureaux arabes au ministre de la guerre, des doubles copies de ces exploits, devant leur être adressés, d'après les règlemens spéciaux à l'Algérie.

Ces envois à Paris seront, en outre, constatés par les registres de correspondance, en marge desquels on devra annoter les accusés de réception qui seront envoyés de Paris.

ARTICLE 3.

Il sera tenu, aux directions des domaines un registre constatant, jour par jour et par ordre de numéro, les pétitions concernant ces administrations, et qui leur seront adressées directement ou par le secrétariat général des préfectures dont elles ressortiront.

Dans les quinze jours du dépôt aux préfectures, les intéressés pourront se présenter aux directions des domaines pour réclamer un certificat constatant que leurs pétitions sont arrivées à destination, de manière à pouvoir en presser l'instruction et savoir l'époque à laquelle, *de la direction des domaines*, leurs réclamations seront transmises aux préfectures chargées de statuer.

ARTICLE 4.

Avant qu'il soit statué par les conseils de préfecture sur

les demandes en délimitation, en indemnité, ou sur les pétitions adressées aux préfets, les rapporteurs près les conseils de préfecture déposeront leurs rapports dans un des bureaux du secrétariat général. Il sera donné avis de ce dépôt et du jour où le conseil devra statuer, *dix jours à l'avance*, aux intéressés, par une lettre adressée au *domicile élu dans les pétitions.*

Avec cette lettre d'avis, les intéressés pourront se présenter, aux heures des bureaux, au secrétariat général, pour prendre connaissance de ces rapports et des pièces sur lesquelles ils seront basés, et faire par écrit les observations dont il les croiront susceptibles ; ils pourront également se présenter devant le conseil de préfecture, au jour fixé par le rapport, pour y reproduire de vive voix leurs observations.

Trois jours avant les rapports, les dossiers seront remis aux rapporteurs, pour les mettre à même de revoir leurs travaux et les observations auxquelles ils auront donné lieu, avant d'en occuper les conseils de préfecture.

ARTICLE 5.

Les notaires chez lesquels sont délivrés, comme à des domiciles élus, des actes concernant des Européens ou des Arabes, seront tenus d'avoir des registres constatant, jour par jour et par ordre de numéro, les exploits qui leur seront remis, les noms des requérants et des assignés, la date de la remise et comment la remise aura été faite par eux aux assignés, qui devront en donner récépissé; dans le cas où les intéressés ne sauraient signer, la remise devra être faite en présence de deux témoins, dont les noms et demeures seront indiqués aux registres.

ARTICLE 6.

Il est expressément défendu aux notaires de l'Algérie, sous peine de suspension d'un mois la première fois, de trois pour la seconde, et de destitution pour la troisième, de recevoir aucun contrat de vente ou de transport de droits par des Arabes à des Européens avant que ces Arabes ne leur aient justifié d'actes réguliers reçus par des notaires français, des commissaires civils (là où il n'y a pas de notaires) ou des commandants militaires, constatant : 1° leur identité; 2° leurs qualités d'enfants ou d'héritiers d'Arabes à la représentation desquels ils auraient des biens à vendre ou des droits à céder, et 3° la quotité des droits devant faire l'objet de ces contrats, dans le cas où déjà cette quotité ne serait pas déterminée d'une manière nette, claire et précise par des actes de partage reçus, soit par des autorités françaises, soit par des autorités arabes régulièrement instituées par l'autorité française.

ARTICLE 7.

Il sera donné aux divers chefs arabes, scheiks, cadis et autres, chargés de rédiger les conventions que les Arabes font entre eux, leurs partages et leurs actes de notoriété, etc., etc., *des modèles indiquant* les constatations qu'ils devront faire pour indiquer les qualités et demeures des Arabes comparaissant devant eux, leur généalogie, l'époque et le lieu du décès de leurs auteurs, la quotité fixe des droits de chaque Arabe dans les biens ou successions qu'il s'agit de partager entre eux, de manière que leurs actes, soit de partage, soit de notoriété, présentent de la précision et puissent remplir leur but.

Ces fonctionnaires arabes seront tenus, sous peine de destitution, de se conformer aux indications de ces modèles, dont le but est de servir les Arabes en général et non de porter atteinte à leurs croyances et à leurs droits.

ARTICLE 8 ET DERNIER.

Il est défendu, sous peine de suspension pour un mois d'abord et de destitution ensuite, aux huissiers de l'Algérie d'intenter aucune action au nom d'Arabes se disant agir comme héritiers ou donataires d'autres Arabes, à moins que ceux-ci ne soient porteurs d'actes réguliers constatant les qualités et les droits qu'ils disent avoir, actes dont copie devra précéder ou suivre celle des actes dont ils demanderont par exploit l'exécution contre des Européens devant les tribunaux civils, etc., etc. Et dans ce cas, tous les requérants devront être désignés et nommés dans chaque exploit.

. . . .

Ces mesures, très-secondaires en apparence pour ceux qui ne connaissent pas l'état des choses de l'Algérie, auraient cependant une influence très-grande sur la colonisation, pour y appeler un plus grand nombre de bras, y nouer et créer des intérêts, et pour servir aux Arabes eux-mêmes et les protéger contre tous les tripotages dont ils sont victimes et à l'aide desquels les exploitent journellement une foule d'officieux qui, sous divers masques, trouvent le moyen d'acheter à vil prix ou pour rien leurs biens, leurs rentes, ou les indemnités ou créances auxquels ils se trouvent avoir droit sur l'Etat.

La justice des conseils de préfecture serait plus sûre, parce que les intéressés y seraient appelés ou auraient la possibilité d'y assister. Il y aurait plus d'ordre dans les bureaux arabes, plus de sécurité pour les droits de chacun.

Chaque ministre à Paris et dans ses attributions aurait plus de moyens de peser et sur l'action des préfectures et des domaines, de prévenir des lenteurs, puisque la constatation de la date de chaque réclamation pourrait leur être fournie par ceux qui croiraient avoir à se plaindre de retards préjudiciables.

L'obligation imposée aux notaires de ne recevoir que des actes où l'on pourrait, à la première vue, se reconnaître dans les qualités et les droits des Arabes, loin d'être nuisible à ces derniers, serait un acte de haute protection; en retardant pour eux des cessions presque toujours contraires à leurs intérêts et en les obligeant à faire des justifications préalables, ils y trouveraient le moyen d'obtenir un meilleur prix des droits dont ils veulent faire argent, ils y puiseraient un nouveau motif de *bénir le nom du chef du gouvernement français voulant ainsi venir à leur aide et les empêcher d'être trop souvent exploités.*

Quant aux modèles d'actes à donner aux chefs arabes, rien n'empêcherait assurément qu'on y assujettît ceux des territoires arabes ou mixtes comme ceux des territoires civils ; car il faut bien à l'avance leur rendre le service de les éclairer sur les moyens à prendre pour établir des rapports sûrs et faciles entre les Arabes et les Européens, avec lesquels ils devront désormais vivre. Sans doute, c'est dans les territoires civils où ce contact est maintenant le plus fréquent et la mesure plus utile, parce que les intérêts s'y mêlent et croissent chaque jour ; mais plus tard, les territoires actuellement mixtes reviendront aux territoires civils, les mêmes intérêts s'y produiront, et, pour éviter les embarras éprouvés jusqu'à ce jour dans les portions de pays d'abord soumis aux lois françaises, les voleries et les duperies qui s'en sont suivies, mieux vaudrait et dès à présent prendre à l'avance des mesures qui prépareraient plus activement l'assimilation par l'augmentation des rapports et des intérêts européens et arabes.

On ne pèserait en cela en rien, ni sur la foi, ni sur les droits des Arabes et de leurs chefs ; on ne ferait que les initier à des moyens de clarté et de raison qu'ils ignorent et qu'il nous importe d'introduire parmi eux pour qu'ils en retirent un profit personnel.

Les commandants dans les territoires militaires ou mixtes (et dans ces derniers avec le concours des commissaires civils) feraient facilement passer ces habitudes chez les divers chefs arabes placés dans leurs attributions, et dans les territoires civils constitués en préfecture, sous-préfecture, avec cours et tribunaux, et, à l'aide des bureaux arabes qu'on placerait sous la direction des préfets (dans les territoires civils), on arriverait aisément à l'adoption de cette mesure si simple et d'une exécution si utile cependant.

Là encore se reproduit cette pensée que le gouvernement n'a pas à se préoccuper de ce qu'il froisserait des habitudes prises, une routine mauvaise et de prétendus droits acquis... Il n'a pas de grands seigneurs, comme jadis, à ménager; il n'a que des agents dont le devoir est d'exécuter les ordres qu'il transmet et auxquels ils doivent se soumettre, et dont la surveillance sera d'autant plus facile, qu'elle serait exercée par tous les ministres et non pas un seul, ce qui ne paralyserait en rien celle du gouverneur général et de son conseil supérieur.

A l'appui des idées qui précèdent, je ne saurais trop recommander aux personnes qui les ont reçus de revoir avec soin mes rapports de 1849, 1851 et 1852; mais cette recommandation serait sans portée pour ceux qui ne les ont pas aux mains, elles pourraient n'y voir qu'une rêverie d'un homme frondant pour l'unique plaisir de fronder.

Il convient donc au but que je me propose que je justifie par quatre ou cinq exemples la raison des modifications que j'indique comme utiles à l'avenir algérien.

Pour des hommes *sérieux et en mesure, par position, d'engager le gouvernement à adopter les modifications que j'indique,* et qui rentrent pour une bonne partie dans celles indiquées par M. le général d'Hautpoul, les exemples que je veux donner ont un véritable prix... car c'est en examinant des pauvretés... des misères... en lisant des actes... des arrêtés... des faits administratifs... des décisions... des mesures *administratives opposées à d'autres mesures administratives,* que seulement on pourra arriver à se faire une opinion... et à se prononcer sur l'opportunité ou les inconvénients des mesures que je réclame.

Pour que ces exemples[1] soient complets, il me faudra pré-

---

[1] Pour compléter le fruit de ces exemples, on ferait très-bien, pour s'éclairer sur la position *fausse* de la magistrature algérienne, de consulter ceux de ses membres maintenant rentrés en France et couverts par l'inamovibilité... On y compte des hommes éminents, de savoir et de

ciser chaque fait particulier, chaque incident s'y rattachant, *et engageant ainsi l'action des divers pouvoirs de l'Algérie*

cœur, à Paris, à Lyon; d'autres à Aix, à Rennes, à Brives-la-Gaillarde et ailleurs, dont le zèle et les bonnes intentions ne sauraient être douteuses. Ils pourraient, sur cette question, fournir de précieux documents sur la pression militaire que doivent, par instant, subir les magistrats *et sur le peu de foi due aux actes arabes.*

Dès à présent, je crois utile de rappeler mes souvenirs de 1847 sur des faits de cette nature racontés par un de ces fonctionnaires *maintenant inamovibles*, et qui se seraient passés à une époque à laquelle il était juge d'instruction à Alger :

PREMIER FAIT.—Un individu de la Calle, se disant seul héritier d'un individu ayant une créance de plus de 40,000 fr. sur le gouvernement, s'était adressé à l'administration pour être payé, et avait produit un prétendu *acte de notoriété reçu par le cadi, en présence de quatre témoins*, constatant qu'il était *seul et unique héritier* du créancier décédé.

Avant d'ordonnancer le payement, on apprend que *ces témoins avaient menti*... que le décédé, au lieu *d'un, avait laissé six à sept héritiers;* le tribunal d'Alger est chargé de diriger des poursuites, le juge d'instruction opère... déjà même le coupable, qui voulait abuser de *cet acte frauduleux* et mensonger, était arrêté... mais peu de jours après, l'autorité militaire avait suspendu l'action de la justice... le prévenu était en liberté. L'affaire n'eut pas de suite, et on suppose que la somme n'en fut pas moins payée *sans que les magistrats eussent eu* à statuer sur le fait qui leur avait été dénoncé !...

Je ne me rappelle pas qu'on m'ait dit avoir obéi dans cette occasion à des *ménagements politiques.*

DEUXIÈME FAIT.—Dans une autre occasion, le même magistrat (en l'absence du chef du parquet de première instance) aurait eu à intervenir en faveur d'une Mauresque faite prisonnière lors de la prise de Milianah.

Cette femme était passée successivement à divers maîtres qui l'avaient achetée; mais ayant retrouvé son mari à Alger, elle voulait retourner près de lui, et elle s'adressa à la justice pour en obtenir le droit, en invoquant le bénéfice de la loi française qui n'admet pas l'esclavage... Elle se rendit, avec son nouveau *propriétaire et son mari*, au parquet; le magistrat dont je parle voulait qu'elle pût retourner à ce dernier !... mais d'encore en encore l'autorité militaire l'emporta sur la raison du juge, et obligea cette Mauresque à rester à son dernier acquéreur !... Ces faits remontent assez loin déjà... mais sont de nature à faire apprécier la valeur des actes arabes et la situation des magistrats en face de la puissance militaire !...

d'une manière ou d'une autre, pour qu'on puisse en déduire soi-même les conséquences. Je le ferai avec impartialité, avec le sentiment d'un devoir à remplir, car je voudrais qu'il servît à conquérir en haut des adeptes nouveaux (*à raison même du ridicule des actes et de l'apparence incroyable* des faits et des actes, malgré *leur triste et scrupuleuse exactitude!...*) aux idées de modification que je signale comme nécessaires au succès de la colonisation de l'Algérie, en changeant ce qui me paraît défectueux dans les institutions actuelles.

Ces exemples feront l'objet de la troisième partie qui va suivre.

TROISIÈME PARTIE.

INTRODUCTION.

J'ai parlé, dans le paragraphe qui précède, de divers rapports que j'ai faits en 1847, 1849, 1851 et 1852, et qui, dans mon opinion, doivent justifier l'utilité des mesures ou modifications que je viens d'indiquer; mais comme ces rapports ne sont connus que de ceux qui les ont reçus, il n'en ressortirait pour ceux qui voudront bien lire cette nouvelle production algérienne aucune raison pour admettre qu'il y eût avantage à adopter les idées que je cherche à faire prévaloir... on pourrait ne voir que des conseils donnés au hasard et à l'aventure par un frondeur qui, sans doute, a cru avoir à se plaindre et qui n'a donné d'avis que pour s'en venger.

Pour éclairer les uns et rassurer les autres, il me paraît utile de puiser dans ces rapports quatre ou cinq exemples seulement de faits, d'actes, de décisions, d'arrêtés et de mesures qui mettent bien à nu et fassent toucher du doigt les misères algériennes, parce qu'en examinant scrupuleusement et avec soin ces exemples, on verra qu'ils justifient les mesures dont je parle et celles provoquées par M. le général d'Hautpoul lui-même, dans sa brochure de 1851.

Avec sa haute mission d'initiative, le Sénat, qui compte dans son sein bon nombre de membres qui se sont beaucoup occupés de l'Algérie, pourrait, dans son dévouement à notre pays, trouver dans l'examen de ces exemples une raison suffisante pour vouloir les scruter à fond, et déléguer, d'accord avec le chef de l'Etat, à une commission spéciale le soin de se faire représenter tous les dossiers se rapportant à ces exemples, afin d'en examiner religieusement chaque particularité, d'en déduire toutes les conséquences; pour arriver ensuite, si la conviction l'y portait, à la confection de projets de loi ayant pour but de modifier les institutions algériennes.

Il ne saurait s'agir, en fouillant consciencieusement les faits qui ressortiraient des exemples que je veux indiquer, d'en punir les auteurs ou complices, si ces faits paraissaient blâmables (ce qui me paraît certain), mais d'y trouver la raison de disposer pour l'avenir les choses de manière que ces faits ne pussent plus autant que possible se reproduire. Cette enquête servirait de leçon et d'avertissement; mais on n'en absoudrait pas moins le passé, tout en le déplorant, si, comme je le suppose, on y trouvait matière à déplorer.

Les Arabes comme les Français profiteraient de la mesure, et les exploiteurs seuls auraient à la regretter.

A cet égard, je conjure de toutes mes forces les membres du Sénat, auquel j'adresserai des exemplaires de cette brochure, de *s'imposer la tâche de lire avec attention* les exemples que je veux citer... au moins ils auront ainsi le moyen *d'asseoir leur opinion* sur la teneur des actes arabes, sur les procédures, les décisions judiciaires, les arrêtés, les décisions de l'administration civile ou militaire, etc., etc. Ils y trouveront *de tout*, et ils pourront ainsi appuyer ou contredire les mesures qui seraient à prendre en conséquence.

Mais pour les rassurer et les prémunir contre toute idée

de partialité ou de passion qu'on voudrait faire découler de ces exemples (*argument que déjà* j'ai cru être fait dans d'autres occasions), je dois, avant d'y arriver, donner le renseignement suivant, que je recommande à leur attention.

Devenu, en 1846, par suite de succession, copropriétaire pour un soixante-sixième de biens imprudemment acquis en 1834, en Algérie (biens dont on n'a pas encore eu, en 1857, après vingt-trois ans d'acquisition, la vingtième partie de ce qui avait été vendu, promis et garanti...), je devins, en 1847, le *président d'un comité gratuit* formé par les divers intéressés pour imprimer une surveillance et, autant que possible, une direction à la découverte de ces biens et à l'administration de ceux connus ou que plus tard on obtiendrait. Je fis, en 1847, un premier voyage à Alger pour m'initier un peu à la connaissance de nombreux procès auxquels ces biens donnaient lieu, aux procédures locales, aux ordonnances et aux institutions du pays... J'écoutai... j'observai beaucoup et j'emportai de ce premier voyage des impressions pénibles sur bien des faits qui m'avaient été signalés, sur la position relative des divers fonctionnaires entre eux, au respect de l'autorité militaire ; mais j'y avais puisé les éléments (conservés jusqu'à ce jour) de mon culte profond pour la colonisation, culte *qui seul m'a soutenu jusqu'en* 1854 (au milieu des ennuis... des dégoûts de toute nature) à m'occuper de ces mêmes intérêts, parce qu'à l'aide et comme prix de mes efforts, j'avais espéré que je parviendrais, avec le concours de mes cointéressés, à contribuer aussi à l'œuvre colonisatrice.

Je dépensai ce que j'avais d'énergie, non pas à défendre *mon soixante-sixième* (qui ne signifiait heureusement rien pour moi!), mais à travailler en même temps par la même occasion à tout ce qui me semblait devoir profiter à un pays que j'affectionnai et que je visitai de nouveau en 1850, 1852 et 1854.

A cette époque, fatigué de l'impuissance de mes efforts

en faveur de mes cointéressés... de l'inutilité de mes conseils et de mes avertissements, je donnai ma démission, en même temps que trois autres collègues (qui quittèrent le comité avec moi), afin qu'un tiers reçût judiciairement la mission de s'occuper de ces mêmes intérêts.

J'éprouvais une répugnance invincible à continuer plus longtemps à ces intérêts un concours qui ne pouvait plus rien produire d'avantageux, puisque, outre le mauvais vouloir que je croyais remarquer dans l'administration, non dans les chefs, mais dans les rouages intermédiaires que je ne pouvais connaître et saisir, j'avais vu des dissidences fâcheuses se produire même chez les intéressés que je voulais sauver du naufrage. Aussi, depuis la fin de 1854, je suis resté complétement étranger à ces intérêts, pour ne plus m'occuper que de la question de colonisation pour elle-même.

J'arrêterais à la fin de 1854 les faits qui se relient aux quatre ou cinq exemples que je veux citer dans tous leurs détails, si, pour les rendre plus concluants et plus complets, je ne trouvais utile d'y ajouter ce que j'ai appris depuis 1855. Je consacrerai un paragraphe à part à ces faits postérieurs à ma démission, en indiquant ceux auxquels, *mais en mon privé nom*, j'ai cru devoir donner des documents à l'administration ou à mes cointéressés.

On trouvera dans ces exemples matière à réfléchir sur l'opportunité ou les inconvénients des mesures dont, depuis plusieurs années, je me suis fait l'organe ardent et dévoué, bien que jusqu'à présent on en ait tenu fort peu compte !...

Il faudra aux lecteurs une bonne et forte dose de patience et de courage pour suivre pas à pas et avec attention les détails nombreux se rattachant à ces exemples pour les apprécier à leur tour... *mais j'affirme qu'il m'aura fallu plus de courage* encore et de dévouement à la bonté *que* j'attribue (à tort peut-être, mais de bonne foi au moins) à mes idées pour reproduire ces mêmes faits et ce qui s'y rattache, *malgré la pitié et le dégoût qu'ils m'ont inspiré et m'inspirent encore.*

Pour créer de l'ordre dans ces exemples (devant, suivant moi, justifier les propositions contenues dans cette troisième section, je les présenterai comme formant la troisième partie de mon nouveau travail algérien, et je la diviserai par sections et paragraphes ; on pourra ainsi s'y mieux reconnaître. Donc, attention... et courage !...

PREMIÈRE SECTION.

Contrats arabes en 1834.

Qu'on veuille bien, pour lire, avoir le courage que (malgré mon dégoût personnel) il me faut pour reprendre avec soin les détails de l'exemple que je veux citer... n'en omettre aucun, car aucun n'est à négliger pour bien juger le ridicule des actes, des procédures et l'incroyable des faits divers qui s'y rattachent. Pour en faciliter l'intelligence, je les diviserai en paragraphes.

PREMIER PARAGRAPHE.

Affaire Kodjaberry.

Le 11 mars 1834, suivant acte reçu par le cadi, vente est faite par :

1° Abd-al-Kahinam (1) Ben-Mohammed Kodjaberry, agissant pour son compte ;

2° Ali (son fils), agissant pour ses tantes, Nefouça (2) et Mouni (3) ;

3° Sid Hassam-Alhanafi-Ali, agissant pour Aicha (4) ou *Ouicha*-Bent-Alinezabel ;

4° Hadj-Omar-Ben-Alouniche, agissant pour *Hassam* (5) et *Mahmoud* (6), tous deux enfants de *Hammed-Ben-Bourbzazeli*, et pour *Kherouffa* (7) et *Baia* (8), ses deux sœurs ;

5° Sid Mohammed-Alhanafi-Ben-Ali-Khodja, agissant

pour le compte de Hamdan (9) Alhanafi-Ben-Ali-Kelaidji, de son père le sid *Hassam* (10), de *Fatma* (11), fille de leur tante paternelle, de *Mahmoud* (12) *Ben-Elhadj-Mohammed* et de *Alkader-Ben-Mustapha* (13), fils de Omar-Khodja;

6° *Mahmoud-Alhanafi-Ben-Mustapha* (14) agissant pour son compte et celui de son frère, *Almahjoub-Ben-Mohammed* (15);

7° *Abdel-Rahman* Ben-Alsaihr, agissant pour sa femme *Mouni-Bent* (16) Ben-Yousef, ses pupilles Farhette (17) et *Mariouna* (18), enfants de Mohammed, de *Mouni* (19) *Bent-Mustapha-Ben-Kodjaberry*, de *Hamed* (20) *Ben-Yusef*, frère de sa femme, et de *Abder-Rhaman* (21) *Alas-Baini*, et *Ben* (22) *Ali-Ben-Mesli*,

Et 8° sid Mustapha-el-Hanafi-Ben-Enhammed-Ben-Caïd-Ali, agissant pour sa femme, *Aicha* (23) *Bent-Soliman*,

Vente est faite, dis-je, à quatre acquéreurs dénommés dans ce contrat d'une terre appelée Altaana-Omzafran (route actuelle d'Alger à Koleah par la Mitidja, et dénommée Kodjaberry-Saint-Charles), et ce moyennant une rente de 720 fr. par an, payable d'avance.

Tels sont les noms et le nombre des vendeurs ayant sisté en ce premier contrat. . . . .

Par un autre contrat du 17 mars 1834, enregistré le 2 avril suivant, vente est faite aux mêmes personnes d'une autre terre *dite* Kodjaberry, plaine Othon-Alkhechna, près la rivière Khemis (maintenant village du Foudouk); et moyennant une pareille de 720 fr. par an, par:

1° Sid Ali-Alhanafi-Ben-Abder-Rhaman-Ben-Kodjaberry, agissant pour *son père* (1) et ses deux tantes paternelles *Nefouça* (2) et *Mouni* (3), filles de sid Mohammed-Ben-Kodjaberry;

2° Le sid Mohammed-Alhanafi-Ben-Ali-Kodja, agissant pour le sid Hassam (4), le sid Omar (5) et le sid Hamdam (6), enfants de sid Ali-Kelaidjy, pour Abdel-Kader-Ben-Mustapha-Ben-Omar-Khodja (7), pour le sid Mahmoud-Ben-Elhadj-Mohammed (8), et leur tante paternelle, la dame Fatima-Bent (9);

3° Le sid Alhadj-Omar-Ben-Mohammed, connu sous le nom de Ben-Ouniche, ayant agi pour *ses neveux ou petits-fils,* Hassam (10), Hamdan (11), Baia (12) et Kherouffa (13), enfants de sid Hamed-Bouhraz-Ali, alors absents d'Alger;

4° Le sid Mustapha-Alhanafi-Ben-Enhammed-Berkali, connu sous le nom de Kodja, ayant agi pour le sid Mustapha (14), Ben-Klelil, connu sous le nom de *Ben-Altilb;*

5° Sid Mahmoud-Alhanafi-Ben-Mustapha (15), ayant agi pour lui et le fils de son frère, Almajoub (16);

6° Hamed-Alhanafi-Ben-Enhammed, connu sous le nom d'Alhenichi, ayant agi pour sa femme la dame Nefissa (17) Bent-Ibrahim, et pour leurs enfants, Mohammed (18), Allelle (19), Alzara (20), Fatima (21) et Mouni (22);

7° Hamed (23) Alhanafi-Ben-Jusuf;

8° Enhammed-Alhanafi-Ben-Hamed (24);

9° Ibrahim-Alhanafi-Alderer (25), ayant la vue défectueuse;

10° Le sid Abd-Abrahman-Alhanafi-Ben-Omar, connu sous le nom de Ben-Alzaith, ayant agi pour sa femme Mouni-Bent (26), ses pupilles *Farhette* (27) et *Messionna* (28), enfants du sid Mohammed-Ben-Mouni-Bent-Mustapha-Ben-Kodjaberry (29), *susdits* Hamed-Ben-Jusuf (30), et Abdalman-Ben-Ali-Ben-Mesly (31), Nedam (poëte);

11° Hassam (32), Alhanafi-Ben-Hamed;

12° Sid Mohammed-Ben-Ayab, ayant agi pour sa femme, la dame Aicha-Bent-Ali (33), et leurs enfants, Hamed (34), Fatima (35) et Donifa (36);

13° Sid Mustapha-Alhanafi-Ben-Enhammed-Ben-Alcaid-Ali, ayant agi pour sa femme, la dame Aicha-Bent-Soliman (37).

Les noms des vendeurs ayant sisté à ces deux contrats ont été copiés fidèlement sur l'expédition faite des premiers acquéreurs en 1834, et une expédition semblable a été enregistrée à Alger, transcrite aux hypothèques de la même ville.

Ces deux contrats contiennent chacun stipulation d'une rente de 720 fr. au profit des vendeurs, payable un an d'avance, mais ne disent pas un mot *de la part revenant dans ces rentes à chacun de ces mêmes vendeurs*, ni des droits de chacun d'eux.

Il ne s'agit pas de savoir si le contexte de ces actes n'est pas déraisonnable à force de laconisme, à raison de nos habitudes françaises... s'il n'était pas imprudent et ridicule de traiter ainsi sans plus de documents ; il suffit de savoir que c'est ainsi que les choses se passèrent dans les premiers temps des achats de propriétés algériennes par les Européens ; mais pour l'intelligence de ce qui suivra, il est bon de remarquer que dans le premier contrat, il y a vingt-trois vendeurs, et dans le second trente-sept. (C'est par erreur que dans le rapport de 1852, page 133, et précédemment j'ai parlé de vingt-un vendeurs, puisque vérification faite sous l'expédition que je suis allé lire chez la personne qui en est dépositaire, il faut s'arrêter au nombre vingt-trois pour un acte, et trente-sept pour l'autre).

Les individus qui figurent au second contrat du 17 mars, reçu par le scheik Abdalazil, sont : 1° Mustapha-Ben-Klelil, appelé Ben-Antilb ; 2° la dame Nefissa-Bent-Ibrahim, épouse de Hamed-Alhanafi-Ben-Enhammed, dit Alhémichi ; 3° Mohammed ; 4° Allelle ; 5° Alzara ; 6° Fatma ; 7° Mouny ; 8° Hamed-Alhanafi-Ben-Jusuf ; 9° Enhamed-Alhanafi-Ben-Hamed ; 10° Ibrahim-Alhanafi-Alderer ; 11° Hassam-Alhanafi-Ben-Hamed ; 12° Aicha, épouse de sid Mohammed-Ben-Ayab; 13° Hamed; 14° Fatima, et 15° Doniffa, indiqués dans leur ordre par les n°s 14, 17, 18, 19, 20, 21, 22, 23, 24, 25, 32, 33, 34, 35 et 36 dans la relation du contrat dont s'agit.

Ces détails, minutieux en apparence, auront plus tard leur explication, et on verra qu'ils sont utiles au but qu'il s'agit d'atteindre.

DEUXIÈME PARAGRAPHE.

Les quatre personnes qui avaient fait ces acquisitions, revenues dans leur pays, les cédèrent avec d'autres biens et par simples fractions de soixante-sixièmes à divers, qui depuis n'ont pas été sans regretter leur imprudence, puis le notaire qui, à Rouen, centralisait la direction de ces divers soixante-sixièmes de biens, fit passer des fonds à un correspondant à Alger, chez lequel il *paraît* que, jusqu'en 1844, la plupart des Arabes devant nommés se présentèrent ensemble pour recevoir les deux rentes de 720 fr. sus-énoncées. Je dis *il paraît*, car on n'a jamais vu les quittances qui ont dû être données pour justifier ces payements. Je dis, en outre, *la plupart de ces Arabes se présentèrent*, car, d'après ce qu'on a appris en 1846, l'administration des domaines avait mis le séquestre *jusqu'à concurrence* de 293 fr. 87 c. sur la rente de 720 fr. grevant la propriété acquise, le 11 mars 1834, et de 211 fr. 08 c. sur celle de 720 fr. grevant celle acquise le 17 mars ; et, d'après ces mêmes notes, le domaine en aurait été payé sur cette base jusqu'au 1er janvier 1842. *Mais on n'a jamais vu ces quittances ni pu savoir comment le domaine avait établi la base* de ce séquestre de 211 fr. 08 c. dans un cas, et de 293 fr. 87 c. dans l'autre, et *sur quels Arabes faisant partie des vendeurs de 1834 il portait. Ce fait rend plus incompréhensible encore comment* le notaire d'alger a pu s'y reconnaître jusqu'en 1844 *pour payer* et se rendre compte des droits de ceux qui devaient venir recevoir en son étude.

D'après des documents obtenus en 1847, une dame Eléazar Tama serait devenue cessionnaire, le 31 mars 1845, par acte reçu chez un notaire d'Alger, de 75 fr. dans une de ces rentes de 720 fr., et de 60 fr. dans l'autre ; mais, dans l'impossibilité d'établir la réalité et la quotité des droits de ces cédants prétendus, elle n'avait pas osé depuis réclamer ces deux fractions de rentes. Toutefois, il est bon de remarquer que, le 26 avril 1850, une demoiselle Godefroy s'en est dit cessionnaire en vertu d'un acte sous seing privé, du 22 du même mois, duquel il résulte que Mlle Tama aurait acquis ces deux portions de rentes de *sid* Ali-Ben-Ahmed, chaouche de la cour d'Alger, suivant acte de Me Branthome, notaire, le 31 mars 1843, et que ce sid Ali-Ben-Ahmed les aurait achetées devant le même notaire, le 23 février 1842, de Ahmed-Ben-Mohammed, dit *Kenichi*, et de sa femme appelée *Nefissa-Bent-Ibrahim*, et que cette dernière y aurait eu droit en vertu d'un prétendu acte reçu par les cadis Maleki et Hanefy, d'Alger, les 6 janvier et 25 février 1842, actes qu'on se bornait à énoncer sans en donner ni copie ni extrait dans la signification faite par Mlle Godefroy (*dont on n'a jamais pu découvrir la demeure ni à Marseille ni à Lille,* où depuis, avait-on dit, elle avait dû aller demeurer).

A cette même époque de 1847, on apprit que la direction des finances, deuxième division, deuxième bureau, n° 7259, avait, le 4 novembre 1841, adressé à M. Martin, notaire des intéressés, la lettre suivante :

« J'ai l'honneur de vous prévenir que les deux fermes
« sises à Beni-Kelil, que vous avez acquises des héritiers
« Kodjaberry, moyennant deux rentes perpétuelles, *l'une*
« *de* 900 *fr.* (c'était une erreur, la rente n'était que de
« 720 fr.), et l'autre de 720 fr., sont frappées de séquestre,
« pour deux rentes, la première de 263 fr. 84 c., et la se-
« conde de 211 fr. 07 c. 1/2, *représentatives des portions*
« *afférentes aux émigrés.*

« En conséquence, je vous prie de vouloir bien vous pré-
« senter à la direction des finances, division des domaines,
« pour y régler les arrérages qui sont dus, et préalablement
« y justifier par titres de vos droits de propriété sur les im-
« meubles dont s'agit.

« *Le directeur des finances par intérim.* »
(La signature du directeur est illisible.)

Il est à remarquer :

1° Que cette lettre ne dit pas un mot pour indiquer *les noms des Arabes* sur lesquels on aurait séquestré ces deux rentes de 263 fr. 84 c. et 211 fr. 07 c., faisant partie de plus fortes, de manière qu'on pût savoir à quoi s'en tenir et savoir quels étaient les autres Arabes vendeurs *non frappés de séquestre*, de même qu'on n'a pas su davantage depuis pourquoi, au lieu de 263 fr. 84 c., on a réclamé 293 fr. 87 c. plus tard ;

2° Que, le 15 mars 1842, à la requête de l'inspecteur des finances et en exécution d'une contrainte du 12 février 1842, on aurait sommé M. Martin de payer 1,011 fr. 69 c., savoir : 587 fr. 74 c. pour arrérages d'une rente de 293 fr. 87 c. (et non plus 263 fr. 84 c.), et 422 fr. 15 c. pour arrérages d'une autre rente de 211 fr. 07 c. 1/2 ;

3° Que, le 21 novembre 1842, le receveur des domaines avait réclamé sous huit jours 293 fr. 87 c. pour rente sur la ferme Kodjaberry ;

4° Que, le 15 décembre même année 1842, le même inspecteur des finances avait fait faire à M. Desnoyers, agent des intéressés, un nouveau commandement, en vertu d'une autre contrainte du 12 du même mois, de payer 293 fr. 87 c. pour la ferme sise à Krachna ;

5° Que cependant, et à raison sans doute de la première contrainte du 12 février 1842 et du commandement du 15 mars même année, ce même M. Desnoyers, qui n'avait aucuns renseignements raisonnables, mais qui voulait prévenir des poursuites, aurait payé : 1° le 17 septembre 1842 à M. Mareschal, receveur, 422 fr. 15 c. pour deux années de rente du 1er décembre 1840 au 1er décembre 1842, de la ferme Kodjaberry, sise à Benikelil, et 2° le 19 octobre 1842 (n° 4183 de la quittance), 293 fr. 88 c. pour la rente du 1er décembre 1840 au 1er décembre 1841 sur l'Haouche-Kodjaberry !!!... Ces quittances ne constatent rien de plus et n'expliquent pas davantage *sur quels Arabes* portait le séquestre en vertu duquel on exigeait ces payements, et la preuve que ces Arabes *avaient droit à la quotité de rentes prétendues séquestrées.*

Jusque-là, comme on le remarque, on voit bien une lettre d'avis... des contraintes... des poursuites, et des payements... *mais rien et absolument rien* qui éclaire sur les droits du domaine (ou de l'administration) ou plutôt sur ceux des Arabes dits séquestrés, *ni même sur leurs noms!!!*...

Cependant, bien avant cette époque, on connaissait parfaitement les droits des intéressés dont les titres avaient été enregistrés, transcrits et signifiés, et dont le gouvernement avait loué par bail authentique devant Me Martin, notaire, le 28 janvier 1838, la propriété située à Krachna (le Foudouk maintenant), moyennant 720 fr. par an, pour y placer les Koulouglis, qui l'ont occupée deux ans au moins, le tout à la demande de M. le maréchal Vallée, qui alors était gouverneur général de l'Algérie. (On verra plus tard que ces loyers n'ont été payés qu'en 1854 par 1,440 fr. *sans intérêts,* bien que cependant l'Etat fît des poursuites en 1842, ainsi que je viens de l'expliquer et justifier!!!...)

A cette même époque de 1847, on apprit encore qu'en 1844, le 20 avril, le tribunal d'Alger avait condamné les intéressés (qui n'en avaient rien su) à payer les arrérages des deux rentes créées en 1844 par les deux contrats énoncés d'abord (ce devait être une portion de ces rentes sans doute, puisque d'après ce qu'on vient de voir, une autre portion était séquestrée!!!); mais il est *d'une évidence à brûler les yeux:* 1° que le défenseur n'aura produit aucun moyen pour arrêter les juges et leur expliquer qu'on ne savait ni la qualité de *ceux qui demandaient* (et qui n'étaient plus tous les vendeurs de 1834!!!), ni la quotité de leurs droits... ni ceux du domaine qui avait agi en 1842, et s'était fait payer... 2° que les juges eux-mêmes n'auront pas songé à se rendre compte du bien ou mal fondé de la demande, et de ce qui était de nature à la justifier, ni en la forme ni au fond!!!...

et 3° que les 2, 16, 18 et 30 août 1845, devant M° Liautaud, notaire, cinquante-six Arabes différents s'étaient fait payer 1,734 fr. 32 c. pour arrérages des deux rentes de 720 fr., constituées en 1834, et que le notaire, *après avoir constaté son impossibilité de reconnaître en rien les droits*, la qualité et la quotité des droits *de ceux qui touchaient*, n'en avait pas moins commis la faute bien extraordinaire de *payer* (quand il établissait qu'il ne s'y reconnaissait pas!!!), en obligeant ces malheureux Arabes *à garantir solidairement la validité du payement qui leur était fait* [1], et à *rapporter sous la même solidarité*, sous trois mois, la radiation de deux inscriptions prises en leur nom à Alger et à Blidah, les 1er et 13 février 1845, radiation qu'avec beaucoup de raison le conservateur des hypothèques d'Alger avait refusé d'opérer, puisqu'il ne lui était justifié par aucun acte régulier et authentique des droits de ceux qui avaient sisté *à cette singulière quittance* de 1845!!!...

Tout ce qui précède doit paraître fort déraisonnable, et dans les poursuites de l'administration, qui ne fait rien connaître pour expliquer les causes de son séquestre... les noms des Arabes séquestrés... la quotité de leurs prétendus droits.. et de la condamnation du 20 avril 1844, et de la quittance de 1845!!!... et même pour ce qui concerne les prétendus droits de Mlle Tama et plus tard de Mlle Godefroy!!!... Mais bien que ces faits nous éloignent encore de ce qui reste à établir pour justifier *la nécessité de modifier l'état de choses de l'Algérie*, il était utile de faire connaître ces faits, afin de se préparer à ceux qui vont suivre et qui réclament plus d'attention encore!...

TROISIÈME PARAGRAPHE.

En 1844, 1845 et 1846, des ordonnances étaient venues mettre en doute la valeur de tous les contrats de vente con-

---

[1] Des créanciers qui garantissent qu'on les paye valablement... Il faut lire de pareilles choses dans des actes notariés pour y croire!...

sentis par les Arabes, et cela dans le but de constituer la propriété qui était dans un véritable chaos... mettre un terme au brigandage des ventes... protéger les malheureux qui s'étaient laissé voler ou tromper... La validité des contrats était déférée à l'appréciation des fonctionnaires de l'administration qui ne la devaient admettre qu'au profit de ceux qui justifieraient d'anciens contrats de propriété antérieurs à la conquête de 1830, et qui devaient rendre des arrêtés qui formeraient titres... On avait obligé chacun en territoire *reconnu civil* à déposer ses titres pour qu'on pût reconnaître les biens, les délimiter et statuer sur le mérite des actes invoqués!...

En 1847 donc, les imprudents sous-acquéreurs des biens Kodjaberry et autres, fatigués de payer... de ne rien recevoir... de ne pas même savoir où étaient situés la *presque totalité* des biens pour lesquels on disait payer pour eux des rentes, ou pour lesquels on les disait poursuivis... persuadés d'ailleurs qu'ils devaient être *pauvrement représentés et défendus,* ces acquéreurs, dis-je, désignèrent un d'entre eux pour se rendre sur les lieux et tâcher de se reconnaître dans un *pareil gâchis...* ce qui eut lieu en 1847, époque à laquelle on apprit les faits indiqués aux paragraphes qui précèdent.

Par la même occasion, on apprit encore, à raison de ces deux propriétés acquises en 1834 : 1° que, le 8 avril 1846, *sid Ali-Alhanafi-Ben-Sid-Abder-Rhaman*-Ben-Kodjaberry, *agissant pour son compte, celui de son père et de sa tante* (ces mots sont *textuels et copiés sur l'exploit*), avait fait assigner, par Bastard, huissier, en payement de 240 fr., pour leur part dans la rente de 720 fr. grevant la propriété Altaana (une de celles acquises en 1834), et 2° que, le 10 du même mois d'avril, le même Ben-Kodjaberry, se disant agir pour *lui, son père, sa tante et un certain nombre d'individus* (encore *textuel et copié sur l'exploit*), avait fait assigner en payement de 128 fr. 34 c. pour leur part, échue le 18 mars 1846, dans la rente de 720 fr. grevant l'autre propriété acquise en 1834!...

Ces deux demandes séparées, à deux jours de distance, formées par un individu qui, *sans nommer personne*, disait dans l'une : *agir pour son père et sa tante*, et dans l'autre : pour *son père... sa tante et un certain nombre d'individus...* étaient ridicules, car la loi de procédure de 1843, appliquée à l'Algérie, ne permettait pas de plaider par procureur *et sans indiquer les noms des demandeurs... leur qualité... la quotité de leurs droits (puisque rien n'avait été dit ou expliqué dans les deux contrats de 1834!...)*, et que rien n'établissait à propos de quoi et comment ils étaient fondés à réclamer ces fractions de 240 fr. et de 128 fr. 34 c. de rentes... Puis une de ces demandes était frustre, puisqu'elle eût dû être formée avec la première. Aussi dans un premier mémoire de trois pages, signifié, imprimé et distribué aux magistrats et fonctionnaires d'Alger et aux défendeurs, on disait entre autres choses :

« Attendu que pour former une demande, il faut justi-
« fier de son droit et de sa quotité, soit qu'on agisse de son
« chef, soit à la représentation d'un tiers, *si les actes ori-*
« *ginaires ne déterminent pas la part revenant à chacun ;*

« Attendu que, dans l'espèce, les concluants *ignorent*
« *complétement* ce qui pourrait être dû à chacun de ceux
« qui se disent avoir droit dans les deux rentes constituées
« en 1834 ; qu'ainsi, *voulussent-ils payer,* ils ne pourraient
« le faire ;

« Attendu que, par les quittances de 1845, *les deman-*
« *deurs ont, avec beaucoup d'autres,* pris l'obligation *soli-*
« *daire* de rapporter, sous trois mois, la radiation de deux
« inscriptions des 1er et 13 février 1845, ce qu'ils n'ont pas
« fait ; que le conservateur refuse de radier, parce qu'il ne
« lui est pas justifié régulièrement des droits de ces mêmes
« individus ;

« Attendu que les concluants, en procédant comme ils le

« font, tiennent à ce qu'il soit bien constaté *qu'ils ne veulent*
« susciter aucune mauvaise chicane ; mais seulement (*ce qui*
« *est de toute raison*) vouloir connaître à qui ils payent...
« les droits de ceux qui réclament... la légitimité et la fixa-
« tion régulière des droits des réclamants, et qu'on ne di-
« rige pas contre eux des procédures frustres et inutiles,
« qu'ils sauront toujours bien éviter de la part de ceux qui,
« ayant *des droits constants*, auraient une réclamation lé-
« gitime à leur adresser. »

Le 19 mai 1847, un jugement du tribunal civil d'Alger accueillit tout naturellement ces conclusions, et cela à la *simple lecture de ce petit mémoire;* mais sans attendre la décision, on n'en fit pas moins des démarches pour tâcher de savoir à quoi s'en tenir, *et sur les droits prétendus par le domaine et par les Arabes* qui avaient agi, et dans le procès jugé le 20 avril 1844, et par les Arabes qui avaient sisté à la quittance de 1845... ou qui avaient agi aux 8 et 10 avril 1846... et intenté deux nouveaux procès... Ces efforts ne conduisirent à rien. De malheureux Arabes, qui n'avaient été éclairés ni par leur *huissier ni par leurs défenseurs,* eurent à payer les frais de deux actions vraiment ridicules!!!...

Dans un premier rapport de 1847, adressé à tous les chefs de corps à Paris et à Alger, on signala, *page* 56, l'utilité d'expliquer enfin les droits et de l'Etat et des Arabes sur les deux rentes dont s'agit, et qu'à même la propriété située au village du Foudouk l'Etat avait pris 255 hectares 53 ares de terre, à raison desquels il devait une indemnité sur laquelle on ne s'était pas encore expliqué!... Comme on n'avait pu obtenir de document, bien qu'on continuât de rester débiteur des deux rentes en question, on adressa, le 22 septembre 1847, à M. le directeur général des affaires de l'Algérie, à M. le gouverneur et à M. le directeur des affaires civiles, avec un exemplaire du rapport devant énoncé, une *pétition en triple expédition,* dans laquelle, entre autres choses et à l'occasion des propriétés Kodjaberry *et des deux rentes dont s'agit*, et dont partie séquestrée par l'Etat devrait servir à un mode de règlement qu'on lui proposait, on disait :

« Il nous paraîtrait utile que l'administration des finan-
« ces et des domaines fît connaître sur quelles bases elle a
« séquestré cette rente (il s'agissait de celle de 720 fr. rela-
« tive à Kodjaberry-Foudouk), indiquât et justifiât que
« cette rente de 293 fr. 88 c. est bien en rapport avec les
« droits de ceux sur lesquels le séquestre a été mis. La
« présence à Alger d'un certain nombre des vendeurs ori-
« ginaires faciliterait à la direction des domaines le moyen
« de se fixer, et pour ces vendeurs ce serait un moyen de
« préciser la quotité de leurs droits ; l'opération à faire
« serait dans l'intérêt de tous...

« *Kodjaberry-Saint-Charles.* »

.« En même temps la direction des domaines aurait à faire
« la même opération pour la rente de 211 fr. 08 c., qu'elle
« réclame sur la terre Kodjaberry-Saint-Charles, etc. »

Le fait de cette triple pétition n'a rien d'incertain ; M. le général Delarue (alors directeur général) les reçut lui-même, et donna des ordres en présence du déposant pour les faire expédier à qui de droit, et en fit accuser réception officielle *le 21 octobre suivant, par une lettre portant le n° 793 de son cabinet particulier.* (*Et en* 1857, *on n'en est pas plus avancé!... Mais n'anticipons pas!...*)

Malgré la leçon donnée en 1847 par le tribunal d'Alger aux individus de la famille Kodjaberry (ou plutôt à leurs conseils, qui les avaient laissé introduire les deux déplorables procès rappelés ci-dessus)... malgré les démarches et les pétitions faites pour tâcher d'obtenir de l'administration qu'elle expliquât ses droits sur les rentes en question et aidât les Arabes à établir les leurs!... cependant, le 14 décembre 1848, une nouvelle demande, aussi ridicule que les deux premières, fut formée par *sid Abder-Rhaman-Ben-Mohammed-Kodjaberry* et *Mouni, sa sœur*, poursuite de *leur fils, neveu et mandataire (textuel)*, en payement de 720 fr., qui, d'après eux, formerait *leur part, d'après un acte reçu le 10 mars 1845 par le cadi Maleki, et non signifié!...* Puis, le 21 du même mois de décembre 1848, requête du même *Kodjaberry*, agissant pour lui et comme mandataire de : 1° *Ben-Mohammed-Kodjaberry, son père;* 2° Mouni, sa tante ; 3° *Aicha* et Khadoudja, ses sœurs ; 4° Mohammed-Mustapha, Zohra et Fatma, ses enfants ; 5° Ahmed-Omar-Baia et Nefissa, enfants de sid El-Hadj-Mustapha ; 6° Ben-el-Hassam, mari de la dame Aicha, ses neveux et nièces ; 7° Abder-Rhaman et Mouni, enfants d'Ibrahim-el-Hurrar, mari de la dame *Kadjhoudja*, ses neveux et nièces, et encore à la requête de ces derniers *(textuel)*, en payement de 304 fr. 92 c., *pour leur part dans l'autre rente* de 720 fr., aux termes d'un acte reçu (et non signifié non plus) par le cadi Maleki, le 19 mars 1845 !!!...

Ces deux actions nouvelles étaient *déraisonnables* comme les premières... Elles étaient *ridicules* et ruineuses comme celles que les malheureux Arabes avaient suivie pour obtenir, par deux instances et deux *jugements séparés*, *les 14 août 1847 et 17 mai 1848*, la radiation des deux inscriptions dont il avait été question dans la quittance reçue en 1845 par M. Liautaud, notaire !!!...

On fit un second mémoire de huit pages, *signifié* et distribué à profusion aux magistrats, aux employés des domaines, de la préfecture, aux défenseurs, à Alger, etc., etc., dans lequel, après avoir rappelé succinctement la pauvreté et le scandale de semblables poursuites, on disait :

« Attendu que pour ceux qui portent un véritable intérêt
« à l'avenir de l'Algérie, il est impossible de n'être pas pé-
« niblement affecté, en présence de pareilles procédures ;
« qu'il ne suffit pas de les faire déclarer nulles, non rece-
« vables... ridicules !... qu'ils croient (les intéressés) faire
« acte de bons citoyens en provoquant l'attention des ma-
« gistrats et de l'autorité sur tout ce que ces procédures

« offrent de regrettable, au point de vue de l'intérêt géné-
« ral. » Puis, après avoir établi dans cinq réflexions *qu'ils
doivent bien réellement* les rentes réclamées en vertu des
actes de 1834, *mais qu'ils ne savent encore à qui et dans
quelles proportions*, malgré leurs démarches et leurs pétitions... et concluant le rejet de ces deux demandes, ils ter-
minaient ainsi :

« De ce que les prétentions actuelles de plusieurs mem-
« bres de la famille Kodjaberry seront repoussées, la posi-
« tion des concluants n'aura pas changé, et si, par intérêt
« pour ces Arabes, les magistrats du tribunal, du parquet
« ou une autorité quelconque n'intervient pas, ils conti-
« nueront d'être créanciers sans pouvoir se faire payer, et
« les concluants continueront d'être débiteurs sans pouvoir
« se libérer.

« Or, dans l'intérêt commun de ces divers Arabes, ne
« pourrait-on pas désigner un magistrat qui se concerterait
« avec M. le directeur des domaines et le cadi d'Alger, afin
« de réunir tous les membres de la famille Kodjaberry, leur
« expliquer que, contradictoirement, ils doivent déclarer :
« 1° quels sont ceux d'entre eux qui ont sisté aux contrats
« de 1834 ; 2° quels sont ceux qui n'ont de droits que comme
« héritiers ou cessionnaires ; 3° *quels seraient les droits
« exacts du domaine*, et 4° qu'ils doivent par suite et par
« un acte régulier, reçu par un notaire, et des certificats
« de notoriété, établir les parties de ces rentes revenant à
« chacune des diverses branches de la famille Kodjaberry,
« et les diverses subdivisions qui devaient se faire dans
« chaque ligne, de telle sorte qu'enfin les concluants ar-
« rivent à savoir, *d'une manière légale et raisonnable, à qui
« et dans quelle proportion* ils doivent...

« Il ne s'agirait pas là de rendre un service, mais de faire
« une chose évidemment utile pour un bon nombre de fa-
« milles arabes, de leur éviter des procédures inutiles et
« coûteuses, et de leur accorder un véritable protectorat

« qui les convaincrait que l'autorité française se préoccupe
« de leurs vrais intérêts, de leur bien-être et de la conser-
« vation de leurs droits, lorsqu'ils sont légitimes, etc., etc. »

Le 10 novembre 1849, la pétition de 1847, sus-énoncée, fut encore rappelée au chef de l'administration préfectorale à Alger, et dans un deuxième rapport imprimé et terminé par une nouvelle pétition, adressée à MM. les ministres de la guerre et de la justice, et à tous les principaux fonctionnaires d'Alger, en se plaignant du défaut de solution qu'on attribuait aux changements survenus depuis dans l'administration, on disait, page 115 :

« Au surplus, si les hommes changent, les règles de la
« justice sont heureusement invariables, et la raison veut
« et commande qu'on arrive enfin à savoir *à qui et dans*
« *quelle proportion* doivent être payées les rentes « *créées en*
« *1834* et dont s'agit, etc., etc. »

En 1850, un nouveau rapport avec nouvelle pétition fut adressé à M. le ministre de la guerre, à M. le directeur général, à M. le gouverneur général, à M. le préfet, à M. le procureur général et à divers autres chefs ou employés de services algériens, pour rappeler la demande du 22 septembre 1847, qui s'appliquait, *entre autres choses,* aux rentes dont s'agit... On fit des démarches, qu'on réitéra en 1852, avec des membres de la famille Kodjaberry, chez deux notaires d'Alger, aux domaines, au tribunal du cadi Maleki... on fit expliquer à ces Arabes (par un interprète d'Alger qui les accompagnait) ce qu'ils devaient faire... on leur remit des exemplaires du mémoire fait contre eux (*ou plutôt pour eux*) pour les convaincre qu'on ne voulait leur susciter aucune mauvaise querelle !...

Déjà par intérêt pour ces malheureux et par suite du départ pour France du magistrat présidant la section du tribunal d'Alger, qui devait statuer sur les deux dernières instances des 14 et 24 décembre 1848... on avait cru utile de ne pas presser les jugements, pour leur éviter des frais considérables et inutiles... on faisait de l'humanité... de la charité... on croyait agir en ami vrai de l'avancement de la domination française et de la colonisation, et je lis dans le rapport de 1852, page 140 (adressé, comme un autre de 1851, à tous les chefs et principaux employés d'administration à Alger et Paris, et rappelant les pétitions de 1847 et autres faits survenus depuis), que je terminais ainsi :

« A ce sujet, j'en reviens à dire qu'il serait d'une haute
« moralité d'interdire aux notaires de recevoir des trans-
« ports de rentes, lorsque les qualités et les droits des cé-
« dants sont aussi *tristement prouvés que ceux* de la famille
« Kodjaberry...

« Mais il y aurait aussi une souveraine justice *à ce que le*
« *domaine, s'occupant de vos pétitions* pour établir *son droit*
« *à lui-même dans ces rentes*, vînt en même temps au se-
« cours de ces Arabes, etc., etc... et que juste envers vous,
« on le fût envers la famille Kodjaberry, etc., etc... »

Il n'est pas inutile de remarquer, avant d'en finir de ce paragraphe, qu'en 1851 la direction des domaines, qui voulait cependant (sans aucune réponse à ces pétitions et réclamations, sans aucune justification ou explication) se faire payer des deux fractions de rentes en question, s'était adressée à l'agent des intéressés qui avaient défendu qu'on payât tant qu'on ne leur aurait pas répondu, et que des *menaces de poursuites ayant été faites,* on dût, le 31 décembre 1851, signifier par huissier à M. le préfet d'Alger (*ayant la direction des domaines* dans ses attributions) une protestation rappelant, entre autres choses, la pétition *du 22 septembre 1847 et le numéro de* son accusé de réception !...

Il résulte d'un document émanant de l'agent des débiteurs de ces deux fractions de rentes, qu'il aurait appris au domaine, à la fin de 1851 : 1° *que sous le n° 291 du sommier,* on faisait figurer la rente de 293 fr. 87 c. comme séquestrée *sur soixante membres de la famille Kodjaberry, dont les noms n'étaient pas indiqués sur ce même sommier!...* et

2° que pour la rente de 211 fr. 08 c., elle était séquestrée sur la tête de treize des Arabes vendeurs (dont il eut *l'extrême tort, avant de se séparer de ses mandants, de ne pas indiquer les noms qu'on* a dû lui dire!); *car* au moins ils auraient eu, et par hasard, un premier document, quand, jusqu'à ce jour, ils ne savent *encore rien officiellement,* malgré tous les efforts qu'ils ont faits pour être éclairés et fixés.

Puis, ce document tel quel, obtenu par hasard *en dehors des moyens officiels,* est loin d'expliquer la situation; car la propriété sur laquelle le domaine réclamait, en 1851, 293 fr. 87 c. de rente, comme séquestrés *sur soixante Arabes (dont on ne pouvait indiquer les noms)* n'avait été vendue, en 1834, que *par trente-sept Arabes,* tous dénommés dans le premier paragraphe qui précède (page 87), d'où il faut induire sans doute que plusieurs d'entre eux étaient morts depuis, laissant plusieurs héritiers que plus tard le séquestre aurait atteint... mais... mais... *Enfin et quant à présent, en* 1857... *on ne sait rien encore!...* et cependant, les domaines et l'administration ont été plus « qu'à satiété « suppliés, conjurés et mis en demeure de s'expliquer!... » Mais continuons les singularités!...

QUATRIÈME PARAGRAPHE.

Nouvel ordre de faits concernant, pour les mêmes biens, le domaine, la préfecture et la direction de l'Algérie.

En 1847, on apprit qu'à même la propriété située au Foudouk, l'Etat, en vertu de son droit d'expropriation, en avait pris depuis plusieurs années déjà une notable portion (255 hectares, disait-on)... qu'on avait présenté pétition pour en être indemnisé... mais qu'il n'y avait pas été fait droit, parce qu'on ne s'était pas encore prononcé sur la validité ou l'invalidité de l'acquisition de cette terre (question réservée par les ordonnances de 1844, 1845 et 1846 à l'autorité).

Dès le 8 février de la même année 1847, on avait réclamé la délimitation de cette propriété, ainsi que de celle dite Kodjaberry-Saint-Charles; pour la dernière; l'opération eut lieu les 28, 29 et 30 décembre suivant et fut homologuée le 1er avril 1848; pour l'autre propriété, l'opération n'eut lieu que le 16 mars 1850 et elle fut homologuée le 13 mai de la même année.

Dans la pétition du 22 septembre 1847 (dont il a déjà été parlé ci-dessus) on disait, à l'occasion de la propriété du Foudouk, et en se reportant aux pages 55, 56, 57, 58 et 59 d'un rapport qui y était joint, « qu'il était évident que l'ad-
« ministration devait une indemnité pour les terres dont
« elle s'était emparée pour l'établissement du village du
« Foudouk; *qu'on ignorait si elle avait suivi les formes lé-*
« *gales...* que cette indemnité servirait, jusqu'à due con-
« currence, *à acquitter, par compensation,* la rente de
« 293 fr. 87 c. (fraction de celle de 720 fr. due), séquestrée
« par l'Etat, après qu'il aurait indiqué sur quelles bases ce
« séquestre avait été mis... et que ces 293 fr. 87 c. étaient
« bien en rapport avec les droits de ceux des Arabes atteints
« par cette mesure. »

Dès avant cette époque du 22 septembre 1847, il paraît (*mais on l'ignorait alors*) que l'administration s'était occupée de déterminer une indemnité à raison des terres ainsi prises, et que, par une décision ministérielle du 9 mars 1847, n° 849, on avait accordé une somme de 5,666 fr. 02 c. en capital, à raison de ce qu'on disait alors n'avoir exproprié que 250 hectares 18 ares 56 centiares.

Plus tard, au contraire, et à la suite de la délimitation opérée le 16 mars 1850, homologuée le 13 mai suivant, et par suite aussi de cette pétition du 22 septembre 1847, qui remettait en question le fait de l'indemnité (puisqu'on ignorait celle du 9 mars 1847), le conseil de préfecture d'Alger (agissant en dehors des intéressés, qui n'avaient été mis en demeure de fournir aucun renseignement) constatait, par un arrêté du 3 décembre 1850, que l'administration avait pris à leur préjudice 329 hectares 82 ares 40 centiares de terre (et non 250 hectares 18 ares 56 centiares comme on l'avait cru en 1847), ce qui faisait une différence de 76 hectares 63 ares 84 centiares, à raison desquels il accordait une indemnité en plus de 1,715 fr. 08 c. en capital, ce qui portait à 7,381 fr. 10 c. l'indemnité reconnue due avec les intérêts, à partir du 1er novembre 1844, *jour de la dépossession*, mais à la charge de justifier (avant de recevoir) du remboursement de la rente de 720 fr. due en principal et arrérages.

Puisqu'à cette époque l'administration se disait créancière de 293 fr. 87 c. à même cette rente de 720 fr., par suite du séquestre mis sur un certain nombre des Arabes *vendeurs originaires*, il eut été *tout simple et tout naturel* de s'occuper de la pétition du 22 septembre 1847... des diverses prières adressées à ce sujet et pour les intéressés et pour la famille Kodjaberry elle-même... et de préciser d'abord : 1° sur quels Arabes le séquestre *avait été mis ;* 2° la quotité de rente séquestrée sur chacun d'eux ; 3° la date de ce séquestre, et 4° que le chiffre réuni des parcelles séquestrées s'élevait bien à 293 fr. 87 c.; puis, cela fait, de déclarer qu'il y avait lieu *à compenser d'autant le capital de cette rente de 293 fr. 87 c. contre l'indemnité* qu'on décidait ainsi être due, de manière qu'on eût opéré ainsi la double libération de l'Etat et celle de ses prétendus débiteurs, qui étaient constitués créanciers de ces 7,381 fr. 10 c.!... Mais on ne procéda pas ainsi, et comme les intéressés n'avaient reçu aucun avis de se présenter avant cette décision du 3 décembre 1850, ils ne purent soumettre aucune observation pour arriver à un résultat si rationnel!...

Mais avant de suivre ce qui se rattache à cet arrêté du 3 décembre 1850, il faut en revenir un peu à la délimitation faite le 16 mars précédent par M. de Bernon, alors auditeur au conseil d'Etat, détaché à Alger. Avec ce fonctionnaire et les agents qui l'accompagnaient, on avait parcouru, comme provenant de la famille Kodjaberry, une grande propriété qu'on disait limitée par l'Oued-Kemis et la route d'Alger à Constantine ; de l'autre côté, dans le haut, les tribus des Ouled-Ralia ou Zraglia et Aaornia; d'un côté, la montagne Bellakal; d'autre côté, les Ben-Schkaidria et autres. A cette époque, on avait vu au pied de la montagne Bellakal et du côté opposé deux poteaux indiquant les limites des concessions faites aux colons du Foudouk ; cependant, au delà de ces limites se trouvait une étendue de terres de plusieurs centaines d'hectares (dont une seule partie sur le plateau, enclose et plantée d'énormes cactus ou figuiers de Barbarie, fut estimée alors à un loyer annuel de 600 fr. par un habitant du Foudouk qui assistait à l'opération de M. de Bernon).

Au-dessous de cet enclos et en se rapprochant des terres des *Ralia*, on voyait, outre un ancien cimetière, une maison nouvellement élevée par un officier d'artillerie, qui aurait obtenu une concession de terres (à même la propriété Kodjaberry), bien que le tout dépassât de beaucoup les limites que semblaient assigner à la colonisation les poteaux dont je viens de parler.

De cette inspection des lieux, il en ressortait forcément qu'on s'était grandement trompé, lorsqu'en 1847 on avait laissé entendre aux intéressés que la propriété en question n'avait dans tout son ensemble que 268 hectares... que le domaine en ayant pris 253 hectares pour les habitants du Foudouk... on ne devait plus en espérer que 14 à 15 hectares au plus!... On *s'était trompé* ou l'on avait impudemment menti... (ce qui n'est pas rare en Algérie!...) Il n'y avait pas de milieu, puisqu'on devait évaluer à plusieurs centaines d'hectares le terrain parcouru par les délimitateurs *et au delà des poteaux* dont il a été parlé comme dépendant de la terre Kodjaberry... et on était encore dans un doute assez sérieux sur l'exactitude du schcik *Ben-Rabbat*, qui contribuait à indiquer les limites, et qui, en sa qualité de chef de la tribu voisine, n'avait pas intérêt à diminuer les terres de cette tribu pour augmenter l'importance de celle qu'on délimitait!...

A cette époque, on savait déjà d'une manière positive que l'Etat, usant de son droit à cet égard, avait exproprié une portion de la terre Kodjaberry, mais les poteaux *encore existants au* 16 mars 1850 prouvaient la limite qu'il avait voulu atteindre en 1844, lors de la création du village du Foudouk... Pour avoir dépassé ces limites et fait au delà des concessions nouvelles, il eut fallu de nouveaux arrêtés des gouverneurs... il était important de le savoir, afin de s'assurer si: 1° des intrus n'étaient pas venus, de leur autorité privée, s'emparer à leur profit de portions de terre autres que celles qu'on avait voulu seulement exproprier au nom de l'Etat, ou 2° s'il n'y avait pas là encore des concessions *de contrebande* faite arrière de l'autorité légitime ou bien des concessions *surprises* ou *imposées*, au contraire, aux agents du domaine!...

On eut dû, au 3 décembre 1850, appeler les intéressés et, sur leurs observations, expliquer dans l'arrêté rendu ce jour : 1° l'arrêté originaire d'expropriation ; 2° le plan parcellaire et la quantité de terres prises à même la propriété Kodjaberry ; 3° les arrêtés (s'il en existait) ayant permis de prendre de nouvelles terres en plus des prescriptions du premier arrêté avec les nouveaux plans dressés *ad hoc;* 4° la date des nouvelles concessions faites par suite de ces nouveaux arrêtés ; 5° les noms de ces nouveaux concessionnaires, les conditions de concession et la quantité de terres en ayant fait l'objet, etc., etc.; à ce moyen on eut été à même (en s'expliquant aussi sur les noms des Arabes séquestrés et la quotité de rente séquestrée sur chacun d'eux) de faire bonne justice à tout le monde, de fixer chacun sur ses droits et d'éclairer les expropriés qui faisaient tant d'efforts *pour découvrir la vérité et la lumière dans un pareil chaos...* Mais on n'en fit rien et on se borna à dire qu'il leur était dû 7,381 fr. 10 c., avec intérêts depuis 1844 !

Cet arrêté ayant été notifié le 3 mars 1851, on se pourvut au conseil d'Etat.

DEUXIÈME SECTION.

PREMIER PARAGRAPHE.

Avant d'arriver à ce pourvoi et à ses suites, il est nécessaire (malgré l'ennui qu'on peut éprouver *de ne pas voir déjà à quelle conclusion favorable à la colonisation j'en veux venir avec une citation si longue de détails, de faits particuliers qui semblent étrangers au but de ma nouvelle publication ; mais patience... patience encore... nous y arriverons !...*) il est nécessaire, dis-je, que tout d'abord je rappelle *une autre drôlerie* algérienne se rattachant à celle qui nous occupe et qui, cependant, forme le deuxième exemple que je veux citer.

En 1850, les acquéreurs des biens de la famille Kodjaberry (en vertu de deux contrats de 1834, devant relatés) avaient fini par découvrir aussi dans le voisinage de Blidah (à l'Ouel-El-Lalleig) une autre grande propriété, dite l'*Haouche-Kouch,* dont on leur avait cédé la moitié ! bien que cette propriété figurât comme séquestrée aux registres des domaines depuis 1842 !... bien que l'Etat y eût fait élever, vers 1840, un parc considérable de bestiaux... cependant, en 1850, elle était occupée, exploitée et pillée (quant aux bois au moins !...) par des Arabes et par plusieurs familles européennes qui s'y étaient fixées de leur autorité particulière, car ils n'ont jamais (même ceux qu'on en a expulsé judiciairement...) justifié d'autorisations supérieures en faveur de leur occupation.

A cette époque donc de 1850 et par suite d'un arrêté du 27 août 1849, qui avait validé les titres invoqués par les personnes dont je parle, et les avait renvoyés avec divers autres prétendants (*et l'Etat reconnu avoir droit à moitié de cette propriété*) faire statuer par les tribunaux sur la quotité des véritables droits de chacun, une action fut introduite devant le tribunal de Blidah ; on y appela le domaine, divers prétendants et un Arabe du nom de Ben-Schergnoun, *pour obtenir contre lui* (s'il ne justifiait d'aucun droit...) *son expulsion* et des dommages-intérêts à titre de loyers de cette terre dont il occupait la plus grande partie depuis plusieurs années.

Le 28 novembre 1850, le tribunal de Blidah décida d'une manière absolue que la propriété dont s'agit appartenait pour moitié à la Compagnie Rouennaise, et pour l'autre moitié à l'Etat *seul*, en vertu du droit de séquestre... et que dès lors Ben-Schergnoun et autres n'y avaient aucun droit... mais le jugement *n'accorda aucune répétition contre cet Arabe* pour raison de son occupation... Le domaine, qui était en cause et qui avait grand intérêt aussi à obtenir sa part d'indemnité... ne réclama rien... absolument rien !... On fit appeler de ce jugement *fort étrange quant au chef qui refusait la réparation* du préjudice éprouvé... le domaine fut aussi appelé dans cette instance d'appel.

A cette occasion et en relevant *toutes les* étranges singularités (à cette époque seulement... il y en a eu de beaucoup plus curieuses depuis !...) de cette affaire, et en suppliant la justice de faire des investigations, je disais à la cour d'Alger, page 98 du rapport de 1851 :

« Qu'on ne s'y trompe pas, la cour, en prenant les pré-
« cautions dont j'ai parlé, et les divers chefs de corps dont
« elle provoquerait le concours, avant d'arriver à décider,
« ne feraient point de la police ténébreuse (qui, quoique
« gênante pour certaines gens, n'en est pas moins utile);
« ils feraient de la bonne et haute administration.

« Leurs investigations communes ayant pour but la vé-
« rité sur des faits, qui au moins peuvent et doivent pa-
« raître équivoques, ne feraient qu'honorer leurs fonctions
« réciproques et prouver leur désir ardent d'être justes pour
« tous, mais impitoyables pour les mauvaises actions et
« leurs auteurs !... »

Peu après ce rapport de 1851 et après qu'on eut acquis la preuve que l'Etat était bien seul propriétaire pour moitié de l'Haouche-Kouch, dont l'autre moitié était irrévocablement décidée appartenir à la Compagnie Rouennaise (car le jugement du tribunal de Blidah était passé en forme de chose jugée contre les autres prétendants, qui n'en avaient pas appelé), les membres de cette compagnie présentèrent, en mai 1851, une nouvelle pétition (qui fut adressée du ministère de la guerre, le 2 juin suivant, *deuxième bureau, n° 485*) dans laquelle relatant et modifiant, vu les faits survenus depuis, celle du 22 septembre 1847 et tout ce qui l'avait suivi, et y joignant des exemplaires du rapport de 1851, ils demandaient qu'au lieu de les obliger à suivre sur leur pourvoi formé contre l'arrêté du conseil de préfecture du 3 mars précédent, concernant l'indemnité de 7,381 fr. 10 c. en principal, pour les 329 hectares 82 ares 40 centiares de terres prises au Foudouk, et pour prévenir aussi les frais considérables du partage en deux lots de l'Haouche-Kouch (que l'on supposait alors contenir 600 hectares...), en exécution du jugement du tribunal de Blidah, et pour d'autres causes d'indemnité encore, la part de l'Etat dans ladite terre de Kouch, *plus le parc*, de manière à éteindre ainsi plusieurs dettes de l'Etat *et à conserver* même une fraction de terre à même Kouch, pour la laisser à un nommé Retournat, qui paraissait avoir *de chauds et puissants protecteurs*, afin de rester le maître de la partie dont les agents de l'Etat ne l'avaient pas empêché de s'emparer !...

Cette pétition était bien simple... (les personnes qui, par leur position, pourraient en exiger la représentation, gagneraient à la lire... pour être encore mieux à même d'apprécier !...) Son but était de toute loyauté, de toute raison... on eut mis fin à des débats pénibles... on eut évité de remuer des faits équivoques, *s'ils ne sont pas coupables*... et on eut su à quoi s'en tenir sur tout ce qui concernait la malheureuse famille Kodjaberry et le séquestre concernant plusieurs de ses membres... et sur leur part de rentes séquestrées... et l'importance réelle des biens pris en 1844 pour créer le village de Foudouk et ceux pris ou donnés depuis !...

Avec une administration qui a tant de rouages aboutissant *à une seule et même tête qui est dans l'impossibilité matérielle de tout surveiller,* et contre laquelle même on doit souvent lutter d'un bureau à un autre... les choses ne devaient pas se passer d'une manière si raisonnable et si naturelle.

Le 25 novembre 1851, la cour d'Alger avait confirmé le jugement du 28 novembre 1850, rendu à Blidah, et refusé *toute indemnité contre Ben-Schergnoun ;* on ne s'en était pas tenu là, « la cour avait même condamné aux dépens faits en première instance et en appel par cet Arabe... dont on ignore l'importance et les divers tenants... [1] »

A la suite de cet arrêt, qui assurait d'une manière définitive au profit de l'Etat la moitié de l'Haouche-Kouch, une foule de gens, plus ou moins recommandés ou recommandables, s'étaient mis en campagne pour empêcher la solution offerte par la pétition du mois de mai 1851... et obtenir à leur profit, avec les bâtiments du parc, tout ou la majeure partie de l'Etat dans la propriété de Kouch... on avait fait des opérations *contradictoires... ridicules.* Ainsi, des agents d'administration avaient estimé les bâtiments du parc de Kouch à 32,000 fr. !... d'autres agents l'avaient estimé à 8,000 fr. !... Le 12 juillet 1851, et après affiche, l'administration avait loué, par adjudication, le parc à l'agent de la Compagnie ; le 12 août suivant, un arrêté annulait cette location !... en même temps et sans attendre ni que la cour d'Alger eût statué... ni que l'administration eût adopté ou

---

[1] Aussi un arrêt de la cour de cassation, du 15 décembre 1852, a admis le pourvoi dirigé contre cet arrêt... qui est vraiment de nature à étonner !...

repoussé la pétition du mois de mai 1851, on songeait à préparer des petits lots de concessions partielles *à même une propriété qui était encore indivise entre l'Etat pour moitié et les autres* propriétaires pour l'autre moitié, et cela, avant que, par suite du jugement rendu le 28 novembre 1850, par le tribunal de Blidah, on eût fait deux lots, et que ces lots fussent tirés au sort!... *Tout cela était déplorable* et annonçait bien du désordre... *Cependant les choses étaient en cet état* lorsque, dans les premiers mois de 1852, M. le directeur général des affaires de l'Algérie, à Paris, crut devoir intervenir *de son chef et transmettre des ordres pour qu'on arrivât à une solution...* Il remit même des lettres à l'aide desquelles celui qui en était porteur crut que, sur les lieux, il pourrait avoir la clef de tant d'énigmes... mais M. le préfet d'Alger, réputé avoir la haute direction dans les mesures à prendre et dans les éclaircissements à faire donner par les agents sous ses ordres, *se trouva dessaisi de ce qui avait trait à cette affaire* le jour même où une assez longue réunion avait lieu dans son cabinet, et lorsque ce fonctionnaire manifestait la volonté que chaque *chose fût expliquée carrément et cartes sur table...* (Il est rendu compte détaillé de ces faits pages 16 à 29 d'un rapport imprimé en 1852.) Aussi on ne put rien apprendre ni faire avancer la solution, bien qu'à la direction, à Paris, on eût signalé l'état de choses, en sollicitant *un pouvoir momentané à l'aide duquel on pût exiger communication de tous les dossiers ayant trait* à ces affaires!...

Le 15 avril 1852, M. le directeur général, à Paris, disait à une personne qui lui signalait l'état des choses : « Des
« instructions ont été données à M. le gouverneur général
« pour l'inviter à donner à M... communication de toutes
« les pièces nécessaires. Quant à la mission spéciale que ré-
« clame M. B..., elle ne saurait lui être donnée : il est im-
« possible de mettre ainsi en suspicion toute l'administra-
« tion algérienne ; la seule concession qui puisse être faite,

« c'est de lui accorder tous les éclaircissements propres à
« empêcher que ses droits ne soient méconnus. »

Le 21 du même mois d'avril, ce même fonctionnaire disait : « Les instructions nécessaires ont été données à M. le
« gouverneur général, et je suis convaincu que leur exécu-
« tion satisfera M. B... »

Malgré tout cela (et comme M. le gouverneur général ne pouvait de sa personne s'occuper des détails d'un fait particulier) on dut quitter Alger sans avoir rien vu et sans avoir pu rien faire pour arriver à solution, ni pour l'Haouche-Kouch, *ni pour* ce qui concernait la malheureuse famille *Kodjaberry*, dont on avait vu plusieurs membres, et sur les droits desquels on n'était pas plus édifié que dans le passé, ni sur tout ce qui les concernait, ou plutôt les propriétés venant d'eux et expropriées en partie pour le village du Foudouk.

Le 30 juillet 1852, et à raison de singularités nouvelles survenues pour la terre de l'Haouche-Kouch, on adressait (ou plutôt j'adressais) à M. le directeur général des affaires de l'Algérie une note explicative de ces singularités, et je terminais ainsi :

« Il faudrait pourtant, pour la dignité de l'administration,
« qu'on parvînt à savoir à quoi s'en tenir.

« Si, de la direction générale, on n'expédie pas un ordre
« bien formel... bien impératif de donner solution, nous
« pourrons, en 1853, être encore dans la même position :
« Ben-Schergnoun se moquera de nous et de l'administra-
« tion, et continuera de jouir de la presque totalité de ce
« domaine de Kouch!... Qu'à Alger, on puisse trouver cela
« plaisant!... cela peut être, mais n'en est pas moins dou-
« loureux et ridicule!... Et il serait d'une haute raison que
« de Paris on voulût faire cesser un pareil état de choses.
« J'ai appelé cela du gâchis, je ne puis changer la qualifi-
« cation; j'en suis peiné pour l'administration supé-
« rieure, etc., etc. Je n'ai pas visé le moins du monde à

« jouer le Don Quichotte algérien, mais j'aurais bien voulu
« que la *police d'en haut* cherchât à expliquer ce qui, à mes
« yeux, est encore resté inexpliqué!... »

Malgré cela et un peu plus tard, on apprit que de nouvelles démarches avaient lieu pour obtenir la part de l'Etat dans l'Haouche-Kouch ; que, dans les premiers jours de janvier, un individu de Blidah avait voulu se mettre en possession *du parc* malgré une protestation exprès déposée à M. le préfet d'Alger... qu'à Alger et à Paris des gens se remuaient et s'agitaient pour obtenir tout ou partie de cette propriété, *bien* que rien n'eût encore été résolu sur la demande *si raisonnable et juste* du mois de mai 1851.

Dans cette situation, on tenta, au mois de mars 1853, une démarche auprès du ministre de la guerre, qui, étant subitement tombé malade, fit renvoyer à la direction de l'Algérie... Là on *crut remarquer qu'une volonté plus puissante* que celle de M. le directeur général empêchait la solution désirée.

Le 2 mars, on lui remit une nouvelle note qui se terminait ainsi :

« Il semble qu'en en référant (si besoin est) soit au mi-
« nistre de la guerre, soit au chef de l'Etat, *il serait* im-
« possible qu'appelés à émettre un simple avis, d'honnêtes
« gens ne trouvassent pas que nous sommes humainement
« plus favorables que qui que ce soit pour obtenir l'autre
« moitié de l'Haouche (*sauf part pour Retournat...* quoi-
« que!...) et qu'il y aurait déraison et faveur blâmable à le
« *donner à d'autres*, quand nous offrons de *payer* par com-
« pensation. »

(La pétition de 1851 expliquait ce mode de compensation.[1])

Mais on comprit que ces notes pourraient ne produire au-

---

[1] On offrait de prendre la part de l'Etat (moins une portion à réserver pour le sieur Retournat) à raison de 100 fr. l'hectare ; ce prix insuffisant maintenant, à raison de l'augmentation des propriétés dans le voisinage de Blidah, était exorbitant en 1851 : la preuve de ce fait se

cun effet, si M. le ministre de la guerre, ayant d'autres idées arrêtées, ne voulait pas y avoir égard et en prendre plus connaissance que de la pétition de 1851 et des faits survenus depuis ; car, depuis 1851, on avait appris qu'au lieu de 600 hectares au moins, l'Haouche-Kouch ne contenait que 392 hectares... Eu égard aux craintes que l'on avait, on fit imprimer *à deux ou trois cents exemplaires* une lettre *dite confidentielle* à l'adresse de M. le général directeur des affaires de l'Algérie, dans laquelle, après avoir *sèchement* et *brièvement* exposé les faits, on dit à la page 10 :

« *Qu'on n'imagine rien... qu'on ne se fourvoie en rien,*

trouve résulter du procès-verbal d'expertise dressé par MM. Verpiot, Montagne et Perret, et clôt à Blidah le 28 avril 1852.

Ces experts, nommés en 1850 par le tribunal pour composer deux lots entre l'Etat et la Compagnie, avaient agi malgré les protestations de cette Compagnie, qui, après sa pétition de 1851, espérait prévenir un lotissement judiciaire ; mais ils avaient dû obéir à la réquisition de M. le préfet, agissant au nom du domaine.

Un de ces experts, questionné sur cette opération pendant que j'étais à Blidah et à la suite des tentatives infructueuses faites à Alger pour arriver à solution, avait conservé *un mutisme absolu* sur le résultat de cette expertise : je suppose qu'il en avait reçu l'ordre, car il feignit de ne pas comprendre les questions que je lui adressai sur l'évaluation et de la terre de Kouch. Ce ne fut qu'à Paris, et après mon retour en France, que j'appris que le procès-verbal de MM. les experts avait été déposé au greffe de Blidah le lendemain de mon départ d'Alger. Il résulte de leur travail qu'ils avaient estimé les 392 hectares 77 ares 6 centiares composant l'Haouche-Kouch à 32,918 fr. 96 c., ce qui donnait *en moyenne* 84 *fr.* par hectare !... Quant aux bâtiments du parc, ils les avaient estimés à 8,000 *fr*... (qu'on note ce chiffre de 8,000 fr. pour l'opposer aux 32,000 fr. résultant d'une autre opération administrative !...), et dans la pétition de 1851, on offrait de prendre ce même parc au prix de 12,000 fr. On offrait 12,000 fr. pour ce parc, et en 1852 les experts l'estimaient à 8,000 fr.; on offrait 100 fr. par hectare de terre, et ces mêmes experts n'estimaient les terres qu'à 84 fr. en moyenne !... Ce rapprochement indique que, malgré les préventions qu'on avait à Alger contre la Compagnie Rouennaise, au moins ses offres étaient raisonnables et sérieuses et dépassaient même les estimations faites malgré eux et leurs défenses. Il y a là un enseignement à tirer !...

qu'on reste dans le vrai, en prenant les actes, les arrêtés et les faits *pour ce qu'ils sont et ce qu'ils valent,* et on persiste dans les demandes faites. » Et après avoir fait allusion aux prétendus droits de Ben-Schergnoun, auxquels on paraissait croire à Alger, *malgré les décisions judiciaires, souveraines et irrévocables* sous ce rapport, on ajoute :

« Maintenant, au contraire, il n'est plus question de Ben-
« Schergnoun (bien qu'on le laisse *toujours* et fort tran-
« quillement à l'Haouche-Kouch), mais de divers solli-
« citeurs plus ou moins recommandés et ayant, dit-on, de
« grandes chances de se faire concéder ce que nous récla-
« mions et ce que nous continuons de demander toujours,
« comme étant ce qu'il y a *de plus souverainement juste à*
« *faire de la part de l'Etat* et de plus conforme à ses inté-
« rêts, afin de ne pas commettre une quasi iniquité. »

En effet, et à titre d'échange, on offrait de payer la part de l'Etat dans les terres de l'Haouche-Kouch (tout en lui réservant une part pour le nommé Retournat) à raison de 100 fr. l'hectare, quand il en délivrait (alors au moins) ou pour rien ou à raison de 1 fr. ou 3 fr. de rente (capital : 10 fr. ou 30 fr.) à une foule d'autres. Aussi page 14, et après des explications préalables rappelant, entre autres choses, que ce moyen mettrait un terme au pourvoi formé au conseil d'Etat contre l'arrêté du 3 décembre 1850, du conseil de préfecture d'Alger, relatif aux terres prises au Foudouk à même la propriété de la famille Kodjaberry, on ajoutait :

« C'est à votre conscience, à votre loyauté, monsieur le
« directeur général, que je laisse le soin de répondre *à*
« *cette affirmation : qu'on manquerait aux intérêts de l'Etat*
« *et qu'on les sacrifierait en n'acceptant pas nos proposi-*
« *tions.* »

Puis en terminant, on disait : « Au jour de leurs plus
« grands dangers, lorsqu'ils croyaient devoir se méfier de

« mesures qui leur paraissaient injustes, nos pères disaient :

« Si le roi le savait !... »

« Eh bien ! monsieur, nous vous disons : Faites que le mi-
« nistre de la guerre connaisse notre situation, nos de-
« mandes... nos droits ; mettez-le en garde contre des insi-
« nuations malveillantes... éclairez-le.

« Je vous en adjure sur votre honneur de soldat !... »

Tout insolite que fût la forme de cette lettre confidentielle, IMPRIMÉE, et qui concernait bien plus M. le ministre de la guerre que M. le directeur général, elle produisit son effet et arrêta une combinaison de concession qui (quoique devant contrarier les projets et de la direction à Paris et ceux formés à Alger, et des pétitions dont j'ai parlé et les demandes formées par d'autres compétiteurs) devait être arrêtée dans la pensée du ministre, lequel, pour se débarrasser d'importunités, *avait dû faire des promesses, si on en doit juger par ce qui va suivre :*

Le 10 mai 1853, un individu, se disant savoir que, malgré la protestation des bureaux, le ministre de la guerre avait promis, le 10 février précédent, la moitié de l'Haouche-Kouch à une personne qui aurait promis une somme de 6,000 fr. à un de ses amis en échange de son intervention dans cette affaire (somme qui n'était pas *encore soldée*) *et être en possession* de la correspondance qui y avait trait, *de manière à pouvoir faire rapporter cette prétendue promesse,* offrait, si on désirait son concours, d'indiquer les moyens d'assurer une solution conforme aux démarches qu'on pourrait vouloir faire.

Faute de réponse à cette lettre du 10 mai, cet individu en envoyait une autre le 23 juin suivant, pour qu'on vînt le voir immédiatement, parce que, disait-il, « il était en pos-
« session de pièces à l'aide desquelles il serait facile de faire
« revenir le ministre sur la décision qu'il avait prise... »

Ces lettres dénotaient une tentative plus qu'équivoque.

Pour savoir à quoi s'en tenir et après des précautions préalables, on dut en voir l'auteur!... Par lui, on apprit d'assez tristes révélations... On sut qu'on avait osé mettre *extra judiciairement en demeure le favorisé prétendu* de payer 4,500 fr. restés dus pour *solde du service qui lui aurait été rendu* pour démarches concernant l'Haouche-Kouch... qu'une délégation de partie de cette prétendue créance était faite!... Puis, comme tout cela autorisait des pensées de toute nature, soit contre la moralité de cet individu et ceux dont on le considérait comme l'agent, et même contre le peu de prudence que le ministre aurait mis pour se laisser duper de son côté, on envoya à M. le directeur général de l'Algérie copie et des lettres et des documents recueillis, avec indication des démarches qu'il serait bon de faire pour *saisir en un instant tout ce qui se rattachait à ces singulières révélations et propositions*. On ne s'en tint pas là : comme on avait des craintes que le ministre, abusé par de faux documents, ne persistât à disposer de la part de l'Etat dans l'Haouche-Kouch; comme il s'agissait de plus de 100 hectares, et comme il fallait un décret de l'Empereur préparé au conseil d'Etat, on adressa au conseil une protestation contre toute concession de cette nature avec une pétition terminée ainsi :

« S'il y avait hésitation à cet égard (à repousser la conces-
« sion), nous vous supplions encore d'en référer au chef de
« l'Etat, pour qu'il puisse au moins se prononcer en con-
« naissance de cause. »

Le 6 ou le 7 août, M. le directeur général répondait « qu'il
« était surpris qu'on eût pu prendre au sérieux les ouver-
« tures faites... qu'il ne pouvait y avoir qu'impudence et
« mensonge... que la question de la concession de la por-
« tion domaniale de l'Haouche-Kouch n'était point encore
« résolue, qu'elle ne le serait que lorsque la procédure de
« licitation pendante avec le domaine serait terminée... que
« c'était donc à tort que l'on aurait dit *qu'à une date* déjà

« ancienne, il y avait eu une attribution de cette ferme en
« faveur de l'un des compétiteurs. »

Puis, il ajoutait :

« La lettre que vous m'avez écrite ayant un caractère tout
« à fait confidentielle n'a pu être placée sous les yeux de
« M. le ministre. C'est à vous d'apprécier, monsieur, s'il
« vous convient de saisir directement Son Excellence de la
« connaissance des détails dont vous m'avez entretenus.

« Pas plus que vous, monsieur, je n'aime ni *les tripoteurs*
« *ni les tripotages* : les uns et les autres m'inspirent le plus
« profond dégoût, et j'applaudirai de grand cœur à toutes
« les mesures qui tendront à en faire justice. »

Le 12 du même mois d'août, il fut répondu à cette lettre par une autre assez longue qu'on terminait ainsi :

« Je continue à vous écrire confidentiellement, *mais je*
« *ne verrais cependant aucun inconvénient* à ce que vous in-
« formiez M. le ministre de la guerre de ce que je vous ai
« écrit sur l'*Haouche-Kouch* et les ouvertures de M..., s'il
« jugeait à propos de les faire examiner de près, *et comme*
« *je le ferais, si j'étais juge d'instruction;* il y puiserait
« peut-être de bons documents. A cet égard, je m'en rap-
« porte ; je sais que les ministres, pas plus que MM. les
« chefs de corps les mieux intentionnés (*et vous êtes du*
« *nombre*), ne peuvent se livrer par eux-mêmes à des dé-
« tails que souvent ils auraient besoin de connaître, même
« sur les faits qui concernent ceux qui manipulent les
« choses de l'Algérie. »

Cette lettre était une nouvelle preuve qu'assurément on rendait justice aux loyales intentions de M. le directeur général, qui, en 1852, avait lui-même fait preuve de tant de bon vouloir pour hâter la solution de la pétition de 1851 et de tout ce qui s'y rattachait, concernant notamment la famille Kodjaberry... mais on savait que la puissance *de fait* des bureaux est souvent plus grande que celle *de droit* des directeurs généraux eux-mêmes, qui sont trop souvent obligès de s'en rapporter sans pouvoir tout couler à fond... Et dans l'espèce, on était persuadé que le ministre de la guerre lui-même s'était laissé circonvenir et tromper... qu'il *voulait imposer sa volonté à la direction*... qu'il ignorait probablement le trafic qu'on voulait faire de son bon vouloir irréfléchi... et comme on voulait *qu'il sût ce qu'on en avait appris par suite des* singulières lettres des 10 mai et 23 juin... comme on voulait aussi qu'il ne lui *fût pas loisible au besoin de dire qu'il n'aurait pas été averti*, on voulait que le premier fonctionnaire sous ses ordres *eût la mission désagréable* (il est vrai, mais nécessaire) de le tenir au courant, de *manière qu'il n'y eût pas à équivoquer, s'il ne se rendait pas aux observations qui lui seraient soumises*. Voici pourquoi, au lieu de s'adresser au ministre directement, on avait écrit à M. le directeur général (dont la droiture n'était pas mise en doute assurément!...), et pourquoi, au 8 août, on lui disait *qu'on ne verrait pas d'inconvénient à ce qu'il informât le ministre de ce qu'on paraissait ne lui avoir dit que confidentiellement*.

Il est à regretter sans doute que les circonstances ou la position particulière de M. le général directeur des affaires de l'Algérie ne lui aient pas *permis de faire faire par la justice* les investigations dont on lui avait parlé dans la lettre d'envoi de ces documents... mais il n'en résulta pas moins (*par suite d'explications nouvelles sans doute*) que le 10 décembre 1853, n° 1084, il informait que M. le ministre de la guerre, par une décision *du 31 octobre* précédent, *avait admis en principe la pétition de 1851*.... Cette lettre est ainsi conçue :

« Paris, 10 décembre 1853.

« Monsieur, je m'empresse de vous faire connaître, en
« réponse à votre lettre du 3 courant, qu'en effet le mi-
« nistre a décidé que, pour mettre fin aux difficultés que
« paraît présenter le partage, entre le département de la
« guerre et la Compagnie Rouennaise, des terres de

« l'Haouche-Kouch, *on accepterait les propositions précé-*
« *demment faites par* cette Compagnie, d'acquérir amiable-
« ment la moitié appartenant au domaine dans cette pro-
« priété.

« M. le préfet d'Alger a, en conséquence, été invité, par
« dépêche du 31 octobre dernier, à donner des instructions
« dans ce sens et à formuler des propositions dans le but de
« réaliser la vente dont il s'agit, *autorisée en principe*, et de
« régulariser la possession *par le sieur* Retournat de 60 hec-
« tares environ que *ce colon a mis* en valeur [1].

« Je ne puis que vous engager, monsieur, à inviter la
« Compagnie à donner, de son côté, des instructions ana-
« logues à son représentant à Alger, afin que cette affaire
« arrive à prompte solution.

« Quant aux assignations que vous demandez de nouveau
« qu'on cherche dans les archives du domaine (*on verra plus*
« *tard*, et dans une autre section, la signification de cette
« phrase, qui ne permettait pas de douter, du reste, du bon
« vouloir dont on était animé à Paris à cet égard), vous avez
« été informé dans le temps que *toutes les diligences avaient*
« *été faites* (prescrites, *oui*... mais faites... c'est au moins
« douteux...) pour retrouver la trace de ces pièces, et qu'elles
« étaient restées sans résultat.

« Recevez l'assurance de ma considération,

« *Le directeur général,*

« *Signé* DAUMAS. »

[1] Ainsi, M. Retournat, en 1852, qui n'avait qu'une petite baraque couverte en paille, et qui ne devait pas utiliser alors plus de 15 hectares de terre (voir page 83 de mon rapport de 1851), avait trouvé des amis ou des protecteurs assez puissants pour persuader au ministre qu'en 1853 il avais mis 60 hectares de terre en valeur et culture... Je tiens pour certain qu'en 1857, époque à laquelle nous sommes, il est loin encore de cultiver une pareille superficie!...

En 1854, époque où je voyais sa prétendue propriété pour la dernière fois... il ne devait pas encore atteindre 30 hectares de culture!...

Quel motif peut donc tant recommander ce colon?...

Après tous les embarras qu'avait valu la propriété de l'Haouche-Kouch... les démarches... les procès et les misères dont elle avait été l'objet, et dont la cour de cassation elle-même avait eu à s'occuper et était encore saisie... cette lettre du 10 décembre 1853 était une véritable bonne fortune... On voyait que le ministre, éclairé par les lettres si singulières, dont copie avait été adressée à M. le directeur général, était enfin revenu à la pensée qu'il était juste et raisonnable *d'accepter en principe* les propositions de la Compagnie contenues dans la pétition de 1851, et on s'en réjouit, car c'était de la justice, et, pour le trésor public, une véritable bonne fortune, puisqu'il trouverait à se libérer par compensation de ce qu'il devait, en cédant la majeure partie de sa portion de l'Haouche-Kouch, au lieu de faire cadeau ou vente à un prix insignifiant à tous ceux qui avaient dû l'obséder de leurs réclamations!...

Toutefois, on s'étonna avec raison qu'on pût, même à Paris, songer à réserver au sieur Retournat 60 *hectares de terre,* sous le prétexte *très-certainement mensonger* qu'il les aurait mis en valeur. On s'étonnait aussi que cet individu eût pu trouver à Alger des protecteurs assez hardis pour tromper tellement l'autorité locale, qu'elle eût pu, dans sa correspondance avec la direction, laisser passer cette croyance que M. Retournat *aurait cultivé* 60 *hectares* de terre!...

En 1850, cet individu, installé dans une petite baraque tenant à peine, ne cultivait pas au delà de 15 hectares de terre... Sa culture, *faite sur un terrain* qui ne lui appartenait pas et qu'il avait choisi au point le plus avantageux, avait paru bien faite... l'individu paraissait intelligent et laborieux. (Voir page 90 du rapport de 1851.) Au lieu de songer à l'expulser comme le sieur Bertrand et la veuve Messon, on considéra que ce serait peut-être une bonne fortune de se l'attacher comme fermier, *quand on aurait enfin obtenu la moitié* de la Compagnie dans cette propriété... (La pétition de 1851 n'était pas présentée à cette époque, puisque la justice à Blidah et Alger n'avait pas statué sur la question de propriété.)

A saint Michel 1850, le sieur Retournat, moyennant 1,000 fr. par an, devint le fermier de la Compagnie; il ne cessa de l'être qu'à saint Michel 1852, époque à laquelle, cédant assurément à des conseils perfides, il ne voulut plus continuer son bail, et força ainsi les intéressés à bâtir une maisonnette pour un autre fermier, le sieur Ferey, qu'on dut aider à acheter des bestiaux, etc., etc.

Dans l'anné 1851 à 1852, on avait fait gagner 875 fr. au sieur Retournat dans une exploitation de foins, dont les avances avaient été faites par les intéressés... et malgré ce bénéfice net de 875 fr., le sieur Retournat n'était pas encore libéré en 1854 du solde de son année de fermage, saint Michel 1851 à saint Michel 1852. On savait bien en 1853, à Rouen, que le sieur Retournat, non inquiété par l'administration pour raison de sa très-singulière installation à l'Haouche-Kouch (*dont l'Etat était alors reconnu et jugé être* propriétaire pour moitié), avait un peu augmenté ses cultures; il avait dû y être aidé par le sieur Ferey, son gendre, *pour lequel on avait acheté et payé des bestiaux...* mais malgré cela, le développement de ses cultures n'avait pu dépasser de beaucoup celles qu'on avait vues en 1852... et ce chiffre de 60 hectares paraissait être une *faveur exorbitante et sans motif légitime* (comme on a pu le vérifier en avril et mai 1854!...). On supposait l'administration supérieure trompée à cet égard.

D'un autre côté, on savait que l'Etat devait, pour les causes expliquées dans la pétition de 1851 et la lettre imprimée du 20 mars 1853, 452 hectares 32 ares de terre, pour lesquelles il en devait d'autres... on voulait bien prendre la part de l'Etat dans l'Haouche-Kouch, *en la payant par compensation sur le taux de 100 fr. l'hectare,* et on pensa, à Rouen, qu'il suffirait, pour ne pas contrarier le bon vouloir que l'administration éprouvait pour le sieur Retournat, de proposer qu'on lui laissât 20 hectares seulement de terre au lieu où, depuis 1850, il avait remplacé son ancienne baraque par de bons et véritables bâtiments et vers le village de l'Oued-el-Halleig, et on se persuada, grâce à la bonne lettre du 10 décembre 1853, qu'en reproduisant à la direction, à Paris, et dans ce sens, les observations qui précèdent, elles seraient bien accueillies, et y prouveraient aussi qu'on voulait se prêter aux sympathies que M. Retournat avait inspirées ou qu'on avait été assez habile ou heureux pour faire naître en sa faveur... *à supposer qu'il ne servît de prête-nom à personne de ceux qui ont valu tant de tracas aux membres de la Compagnie.* . . . .

En conséquence et par suite de cette lettre du 10 décembre 1853, et de l'avis reçu que l'habitant de Blidah dont on a déjà parlé *avait exigé et s'était fait payer 50 fr. pour loyer du parc* de l'Haouche-Kouch (quand au 12 août 1851, on avait annulé le bail fait le 12 juillet précédent à la Compagnie!...), on se rendit, au mois de janvier 1854, pour expliquer qu'il serait exorbitant *de donner au sieur Retournat* 60 hectares de terre à même la propriété en question; qu'on devrait ne lui en pas laisser au delà de 20 hectares, et que si on faisait plus on devrait au moins en faire la compensation, en prenant à même l'Haouche domanial de Gredia (contigu à l'Haouche-Kouch) des terres à ajouter à celles que, par voie de compensation et d'échange et par suite de la pétition de 1851, on devrait céder de la part de l'Etat. M. le directeur pensa que les choses pourraient se passer ainsi. (*Quant* au fait de loyers *exigés* par l'habitant de Blidah, il n'y *voulut croire* que lorsqu'il eut aux mains la copie certifiée de la quittance donnée par cet individu; et le 24 février 1854, n° 151, il écrivit qu'il avait invité M. le gouverneur général à donner son avis pour faire cesser les abus signalés!...)

Peu après la réunion dont je viens de parler et des instructions qui avaient dû être données en conséquence, je me rendis à Alger à nouveau, et pour d'autres affaires qui nécessitaient mon voyage.

Là, j'appris que, *sans aucune mission pour* cela, un tiers s'était avisé de demander qu'on renvoyât le sieur Retournat de l'Haouche-Kouch... qu'on lui concédât des terres ailleurs, etc., etc. Ce fait était grave, je le considérai comme un danger, en ce qu'il semblait nous faire sortir des termes de la pétition de 1851 et des droits résultants du jugement du tribunal de Blidah, qui avait ordonné le partage en deux lots; aussi, *redoutant un piége*, je remis le 2 mai 1854 à M. le préfet, à Alger, une lettre qui, tout en s'en référant aux demandes et aux circonstances qui avaient donné lieu à la lettre ministérielle du 10 septembre 1853, indiquait les moyens qui me semblaient donner loyale et complète satisfaction à tous les intérêts, à ceux de l'Etat comme à ceux des pétitionnaires.

Depuis, et par des motifs expliqués dans un autre rapport de 1854 (aussi adressé à l'administration), j'ai cessé de m'occuper de l'affaire de l'Haouche-Kouch, et de celle de Kodjaberry et de tout ce qui s'y rattachait.

Je pourrais peut-être arrêter là le cours déjà bien long des constatations que je voulais faire pour éclairer la religion de ceux auxquels je désire voir partager mes appréciations algériennes!... mais cependant, il me semble convenable, malgré mon abstention directe et absolue des affaires de mes cointéressés, de compléter dans le paragraphe suivant les documents qui me sont survenus depuis 1854 sur ce qui concerne la famille Kodjaberry, le séquestre mis sur plusieurs de ses membres, les questions d'indemnité!... et ce qui a trait encore à l'Haouche-Kouch, à l'occasion de faits auxquels j'ai concouru depuis la fin de 1854, *mais en mon privé nom.*

DEUXIÈME PARAGRAPHE.

Ayant su, à la fin de 1854, que l'individu de Blidah, dont

j'ai déjà parlé, voulait absolument exiger des loyers pour le parc de l'Haouche-Kouch (malgré la lettre du 24 février précédent de M. le directeur général, lettre à l'occasion de laquelle on avait dû mander cet individu), qu'il offrait de céder son prétendu bail moyennant 300 fr., qu'il avait continué ses démarches dans ce but en février et avril 1855, je pris sur moi, mais en *mon privé nom et à titre de simple renseignement*, d'en écrire à M. le directeur général à Paris. Dans une lettre du 19 avril 1855, je disais :

« Bien que je me tienne complétement à l'écart, etc., etc.,
« je crois devoir, en *mon privé nom*, vous donner les ren-
« seignements contenus dans la note ci-jointe, afin que
« vous puissiez arriver à savoir si *c'est l'Etat qu'on veut ou*
« *laisse exploiter, ou* nous qu'on veut attraper, ou si enfin
« il n'y a qu'une faute de surveillance ou d'administration...
« Pour moi, je déclare que je n'y comprends rien!... je dé-
« sire que vous soyez plus heureux... Ce sera d'ailleurs pour
« vous l'occasion de demander *quand la* malheureuse affaire
« de l'Haouche-Kouch recevra solution... et quand on
« finira par expulser *Ben-Schergnoun*, souverainement
« jugé n'avoir jamais *eu une parcelle de droits* sur cette
« terre, sur laquelle je ne sais *quelle influence cachée* le re-
« tient toujours, *même au préjudice* de l'Etat... etc., etc.

Peu de temps après j'appris par les copies qui m'en furent adressées en *Suisse,* où je me trouvais : 1° que le conseil d'Etat, par un arrêté du 31 mai même année, avait admis le pourvoi formé contre les arrêtés qui avaient fixé à 7,381 fr. 10 c. les indemnités dues pour les 329 hectares 83 ares 40 centiares de terres prises au Foudouk, *et annulé ces arrêtés, mais qu'à cette occasion on n'avait rien obtenu qui expliquât la date* des diverses concessions faites à même cette terre Kodjaberry... s'il n'y avait eu qu'une ou plusieurs expropriations... rien enfin qui fût de nature à expliquer les divers faits consignés précédemment ;

Et 2° que plusieurs des intéressés, se fondant sur cette

décision du conseil d'Etat, étaient revenus à la charge et avaient présenté à M. le ministre de la guerre une nouvelle pétition dans laquelle ils disaient [1] :

« En présence de cette décision, et pour simplifier tout le
« règlement de cette indemnité (*pour les terres expropriées*
« *au Foudouk*) et le partage ou la licitation entre l'Etat et
« la compagnie de l'Haouche-Kouch, ne serait-il pas pos-
« sible, monsieur le ministre, d'autoriser M. le préfet d'Alger
« à faire la délivrance ou la concession de la moitié indivise
« appartenant à l'Etat dans cette dernière propriété, en
« échange de partie des 329 hectares 83 ares pris pour le
« village du Foudouk ?

« Ce mode rentrerait évidemment dans l'esprit de l'or-
« donnance du 1er octobre 1844... Puis cet abandon, par
« voie d'échange, terminerait d'un seul coup et la question
« d'indemnité pour Kodjaberry-Foudouk, et la question de
« partage ou licitation pour l'Haouche-Kouch. »

Peu de temps après encore, on m'informa que M. le ministre de la guerre avait répondu à cette pétition nouvelle le 13 juillet 1855, 2e bureau, n° 530, une lettre se terminant ainsi :

« Le conseil d'Etat n'a pas encore notifié l'arrêt dont
« excipe la Compagnie, mais je dois vous prévenir que quelles
« que puissent être pour le département de la guerre les
« conséquences de cet arrêt, il est impossible de les régler
« par une *transaction qui aurait pour effet de priver le*
« *domaine de la portion qui lui appartient dans l'Haouche-*
« *Kouch* ! ! !... »

[1] Lors même que je me serais trouvé à Rouen, je n'aurais pas voulu signer cette pétition ni sortir en rien de la pétition de 1851, expliquée au 20 mars 1853, et dans la note remise le 2 mai 1854 à M. le préfet d'Alger. Aussi je répondis de Nancy à la communication qu'on m'avait adressée, que ce que les intéressés auraient de mieux à faire, *ce serait de solliciter une audience de l'Empereur, pour lui expliquer leur situation !*...

Mais les intéressés n'osèrent pas recourir à cette démarche, etc.

Je m'abstins de toute réflexion, et sur la nouvelle pétition et sur la lettre *signée de l'honorable* ministre le *13 juillet*... car, à mes yeux, *il ne savait rien*, ou ne devait rien savoir de tout ce qui s'était passé depuis 1852 pour cette malheureuse affaire ! ! !... Autrement, il se fût refusé assurément à dire (en présence de la pétition de 1851 et des faits que j'ai rapportés...) qu'il ne pouvait se prêter à aucune combinaison qui *priverait le domaine de sa part dans cette propriété ! ! !*... quand, depuis deux et trois ans, cette part avait été espérée par tant d'autres ! ! !... et *très-probablement* promise ! ! !...

Depuis, et en raison d'un débat dont le tribunal civil de Rouen était saisi, pour faire accepter la démission que j'avais donnée avec trois collègues, et pour faire nommer un gérant ou administrateur provisoire, un mémoire judiciaire ayant été fait, signifié et publié pour expliquer sommairement la masse considérable de difficultés dont le gérant aurait à s'occuper, on en adressa des exemplaires à M. le ministre de la guerre, un à M. le gouverneur général et un autre à M. le préfet à Alger, avec des lettres ayant à peu près le même but. Je me borne à reproduire le contenu de celle adressée le 7 mars 1856 à M. le ministre de la guerre:

A Son Excellence M. le ministre de la guerre.

Rouen, 7 mars 1856.

« Monsieur,

« Nous poursuivons devant le tribunal civil de Rouen l'ac-
« ceptation de notre démission de membre du comité de
« l'ex-prétendue Compagnie Algérienne, et la nomination
« d'un gérant provisoire pour administrer régulièrement et
« légalement cette affaire, car personne n'a maintenant de
« pouvoirs pour agir au nom des intéressés. Nous croyons
« utile de vous adresser deux exemplaires du mémoire et

« des conclusions que nous prenons à cet effet devant le
» tribunal.

« Pour ne rien compromettre et en attendant la nomina-
« tion de ce gérant, nous sollicitons (*mais en notre privé*
« *nom*) que vous veuillez bien faire suspendre à Alger, pour
« six semaines à deux mois, tout ce qui pourrait concerner
« le partage de l'Haouche-Kouch, à l'occasion duquel
« (d'après ce que nous avons appris à la fin de janvier) M. le
« préfet d'Alger aurait introduit une demande le 19 janvier.

« A supposer que mieux renseigné sur les détails de cette
« triste affaire (que nous croyons traitée d'une manière con-
« traire aux *intérêts de l'Etat* et *à la véritable dignité de*
« *l'administration*, parce que ni vous ni M. le général Dau-
« mas n'avez pas le temps d'en *examiner froidement et*
« *carrément* tous *les singuliers incidents depuis* le mois de
« mai 1851...), vous pensiez devoir sanctionner la mesure
« de ce partage, au moins nous pensons encore que le désir
« et l'intérêt de l'administration seront d'avoir dans son lot
« la moitié de l'Haouche-Kouch, sur laquelle le sieur Re-
« tournat s'est établi en partie, *sans que nous ayons jamais*
« *pu savoir à la faveur de qui ! ! !...*

« Nous sollicitons donc de vous, monsieur le ministre, un
« sursis, persuadés qu'avant deux mois le gérant qui va être
« nommé sera en mesure d'agir légalement au nom de tous.
« Quant à nous, nous persistons à penser que si vous don-
« niez mission à une personne de vos bureaux, *sûre, impar-*
« *tiale, à l'abri de toute pression étrangère*, d'examiner :
« 1° ce qui a été demandé en 1851 ; 2° ce qui a été dit aux
« pages 19 à 29 d'un rapport de 1852 ; 3° dans une lettre
« imprimée, adressée le 20 mars 1853 à M. le général Dau-
« mas (mais qui était bien plutôt pour M. le ministre, votre
« prédécesseur) ; 4° les documents transmis à la fin de juil-
« let même année à M. le général Daumas, et tout ce qui
« s'est passé depuis (documents qui sont tous à la direction
« de l'Algérie), vous n'hésiteriez pas à reconnaître comment

« et pourquoi la marche suivie dans cette affaire *nous paraît*
« *fâcheuse et regrettable ! ! !...* (A nos yeux, *il faudrait dire*
« *blâmable ! ! !...*) Malheureusement, le temps vous man-
« quera ainsi qu'à M. le directeur général, des bonnes et
« loyales intentions duquel nous ne doutons pas plus que
« des vôtres.

« Nous avons l'honneur, etc., etc. »

Depuis cette lettre, à l'occasion de laquelle le *sursis demandé a été accordé, je n'ai voulu en quoi que ce soit me mêler aux suites* données à cette affaire ; mais d'après ce que j'en entendais dire au commencement de l'année, on s'occupait *bon gré mal gré d'un partage en deux lots de l'Haouche-Kouch*, par suite de biais et de motifs que j'ignore et pris à Alger ou à Paris *pour ne pas satisfaire à la pétition de* 1851... et tout ce qui l'a suivi !...

En vérité, à mes yeux, tout cela est bien étrange ; il y a là une énigme inconcevable, qu'il ne m'est pas permis de deviner !... Oh ! si j'étais directeur général pendant quinze jours seulement, je finirais, sans doute, par découvrir la vérité ; car je voudrais voir clair dans une pareille affaire !...

TROISIÈME PARAGRAPHE.

Kodjaberry-Foudouk.

J'ai expliqué dans le paragraphe qui précède que j'avais appris, en 1855, qu'un arrêté du conseil d'Etat du 18 mai, confirmé par un décret impérial du 31 dudit mois de mai même année, avait cassé et annulé : 1° la décision ministérielle du 9 mars 1847 qui, à l'insu des intéressés, avait accordé une indemnité de 5,666 fr. 02 c. pour les 250 hectares 18 ares 56 centiares de terre qu'on croyait avoir été expropriés sur la terre Kodjaberry, au village du Foudouk, et 2° l'arrêté du conseil de préfecture d'Alger, du 3 décembre 1850, notifié le 3 mars 1851, qui, au contraire, avait accordé 7,381 fr. 10 c., parce que l'expropriation aurait porté sur 329 hectares 82 ares 40 centiares de terre.

Il paraît que, par suite du parti pris de n'entendre à rien sur la pétition de 1851 et sur l'échange et les compensations à établir au moyen de la part de l'Etat dans l'Haouche-Kouch, on aurait transmis à Alger des ordres pour liquider à nouveau l'indemnité des terres du Foudouk, car j'ai lu, le 31 mars 1857, la notification faite le 9 novembre 1856, à Blidah (à l'agent du gérant judiciaire des biens de la prétendue Compagnie Rouennaise), d'un nouvel arrêté du conseil de préfecture d'Alger du 26 juin 1856, dont il est bon que je parle ici pour compléter à cet égard ce que j'ai de documents sur les exemples que j'ai voulu soumettre à l'attention de mes lecteurs.

D'après le contexte de cet arrêté et en exécution du décret impérial du 31 mai 1855 on aurait, à la date du 16 octobre 1855, *mis l'agent du* gérant à Blidah en demeure de choisir, sous le délai de dix jours, un expert pour, avec celui de l'administration, aller vérifier et estimer la valeur des terres expropriées au Foudouk... Faute de désignation d'expert (à ce qu'il paraît) celui de l'administration aurait opéré seul *le 24 décembre* même année, *puis* le 26 juin 1856 (*et sans aucun autre avertissement préalable*, d'avoir à soumettre des observations si on le croyait utile) le conseil de préfecture aurait rendu l'arrêté suivant :

« Vu la demande formée [1] par la société dite Compagnie
« Rouennaise tendant à obtenir une indemnité pour dépos-
« session de terres dépendant de la ferme Kodjaberry, et
« prise pour l'établissement du village de Foudouk, arron-
« dissement d'Alger ;

« Vu l'arrêté de M. le gouverneur général du 14 octobre
« 1844, prononçant ladite expropriation ;

« Vu le certificat du directeur des domaines constatant le
« dépôt des titres qui établissent le droit de propriété en
« faveur de la Compagnie, dépôt effectué *le 22 mars 1851*,

---

[1] On n'indique pas la date de cette demande.

« à la suite d'une *première liquidation*, n° 1866, contre la-
« quelle il y a eu pourvoi ;

« Vu le décret du conseil d'Etat du 18 mai 1855, approuvé
« le 31, renvoyant les parties devant le conseil de préfec-
« ture pour qu'il soit procédé à une nouvelle liquidation
« d'après d'autres bases (*je ne connais pas les termes et les*
« *expressions de ce décret*);

« Vu l'arrêté du 9 décembre 1841 et les articles 4, 9, 17
« et 24, qui sont applicables à l'espèce, *et non celui* du
« 1er octobre 1844, qui n'a été promulgué en Algérie que le
« 21 dudit mois;

« Vu le rapport de l'expert de l'administration et le nou-
« veau plan des lieux (il paraît qu'on a fait un nouveau
« plan);

« Vu l'arrêté du 5 mai 1848 constitutif de la commission
« des indemnités dues pour expropriations antérieures à
« 1845, et le décret du 5 février 1851 qui fixe la clôture de
« ses travaux au 28 du même mois, et investit les conseils
« de préfecture des même attributions qu'elle avait ;

« Ouï M. de Bretagne en son rapport et ses conclusions,
« ainsi que l'agent du domaine en ses observations ;

« Considérant que, puisqu'il est établi qu'il n'y avait eu
« sur la propriété aucune amélioration de faite depuis l'ac-
« quisition jusqu'à la dépossession, il n'y a lieu de modifier
« l'évaluation faite par l'expert qu'en ce qui concerne les frais
« et loyaux coûts de l'acte d'acquisition, lesquels n'avaient été
« comptés que pour 300 fr. approximativement; que le prix
« d'acquisition étant de 7,200 fr. 72 c. pour une superficie
« de 361 hectares 66 ares 35 centiares, l'indemnité doit être
« de 6,566 fr. 79 c. pour la valeur de 329 hectares 82 ares
« 40 centiares expropriés, soit 19 fr. 91 c. de principal
« par hectare (toute fraction de centime étant négligée),
« ci . . . . 6,566 fr. 79 c.

« Que les frais et les loyaux coûts étant de

A reporter. . . 6,566 fr. 79 c.

	Report. . .	6,566 fr. 79 c.
« 440 fr., ainsi qu'il a été déclaré par « M. Martin, notaire, rédacteur de l'acte (*si* « on a fait une démarche près de ce notaire « pour avoir ce document, il n'eut pas été « plus difficile de prévenir les intéressés « qu'on allait s'occuper de statuer sur leur « affaire!...), la part proportionnelle affé-« rente à la superficie expropriée est de « 401 fr. 25 c., ci.		401 25
	Total.	6,968 fr. 04 c.

« Considérant que le décret du conseil d'Etat, en an-
« nulant sans restriction la décision précitée n° 1866, a
« laissé la liberté de ne plus reproduire les noms de ceux
« que cette décision présentait dans le temps comme attri-
« butionnaires de l'indemnité; que ces noms n'étant plus
« aujourd'hui les mêmes que ceux à la requête desquels a
« été rendu le décret précité, et que ce sont ces derniers
« qu'il convient d'établir ici tels que les énonce la copie
« signifiée dudit décret ;

« Après en avoir délibéré, arrête :

« Art. 1er. L'indemnité due pour expropriation de 329
« hectares 82 ares 40 centiares de terre dépendant de la
« ferme de Kodjaberry est fixée à la somme principale de
« 6,968 fr. 04 c.;

« Art. 2. Cette indemnité est attribuée à la société dite
« Compagnie Rouennaise, représentée par MM. Hébert (Jean-
« Baptiste), Carré aîné et consorts, avec intérêts à partir du
« 1er novembre 1844, jour fixé pour l'époque de la dépos-
« session réelle, jusqu'à parfait payement ou consignation,
« mesure qui déjà a été employée par suite de la décision de
« la commission exécutoire nonobstant le pourvoi (je n'en
« savais rien !...), mais sauf retrait ou complément s'il y a
« lieu ;

« A la charge par les indemnitaires de rapporter la preuve
« que les terrains expropriés, objet de l'indemnité, ne sont
« grevés d'aucune inscription du fait de la compagnie, an-
« térieure à l'arrêté d'expropriation, et que les rentes ou
« portions de rentes, dont ils pouvaient être frappés, ont été
« amortis en capital et intérêts.

« *Signé* WALVEIN, DE BRETAGNE, CONSTOLLAT.

« *Le secrétaire,* *Signé* DE ROUGÉ.

« Vu et approuvé. Paris, le 19 septembre 1856.

« Pour le ministre de la guerre et par ordre,

« *Signé* DAUMAS. »

Cet arrêté nouveau est aussi digne de remarque que tout ce qui a été dit jusqu'à présent pour les terres Kodjaberry et l'Haouche-Kouch, et je crois à ce sujet devoir faire les observations suivantes, pour relever *la persistance apportée ou imposée* à ce qu'on ne donne aucun des documents *sollicités, mendiés* de toutes les manières depuis 1847, pour fixer enfin : 1° *La position vraie des ayants droit dans la famille Kodjaberry... et* 2° *les droits de l'Etat à raison du séquestre par lui mis sur plusieurs membres de cette famille,* et pour savoir par la comparaison du plan originaire de 1844 (qui a dû précéder l'expropriation, et *fixer* et *déterminer* d'une *manière* précise les limites de ce qu'on voulait exproprier) avec les concessions faites depuis avec les plans parcellaires s'appliquant à chacune, *s'il est ou non vrai* que depuis 1844 on n'a rien pris ou exproprié en plus de la propriété dont s'agit, au delà des limites fixées à cette époque !... Cette crainte est exprimée et signalée d'une manière nette et très-positive dans les pages 142 à 146 du rapport de 1851 (rapport qui, ainsi que celui de 1852 et les conclusions imprimées en 1849 contre la famille Kodjaberry, était à la préfecture et avait été remis à deux de MM. les conseillers de préfecture, qui ont concouru à cet arrêté, et à M. le secrétaire du conseil !...).

Expliquons-nous à cet égard. Ce dernier arrêté contredit et renverse : 1° la décision ministérielle du 9 mars 1847, qui accordait 5,666 fr. 02 c., et 2° l'arrêté du 3 décembre 1850, qui donnait 7,381 fr. 10 c.!... car il n'accorde, cet arrêté nouveau, que 6,968 fr. 10 c.!...

On ne peut en induire que ceci : c'est que les premiers opérateurs avaient dû *agir bien légèrement* avant de préparer les éléments qui ont servi de base à la décision de 1847!... et c'est qu'en 1850 aussi, et lors de l'arrêté du 3 décembre, accordant 7,381 fr. 10 c. pour rectifier le premier, on n'aura pas mieux agi encore, puisqu'en dernier lieu enfin on ne donne plus que 6,566 fr. 75 c., augmentés de 401 fr. 25 c. pour frais d'acte, ce qui forme un total de 6,968 fr. 04 c.!... Il est fâcheux déjà d'avoir à constater de pareilles différences ou légèretés!...

Mais ce qui est bien autrement fâcheux, c'est la persistance apportée *à ne pas expliquer dans ce nouvel arrêté* les droits de l'Etat quant aux 293 fr. 88 c. de rentes séquestrées sur plusieurs membres de la famille Kodjaberry, vendeurs de la ferme du Foudouk, et à ne pas indiquer les noms de ces Arabes frappés de séquestre, et la date ou les dates où ce séquestre aurait été mis.

Tout ce qu'on avait à la préfecture de pétitions, de rapports, de supplications n'aurait pas dû rester sans aucune considération lorsque le conseil avait de nouveau à statuer!...

Puisqu'un agent du domaine était présent à cet arrêté et avait fait ses observations... puisqu'aux domaines on avait ces mêmes pétitions, rapports et supplications, cet agent, de son chef, aurait *pu et dû* engager le conseil à s'expliquer à cet égard dans le nouvel arrêté!... Au moins on eut su de suite à quoi s'en tenir sur la légitimité des droits du receveur des domaines à Blidah, réclamant et voulant faire payer cette rente, *bien que son registre ne contînt pas, même en 1851, les noms des Kodjaberry séquestrés!...*

(J'ignore s'il les a découvert depuis cette époque !...) Ce document eût servi de point de départ pour savoir si, dans ces noms de membres de la famille Kodjaberry séquestrés, il ne s'en trouvait aucun dans ceux qui avaient introduit les procédures ou sisté aux transports partiels dont j'ai parlé aux pages 89 et 90 qui précèdent.

On eût fait un acte qui *n'eût point été un service rendu*, mais de bonne, sage, loyale et paternelle administration, en *éclairant chacun* sur des *droits qui sont encore, après plus de dix ans de démarches, dans l'inconnu* le plus absolu ! ! !...

On n'a pas à objecter que ce soin ne regarde que les domaines, car les domaines ne sont qu'un service annexé aux attributions de M. le préfet, auquel on avait réclamé les documents en même temps qu'on les sollicitait des domaines, *qui n'ont pas, jusqu'à ce jour, daigné s'expliquer.*

Or, le conseil de préfecture ayant sous la main et sous les yeux, et n'ayant pu, par sa composition (quoi qu'on puisse alléguer ou *dire.....*) oublier, et ce qui avait été dit à ce sujet (car les rapports de 1851 et 1852 avaient beaucoup froissé !...) eût dû vouloir donner la solution attendue depuis si longtemps !...

L'arrêté, au contraire, est muet !... Ce n'est pas tout.

On ne sait pas encore bien en quoi consistent définitivement les 329 hectares 82 ares 40 centiares de terres expropriées par l'Etat... à quel endroit et à quelle limite elles devaient s'arrêter, d'après le plan de 1844... On connaissait les doutes soulevés dans le rapport de 1851... L'incertitude dans laquelle on est encore *sur ce qui peut et doit* maintenant (dans l'opinion de l'administration) constituer la part restant aux intéressés dans la propriété Kodjaberry... il eut été de souveraine justice, de bonne administration, de fixer tous les doutes, toutes les incertitudes et de tout déterminer d'une manière nette et précise dans cet arrêté du 26 juin 1856... Il est muet encore à cet égard !...

Ce n'est pas tout encore, le conseil de préfecture savait et ne pouvait ignorer la prétention de l'Etat d'avoir 293 fr. 88 c. dans la rente de 720 fr. grevant la propriété Kodjaberry... il n'ignorait pas qu'on n'en connaît pas les créanciers ni la quotité des droits de chacun de ceux qui réclament!... En *précisant* et en s'expliquant sur la certitude et la quotité des droits de l'Etat, il était tout juste et tout naturel d'opérer la compensation de cette même rente de 293 fr. 88 c. contre l'indemnité qu'on déclarait être due!... On n'en fait rien encore, *on aime mieux obliger les intéressés* à rapporter la preuve qu'ils se sont libérés en principal et intérêts *du capital de la rente de* 720 fr. (dont l'Etat dit avoir 293 fr. 88 c.), quand on sait la triste et pénible impossibilité où ils sont de payer des *créanciers qu'ils ne connaissent pas* (on verra dans la troisième section ci-après les conséquences de tout ce mauvais vouloir, ou de cette singulière manière d'agir !...) et quand on sait l'inanité de tous les efforts par eux faits depuis longtemps pour arriver à les connaître... et pour connaître aussi ceux de l'Etat lui-même !...

Tout cela est triste et douloureux!... A chacun d'apprécier et d'ajouter à ce qui précède les réflexions que sa conscience lui suggérera.

. . . .

Conclusions générales et principales à tirer déjà (sans préjudice de ce qui viendra plus tard) de ce qui a été dit dans les deux sections qui précédent, des exemples de singularités que j'ai voulu signaler pour prouver la nécessité de modifier les institutions de l'Algérie.

PREMIÈRE RÉFLEXION.

Elle a pour but de faire ressortir ce qu'il y a de déraisonnable, d'injuste même à ce qu'on n'ait pas voulu avoir égard à la pétition de 1851, dont j'ai tant parlé jusqu'à présent.

Pour que l'allégation ne soit pas taxée d'impertinence ou de légèreté, je dois rappeler brièvement, pour les personnes qui les ignorent, la législation spéciale à l'Algérie.

Les articles 18 et 19 de l'ordonnance du 11 juillet 1846 portent textuellement que les acquéreurs de biens algériens, dont les titres auront été annulés, pourront, en vertu de l'ordonnance du 21 juillet 1845, exiger un hectare de terre par chaque 3 fr. de rente, stipulés dans les contrats invalidés, *sous* la seule condition d'agir dans le délai de cinq ans de l'annulation des titres.

« L'administration n'a pas la faculté de donner des terres,
« *mais elle est tenue de les délivrer* si l'acquéreur évincé les
« demande... et on doit les lui donner dans les parties dis-
« ponibles du territoire civil. »

Cette disposition est claire, nette et impérative... qu'on veuille bien ne pas la perdre de vue !...

Nous allons en expliquer de suite l'application. Indépendamment des 329 hectares 82 ares 40 centiares de terres prises au Foudouk par suite de l'expropriation de 1844, l'administration devait aux mêmes expropriés :

1° 90 hectares de terre représentant une rente de 180 fr., moyennant laquelle ils avaient acquis une propriété dite Ben-Aroun, dont après délimitation le titre d'acquisition avait été annulé par arrêté du conseil de préfecture d'Alger, du 12 juillet 1849. (Il serait curieux de lire, aux pages 80 à 82 du rapport de 1852, les faits spéciaux à cette terre et à cet arrêté, c'est un autre genre de drôlerie algérienne !...[1]), ci. . . . . 90 h. » a. » c.

2° 30 hectares de terre représentant

A reporter. . . 90 h. » a. » c.

---

[1] Comme pendant à l'arrêté rendu dans l'affaire Kodjaberry et comme nouvelle preuve du danger qu'il y a à ce que les parties ne soient pas appelées devant le conseil, je dois ajouter un autre exemple plus regrettable encore. (Voir rapport de 1852, pages 80 et 81.)

En 1831, on avait acquis d'un sieur Huard (qui les tenait du nommé

	Report. . .	90 h.	» a.	» c.
une rente de 90 fr. pour une terre dite Beni-Mered (englobée dans le village de ce nom, près Blidah), dont l'acquisition avait été annulée par arrêté du même conseil de préfecture du 3 septembre 1849, ci.		30	»	»
3° 2 hectares 56 ares 50 centiares composant, d'après un arrêté de préfecture				
	A reporter. . . .	120 h.	» a.	» c.

Brahim-El-Dìn-Ben-Aroun) une propriété du nom de Ben-Aroun, pour 180 fr. de rente et un capital de 900 fr. payés comptant.

Les 17 et 18 mars 1849, la délimitation de cette propriété eut lieu, mais avant que, sur l'action de 1845, on eût pu obtenir les anciens titres pour établir leur antériorité à 1830.

Cette délimitation, faite par M. de Bernon, auditeur au conseil d'Etat, eut lieu en présence de l'Arabe *Bouzid*, *frère de* Brahim-El-Din-Ben-Aroun. On constata l'existence de dix-sept pièces ou mocksen appartenant à la famille *Ben-Aroun*.

Le procès-verbal de délimitation porte ce qui suit : « Les deux der« niers représentants de cette famille (Ben-Aroun) étaient propriétaires « par indivis des parcelles de terres sus-nommées; *l'un*, *Hamed-Ben-*« *Bouzid* n'a pas vendu; *l'autre*, Brahm, a vendu à Huard le 25 juil« let 1832.

« Plus tard, le 11 janvier 1834, Huard vendait tous ses droits à la « Compagnie Rouennaise; mais elle n'a pu produire *aucun titre ancien* « établissant la propriété dans la main de ses auteurs avant 1830, et elle « ne peut invoquer en sa faveur que le témoignage des Arabes *qui*, du « reste, est unanime. »

Voilà un fait assez grave sans doute... Bouzid, frère du vendeur, présent à l'opération de M. de Bernon, et l'unanimité des Arabes à attester la propriété ancienne de la famille Ben-Aroun!...

Cependant, le 12 juillet 1849, le conseil de préfecture déclara l'acquisition nulle, *faute de représentation des anciens titres*.

Jusque-là il semblerait, qu'à part le reproche d'une bien grande sévérité d'exigence *sur la représentation matérielle* d'actes antérieurs à 1830, on n'aurait rien à dire contre cette décision, qui paraît conforme à l'ordonnance de 1846.

Mais voici ce qui la rend singulière et regrettable : *Le frère* de l'in-

Report. . .	120 h.	» a.	» c.
du 13 décembre 1850, tout ce qui avait composé une prétendue magnifique terre de 1,230 hectares, dite Ben-Salah, occupée par les Arabes de Guerrouaou (c'est une des plus magnifiques et plus remarquables friponneries de l'Algérie ; il en est parlé au rapport de 1852, pages 141 à 155!...) auxquels on les avait donnés, ci.	2	56	50
Total.	122 h.	56 a.	50 c.
A reporter. . .	122 h.	56 a.	50 c.

dividu qui avait cédé cette terre dite Ben-Aroun prétendit en être copropriétaire pour moitié ; il dut représenter des *titres qui furent respectés et validés...* aussi continua-t-il de jouir, non de *la moitié de Ben-Aroun... mais de la totalité !...*

Puisque cet individu, frère du vendeur de 1834, avait des titres qui ont dû être déclarés valables, ces mêmes titres prouvaient forcément que le vendeur de 1834 était propriétaire aussi d'une moitié, *sans quoi* le réclamant eût prétendu à la totalité et non à la moitié de la propriété dont s'agit!...

Peu importait au conseil comment lui arrivait la preuve que la famille Bouzid-Ben-Aroun *était propriétaire* avant la conquête de 1830... il devait lui suffire d'en avoir la justification par les actes de Bouzid *pour valider forcément* ceux de la prétendue Compagnie Rouennaise, qui avait précisément assigné en 1845 pour avoir ces mêmes titres.

Les droits reconnus à *Bouzid* établissaient ceux de *Brahim-El-Din-Ben-Aroun*, son frère... le titre était indivisible ; il n'y a pas d'équivoque possible dans cette articulation!...

Cependant le conseil de préfecture n'y a pas réfléchi, parce que les intéressés n'étaient pas devant lui pour lui soumettre une idée aussi simple ou au moins pour provoquer supplémentairement une enquête déjà faite, du reste, au moment de la délimitation, et qui n'eût pas permis de douter de la propriété de la famille Ben-Aroun avant 1830. C'est encore là un fait très-regrettable et malheureux pour les intéressés, qui devraient s'en préoccuper s'ils étaient moins dégoûtés de leurs affaires algériennes ; mais aussi c'est une nouvelle justification du danger véritable de toutes les décisions prises sans y appeler ceux qu'elles concernent !...

Report. . . 122 h. 56 a. 50 c.

Le tout indépendamment de ce qui avait été pris et exproprié au Foudouk pour 329 hectares 82 ares, et des terres prises plus tard pour les colons de Maelma sur la propriété n° 10 des rapports de 1849 et 1852 (faits appris en 1853 ou 1854 seulement), et cela sans expropriation préalable, ci. 329 82 40

Ce qui donnait en tout. . . . . . 452 h. 38 a. 90 c.

et cela indépendamment de terres prises ailleurs pour les villages d'Ain-Ameur, de l'Affroun, etc., etc. (pour lesquelles on attend toujours les réponses de l'administration depuis plusieurs années !...)

Lorsqu'au mois de mai 1851, pour prévenir une foule d'ennuis et d'embarras pour l'administration et les membres de la Compagnie Rouennaise... éteindre des procès... des rentes... des indemnités... des partages judiciaires... *et empêcher tout ce qui a eu lieu depuis,* on demanda à l'administration qu'à titre de règlement et d'échange, etc., elle abandonnât (sauf une fraction de 20 à 30 hectares d'abord et de 40 hectares de terre plus tard pour le sieur Retournat) sa part dans la propriété de l'Haouche-Kouch, on lui offrait en compensation ces 452 hectares 38 ares 90 centiares de terre qu'elle devait... Et si tant de sollicitations... d'intrigues ou de mauvais vouloir ne s'étaient pas placés en travers de cette demande, on n'eût pas manqué de l'accepter comme la chose la plus simple et la plus raisonnable du monde...

L'Etat avait pris de la terre en territoire civil pour ses besoins en 1844... plus tard, en 1849 et 1850, le conseil de préfecture avait prononcé la nullité de trois contrats... L'État *était tenu et obligé (c'était une obligation stricte et impérative)* de délivrer de la terre, puisqu'on lui en demandait... et il le devait en 1851, car on était dans le délai utile pour les réclamer, *puisque cinq ans ne s'étaient pas écoulés* depuis ces arrêtés de 1849 et 1850, qui s'appliquaient, eux, à 122 hectares 56 ares 50 centiares de terre, dont les arrêtés s'étaient occupés... Quant à cette partie de terre, on pouvait considérer *comme un déni de justice de n'avoir pas donné la compensation à même les terres de l'Haouche-Kouch*, qui étaient aussi situées en territoire civil...

Il y avait même raison pour les 329 hectares 82 ares 40 centiares de terres prises au Foudouk ; mais quant à elles, comme l'expropriation en avait eu lieu en 1844, *antérieurement* aux droits créés par les ordonnances de 1845 et 1846, au moins, en poussant l'usage du droit jusqu'à sa *dernière rigueur... à un rigorisme* peu raisonnable assurément... on pouvait, au nom de l'administration, prétendre qu'on ne devait qu'une indemnité en argent, et *non* des terres... Cela peut être *judaïquement vrai...* mais pour les 122 hectares 56 ares 50 centiares en surplus, on n'avait pas même la ressource de cette échappatoire...

La seule qu'on pût imaginer (vu la fertilité algérienne), c'était de soutenir qu'on n'était pas tenu de donner des terres précisément à l'*Haouche-Kouch* (ce qui avait paru décidé enfin lors de la lettre ministérielle du 10 décembre 1853...), mais qu'on était maître de les donner ailleurs et par fractions diverses... sauf à subir des frais de partage judiciaire (car la bienheureuse ordonnance du 2 avril 1854 n'était pas venue dessaisir la justice des tribunaux, pour remettre les partages à MM. de l'administration)... sauf enfin à se livrer à toutes les mesures que j'ai précédemment expliquées !...

J'avoue que, malgré moi, il m'est impossible de ne pas trouver tout cela bien déplorable et bien malheureux pour l'Algérie... car c'est avec tous ces moyens qu'on a éloigné des gens dont un bon nombre avaient à cœur de travailler à la colonisation... Mais ils ont dû reculer devant tant et tant de difficultés... et si peu de bon vouloir... surtout en voyant le silence gardé quand ils signalaient, en 1853, les causes qui leur suscitaient tant d'embarras et s'opposaient à ce qu'on accueillît leur pétition de 1851!... et cela quand ils offraient de payer à raison de 100 fr. l'hectare les terres de l'Haouche-Kouch dans leurs calculs d'échange et de transaction, tandis que depuis on en a concédé à raison de 1 fr.... de 3 fr. l'hectare à tant d'autres, et peut-être à moins même!....

Mais parmi ces favorisées, il devait s'en trouver peu osant dire haut et ferme, *mais* sans impertinence, ce qui leur paraissait être la vérité et le devoir pour tous !

DEUXIÈME ET DERNIÈRE RÉFLEXION.

Avec une administration algérienne autre que celle qui existe, et ressortant dans ses diverses parties aux ministres correspondants à Paris, on n'en fût pas arrivé à parler toujours *administrativement des droits de l'Arabe Ben-Schergnoun*, pour le laisser tranquillement sur une grande partie de l'Haouche-Kouch, quand la justice en première instance et en appel avait solennellement et irrévocablement décidé qu'il n'avait aucuns droits... qu'il n'en avait jamais eus... On ne se fût pas avisé, avec une justice inamovible et indépendante, de la blâmer indirectement, en parlant de ces prétendus droits qu'elle avait si positivement proscrits en 1850 au tribunal de Blidah, et le 28 novembre 1851 devant la cour d'Alger!... ce qui n'empêchait pas, en 1852 *et depuis*, de parler toujours *des prétendus droits de cet intéressant Arabe*, sans *vouloir représenter quoi que ce soit qui fût de nature au moins* à faire naître un doute !

Avec cette latitude militaire ou administrative *de parler de droits que la justice a proscrits*, on ne sait plus sur quoi compter... et on semble ainsi vouloir couvrir MM. du domaine, qui sans doute, en présence *des droits crus administrativement* à Ben-Schergnoun, l'ont laissé tranquillement à l'Haouche-Kouch jusqu'à présent, je crois !!! au moins il y était encore en 1854, époque à laquelle, de *guerre lasse*, j'ai donné ma démission d'une présidence qui m'avait causé tant de fatigues et d'ennuis, et révélé de si singulières choses.

Les divers ministres de la justice, de l'intérieur, des finances, etc., etc., avertis à Paris de ces faits et de ceux passés en 1853!... s'en seraient émus ; ils auraient voulu que les choses se passassent autrement ou fussent expliquées *nettement, carrément et cartes sur table*, comme le désirait M. le préfet d'Alger, au 19 avril 1852... La justice n'eût pas cru faire une réparation suffisante en refusant tous dommages-intérêts contre Ben-Schergnoun, malgré son occupation si étrange de la majeure partie de l'Haouche-Kouch !...

Elle se fût étonnée de ne pas voir l'administration domaniale réclamer de son chef, et par le même motif, des dommages-intérêts contre cet Arabe !... Elle eût voulu des explications que sa position ne lui permettait peut-être pas d'exiger.

On ne se serait pas borné, en 1841 (voir page 90) et en 1853 et 1854, à écrire : *Vous* devez 293 fr. 88 c. ou 211 fr. 08 c. de rentes séquestrées sur plusieurs membres de la famille Kodjaberry... Payez, ou on va vous poursuivre !... et, à défaut d'obéissance à cet avis, décerner des contraintes !!!

On comprend bien, en France, qu'un percepteur des contributions envoie au contribuable son avertissement ou rôle spécial... et que si on n'y satisfait pas, il envoie le porteur de contraintes, et saisit ensuite, etc., etc... Mais le rôle des contributions n'est pas l'œuvre du percepteur ; elle est celle du directeur, qui n'a agi qu'avec le secours de ses contrôleurs... puis des répartiteurs communaux... et en payant, le contribuable sait ce qu'il fait. Cela n'a rien de commun avec ce qui se passe, quand on réclame *comme séquestrées des fractions* de rentes ayant appartenu à des Arabes... Les deux lignes mises sur un morceau de papier pour dire : Il est dû 293 fr. 88 c. ou 211 fr. 08 c... payez, payez, ou l'on va vous poursuivre, n'expliquent et ne prouvent absolument rien sur la quotité de rente qu'on a voulu séquestrer sur *chaque Arabe*... sur la date et le motif de ce séquestre... On n'y peut voir que l'*exercice aveugle et arbitraire de ce qu'on appelle le droit*, et non son loyal et raisonnable usage, *puisque*, sans rien vouloir expliquer, on se contente, en vertu du pouvoir dont on dispose, à arracher l'argent *qu'on dit dû*... sans justifier la cause de la créance!... etc., etc.

Avec ces divers préliminaires et ces soins que l'administration eût eu, si elle était autrement organisée et correspondait à chaque ministre à Paris, on aurait pris des mesures pour que, devant les conseils de préfecture à Alger, les intéressés fussent mis en demeure de se présenter avant qu'on ne statuât sur les demandes qui les concernent, et les arrêtés des 3 novembre 1850 et 26 juin 1856 eussent donné des documents après lesquels on court depuis 1847... Le domaine se serait expliqué sur ce qui concerne la famille Kodjaberry... le séquestre mis sur plusieurs de ses membres... la quotité de rentes séquestrées sur chacun!... On n'eût pas eu tant de procès en première instance, en appel, en cassation, au conseil d'Etat, etc., etc., etc.

Donc, il serait bon de remédier à un état de choses qui me paraît laisser beaucoup à désirer, dans l'intérêt de l'avenir de la colonisation, et c'est sous l'impression de ce sentiment que j'ai cru faire une chose utile en m'imposant l'obligation de consigner dans ce nouvel appel algérien des exemples propres, suivant moi, à convaincre que, dans l'intérêt de ce pays, il faudrait en modifier les rouages administratifs, afin de s'occuper de l'avenir en *oubliant* et déplorant le passé!... mais en ne le déplorant *qu'après* avoir vérifié l'exactitude de chacune de mes articulations; après quoi, on songerait à préparer le remède au mal que j'ai voulu *faire connaître!*

Dans la troisième section qui va suivre, je reviendrai sur l'inintelligible des actes arabes... et, par suite, le peu de raison de ceux notariés... la légèreté inconcevable des procédures, et sur ce que tout cela a de funeste pour les Arabes et les Européens... et la dignité du notariat, des défenseurs et des huissiers...

TROISIÈME SECTION.

Introduction.

J'ai indiqué, aux pages 85 à 87 ci-dessus, le contenu de deux contrats arabes de 1834, concernant la famille Kodjaberry... j'ai indiqué, aux pages 89 et 90, des premiers transports faits par plusieurs membres de cette famille, et devant des notaires français, d'une fraction des rentes constituées en 1834, sans fixation aucune de la part revenant dans ces rentes à chacun des vingt-trois Arabes qui avaient sisté dans un contrat, et des trente-sept autres qui avaient sisté au second... J'ai indiqué qu'une demoiselle Godefroy se serait dite cessionnaire de 75 fr. dans l'une et de 60 fr. dans l'autre!... Puis j'ai parlé de premières procédures, dont on n'a connu l'existence qu'en 1847 *et d'une quittance* reçue en 1845 par un notaire d'Alger, *constatant qu'il lui avait été impossible* de se reconnaître dans les droits revenant à chacun de ceux qu'il payait, pourquoi il les avait *fait s'obliger solidairement à garantir la validité du payement opéré devant lui!...*

J'ai parlé, aux pages 94 et 96, de procédures nouvelles, d'un jugement de 1847, puis de procédures nouvelles à l'occasion desquelles *et par pitié pour la famille Kodjaberry* j'avais dressé et fait imprimer en forme de conclusions *une véritable supplique* à tous les pouvoirs algériens, pour qu'on aidât cette famille à faire préciser régulièrement et légalement les droits de chacun de ses membres... et ceux du domaine qui avait séquestré sur plusieurs d'entre eux partie des rentes créées en 1834!...

Une action formée le 18 mars 1857 par un propriétaire d'Alger, en payement de 4,551 fr. 60 c., pour arrérages qui lui seraient dus dans les rentes dont s'agit et dont, d'après lui, il serait devenu le cessionnaire, *dans l'une* jusqu'à concurrence de 317 fr. 36 c., et dans l'autre de 441 fr. 24 c., m'engage à prendre d'une manière minutieuse les détails de cette *inconcevable* action, pour en faire ressortir la déraison et justifier la nécessité de venir au secours des Arabes, pour les empêcher de se ruiner... et des Français pour ne pas les laisser toujours exposés aux embarras de demandes aussi fâcheuses, en traçant d'une main vigoureuse aux notaires, aux scheiks ou cadis arabes, et aux défenseurs, des obligations qu'ils ne devraient pas enfreindre, pour remplir ainsi chacun leur mission d'une manière utile à tous, Arabes et Français.

Qu'on veuille bien s'armer de patience et de courage!... ces faits nouveaux ne seront pas moins instructifs au point de vue des choses de l'Algérie, que ce qui a été dit dans les sections qui précèdent.

PREMIER PARAGRAPHE.

Le 15 novembre 1849, M. Bruat, propriétaire à Alger, avait fait signifier *à M. Cuvelier* (agent alors des intéressés, dont les noms et demeures étaient bien connues de M. Bruat, qui connaissait les mémoires judiciaires et les rapports imprimés pour eux) un prétendu transport de 120 fr. à prendre dans une des rentes de 720 fr. dues à la famille Kodjaberry.

Il convient, pour l'intelligence de ce qui suivra, de bien faire connaître les termes de ce prétendu transport, les documents et certaines énonciations qui en ressortent.

Suivant acte reçu le 10 octobre 1849 par M° Morizot, notaire à Alger, le *sid Abd-Rahman-El-Hanefi-Ben-Mohammed-Ben-Kodjaberry*, propriétaire, assisté de son fils *Ali-Al-Hanafi-El-Khiats*, aurait transporté, moyennant 3,080 fr., 440 fr. de rente (avec les arrérages pouvant en être dus, depuis cinq à six ans, dit le contrat) *à toucher avec ses cointéressés ayant droit* au surplus... savoir : 1°.... 2° pour 120 fr. dans une rente de 720 fr. payable le 12 mars de chaque année, créée le 12 mars 1834 par Wildieu, pour l'achat de la terre *Taana*, Omzafran (Kodjaberry-Saint-Charles), tant pour ledit *cédant* que pour ses *cointéressés*, qui étaient à cette époque : 1° *Mouni-Bent-Mohammed*, sa sœur ; 2° *Nefissa-Bent-Mohammed*, son autre sœur ; 3° *Ouichta-Bent-Mohammed-El-Nizabal* ; 4° *Hasseim-Ben-Ahmed-Bou-Zhazeli* ; 5° Mahmoud, frère du précédent ; 6° *Kherouffa-Bent-Ahmed-Bou-Zhazeli* ; 7° *Baia*, sa sœur ; 8° *Hamdan-El-Hanafi-Ben-Ali-Kelaidji* ; 9° *Hassam*, son frère ; 10° *Fatma*, sa cousine ; 11° *Mahmoud-Ben-Hadj-Mohammed* ; 12° *Abdel-Kader-Ben-Mustapha-Ouled-Omar-Kodja* ; 13° *Mahmoud-El-Hanafi-Ben-Mustapha* (*suit un nom illisible*) ; 14° son neveu *Mahmoud-Ben-Mohammed* ; 15° *Mouni-Bent-Ben-Yusef* ; 16° *Ferrehats-Ben-Mohammed* ; 17° *Mariouna-Ben-Mohammed* ; 18° *Mouni-Bent-Mustapha* ; 19° *Ahmed-Ben-Yusef*, et 20° *Abd-Rhaman-Alas-Baihi* et *Aicha-Ben-Soliman*.

Le contrat du 11 mars 1834 (et non du 12, comme le dit l'acte du 15 novembre 1849, reproduit page 85) indique vingt-trois vendeurs ; il n'y en aurait eu que vingt-un d'après celui de 1849, en y comprenant le nom du cédant de M. Bruat... Il paraît que, depuis 1834, il s'était produit des changements d'état, car les vingt noms indiqués dans l'acte de 1849 contiennent des différences avec ceux y correspondant, reproduits dans celui de 1834... Ainsi, par exemple, dans cet acte de 1834, *Ali* (fils du cédant de M. Bruat) agissait pour ses tantes, appelées *Nefouça* et *Mouni*, tandis qu'en 1849, on les désigne sous les noms de *Mouni-Bent-Mohammed* et *Nefissa Bent-Mohammed*... et ainsi de plusieurs autres, ce qui, quant à présent, n'a qu'une importance minime... seulement, ce qui est à remarquer, c'est qu'il y aurait *eu vingt-trois vendeurs* d'après l'acte de 1834, et *vingt-un* d'après *celui de* 1849.

Dans ce dernier acte on indique : 1° que d'après un acte qui aurait été reçu le 29 mars 1845, par le cadi, il aurait été établi *que le tiers de la propriété vendue en 1834 aurait appartenu pour un tiers (ce qui devrait faire un neuvième)* audit cédant (de M. Bruat) et à ses deux sœurs *Mouni* et *Nefissa*, dans les proportions fixées par la constitution de habbous [1] ; 2° qu'indépendamment de la part cédée et lui appartenant de son chef, le cédant aurait encore recueilli la part de ses sœurs *Mouni* et *Nefissa*, décédées sans postérité; mais que ces portions ne seraient pas cédées, *parce qu'elles seraient frappées de séquestre.*

(Pour la première fois, en mars 1857, j'ai vu, en lisant la signification du transport dont s'agit, le premier document indiquant la mesure du séquestre appliquée à deux femmes de la famille Kodjaberry!... Ce n'est certes pas la lumière complète... au moins c'est un commencement... Puisse-t-on la parachever!...)

Puis, à la fin de ce même acte de transport, on lit, *et cela est à bien noter* : « Le cédant s'oblige à rapporter, sous le « plus bref délai, son acte de partage contradictoire entre « lui et ses cointéressés établissant la répartition générale, « et à fournir généralement tous les actes et les titres dont « la production sera nécessaire, *soit pour établir régulière-* « *ment ses droits, soit pour contraindre les débiteurs à* « *payer...* ».

Ainsi, voilà un pauvre Arabe qui, moyennant 3,080 fr. (si l'acte dit vrai), cède 440 fr. *de bonnes et excellentes rentes* foncières, avec cinq à six années qu'il suppose dues...

En réduisant cette supposition pour les arrérages à cinq ans, on obtient pour cinq ans 2,200 fr., au moyen de quoi le prix vrai d'achat de 440 fr. de rentes se trouve réduit à 880 fr... Oh! le commerce des rentes algériennes a donné de plus beaux résultats encore... Mais, sans avoir le droit

---

[1] On verra plus tard que, d'après cet acte de habbous, deux femelles n'ont qu'une part égale à celle d'un mâle!... L'égalité des partages n'existe pas entre frères et sœurs, il paraît, entre les Arabes!

ni le projet de blâmer ceux qui se sont livrés à cette industrie, combien elle a été funeste aux Arabes cédants !...

Je ne critique pas le notaire qui a reçu cet acte de 1849, puisqu'à son défaut un autre l'eût fait et qu'il rentre dans les habitudes locales ; mais si, comme je le disais en 1849, et comme je l'ai répété depuis et comme je le demande encore, *il était positivement interdit aux notaires et aux cadis* de ne recevoir aucun acte de vente ou cession de droits quelconques à des Européens ou à des Arabes, même *de la part d'autres Arabes*, que sous la condition *rigoureuse et absolue* de justifier d'abord d'actes expliquant *régulièrement et légalement* leurs droits... la quotité de leurs droits (leurs qualités d'héritiers et la quotité de ces droits, quand ils agissent à ce titre), on n'en serait pas réduit, comme on l'a été dans l'acte du 14 octobre 1849, à obliger un malheureux qui ne voit qu'une chose, *la petite somme qu'il palpe*, sans bien apprécier ce qu'il fait, *à justifier et rapporter, sous le plus bref délai possible, les actes et titres nécessaires pour établir régulièrement ses droits, de manière que l'acquéreur puisse contraindre les débiteurs à payer...*

Mais c'est avant de rien céder ou transporter que toutes les justifications devraient être faites, de manière que l'acquéreur sût ainsi de suite à quoi s'en tenir !... qu'il pût apprécier et être convaincu qu'on ne *pourra* pas refuser de lui payer *les droits* qu'il se fait céder !...

Ce moyen arrêterait les transactions, dit-on !... Oui, il paralyserait un peu les spéculations sur les rentes... Certains Arabes, pressés de toucher *vite un peu, très-peu d'argent*, se trouveraient par instants arrêtés dans leur ardeur à se ruiner ou se dépouiller de droits souvent considérables !... Mais où donc serait le mal ?... *On les protégerait contre eux-mêmes...* et contre tous les obséquieux qui les assiègent et circonviennent par instants sous le prétexte de leur être utiles... mais en fait pour faire avec eux ce qu'on appelle de bonnes affaires !...

La morale... la loyauté gagneraient à ce qu'on imposât ces précautions, dont les notaires eux-mêmes se réjouiraient, car ils ne se trouveraient plus moralement obligés de prêter leur ministère à des actes qu'ils n'ont pas le pouvoir d'empêcher, mais qu'ils déplorent parce qu'ils en connaissent les résultats et les difficultés qu'ils traînent à leur suite.

. . . .

J'ignore si, depuis 1849, M. Bruat a obtenu de son cédant les justifications qu'on lui promettait *sous le plus bref délai*. Du reste, il s'était borné à sa signification du 15 novembre 1849 et n'avait osé rien réclamer depuis !... au moins jusqu'en 1857, je n'avais entendu parler d'aucune réclamation, signification ou justification faite en son nom et relative à la rente de 120 fr., faisant partie de celles qu'on lui avait cédées en 1849.

DEUXIÈME PARAGRAPHE.

Il paraît que M. Bruat ne s'était pas contenté de la cession de 120 fr. qui lui avait été consentie, en 1849, par l'acte que je viens de faire connaître; car, suivant sa signification et assignation du 18 mars 1857, il en aurait acquis plusieurs autres fractions beaucoup plus considérables, en vertu *de divers actes sous seing, qu'il dit enregistrés à Alger*, mais qu'il n'a pas plus jugé à propos de signifier à l'avance à ses prétendus débiteurs (qu'il connaît parfaitement bien, car la cour d'Alger rendait, le 27 juillet 1853, un arrêt contradictoire entre eux et lui), qu'il n'avait signifié l'acte de 1849, qu'il s'était contenté de signifier à un agent, *qui n'avait* pas qualité pour recevoir, cette *seule et unique* signification.

D'après ces prétendus actes sous seing (dont il se contente d'*indiquer la date dans* la dénonciation d'un exploit de saisie-arrêt) et l'acte notarié du 15 novembre 1849, M. Bruat réunirait dans ses mains, sur les deux rentes de 720 fr. (ensemble, 1,440 fr.), créées en 1834 pour l'acquisition de deux propriétés de la famille Kodjaberry, les fractions suivantes :

Il aurait dans une, 317 fr. 36 c., ci. . . . 317 fr. 36 c.
Et dans l'autre, 441 fr. 24 c., ci. 441   24

              Total. . . . . . 758 fr. 60 c.

Mlle Godefroy (qui, jusqu'au 18 mars 1857, avait été assez prudente pour ne rien oser réclamer judiciairement) en aurait, en vertu de l'acte du 26 avril 1850, dont il a été parlé page 90, deux fractions s'élevant à 135 fr., savoir : 75 fr. dans l'une et 60 fr. dans l'autre, ci. 135   »

De son côté, l'État dit avoir séquestré ces rentes (ainsi qu'on l'a vu précédemment) jusqu'à concurrence de. . . . 293 fr. 88 c.
Et l'autre, de. 211   07

        Total. . . 504 fr. 95 c.   504   95

              Total. . . . . 1,398 fr. 55 c.

Ainsi, il ne resterait plus à la malheureuse famille Kodjaberry, de ses rentes de 1834 (s'élevant ensemble à 1,440 fr.), que 41 fr. 45 c., ci. 41   45

                                     1,440 fr. 00 c.

Et ce magnifique résultat (pour les cessionnaires prétendus de cette famille) *est dû* à ce que, malgré tous les efforts tentés, on n'a pas voulu arriver à leur faire comprendre qu'en faisant dresser *régulièrement et légalement* un acte de notoriété établissant les droits de chacun d'eux par suite de successions ou autrement depuis 1834, ils auraient pu conserver leurs rentes et s'en faire payer exactement par leurs débiteurs, qui étaient parfaitement solvables, et contre lesquels ils n'auraient pas eu de poursuites à faire, s'ils avaient pu établir leurs qualités et la *quotité de* leurs droits respectifs..... Pour moi, quoi qu'on en dise ou pense, je considère comme un malheur pour l'avenir algérien qu'on n'ait pas mieux compris le besoin d'éclairer les Arabes et de les protéger contre eux-mêmes, en les aidant des conseils si simples que je n'ai cessé de donner depuis 1847!... Que de regrets on eût évité à cette famille de s'être dépouillée pour si peu de chose de rentes solides et d'une valeur véritable, car elles reposaient sur des biens d'une valeur relativement considérable!... Il semble qu'au contraire on veuille favoriser la spéculation de MM. les acheteurs de rentes ou d'indemnités!... Et certes, ce ne saurait être la volonté du gouvernement et spécialement de son chef, qui veut tout appuyer sur la *probité*... la justice... l'amour des classes souffrantes... ce qui comporte la protection aux faibles ou aux ignorants... qu'ils soient Français ou Arabes... et surtout à ces derniers qu'il importe de rattacher par tous les moyens à nos institutions!...

Mais revenons à M. Bruat... Son action est déraisonnable... non recevable... mais, en outre, c'est une action qui me semble blâmable et cacher une pensée peu obligeante pour la magistrature qu'il en a saisi... car pour l'avoir osé, on doit supposer qu'il a imaginé, à raison de son nom et de ses alliances assez élevées, que ses juges n'oseraient faire de sa demande l'appréciation qu'elle mérite... comme si, malgré leur défaut d'inamovibilité, les juges de l'Algérie, quand on leur explique nettement une affaire et ses détails, ne savaient pas aussi bien que leurs collègues de France que pour eux il s'agit de rendre la justice... et non des services... car derrière les services se trouve le remords toujours et la honte par instants!...

Pour bien apprécier l'absurdité de la prétention dont il s'agit et l'envisager au point de vue des améliorations à introduire en Algérie, il faut s'armer de courage encore et suivre avec attention le *pathos indéchiffrable et incompréhensible* qui constitue les diverses pièces dont M. Bruat a fait précéder son assignation, *afin* sans doute d'y puiser la justification de sa demande.

Je vais prendre l'un après l'autre et autant que possible *textuellement* la copie de ces prétendus actes avant d'arriver à l'assignation qui les termine; on ne pourra bien l'apprécier qu'après s'être rendu compte de ce qui la précède.

. . . .

Le premier acte copié commence par ces mots : « Louanges
« à Dieu! Entre les deux scheiks, l'iman, le très-docte, le
« modèle (suit la signature du cadi Maleki) Abd-El-Azin-
« Ben-Mohammed, *que Dieu* le favorise de sa bonté et le di-
« rige! » Il contient ensuite la copie de l'acte du 17 mars 1834 reproduit page 86 à de très-légères différences près. Les noms des vendeurs paraissent être bien ceux indiqués dans le paragraphe dont s'agit.

Après la mention de l'enregistrement, qu'on dit avoir eu lieu à Alger *le 27 décembre* 1852 (j'ignore pourquoi cet enregistrement, puisque l'acte de 1834 avait été enregistré le 2 avril 1834), vient copie d'un deuxième acte dont il me paraît utile de donner la copie entière, mais principalement comme renseignement historique sur la forme des habbous chez les Arabes. Cette copie est ainsi conçue :

« Louanges à Dieu! Ceci est la copie d'une copie d'un acte
« de donation en habbous d'un haouche et de deux tiers de
« la maison située quartier Bab-Essouk et d'un jardin ; elle
« a été prise sur l'acte déposé chez Me Liautaud, notaire,
« avec l'autorisation du scheik, l'iman, actuellement cadi
« Maleki (suit la signature) Ahmed-Ben-Mohammed, que
« Dieu le favorise par sa bonté et le dirige! sur la demande
« que lui en a faite un des intéressés, le sid Mahmoud-Ben-
« Mustapha, chaouch. (Texte de la copie.)

« Louanges à Dieu! La dame Khedidja, fille du défunt
« l'illustre, le respectable, le très-élevé, le parfait, le sid
« Hassem-Ben-Abdallah, connu sous le nom d'Elkheiat, a
« fait donation en habbous de la totalité du haouche qu'elle

« possède, situé à Oued-El-Kemis, territoire dit Reman-
« Ali-Ben-Aroun, province de la ville d'Alger, protégée du
« Dieu souverain, confrontant d'un côté à la terre d'Ibra-
« him-Agha et d'un autre côté à la terre El-Merachda; la
« dame Khedidja fait cette donation en habbous en faveur de
« sa fille, l'illustre, l'excellente, la pieuse et noble
« dame Fatma, épouse du respectable, l'illustre, l'excel-
« lent, le très-élevé, le célèbre, le très-heureux, le sid
« *Hamouda*, fils du défunt *le sid Kodjaberry-El-Turqui*,
« laquelle dame Fatma en jouira pendant sa vie ; après elle
« le habbous passera à ses enfants et simultanément avec
« eux à leur postérité, tant qu'elle se partagera et éten-
« dra ses *branches dans l'islamisme,* d'après les règles que
« Dieu a établies pour les successions, c'est à dire *que*
« *l'enfant mâle aura une part égale à celle de deux femelles.*
« Si leur race vient à s'éteindre totalement, le habbous
« passera définitivement, savoir : 1º à l'enclos respectable
« et aux pauvres de la ville de notre seigneur Mohammed,
« que Dieu le bénisse et lui donne la paix ; 2º aux pauvres
« de la Mecque ; 3º à la grande mosquée ; 4º à la mosquée
« Esseida, et 5º aux pauvres de la Zaouia du marabout
« Ouali-Dada. Les revenus se partageront en trois parties
« égales, dont une reviendra à l'enclos et aux pauvres de
« Medine, une autre aux pauvres de la Mecque, et le der-
« nier tiers se partagera, par égales parts, entre la grande
« mosquée, la mosquée Esseida et les pauvres de la Zaouia-
« Ouali-Dada. La présente donation comprend avec lesdits
« immeubles toutes leurs circonstances et dépendances,
« tant intérieures qu'extérieures, tant anciennes que nou-
« velles, et tout ce qui a été anciennement ou est actuelle-
« ment connu en faisant partie; *que personne ne change*
« *leur destination,* ni n'altère l'ordre dans lequel on doit
« hériter, *jusqu'à ce que Dieu, qui est le meilleur* des héri-
« tiers, hérite de la terre et de ce qui est dessus. Si quel-
« qu'un s'en avise, qu'il sache que Dieu lui en demandera

« compte et le punira, et les injures seront le châtiment qui
« lui est réservé.

« Ladite dame Khedidja a autorisé son gendre, l'illustre
« Hamouda, à prendre possession desdits immeubles pour
« compte de sadite femme ; ledit sid Hamouda a accepté et
« déclaré, en présence des témoins soussignés, en prendre
« possession au nom de ladite Fatma. Il a été, en ce qui
« concerne le présent, rendu témoignage en faveur de la-
« dite dame Khedidja et de son gendre, le sid Hamouda.
« Ils sont en parfait état de légalité ; l'identité de Khedidja a
« été reconnue, en date de la deuxième décade de moharem
« an 1038 (correspondant à 1639 de l'ère chrétienne). Le
« serviteur du Dieu souverain, Ahmed-Ben-Ali, que Dieu
« le favorise par sa bonté !

« Suit de l'écriture du cadi, l'affaire telle qu'elle est men-
« tionnée dans le présent écrit, par la preuve du Dieu sou-
« verain, Ali, cadi de la ville d'Alger.

« La présente copie achevée a été collationnée sur l'origi-
« nal, auquel elle a été trouvée conforme sur l'exactitude
« de la copie seulement ; notre témoignage a été constaté
« ici, en date de la deuxième décade de redjib an 1167 (du
« 14 au 23 mai 1754). Le serviteur de Dieu El-Aarbi, que
« Dieu le favorise de sa bonté ! La présente copie collation-
« née sur l'original auquel elle a été trouvée conforme, sur
« l'exactitude de la copie ; notre témoignage a été constaté
« en date du 27 du mois de rabia-el-rouel an 1268 (20 jan-
« vier 1852). Signé Ahmed-Ben-Mahmoud, que Dieu le fa-
« vorise par sa bonté !

« Pour traduction conforme, Alger, 5 mai 1853 ; signé
« Kirvan. Enregistré à Alger, le 16 mai 1853. Reçu 1 fr.
« Signé Boby de La Chapelle. »

Tel est le contexte de la copie de cet acte de 1639 ; son
but est *clair, net* et ne présente aucune obscurité. Il est
fâcheux que tous les scheiks ou cadis qui ont opéré depuis
1639 n'aient pas toujours agi avec la même clarté. On re-

marque le sentiment pieux des Arabes... leur luxe d'épithètes... leur crainte d'être exploités et volés par leurs deys, auxquels ils voulaient soustraire leurs biens par ces fondations *pieuses* en apparence, mais qui n'avaient pour but réel que d'assurer leur fortune à leurs descendants à l'infini et jusqu'à extinction de race. Puis on remarque aussi cette singularité que, dans leur idée, Dieu aurait originairement voulu que dans les successions *un mâle* eût la part *de deux femelles*, d'où suit qu'ils faisaient une grande faveur à un sexe au préjudice de l'autre, ce qui, dans nos idées, paraît injuste.

A la suite de cette copie en viennent d'autres, que je vais reproduire successivement, sans y intercaler d'observations (autrement qu'en notes). J'ai lu et relu ces copies, mais j'ai vainement essayé de saisir une idée nette et claire dans tout ce *décousu d'actes* arabes, malgré l'attention que j'y ai apportée.

TROISIÈME COPIE.

Louanges à Dieu! Aux termes de l'acte ci-dessus, le habbous y désigné étant dévolu aux personnes y mentionnées. — Dans cet état, Mohammed, chirurgien du gouvernement; Ibrahim-Ben-Hassem-Bach-Djerra, Aicha-Bent-Ali, Aicha-Bent-Soliman, Nefouça-Bent-Mohammed, le fils de celle-ci Mohammed-Ben-Mahmoud, Hassem-Ben-Ali, Aicha-Bent-Ali, Ben-Mohammed-Ben-Ali-Kodja, Mouni-Bent-Ibrahim-El-Hamar, Mustapha et Mohammed, fils de Mahmoud-Ben-Chaouch, Abder-Rhaman et Mouni, fils et fille de Mohammed-Ben-Kodjaberry, et Mahjoub-Ben-Mohammed-Ahmed et Mouni, fils et fille de Ben-Yousef, Mohammed-Ben-Ahmed-Bougasli, *étant décédés l'un après l'autre, leurs parts dans le restant du habbous passèrent aux survivants. Le décès d'Aicha-Bent-Soliman et des autres dénommés avant elle sont connus des témoins soussignés. Les* décès de Nefouça-Bent-Mohammed, de son fils Mohammed, de Hassem-Ben-Ali, d'Aicha-Bent-Ali-Ben-Mohammed, de Mouni-Bent-Ibrahim et de Mustapha et Mohammed, ont été constatés par les déclarations *recueillies*, par les *deux témoins soussignés*, de la bouche de sid Mohammed-Ben-Ali-Kodja, d'Ali-Ben-Hassem, du sid Ali-Ben-Kodjaberry, de Kelil-Ben-Mahmoud-Alindja et de Mohammed-Ben-Mustapha-Chaouch. Quant au décès d'Abder-Rhaman-Ben-Kodjaberry et des autres dénommés après lui, ils ont été parfaitement établis par-devant le scheik El-Iman, actuellement cadi Maleki, qui s'est nommé dans le présent, en le signant (que Dieu le favorise) Amed-Ben-Mohammed, *ainsi que cela est constaté* DANS LE REGISTRE.

La chose étant ainsi au tribunal Maleki, susdit, en présence des témoins soussignés, ont comparu :

Sid Ben-Kodjaberry..., sid Mohammed-Ben-Mustapha-Ben-Chaouch..., sid Mohammed-El-Khera-Ben-Ali-Kodja..., sid El-Hadjy-El-Arbi, descendant du vertueux marabout Mously-El-Taib-Khelil-Ben-Mahmoud-Alindja-Hassem-Ben-Ahmed-Ben-Ghazli ; le sid Ali-Ben-Hassem-Ben-El-caid-Ali, Ferehat-Ben-Mohammed et sid Mohammed-Ben-Eioub-Ben-Dali, chacun des sus-nommés a déclaré les noms des enfants qu'il a eu depuis, *savoir :*

Il est né au sid Ali-Ben-Kodjaberry, un fils nommé Khadour ;

A sa sœur Aicha, une fille nommée Fatma-Ezzora-Bent-El-Sid-El-Arbi ;

A leur sœur Khadoudja, deux enfants : Khera-Bent-Ibrahim-El-Hurrar et Hassem-Ben-Mohammed-Ben-Caddour ;

A Aicha-Bent-Soliman, avant son décès, une fille : Nefica-Bent-Mustapha ;

A Kelil-Ben-Mohammed-Alindja, trois enfants : *Mohammed, Fatma* et *Nefissa;*

A sa sœur Aicha, une fille : *Haoua-Bent-Mustapha;*

Au sid Ali-Ben-Hassem, deux filles : Erzahour et Khadoudja ;

A la dame Nefouça, un fils : *Abder-Rhaman-Ben-Ali;*

A Fatma-Bent-El-Sid-Mohammed-Ben-Dali, une fille : Erzhora, fille du sid Mohammed, descendant du scheik Sidi-Mohammed, scherif ;

Au sid Mohammed-Ben-Mustapha-Ben-Chaouch, une fille : Haniffa ;

A sa fille Erzahour, une fille : Khadoudja-Bent-Hassem ;

A Houa, trois filles : *Amina*, *Fatma* et Groukien, filles d'*El-Moktar ;*

A Zhora-Bent-Ben-Yousef, trois enfants : *Mohammed*, *Caddour* et *Fatma,* fils et fille d'Abder-Rhaman-Ben-Essaigh ;

A son frère utérin Ferhat, susdit, deux enfants : *Ahmed* et *Mohammed* [1].

La déclaration de chacun des mentionnés a été reconnue *exacte par les autres ;* en conséquence, les fractions restant dudit haouche, défalcation faite de ce qui *en a été retranché,* se divisent en 136 parties, sur lesquelles il revient :

1° Aux enfants *Kelaidji* et *Mahmoud*-Ben-Amim-Essekka et leur branche, Mustapha-Ben-El-Hadj, issu d'El-Abder-Rhaman-Ben-Musthapha, 24 parties et en argent. . . . . 108 fr. 96 c.

2° A Hassem et Karouffa, fils et fille d'Ahmed-Ben-Ghazli, et leur branche, 11 parties et en argent. 49 94

3° A Mahmoud-Ben-Mustapha-Ben-Chaouch et sa branche, 17 parties et en argent. . . 77 20

     A *reporter.* . . . 236 fr. 10 c.

[1] Puisque ce prétendu acte aurait été dressé en 1842, il est fâcheux que tous les Arabes présents chez le cadi n'aient pas indiqué ceux d'entre eux qui se considéraient comme frappés de séquestre ; au moins, on aurait un premier document à cet égard. Il n'est pas moins curieux de remarquer que ce sont *les intéressés* qui, *entre eux*, reconnaissent la prétendue exactitude des déclarations qu'ils font devant le cadi. *La vérité de chaque déclaration est reconnue exacte par les autres !...* Comme s'il était possible que ces braves Arabes eussent pu venir devant le cadi se donner des démentis !...

Report. . . .	236 fr.	10 c.
4° A Zhora-Bent-Ben-Yousef et sa branche, 8 parties et en argent.	36	35
5° A Mouni-Ben-Mustapha, 1 partie et en argent.	4	55
6° A Ferehat-Ben-Mohammed et sa branche, 6 parties et en argent.	27	25
7° Au sid Ali, Aicha et Kedoudja, fils et fille de sid Abder-Rhaman-Kodjaberry et *leur branche*, 24 parties et en argent.	108	96
8° A Kheira-Kanifa et Nefissa, filles de sid Mustapha-Ben-Elcaid-Ali, 3 parties et en argent.	13	65
9° A Khelil-Ahmed et Aicha, fils et fille de Mohammed-Alindja, et leur branche, 15 parties, ou.	68	10
10° A Mariouna-Bent-El-Hadj-Mohammed-El-Muphti, ses enfants Mohammed, Ali et Nefissa, et leurs branches, 12 parties et en argent.	54	50
11° A Mohammed-Ahmed et Khadoudja, fils et fille de Errais-Hassem-Ben-El-Cobtan, 5 parties ou.	22	70
12° A Ahmed-Ali, Hassem et Fatma, la fille de celle-ci, Erzhora-Haniffa et Khadoudja, enfants de Mohammed-Kodja-Boudati, 10 parties ou.	43	50
Toutes les sommes réunies forment le total restant, soit 615 fr. 66 c. [1].	615 fr.	66 c.

---

[1] Dans la copie signifiée, on ne trouve pas les n°s 1 à 12. Je les ai ajoutés ici pour tâcher de m'y reconnaître ; mais inutilement !... Pour moi, l'addition faite de ces fractions de rentes donne 615 fr. 66 c., tandis que dans l'acte arabe on trouve 617 fr. 67 c., comme on le verra dans la quatrième copie ci-après.

qui se partagent entre les sus-nommés de la manière qu'il est dit, et sous la condition que l'enfant mâle en a une part égale aux parts de deux femelles.

Sur ce, notre témoignage a été constaté le 23 du grand mois de rhamadan (13 *juin* 1842). Ahmed-Ben-Mahmoud (que Dieu le favorise!) et Mohammed. Enregistré à Alger, le 7 *avril* 1853. Signé Boby de La Chapelle.

QUATRIÈME COPIE.

Louanges à Dieu! Pour compléter le présent acte, il faut ajouter qu'en additionnant les 617 fr. 67 c. revenant aux cointéressés mentionnés dans le prix du haouche susdit, avec le prix des parts qui en avaient été distraites *au moyen du partage mentionné dans l'acte précédent* [1], lesquelles parts sont celles de la dame Nefouça et consorts, transportées au sid Ali-El-Gros-Ben-Ahmed et celles d'Abder-Rhaman et Baia, fils et fille d'Ali-Ben-Mesli et consorts, transportés au Sid-Ali-Ben-Hassem, c'est à dire à Ali-El-Gros, 75 fr., et Abder-Rhaman et sa sœur, 27 fr. 33 c.: en tout 102 fr. 33 c., et dont le prix du bail est ensemble de 102 fr. 33 c., on a la somme de 720 fr., prix du bail à rente perpétuelle du haouche dont s'agit, ainsi qu'il résulte de l'acte au-dessus de l'acte ci-dessus; sur ce, notre témoignage a été constaté ici. Le scheik, l'iman, cadi Maleki, d'Alger, que Dieu lui soit en aide! qui s'est nommé dans le présent. Suit la signature Ahmed-Ben-Mohammed, que Dieu le favorise! A reçu communication de cette affaire et l'a complétement approuvée, en date du septième jour du mois de chaoual an 1268 (23 juillet 1852), Ahmed-Ben-Mohammed, que Dieu le favorise par sa bonté! Enregistré à Alger, le 7 avril 1853; signé Boby de La Chapelle [2].

---

[1] L'acte précédent ne relate aucun autre partage que ce soit.

[2] En se reportant au deuxième paragraphe de la première section (page 90), on voit, d'après les actes signifiés par Mlle Godefroy, qu'elle représenterait un *sid Ali-Ben-Ahmed*, qui aurait acquis deux fractions

CINQUIÈME COPIE.

Louanges à Dieu! Le habbous de ce qui reste du haouche situé à El-Khemis, territoire de Ali-Ben-Aroun, province d'Alger, attenant à la terre El-Merachda, déduction faite des parts de Nefissa-Bent-Ibrahim et consorts, qui sont devenus la propriété du sid Ali-El-Gros-Ben-Ahmed, et des parts d'Abder-Rhaman et Baia, fils et fille d'Ali-Ben-Mesly et consorts, qui sont devenues la propriété de sid Ali-Ben-Hassein-Ben-Elcaid-Ali, ainsi qu'il *résulte de leurs actes,*

de rentes (l'une de 75 fr. et l'autre de 60 fr.), aux termes d'un contrat reçu le 23 février 1842 par Branthome, notaire, de *Ahmed-Ben-Mohammed*, dit *Ken chi*, et de sa femme, dite *Nefissa-Bent-Ibrahim*, et que cette dernière y aurait eu droit en vertu d'actes reçus par les cadis Maleki et Hanefi, d'Alger, les 6 janvier et 25 février 1842. D'après ces actes, cette dame Nefissa-Bent-Ibrahim aurait eu pour sa part, A ELLE SEULE, dans une rente, 75 fr., et dans l'autre, 60!...

Or, si c'est à cette dame et au transport qu'elle aurait voulu faire en 1842, qu'on fait allusion dans la copie du quatrième acte signifié par M. Bruat, on voit qu'une dame *Nefouça et consorts* (elle aurait donc eu des cointéressés!...), qu'un sid *Abder-Rhaman et Baia*, fils et fille d'*Ali-Ben-Mesli et consorts* (il y en aurait eu d'autres encore, il paraît...), auraient transporté à Ali-El-Gros 75 fr. et à Abder-Rhaman et sa sœur 27 fr. 33 c.; en tout 102 fr. 33 c., — ce qui ne se rapporte ni à la quotité (135 fr.) de rente qu'*Ali* aurait acquis en 1842... ni au nom des cédants, ni même des cessionnaires, puisqu'il y aurait eu d'autres cédants que la dame Nefissa-Bent-Ibrahim... (d'après ce quatrième acte de M. Bruat) et d'autres cocessionnaires...

Partant, ce quatrième acte n'explique absolument rien... il embrouille encore un peu plus un acte déjà suffisamment inintelligible; puis il parle d'un prétendu partage *dont le troisième acte ne dit pas un mot*, tandis qu'au contraire, d'après la signification de Mlle Godefroy, il y aurait eu un partage en 1842!...

S'y reconnaisse qui pourra! pour moi, j'y renonce... car je ne vois absolument rien qui, dans cette *troisième* copie, relie et rattache les Arabes qu'on dit avoir ensemble 615 fr. 66 c. (ou 617 fr. 69 c. d'après l'acte arabe) de rente, *aux* vingt-trois Arabes qui, au 11 mars 1834, avaient vendu, moyennant 720 fr. de rente, la propriété d'une ferme au Foudouk!...

était dévolue aux honorables, savoir : le *sid Hassein*-Ben-Elcaid-Ali, ses enfants Ali, Ahmed et Hamouda, son frère Omar, sa fille Fatma, leur frère Hamdam, les deux enfants de celui-ci, Mohammed et Touma, Mustapha-Ben-Ismael-Abdel-Kader-Ben-Mustapha, Mahmoud-Ben-Elhadj, Mohammed-Emin-Esseka et ses deux filles Halouna et Mouni, *formant la première branche ;* Hassem-Ben-Ahmed-Bou-Ghazli, son fils Mohammed, sa sœur Kharoufa, les enfants de celle-ci, Mustapha-Haoua, Zoheira et Nefouça, fils et filles de Mohammed-Fatih, *formant la deuxième branche;* Ferchat-Ben-Mohammed et ses deux enfants Mohammed et Ahmed, *formant la troisième branche ;* Zoheira-Ben-Yousef et ses enfants Mohammed-Mahmoud, Caddour et Fatma, fils et fille d'Abder-Rhaman-Ben-Essaigh, *formant la quatrième branche;* Mouni-Ben-Mustapha, *formant la cinquième branche;* Mahmoud-Ben-Mustapha-Ben-Chaouch, ses enfants Hasseim et Caddour, Mohammed-Erzahour-Houria, Aicha, Hanifa et Heroua, la fille d'Erzahour, Khadoudja-Ben-Hasseim, les filles de Houria, Amina, Fatma et Groukien, filles d'El-Moktar, *formant la sixième branche;* Mariouna-Bent-El-Hadj-Mohammed-El-Muphti, ses enfants Mohammed, Ali, fils de Hassein-Ben-Elcaid-Ali et Nefissa-Bent-Abder-Rhaman-Ben-Sari, les deux filles d'Ali-Khadoudja et Erzhora, les deux enfants de Nefouça-Ahmed et Abder-Rhaman, fils d'Ali, *formant la septième branche;* Kheira, Hanifa et Néfissa, filles de Mustapha-Elcaid-Ali, *formant la huitième branche;* Khelil-Ahmed et Aicha, fils et fille de Mahmoud-Alindja, les enfants de Khelil-Mohammed-Fatoun et Nefissa, les enfants d'Aicha, Ali-Hanifa-Khadoudja-Erzhora et Haoua, fils et filles de Mustapha-El-Haffaf, *formant la neuvième branche;* Mohammed-Ahmed et Khadoudja, fils et fille d'Errcus-Hassein, *formant la dixième branche;* Ali-Aicha et Khadoudja, fils et fille d'Abder-Rhaman-Ben-Kodjaberry, les enfants d'Ali, qui sont Mustapha, Mohammed-Caddour, Erzhora et Fatma, les enfants d'Aicha, qui sont Ahmed-

Omar-Baia et Nefissa, fils et fille d'El-Hadj-Mustapha-Ben-Esseka et Fatma-Erzhora-Bent-El-Sid-Hadj-Elarbi, et les enfants de Khadoudja, *savoir:* Abder-Rhaman et Kheira, fils et fille d'Ibrahim-El-Hurrar et Hassen-Ben-Mohammed-Caddour, *formant la onzième branche;* Ahmed-Ali-Fatma-Hanifa et Khadoudja, fils et fille de Mohammed-Kodjaboud-Ali, la fille de Fatma-Erzhora-Bent-El-Sid-Mohammed, descendant du marabout Mohammed, schérif, *formant la douzième branche;* il leur revient, sur la somme de 720 fr. formant le prix du bail à rente perpétuelle du haouche susdit, celle de 617 fr. 67 c. qu'ils se partagent par tête, *le mâle ayant une part* égale aux parts de deux femelles, ainsi que cela est écrit et parfaitement expliqué *dans les actes ci-dessus, collé en tête du présent.* Dans cet état par-devant le scheik, l'iman, actuellement cadi Maleki, à Alger, qui s'est nommé dans le présent (que Dieu lui soit en aide!). Suit sa signature Ahmed-Ben-Mohammed (que Dieu le favorise!). De la déclaration du sid Mohammed-El-Khelil-Ben-Ali-Kodja, agissant dans les droits de la première branche, en vertu d'une procuration du sid Ali-Ben-Hassein, du sid Ali-Ben-Kodjaberry et du sid Mahmoud-Ben-Chaouch, mentionnés précédemment, il résulte qu'il existe d'autres cointéressés, à savoir: *El-Hadj-Ali*, Khadoudja, Hanifa, fils et fille de sid Mustapha-Ben-Ekaïeb, les enfants de El-Hadj-Ali, *à savoir:* Hassein-Mustapha, Ismael, Aziza, Touma et Nefissa, les enfants de sa sœur Khadoudja, qui sont Omar et Gossem, fils et fille (*blanc dans le texte*); le fils de Halouna, fille de Khadoudja, décédée; le sid Mohammed (*blanc dans le texte*) et les deux enfants de l'autre sœur, fils d'Abdel-Kader, et Aicha, fils et fille de (*blanc dans le texte*) et *formant une treizième branche.*
« *C'est par erreur et par oubli de la part des autres cointé-*
« *ressés qu'ils ne figurent pas dans les actes précédents.* »
De son côté, Mahmoud-Ben-Chaouch a déclaré qu'il est né à sa fille Houria un fils nommé Mohammed-Ben-El-Moktar;

Khelil-Ahmed, fils de Mahmoud-Alindja et le sid Mohammed-Ben-Ali-Kodja ont confirmé cette déclaration. *En outre, il est né, savoir* : à Aicha-Bent-Mahmoud-Alindja, une fille nommée Grossein-Bent-Mustapha-Elaffuf ; *à Aicha-Kodjaberry,* un fils nommé Mohammed-Ben-El-Hadj-El-Arby, et à sa sœur Khadoudja, une fille nommée Erzhaour-Bent-Mohammed-Ben-Caddour, ainsi que cela *a été parfaitement constaté par-devant le cadi,* mentionné dans *le registre du tribunal* par le *témoignage de gens dignes de foi et recevables en justice.* En conséquence, divisant le total desdites *parts de Haouche en* 164 *fractions* de 3 fr. 76 c. et une fraction de centime, *il revient, savoir :*

A la 1re branche, 24 fractions, et en argent 90 fr. 39 c.
A la 2e branche, 11 fractions, et en argent 41 42
A la 3e branche, 6 fractions, et en argent 22 58
A la 4e branche, 8 fractions, et en argent 30 13
A la 5e branche, 1 fraction, et en argent 3 76
A la 6e branche, 19 fractions, et en argent 71 55
A la 7e branche, 12 fractions, et en argent 45 19
A la 8e branche, 3 fractions, et en argent 11 19
A la 9e branche, 16 fractions, et en argent 66 26
A la 10e branche, 5 fractions, et en argent 18 83
A la 11e branche, 27 fractions, et en argent 101 68
A la 12e branche, 10 fractions, et en argent 37 66
A la 13e branche, 22 fractions, et en argent 82 85

En ajoutant à toutes ces parts celle d'Ali-El-Gros et du sid Ali-Ben-Hassein-Ben-Elcaid-Ali, s'élevant à. 102 33

on obtient un total de sept cents vingt francs, ci. 720 fr. 00 c.

Somme égale au prix du bail du haouche dont il s'agit, sauf 18 fractions perdues dans les divisions. Sur ce, sur l'examen que nous avons fait de cette affaire, notre témoignage a été constaté ici, en date du quatrième jour du mois de safur de l'an 1269 (17 novembre 1852). Ahmed-Ben-

Mahmoud (que Dieu le favorise de sa bonté!). Enregistré à Alger, le 7 avril 1853 ; signé Roby de La Chapelle [1].

SIXIÈME COPIE.

Louanges à Dieu! Après ce qui a été établi dans l'acte dont le bas est collé en tête du présent, portant que sid Mahmoud-Ben-El-Hadj, Mohammed-Amin-Sekka et ses deux filles Halouna et Mouni, formaient la première branche, actuellement sid Mohammed-Tailleur-Ben-Sidi-Ali-Kodja, agissant pour compte dudit Mahmoud, en vertu d'une procuration, a prétendu que ladite Halouna, précitée, était la mère de sondit mandant et que Mouni était sa sœur, et que c'est par erreur qu'on les a désignées comme étant ses filles. Il manifesta le désir de faire corriger ce que dessus, et l'adressa à cet effet au scheik sid El-Hadj-Ahmed,

---

[1] Il faut une bonne dose d'assurance et compter beaucoup sur la simplicité ou la sottise des autres pour espérer faire ressortir un argument ou une démonstration telle quelle d'une pareille division en treize branches, sans indiquer les subdivisions à opérer dans ces treize branches... et se borner à dire que c'est par la faute ou l'oubli de plusieurs des intéressés s'ils n'ont pas comparu à l'acte précédent (l'acte formant cinquième copie)!!!... C'est une insulte au bon sens et à la dignité de la justice que de produire de pareilles niaiseries pour justifier ce qu'on appelle un droit, et vouloir à ce moyen forcer les débiteurs à se libérer, quand, humainement, il leur est impossible de rien comprendre à un pareil galimatias!!!...

En additionnant les fractions diverses attribuées aux treize branches dont il est question dans cet acte (addition que j'ai faite et qu'on peut contre-vérifier), on trouve que ces treize branches auraient 623 fr. 49 c. En y ajoutant pour *Ali-Gros* et Hassein-Ben-Elcaid   102   33
___
on obtient un chiffre de sept cent vingt-cinq francs
quatre-vingt deux centimes, ci. . . . . 725 fr. 82 c.
et non 720 fr. comme on le dit... d'où la conclusion que ce prétendu acte explicatif n'explique rien!!!... Le cadi eût dû additionner, avant de mettre son cachet; il eût aussi vu de suite qu'il y avait erreur dans la prétendue preuve de partage qu'il dit juste, à 18 *fractions perdues* dans les divisions!!!... On ne voit dans ce nouvel acte, ou plutôt sa copie, qu'un indéchiffrable et incompréhensible gâchis!...

suppléant du cadi Hanefi, dont le cachet est marqué en tête du présent, le priant de vouloir bien lui indiquer un moyen légal pour arriver au but qu'il se proposait. Faisant droit à cette demande, le cadi invita sid Mohammed à fournir les preuves de ce qu'il avançait, et ce dernier présenta témoignage de : sid Hassen-Ben-Sid-Mohammed-Zerouek-El-Lheni, sid Hamdam-El-Hanefi-Tailleur, Ben-Sid-Ali-Kalandjé, lesquels ont déclaré que ladite dame Halouna, qu'ils ont connue, est décédée en laissant son fils Mahmoud, susdit, ainsi que les filles de sa fille Mouni, décédée avant elle, lesquelles petites-filles se nomment *Aicha-Ben-Soliman* et *Hanifa*-Bent-El-Hadj-Mohammed; que Hanifa décéda ensuite; les deux Hanifa et Zehira qu'elles avaient eues de (ici la copie contient un blanc); que Zehira décéda ensuite sans postérité; qu'Aicha, décéda ensuite en laissant ses deux filles Kheira-Mouni et Nefissa, qu'elle avait eues de sid Mustapha-Ben-El-Caid-Ali ; que Khadoudja décéda plus tard, en laissant son fils sid Abdel-Kader-Ben-Omar-Khodja : *tous ces faits sont à leur parfaite connaissance.* De plus, l'honorable Ferehat, un des copropriétaires, eut plus tard une fille nommée Aicha, de sorte qu'actuellement la *première branche* se trouve formée de : le *docte sid Hassen*, Ben-Sid-Ali-Khalaidj, Ahmed-Ali-Hamouda, ses enfants ; leur oncle, sid Omar, la fille de ce dernier, Fatma ; leur oncle, sid Hamdam, Mohammed et Touma, ses enfants ; Mustapha-Ben-Ismael, Abdel-Kader-Ben-Mustapha-Ben-Omar-Khodja, Mahmoud-Ben-Hadj-Mohammed-Amin-Sekka ; *la troisième branche* se trouve composée de Ferehat-Ben-Mohamed, sid Ahmed et Aicha, ses enfants; la *septième branche* se trouve composée des honorables personnes qui sont Khira, Hanifa, Nefissa, filles de Mustapha-Ben-El-Caid-Ali. Cette dévolution est complète, et, par suite, nous avons transcrit ici leur déclaration à la date du 18 du mois de chaoual de l'année 1271, correspondant au 2 juillet 1855 ; signé Mohammed-Ahmed. Pour traduction, signé au pied. Enregistré à Alger,

le 14 août 1855, folio 29, verso, cases 1 à 3 ; reçu 1 fr. 10 c. ;
signé Boby de La Chapelle [1].

SEPTIÈME COPIE.

Louanges à Dieu ! Aux termes de l'acte ci-dessus, le haouche situé à l'Oued-el-Khemis, territoire Ben-Aroun, se trouvait dévolu en habbous aux personnes y mentionnées, de la manière qu'il y est dit et *très-bien expliqué*. Dans cet état, pardevant le scheik, l'iman, le savant cadi Maleki, d'Alger, que Dieu lui soit en aide ! (suit sa signature) Ahmed-Ben-Mohammed, que Dieu le favorise ! il a été parfaitement établi que les enfants de Kharoufa-Ben-Ahmed-Bou-Ghazli, mentionnés parmi les membres de la deuxième branche, dans le second des actes ci-dessus, et dans l'acte collé au bas de la première copie au-dessus, sont Mustapha-Mimi, Gossen et Aicha, fils et fille de Mohammed-Fetih, sans aucun autre à la connaissance de qui que ce soit ; c'est *par erreur* que, dans les actes précités, il est dit que ladite Kharoufa avait des filles nommées Haoua-Zoheira et Nefouça. La *vérité* est, ainsi qu'il est dit ci-dessus, que ladite Aicha a une fille nommée Fatma-Bent-Khelil-Ben-Hassen-El-Hadjam ; de *son* côté, la dame Khadoudja-Bent-Errais-Hassen-Ben-El-Cobtan, faisant partie de la dixième branche, mentionnée dans lesdits actes, laquelle est aussi nommée Khadoudja, a deux enfans nommés Hamouda et Aicha, fils et fille de Mohammed-Ben-El-Khelil-Khodja, ainsi que cela résulte du témoignage des deux honorables, le sid Mahmoud-Ben-El-Sid-Mustapha-Ben-Oumeh et le sid Hassen-El-Haffaf-Ben-Khelil, ce qui se trouve encore confirmé par procuration donnée par les mentionnés au sid El-Hadj-Djelloul, sus-nommé Djallah-Eddin,

---

[1] Ce nouvel acte, dit-on, ratifie ou explique les précédents !... Pourquoi va-t-on de la première à la troisième et de la troisième à la septième branche; on n'en sait rien !... Et, quoi qu'on fasse, on se perd en efforts inutiles pour tâcher d'y voir clair... Mais c'est toujours la même lumière ; aussi, ne brille-t-elle pas !...

par un acte passé par-devant le cadi de Tunis, en date de la dernière décade de caada 1269 (du 26 août au 4 septembre 1853). Sur ce notre témoignage a été constaté ici ; lesdits témoins ont fait leur déposition le 23 de hadja, mais le libelle du présent a été retardé jusqu'au 25 du même mois 1271. Ahmed-Ben-Mohamed et Mustapha, que Dieu les favorise ! Signé Kirwan, pour traduction.

HUITIÈME COPIE.

Par-devant le scheik, le jurisconsulte, le très-savant, le sid El-Hadj-Hamed, substitut du très-savant le sid Hassen, actuellement cadi Hanefi, qui a apposé son cachet ci-dessus, il a été parfaitement établi que le sid Mohammed-Ben-El-Sid-Hassen-Bou-Ghazli est décédé sans postérité, et que sa part dans la maison située dans le quartier Babel-Souk, et sa part dans le haouche situé à El-Merachda, sont devenus la propriété de ses cointéressés dans les immeubles mentionnés dans les titres de propriété, ainsi qu'il résulte de la déclaration qu'en a faite le père du défunt, le sid Hassen, susdit. Sur ce, sur la déclaration que nous avons reçue du sid Hassen, notre témoignage a été constaté ici, en date du 23e jour du ramadam de l'an 1260 et onze (1271), 8 juin 1855. Mohammed, que Dieu le favorise par sa bonté ! El-Ahmed. Pour traduction, signé Kirwan.

NEUVIÈME COPIE.

Cette neuvième copie est celle de l'acte du 11 mars 1834, indiqué page 85 ci-dessus. Les noms en diffèrent passablement, mais on voit que c'est cet acte du 11 mars 1834 qu'on a voulu reproduire. Seulement, il y a une nouvelle mention d'enregistrement, qui aurait eu lieu le 14 avril 1853.

DIXIÈME COPIE.

Louanges à Dieu ! Aux termes de l'acte dont copie précède, les sus-nommés y mentionnés avaient donné à rente perpétuelle, au preneur mentionné, la totalité du haouche nommé Altaana, sis à Oumzafran, canton de Beni-Kelil, moyennant la somme de 720 fr. par an, de la manière qu'il y est dit et expliqué : La dame Fatma, cousine des enfants de Khelaidj, est mentionnée dans ledit acte, au *nombre des bailleurs, quoiqu'elle ne soit pas copropriétaire et qu'elle n'a aucun droit au haouche dont s'agit*, ainsi que le reconnaît son mandataire, le sid Mohammed-Ben-Ali-Kodja. Cette erreur provient de ce que ladite Fatma avait donné, conjointement avec ses cointéressés dans cet immeuble, sa procuration audit Mohammed-Ben-Ali-Kodja ; en conséquence, elle ne se trouve pas mentionnée au nombre de ceux auxquels est dévolu l'haouche dans l'acte dont il sera ci-après parlé. *D'un autre côté*, les bailleurs avaient négligé de mentionner dans l'acte de bail les *noms de plusieurs de leurs cointéressés*, qui sont : le sid Omar-Ben-Ali-Kelaidj, son neveu Mustapha-Ben-Ismael-Kodja, Zoheira-Bent-Yusef, anciennement épouse d'Abder-Rhaman-Ben-Essaigh (c'est par erreur que, dans l'acte de bail, on donne à la femme de celui-ci le nom de Mouni, qui est le nom de sa belle-sœur, Mariouna-Bent-El-Hadj-Mohammed-Muphti et Rosa, appelée aussi Rosa-Bent-Ali-Ben-Mesli), tous mentionnés dans l'acte de notoriété libellé au bas de la copie de l'acte de constitution en habbous ; ledit acte de notoriété, constatant la dévolution du haouche aux cointéressés y mentionnés, a été passé par-devant le cadi Maleki, en date du vingt-quatrième jour du mois de rabia-estani 1255 (7 juillet 1839)[1]. Dans cet état, Nefouça et Mouni, filles de Mohammed-Ben-Kodjaberry, El-Mahdjoub-Ben-Mohammed, Ahmed et Mouni, fils et filles de Ben-Yousef-Mariouna-Bent-Mohammed et Mahmoud-Ben-Ahmed-Bou-Ghazli, étant tous décédés *l'un après l'autre sans postérité*, leurs parts sont devenues les propriétés de ceux qui sont au même

---

[1] Il paraît qu'il y aurait encore eu un acte en 1839!... La clarté ne se fait pas!... On aurait bien dû faire connaître aussi cet acte de 1839!...

degré de parenté; ledit sid Abder-Rhaman-Ben-Mohammed-Ben-Kodjaberry décéda ensuite, en laissant après lui ses enfants, qui sont : le sid Ali, Aicha et Khadoudja; la veuve Aouicha-Bent-Mohammed-El-Mozabel décéda également, en laissant après sa fille Nefouça-Bent-Ibrahim; Baia-Ben-Ahmet-Bou-Ghazli décéda en laissant après elle ses enfants Mohammed-Ahmed et Kkadoudja, fils et fille d'Errais-Hassem-Ben-El-Cobtan; le décès d'Abder-Rhaman-Ben-Kodjaberry et de ses deux sœurs sont *constatés dans le registre Maleki*; ceux d'El-Madjoub-Ben-Mohammed, d'Ahmed et Mouni, fils et fille de Ben-Yusef, et celui d'Aouicha-Bent-Mohammed-El-Mozabel sont *constatés dans le registre Hanefi*, et les décès de Mahmoud et Baia, fils et fille d'Ahmed-Bou-Ghazli et de Mariouna-Bent-Mohammed ont été parfaitement établis par-devant le scheik, l'iman, actuellement cadi Maleki. Suit sa signature, Ahmed-Ben-Mohammed (que Dieu le favorise!). Par le témoignage des honorables, savoir: Ismael-Chemandj-Ben-Othman, son fils Mohammed, lesquels ont déclaré avoir connaissance du décès de Mohammed et Baia, enfants de Ben-Bou-Ghazli et Caddour, de Bouzaria, dit Ben-El-Hadj, et Mohammed, de Bouzaria-Ben-Mohammed-Ben-Lindjus, lesquels ont déclaré connaître le décès de ladite Mariouna. En conséquence, le habbous du haouche mentionné se trouve maintenant complètement dévolu aux honorables, savoir: *Ali-Aicha* et *Khadoudja*, fils et fille d'Abder-Rhaman-Ben-Kodjaberry, Mahmoud-Ben-Mustapha-Chaouch, Zoheira-Bent-Ben-Yousef, Ferehat-Bent-Mohammed, Mouni-Ben-Mustapha-Ben-Kodjaberry, Abder-Rhaman et Rosa, dite Baia, fils et fille d'Ali-Ben-Mesli, formant la *première branche;* Hassein et Kheroufa, fils et fille d'Ahmed-Bou-Ghazli, les enfants de leur sœur Mohammed-Ahmed et Khadoudja, fils et fille d'Errais-Ben-El-Cobtan, et la fille de la tante maternelle de leur père, la dame Nefouça-Bent-Ibrahim, *formant la deuxième branche;* le sid Hassein-

Omar et Hamdam, fils du sid Ali-Kelaidj, leur neveu Mustapha-Ben-Ismael-Kodja, Mohammed-Ben-El-Hadj, Mohammed-Eurin-Esseka, Abdel-Kader-Ben-Mustapha-Ben-Omar-Kodja, Mariouna-Bent-El-Hadj, Mohammed-Muphti et Aicha, dite aussi Aouache-Bent-Soliman, *formant la troisième branche.* Antérieurement à la date du présent, le sid Mohammed-Ben-Ali-Kodja, agissant dans les droits du sid Mahmoud, susdit, et de ses cointéressés de la même branche, et le sid Abder-Rhaman-Ben-Kodjaberry, alors vivant, s'adressèrent à l'assemblée des ulémas siégeant dans la grande mosquée de la ville d'Alger. Le premier prétendait que les revenus dudit habbous se divisaient en trois parties égales dans la proportion que la première branche avait deux tiers et que les deux autres se partageaient le tiers restant par égale part et par moitié entre elles, par la raison que dans l'origine le habbous étant dévolu aux trois filles du constituant en habbous. MM. les ulémas rendirent un jugement conforme à ces prétentions, après que ledit Abder-Rhaman en eut reconnu l'exactitude, et l'un fut libellé; un autre contenant ce qui est dit ci-dessus, en date du 8 de robjeb 1260 (24 juillet 1844), il fut dressé ensuite un tableau de répartition du sixième du haouche entre les individus de la troisième branche, et il fut libellé un acte où se trouve spécifié la part de chacun d'eux, en date du 11 chaoual de la même année (24 octobre 1844). Les choses étant ainsi, les copropriétaires mentionnés, désirant faire constater ce qui revient à chacun d'eux dans la rente dudit haouche, s'adressèrent à cet effet, par l'organe du sid Ali-Abder-Rhaman-Ben-Kodjaberry, de Mahmoud-Ben-Mustapha-Chaouch, de Hassein-Ben-Ahmed-Ben-Bou-Ghazli et Ferehat-Ben-Mohammed, au sid le cadi mentionné. *Le sid Ali lui montra l'arbre de généalogie où se trouvent mentionnés les décès* de trois enfants de Nefouça, savoir : Abder-Rhaman-Ferehat et Yusef, jusqu'à la dévolution aux cointéressés mentionnés ci-dessus ; *les autres* comparants en reconnurent l'exactitude, parce qu'ils ne pouvaient eux-mêmes présenter un autre arbre généalogique. En conséquence, ils demandèrent au sid le cadi d'autoriser les deux témoins soussignés à dresser le tableau de répartition de la rente dudit haouche entre tous les co-intéressés, en prenant pour base l'ordre dans lequel avaient eu lieu les décès de leurs prédécesseurs. Le sid le cadi y ayant consenti, le tableau de répartition de ladite rente entre eux fut dressé par le cadi Maleki, et il en résulte qu'il revient sur ladite rente, savoir :

1° A Mahmoud-Ben-Mustapha-Chaouch, 55 fr. 37 c. 1/4 et une fraction, ci. . .   55 fr. 37 c. 1/4

2° A Mouni-Bent-Mustapha-Kodjaberry, 34 fr. 77 c. 3/4 et une fraction, ci. . .   34   77   3/4

3° A Zoheira-Bent-Ben-Yusef, 28 fr. 02 c. 2/4 et une fraction, ci. . . .   28   02   2/4

4° A Ferehat-Ben-Mohammed, 61 fr. 93 c. et 3/4, ci.   61   93   3/4

5° A Abder-Rhaman-Ben-Ali-Ben-Mesli, 39 fr. 92 c. et une fraction, ci. . .   39   92   »

6° A sa sœur Rosa, sus-nommée Baia, 19 fr. 96 c. et une fraction, ci. . . .   19   96   »

7° A Ali-Ben-Kodjaberry, 120 fr., ci. .   120   »   »

8° A chacune de ses sœurs, Aicha et Khadoudja, 60 fr.[1], ci.   60   »   »

9° A Nefouça-Bent-Ibrahim, 54 fr. 66 c. 2/4, ci.   54   66   2/4

10° A Hassem-Ben-Ahmed-Ben-Bou-Ghazli, 32 fr. 66 c. 2/4, ci.   32   66   2/4

11° A sa sœur Kharoufa, 16 fr. 33 c. 1/4, ci.   16   33   1/4

12° A chacun des deux frères Moham-

           A reporter. . .   523 fr. 65 c. 2/4

---

[1] Cela devrait faire 120 fr., et non 60 fr. pour les deux sœurs !...

Report . .	523 fr. 65 c.	2/4
med et Ahmed, fils d'Errais-Hassem-Ben-El-Cobtan, 6 fr. 33 c. 1/4, ci. .	6 33	1/4
13° A leur sœur Khadoudja, 3 fr. 26 c. 2/4, ci.	3 26	2/4
14° A Aicha-Ben-Aouach-Bent-Soliman, 10 fr. 35 c. 2/4, ci.	10 35	2/4
15° A Mariouna-Bent-El-Hadj-Mohammed-Muphti, 40 fr. 35 c. 2/4, ci. . . .	40 35	2/4
16° A chacun des enfants de Khelaidji, Hassem, Hamdan et Omar, 12 fr. 14 c. 1/4 [1], ci.	12 14	1/4
17° A leur neveu Mustapha-Ben-Ismael, 6 fr. 42 c. 3/4, ci.	6 42	3/4
18° A Mahmoud-Ben-Emin-Esseka, 20 fr. 71 c. 1/4, ci.	20 71	1/4
19° Enfin, à Abdel-Kader-Ben-Mustapha, 5 fr. 71 c. 1/4 à chacun d'eux, *sauf aux enfants de Kodjaberry*, il revient, en outre, une fraction de centime, ci. .	5 71	1/4
Total [2]. . .	628 fr. 95 c.	3/4

[1] Est-ce 12 fr. 14 c. pour trois ou pour chacun?

[2] Avant de continuer la copie de ce petit chef-d'œuvre arabe, je dois remarquer que la copie dont s'agit ne contient pas de numéros 1 à 19, que j'y ai posés pour tâcher de m'y reconnaître, ni d'addition des diverses fractions de rente qu'on dit *former le total de la rente dont s'agit*. J'ai fait cette addition, et je la fais ressortir ici comme s'élevant à 628 fr. 95 c. 3/4, ci. . . . . 628 fr. 95 c. 3/4
Mais s'il faut y ajouter, pour une des femmes arabes désignées sous le n° 8. 60   »   »
et pour deux des trois frères désignés sous le n° 16, 24 fr. 29 c. 2/4, ci. 24   29   2/4
on arrive à 713 fr. 25 c. 1/4, ci. . . . . 713 fr. 25 c. 1/4
ce qui est inférieur au chiffre de la rente de 720 fr. dont on veut établir les parts, et encore on ne sait à quoi s'en tenir pour les divers Arabes désignés sous le n° 19, qui, par la tournure de l'énonciation, doivent ensemble avoir une somme supérieure !... d'où je conclus qu'avec la meil-

Toutes lesquelles sommes forment le total de la rente dont s'agit. Sur ce, sur la connaissance que nous avons de cette affaire, notre témoignage a été constaté ici, en date du seizième jour du mois de rabial-el-rouel de l'an 1268 (1er janvier 1852). Ahmed-Ben-Mohammed (que Dieu le favorise!). Pour traduction, signé Kirwan. Enregistré le 14 avril 1853.

. . . .

ONZIÈME COPIE.

En 1857 et le 31 janvier, à la requête du sieur Antoine-Joseph Bruat, propriétaire, demeurant à Alger, élisant domicile en sa demeure, et encore en mon étude, j'ai, Simon-Marie Lerthrille, huissier près la cour de Toulouse, y demeurant, soussigné, en vertu : 1° d'un contrat passé devant le cadi Maleki, d'Alger, le 1er de caada 1249 (11 mars 1834), contenant vente, par divers Maures, aux sieurs Vildieu, Delaunay, Roulland et Delaplanche, d'une propriété rurale, sise au Mazafran, appelée Haouche-Kodjaberry, moyennant le service d'une rente de 720 fr., ledit acte enregistré; 2° *d'un acte reçu par Me Morizot*, notaire à Alger, le 10 *octobre* 1849, enregistré; 3° d'un acte reçu par Me Pourtauborde, notaire à Alger, le 13 avril 1853, enregistré; 4° *d'un acte sous seing privé* du 17 janvier 1853, enregistré le 7 avril suivant, déposé aux minutes de Me Pourtauborde le 26 septembre 1855, enregistré; 5° *de deux actes sous seing privé des 7 avril* 1853 *et 2 avril* 1854, enregistrés et déposés aux minutes de Me Pourtauborde, notaire, le 26 septembre 1855, enregistrés; 6° *d'un acte sous seing privé du* 28 *mars* 1853, enregistré, déposé aux minutes du même notaire, le 26 septembre 1855, enregis-

---

leure volonté du monde, il n'y a rien à induire de ce beau gâchis, dans lequel on ne retrouve rien qui (malgré l'explication préalable qu'on paraît avoir voulu donner) établisse une relation un peu saisissable avec les trente-sept Arabes désignés au contrat du 17 mars 1834 (voir page 86), ni avec les vingt-trois Arabes désignés au contrat du 11 mars même année 1834 (page 85).

tré ; 7° *d'un acte sous seing privé* du 14 mars 1853, enregistré; 8° *d'un acte reçu par Me Pourtauborde*, le 8 février 1856, enregistré, desquels il résulte que le requérant est devenu cessionnaire de 444 fr. 24 c. 3/4 de la rente annuelle et perpétuelle à prendre dans celle de 720 fr., constituée par l'acte précité ; 9° *d'un acte passé devant le cadi Maleki, d'Alger, le 7 de caada* 1249 (17 *mars* 1834), enregistré, contenant vente, par divers Maures, aux sieurs Vildieu, Delaunay, Roulland et Delaplanche, d'une propriété sise à Merachda, canton de Krachna, connue sous le nom de Haouche-Ben-Kodjaberry, moyennant une rente annuelle et perpétuelle de 720 fr. 10 c. ; 10° *d'un acte passé* devant Me Pourtauborde, notaire à Alger, le 13 *avril* 1843, enregistré ; 11° *d'un acte sous seing privé du* 28 *mars* 1853, enregistré ; 12° *d'un acte sous seing privé du* 14 *mars* 1853, enregistré ; 13° *d'un acte passé* devant Me Pourtauborde, le 8 février 1856, portant ratification du précédent ; 14° *d'un acte sous seing privé* du 24 janvier 1853, enregistré, déposé aux minutes de Me Pourtauborde, notaire, le 26 septembre 1855, enregistré ; 15° d'un acte *sous seing privé* du 7 janvier 1853, enregistré, déposé aux minutes de Me Pourtauborde, notaire, le 26 septembre 1855, enregistré ; 16° *d'un acte dressé* par le même notaire, le 28 février 1856, enregistré, desquels derniers actes il résulte que le requérant est devenu cessionnaire de 317 fr. 36 c. de rente annuelle, à prendre dans celle de 720 fr., créée par l'acte énoncé sous l'article 91, *signifié et déclaré au sieur Hilaire* Darnaud, *propriétaire, domicilié à Toulouse,* en son domicile, *rue Louis-Napoléon, parlant à* sa personne; que le *requérant s'oppose* à ce qu'il paye et vide ses mains *de toutes les sommes* qu'il a ou aura, doit ou devra, pour *quelque cause et à quelque titre* que ce soit, à la *Compagnie Rouennaise,* à peine par lui de payer deux fois, et d'être condamné à tels dommages-intérêts que de droit, la présente saisie-arrêt étant faite pour avoir payement : 1° de la somme de 4,551 fr. 60 c., montant de six annuités d'arrérages, actuellement échues, auxquelles le requérant a droit, aux termes des actes sus-datés, des deux fractions de rente à lui cédées ; 2° et de celle de 1,500 fr., pour intérêts courus et à courir, et frais faits et à faire, sauf à régler. Dont acte, sous toutes réserves. Donné copie du présent audit Hilaire Darnaud, parlant comme dessus. Coût 6 fr. 40 c. Signé Lerthrille. Enregistré le 4 février 1857. . . . .

. . . .

J'en ai fini des mirobolantes copies dont M. Bruat a cru devoir faire précéder son assignation du 18 *mars* 1857!... Mais avant d'arriver aux réflexions navrantes que suggère une pareille tentative de sa part, je dois faire remarquer que, par tous les actes sous seing privé, *dont il donne seulement la date,* par son exploit de saisie-arrêt aux mains de M. Darnaud, par trois ou quatre autres actes notariés reçus par Me Pourtauborde, il serait devenu, depuis 1853, le cessionnaire de la majeure partie des rentes de la famille Kodjaberry !... qu'il ne juge pas à propos d'indiquer ses prétendus cédants !... et qu'à part l'acte du 10 octobre 1849, dont j'ai parlé page 146, *il n'a jamais signifié* quoi que ce soit à ses prétendus débiteurs, pour être saisi à leur respect, comme le veut le code civil, obligation pour lui, en Algérie, comme s'il était en France !...

J'arrive maintenant et de suite à son action du 18 mars 1857. Je dois en reproduire le contexte, car il me révèle des faits que je n'ai appris que par son assignation :

« Attendu que, d'un acte reçu par Morizot, notaire à
« Alger, le 10 octobre 1849, et dûment signifié le 15 no-
« vembre suivant, il résulte que le requérant est cession-
« naire de 317 fr. 36 c. de rente annuelle et perpétuelle, à
« prendre dans celle de 720 fr. grevant l'Haouche-Kodja-
« berry-El-Merachda, sis au Foudouk[1], et en outre de

---

[1] L'acte du 10 octobre 1849, analysé page 146, ne parle que d'une rente de 120 fr., et non de 317 fr. 36 c.

« 441 fr. 24 c. de rente annuelle, à prendre dans celle de
« 720 fr. grevant l'Haouche-Kodjaberry, près le Mazafran,
« commune de Koleah ;

« Attendu que, par exploit de Bertrand, huissier à Bli-
« dah, du 11 mars 1856, le requérant a fait assigner la
« Compagnie Rouennaise *en la personne de M. Guiot* [1], son
« mandataire à Blidah, devant le tribunal, afin de s'en-
« tendre condamner à lui payer, avec intérêts légitimes :
« 1° la somme de 1,586 fr. 80 c., montant de cinq annuités
« de la fraction de rente de 317 fr. 36 c., la dernière échue
« par avance le 17 mars 1855, et 2° celle de 2,216 fr. 20 c.,
« montant de cinq annuités de la fraction de rente de
« 441 fr. 24 c., la dernière échue le 11 mars 1855 ;

« Attendu que, depuis lors, il est échu une annuité de
« ces deux fractions de rente ;

« Que, pour parvenir au payement de ces divers arré-
« rages de rente, le requérant a fait pratiquer une saisie-
« arrêt contre la Compagnie Rouennaise, entre les mains
« de M. Darnaud ;

« Que cette saisie-arrêt est régulière et juste au fond, re-
« posant sur titres authentiques ;

« Attendu que la compagnie ne payant pas les arrérages
« des deux fractions des deux rentes sus-énoncées, qui sont
« la représentation d'une partie du prix des immeubles
« vendus, la résolution des deux contrats de vente peut être
« demandée, conformément à l'article 1654 du code Napoléon ;

---

[1] J'ignorais cette action... je m'étonne que M. Bruat ait eu l'idée de *s'adresser à M. Guiot* (qui n'a point de qualité pour cela) comme le représentant de la prétendue Compagnie Rouennaise ; il sait qu'il n'existe et n'a jamais existé de compagnie de ce nom, puisqu'il a sisté lui-même dans une affaire jugée entre lui et tous *les individus* (qu'il appelle à son gré Compagnie Rouennaise) et M. Baccuet, par la cour d'Alger, le 27 juillet 1853 !...

Il s'agissait d'une autre volerie algérienne dont il est parlé pages 119 et 120 du rapport de 1852 ; M. Bruat paraît en avoir été lui-même victime dans cette occasion!

— 178 —

« Attendu que le requérant, en qualité de cessionnaire
« de vendeurs, peut légalement exercer leurs droits ;

« Que, pour éviter des frais, il convient de porter à un
« seul et même tribunal tant la demande en payement des
« arrérages que celle en validité de saisie-arrêt et en réso-
« lution des contrats de vente ;

« Attendu que le tribunal civil d'Alger est compétent
« pour connaître de ces demandes, puisque les deux actes
« constitutifs de rente ont été passés à Alger, et que, de
« plus, l'un des immeubles grevés est situé dans son
« ressort ;

« S'entendre condamner, conjointement avec les autres
« membres de la Compagnie Rouennaise, assignés par ex-
« ploits séparés, par toutes les voies de droit *et par corps*,
« à payer au requérant, avec les intérêts légitimes:
« 1° 1,954 fr. 16 c. pour six annuités de la rente de
« 317 fr. 36 c. ; 2° 2,647 fr. 44 c. pour dix années de celle
« de 441 fr. 24 c.; ensemble 4,551 fr. 60 c.;

« Comme aussi voir déclarer bonne et valable la saisie-
« arrêt dont sagit, etc., etc.;

« Voir prononcer la résolution des deux contrats de vente
« des 11 et 17 mars 1834 ;

« S'entendre, en outre, condamner aux dépens, dans
« lesquels *entreront ceux déjà faits devant le tribunal* de
« Blidah [1], avec exécution provisoire du jugement à inter-
« venir... »

J'ai, grâce à Dieu, fini de faire connaître la demande de
M. Bruat... et de reproduire toutes les paperasses qu'il invoque comme devant *en former la justification*.

Pour que le but que je me propose (*démontrer* l'absurdité
des choses de l'Algérie, le besoin que d'en haut on y porte
remède vivement...) soit atteint, et pour que ceux qui au-

---

[1] Il paraît que l'action de M. Bruat, du 11 mars 1856, contre M. Guiot, aurait été formée devant le tribunal de Blidah !...

ront eu l'extrême bonté et la patience suffisante pour parcourir et analyser *tous les prétendus actes* dont la copie précède, puissent en tirer plus facilement une conclusion positive, et partager la pitié que j'éprouve, je dois maintenant soumettre les réflexions que m'inspire cette demande de M. Bruat!... Je le trouve vraiment blâmable d'avoir osé la former,... et je m'étonne que ses conseils à Alger n'aient pas reculé devant une aussi ridicule et scandaleuse procédure!... Malheureusement, les conseils ne sont pas toujours maîtres d'imposer leur avis à certains clients !...

Mon but n'est pas d'établir un système de défense contre cette action : à cet égard, je suivrai la conduite que tiendront mes cointéressés, après qu'ils se seront concertés à ce sujet avec M. le gérant provisoire. Du reste, ils pourront, s'ils veulent vaincre leur répugnance à s'occuper de leurs affaires algériennes, y puiser les moyens de repousser l'action dirigée contre eux...

Pour moi, et dans mon dernier rapport de 1854 (annonçant la ferme résolution de ma démission), je leur avais expliqué qu'ils n'avaient de moyens de salut pour eux, *et d'être en même temps utiles à l'Algérie*, qu'à créer une société légale et régulière avec un capital, sur les bases que je leur indiquais... L'opposition ou l'indifférence de plusieurs intéressés et l'ennui éprouvé par le plus grand nombre d'entre eux de tant et tant de difficultés, les empêcha de suivre les conseils que je leur donnais...

Depuis et à l'occasion de l'administration du gérant judiciaire et d'une action en partage et licitation portée à la requête du principal intéressé devant le tribunal civil de Rouen, *pour faire vendre à Rouen des biens situés en Algérie*, inconnus pour bonne partie... pour suivre *cette bizarre* licitation à la requête d'un seul, quand depuis le mois de janvier 1848 le tribunal d'Alger avait été saisi à la requête de vingt-sept *d'entre eux, majeurs*, d'une demande ayant le même but... (non pas pour la suivre, mais au contraire pour empêcher des spéculateurs de songer à cette idée de licitation), je fis imprimer et signifier un mémoire indiquant ce qu'il y avait de déraison à poursuivre une pareille licitation à Rouen.... aux conséquences désastreuses et ruineuses qu'elle aurait, si on commettait la *faute énorme* de s'y prêter, pour devenir aussi la victime et la dupe de brocanteurs qui ne manqueraient pas de s'entendre pour avoir pour rien, *ce qui était à peu près connu* de ces mêmes biens... etc., etc... Malgré ces réflexions, la lassitude était telle chez le plus grand nombre, qu'on parut décidé à *laisser faire*... bien que j'eusse *répété à satiété* qu'on allait se prêter à une mesure *absurde*... que je doutais même qu'on pût *loyalement* figurer comme covendeurs de biens inconnus encore (après vingt-trois ans d'acquisition) et incertains... etc., etc.

En présence d'une telle situation, je ne puis pas, bien entendu, vouloir donner ou imposer des conseils à l'occasion de l'action de M. Bruat...

Mais au moins, pour ceux dont *j'appelle l'attention sur les choses de l'Algérie*, il me semble indispensable de leur soumettre les réflexions qui vont suivre, à l'occasion de cette déplorable action, tout en faisant ressortir d'autres singularités, qui serviront cependant au but que je poursuis.

DE LA FOI DUE AUX ACTES ARABES.

PREMIER EXEMPLE.

Le 18 janvier 1834, devant le cadi Maleki, vente est faite, moyennant 540 fr. de rente, à M. Vildieu et joints, d'une terre dite Marman, par sid Mohammed-Ben-Euhamed-Jery, comme mandataire de sa femme et de ses trois sœurs, *Fatma*, *Alzira* et Khadoudja, filles de sidi *Moussa-Ben-Bahia*, et pour le compte *de leur frère*. (Il paraît qu'il y avait un frère ; mais son nom n'est pas indiqué dans cet acte arabe !...)

Plus tard, et le 16 août 1840, devant M⁰ Liautaud, notaire à Alger , une *dame Zhora*-Bent-Mohammed-Ben-El-Hadj-Ouali cède cette rente de 540 fr., dont elle se *dit seule propriétaire*, à un sieur *Sionville*, moyennant 3,000 fr. *payés comptant*... même avant la signification de ce transport... tant sans doute il inspirait de confiance !...

Le 22 juillet 1844, M. Sionville assigne en condamnation de 2,700 fr., pour cinq ans d'arrérages (il avait payé 3,000 fr. pour toute la rente de 540 fr. et les arrérages... ce n'était pas payer chèrement)!... On eût dû soutenir M. Sionville purement et simplement non recevable, parce que rien n'établissait comment sa cédante était devenue la *seule et unique* propriétaire de cette rente... si c'était par succession ou par achat, *car il* n'avait rien signifié au préalable ! Mais ce moyen ne fut pas présenté ! le défenseur algérien aura cru sans doute que l'acte invoqué par M. Sionville était à l'abri de reproche... puisqu'il avait été reçu par le cadi. Cependant expertise judiciaire fut ordonnée pour mesurer la propriété, en indiquer la *situation* et la contenance aux acquéreurs, *qui n'en savaient rien*, et avaient été empêchés d'ailleurs *par la famille Embarek* de se mettre en possession de la propriété que, dans les environs de Blidah, on leur avait dit s'appeler *Marman*.

Lorsqu'en 1847 j'arrivai pour la première fois à Alger, cette expertise judiciaire avait eu lieu, on allait en discuter les conséquences qui, *vu* l'énorme différence entre la contenance promise et *celle indiquée* par l'expert judiciaire, devait faire réduire la rente à 166 fr.

Je voulus voir le dossier, et on me donna la copie d'un prétendu acte reçu par le cadi Maleki (*sans aucune date*, mais traduit le 12 août 1842), d'après lequel *la rente* de 540 fr., grevant la terre de Marman, aurait bien appartenu à la dame *Zhora seule* (la cédante de M. Sionville) !... Je fis un mémoire très-court, dans lequel je reproduisis la copie de ce petit chef-d'œuvre (aussi clair que ceux signifiés par M. Bruat)... *mais* qui n'en contenait pas moins *un odieux mensonge*... une duperie (comme on le verra bientôt), et le 16 juillet 1847 le tribunal d'Alger réduisit la rente en question à 166 fr.[1], condamna M. Sionville aux dépens, comprenant 1,981 fr. seulement pour l'expertise faite par le sieur Darde. On voit que dans ce temps la profession d'expert était assez lucrative en Algérie !...

Je reviendrai dans un instant sur ce jugement qui laissait fort à désirer encore... mais à raison de la situation... on crut pouvoir *provisoirement* au moins s'en tenir là, au respect de M. Sionville !...

A la fin de 1847 on voulut arriver à se mettre en possession de la terre de Marman; mais sid Embarek, prétendant en être le propriétaire, on dut le faire assigner en 1848 ainsi que sa famille devant le tribunal civil de Blidah, pour obtenir son expulsion ainsi que des dommages-intérêts à raison de son occupation *arbitraire* de la propriété dont s'agit, puis on mit en cause le sieur Sionville (tout en faisant réserve d'appeler du jugement du 16 juillet 1847) pour qu'il eût à s'expliquer avec la famille Embarek, *qui se prétendait propriétaire* de cette terre, et le cas échéant porter garantie, etc., etc., et reprendre en tant que *besoin serait (ce qui rigoureusement n'était pas nécessaire)* une action formée contre lui le 21 octobre 1845, dans l'ignorance de l'action du 22 juillet 1844.

D'un autre côté, on appela *le domaine* en cause, pour qu'il eût à y prendre *un rôle actif et sérieux* sur la question de savoir à qui en définitive la terre de Marman devait appartenir !...

Le 15 novembre 1849, un arrêté administratif, homolo-

---

[1] J'ai reproduit en entier cet acte page 58 du rapport de 1849... avec les réflexions dont en 1847 je l'avais fait suivre... Il est curieux à examiner !...

guant la délimitation de cette terre (dont la propriété était en même temps reconnue bien acquise par le contrat de 1834), *révéla que depuis 1842 le séquestre était mis sur les vendeurs originaires...* et ce à la date du 26 mai même année, publié au *Moniteur* le 4 juin suivant!... *D'où suit qu'on avait impudemment menti devant le cadi Maleki, en attestant que la dame Zhora était bien la seule ayant droit au habbous de Marman, ou plutôt à la rente de 540 fr. cédée à M. Sionville* le 16 août même année, etc., etc., puisque le séquestre *mis sur tous les vendeurs* ne lui avait *pas permis d'en hériter utilement* et légalement, à supposer qu'elle en eût hérité réellement, ce que l'acte en question n'indiquait pas d'une manière raisonnable et saisissable.

On fit signifier des conclusions nouvelles ; puis en 1850 seulement, le 11 septembre, le sid Embarek, représenté ou assisté par un officier du bureau arabe, dit qu'il était prêt à cesser *son occupation de Marman dans le délai qui serait fixé par le tribunal,* mais encore avec des réserves... Puis plus tard encore le domaine demanda acte de ce qu'il s'en rapportait à justice sur la question de propriété agitée entre la Compagnie Rouennaise et la famille Embarek, et aussi (*nota bene*) sur la réduction de rente conclue ; mais qu'à raison du séquestre de 1842, cette rente devrait être servie à l'Etat, etc., etc.

Sur ce le tribunal de Blidah, par un jugement du 15 novembre 1850, se borna à condamner le *sid Embarek* en 600 fr. de dommages-intérêts... à donner défaut sur le sieur Sionville, qui ne s'était pas présenté, *et à déclarer* les demandeurs non recevables dans *leur action contre lui* et même contre *le domaine* (qui cependant s'en rapportait!!!...), *et à dire que les frais du mémoire publié n'entreraient pas en taxe!!!...*

On interjeta appel de ce jugement du 15 novembre 1850 contre *toutes les parties,* car il paraissait par trop fort de perdre *un procès en garantie* si simple (ce qui était en déhors, au besoin, de la reprise de l'instance du 24 octobre 1845) contre un homme qui ne se défendait pas!!!... de le perdre aussi contre le domaine, qui s'en était rapporté *sur la demande* en réduction de rente!!! et de n'avoir que 600 fr. de dommages-intérêts contre la famille Embarek, qui, pendant ce long temps, *et au vu et au su de l'autorité, et malgré le séquestre de* 1842... avait occupé la terre de Marman!!!...

On ne s'en tint pas là, et ce que j'ai à relever ici *pourra paraître incroyable et fabuleux... Il faudra cependant bien l'admettre*... car c'est encore de la douloureuse vérité... mais de la vérité de la plus *navrante espèce!!!...*

On supposait, en 1847, M. Sionville peu aisé... et comme les dépens auxquels il avait été condamné par le jugement du 16 juillet même année compensaient et au delà le capital et les arrérages de sa prétendue rente, réduite à 166 fr., on n'avait pas songé à en rappeler... de sorte qu'en fait, ou au moins d'après les apparences, *cet individu paraissait*, en vertu de ce même jugement, resté créancier d'une rente de 166-fr.!!!

Malgré l'arrêté administratif du 15 novembre 1849, *qui avait indiqué* l'existence du séquestre, on apprit qu'il *s'était trouvé un homme assez osé* (les *acheteurs* de rentes sont très-hardis en Algérie!!!...) pour se faire céder, par un acte sous seing privé, du 13 décembre 1849, la prétendue rente de 166 fr. de M. Sionville. Plus tard intervint le jugement du tribunal de Blidah, du 15 novembre 1850... ce qui n'empêcha pas le sieur Sionville de faire relever et signifier le jugement de 1847, et ce à la date du 1ᵉʳ février 1854!...

Déjà et dans un mémoire publié devant la cour d'Alger, à l'occasion du jugement rendu en 1850 par le tribunal de Blidah, contre la famille Embarek et consorts, on avait relevé l'absurdité révoltante d'un pareil trafic de rentes, à l'occasion duquel on devrait, dans un pays *où les formes à la pacha semblent assez goûtées, envoyer les spéculateurs aux petites maisons!!!...* Mais en présence des menaces faites au nom ou sous le nom de M. Sionville, dans l'intérêt de son prétendu cessionnnaire... on comprit qu'il fallait ne pas laisser subsister le jugement du 16 juillet 1847, dont on paraissait vouloir faire un aussi déplorable abus, et on donna l'ordre d'en interjeter appel contre M. Sionville, et de dénoncer cet appel, vaille que vaille, *à son prétendu* cessionnaire. La lettre d'envoi pour cet appel se terminait ainsi à l'occasion du transport *annoncé*, mais non signifié :

« *Le cœur saute de dégoût devant de pareils trafics !...* »
(Cependant, le 1er février 1854, on recevait à Rouen la signification de ce jugement!...)

Le 29 août 1854, M.***, défenseur près la cour d'Alger, écrivait :

« Vous avez, le 18 janvier 1854, relevé appel du juge-
« ment de 1847, et vous en demandez la jonction à l'appel
« du jugement de Blidah du 15 novembre 1850, etc., etc.
« Vous demandez que Sionville soit écarté et que la rente
« soit réduite à l'égard du domaine (votre seul créancier
« par suite du séquestre de 1842) à 77 fr... *Fort bien!...*
« mais le domaine vous oppose que vous n'avez pas formé
« votre action en temps utile, c'est à dire en 1845, etc... Si
« vous pouviez retrouver l'original, vous couperiez court à
« ce moyen. »

Peu de jours après on répondait qu'on ne comprenait pas l'objection du domaine, qui s'en était rapporté à Blidah... qu'on avait bien formé une action en 1845, mais que l'original en avait été *volé ou égaré avec vingt-sept autres originaux*... que, du reste, le répertoire de l'huissier Serain et les extraits de l'enregistrement prouvaient les assignations de 1845, dont on devrait, si on cherchait bien, retrouver des copies au domaine... *Qu'en tout cas, cette demande de 1845 était inutile,* puisque dès le 21 *octobre* 1844, et sur les poursuites du sieur Sionville (époque à laquelle on ne soupçonnait pas que le domaine eût des droits par suite du séquestre de 1842!...), le tribunal d'Alger avait ordonné une expertise qui avait conduit plus tard au jugement du 16 juillet 1847, ayant réduit à 166 fr. la rente due, pour défaut de contenance, *d'où* suit que cette instance rendait inutile rigoureusement qu'on en eût formé une autre en 1845, et que pour la cour et en présence de la perte ou du vol *bien constant de vingt-huit* de ces originaux d'action du 21 octobre 1845, on pouvait même ne pas s'en préoccuper, puisque l'instance intentée par Sionville devait produire les mêmes effets, au respect du domaine !...

Le 15 octobre 1854, M. *** écrivait : « La cour, par arrêt
« du 10 de ce mois, après un délibéré de huit jours, a fini
« par confirmer le jugement de Blidah du 15 novembre
« 1850 dans l'affaire Embarek !... En vain, ai-je demandé
« *à grands cris* au moins une expertise préparatoire à l'ef-
« fet de fixer la valeur locative de Marman... En vain ai-je
« fait valoir le bail du 5 juin 1849 fait par 1,600 fr. (rendu
« impossible à raison de l'occupation de la propriété par la
« famille Embarek et leurs fermiers !...), celui fait à
« Hassem par 900 fr., le 1ᵉʳ octobre 1850 (époque à la-
« quelle on a commencé à jouir, bien qu'on eût acquis en
« 1834), etc.

« Quant au point de départ de *l'usurpation*, il a été main-
« tenu au 22 avril 1848, jour de la citation en conciliation
« à Embarek... et cela malgré l'expertise faite par Dardé en
« 1845 dans le premier procès Sionville (constatant la pré-
« sence de la famille Embarek et les difficultés possibles
« avec elle)...

« *Ce n'est pas tout, j'avais conclu la jonction de l'appel*
« *interjeté le 18 janvier 1854 du jugement du* 16 juillet 1847
« contre Sionville... mais ce dernier étant récemment dé-
« cédé, et l'affaire n'étant pas en état, *force a été de dis-*
« *joindre* et de ne statuer que sur celle conclue depuis
« longtemps. Or, à l'égard du domaine, nous disions, etc. »

Il reproduit les arguments qui précèdent sa lettre du 15 octobre!...

Ainsi, la conclusion à tirer de tout cela, *c'est que la famille Embarek* gagnait son procès et en était quitte pour 600 fr. pour avoir joui au moins depuis 1845 de toute la terre de Marman... près de 300 hectares !... parce que sans vouloir entendre à rien, ni aux baux faits... ni même aux offres de 1,000 fr. de fermage, offres faites au nom de la famille Embarek en septembre 1850, on avait trouvé que 600 fr. suffisaient depuis le 22 avril 1848 !...

Quant à M. Sionville, il gagnait aussi son procès, car il obtenait ses dépens, en tant qu'il s'agissait de l'action jugée par le tribunal de Blidah !... On n'avait pas voulu voir que les notions les plus élémentaires du sens commun exigeaient qu'on l'appelât dans cette instance de Blidah, *puisque la famille Embarek prétendait être seule propriétaire* de la terre de Marman, sur laquelle cependant il se disait créancier d'une rente, comme représentant ceux qui l'avaient vendue en 1834 !...

D'un autre côté, on trouvait que l'affaire décidée à Blidah était en état pour être jugée... mais *qu'il n'en était pas de même de l'appel du jugement de 1847...* lorsqu'il s'agissait précisément de savoir si, en présence du séquestre révélé, il pouvait rester une rente telle quelle au profit de Sionville ou de son prétendu cessionnaire... rente que l'arrêt jugeait devoir être payée aux domaines, puisqu'il confirmait le jugement de Blidah de 1850 !...

Ce n'est pas tout, et tout *en refusant cette jonction si raisonnable* des appels en question et bien que le domaine *s'en fût rapporté* à justice à Blidah sur *la question de réduction à 77 fr.* de la rente en litige, la cour, en confirmant purement et simplement le jugement de Blidah, ne se prononçait pas sur cette question de réduction et laissait les choses entières, pour n'y revenir sans doute que lorsqu'elle s'occuperait de l'appel interjeté le 18 janvier 1854 du jugement de 1847 !...

Il y avait à douter de tout... à ne plus croire à rien... Pour moi, je plaignis les magistrats, car je supposai qu'on avait dû vouloir (pendant les huit jours de délibéré) les appitoyer sur la famille *Embarek!*... etc., etc. et que leur religion avait été ainsi trompée... Peut-être, me disais-je en outre, a-t-on fait valoir encore aux magistrats des considérations politiques à raison de l'emploi du sid Embarek!... Du reste, à cette époque de 1854, ma démission était chose arrêtée depuis le 8 août précédent, et j'imaginais que lorsque les intéressés recevraient la signification de cet arrêt... qu'ils aviseraient à quelque moyen de cassation... tant et tant cette décision me surprenait!... tant elle me paraissait inconcevable!...

Dès le 5 décembre 1854, j'avais positivement déclaré que je tenais à donner ma démission, offerte dès le 8 août précédent... et je tins à rester étranger à l'honneur d'une présidence qui, depuis 1847, m'avait valu des contrariétés de toute nature et qui, à chaque moment, me mettait à même d'apprécier des faits, des actes, des jugements qui me surprenaient et sur lesquels je ne *pouvais* m'expliquer encore qu'avec une certaine réserve!...

A la date du 22 janvier 1855, je reçus, à la requête du sid Embarek, la signification de l'arrêt du 18 octobre 1854... Je n'eus pas même le courage de le lire!... je m'en tins à ce que le défenseur en avait écrit à la date du 15 octobre précédent!...

Mais voulant, à l'occasion de l'action de M. Bruat, donner d'autres exemples de *l'absurdité des actes arabes...* des dangers qu'ils présentent... des *mensonges que souvent ils contiennent...* et mieux faire ressortir ce qu'il y a de fâcheux à ce que les tribunaux algériens ne s'en défient pas suffisamment, et que l'usage même de ces actes soit permis contre les Français, tant qu'on n'aura pas obligé les cadis à suivre un formulaire qui permette au moins de saisir et comprendre les constatations qui se font devant eux, avec leur qualité légale de *quasi notaires* en même temps qu'ils sont juges pour les Arabes entre eux !... *j'ai cru utile de revoir ce qui s'était* passé pour la terre de Marman, et j'ai voulu lire en entier la copie de l'arrêt du 10 octobre 1854 que je n'avais pas voulu examiner au 22 février 1855 !...

A cette occasion, je dois de suite (et avant d'en revenir à M. Bruat et à la valeur des actes arabes) signaler la surprise que cette lecture m'a valu... J'appelle à ce sujet toute l'attention de mes lecteurs; ceux qui, par leur position, sont à même d'améliorer les institutions algériennes, y trouveront un nouveau motif de s'en occuper promptement !... Ils y verront combien sont à plaindre ceux qui, en France, ont des intérêts à faire débattre devant la justice algérienne lorsqu'ils ne sont pas présents à ces débats... combien il est fâcheux que, malgré les prescriptions de la loi, les décisions ne contiennent pas en entier *toutes les conclusions prises devant les juges...* et les divers arrêts rendus dans une affaire avant d'arriver à *l'arrêt définitif...* ils y verront qu'on se trouve ainsi conduit par instants à ne savoir que penser des déclarations des plus honorables défenseurs... et à regretter amèrement certaines décisions qui paraissent contrarier les idées de la raison la plus vulgaire... mais dans l'espèce, il ne faut pas se hâter de juger... il convient de lire d'abord ce qui va suivre !...

Je vais, comme pour les *fameuses copies de M. Bruat*, transcrire ce que je viens de lire dans l'arrêt de 1854 !... les réflexions viendront ensuite !...

Après la date du 10 octobre 1854 viennent : 1° les noms de toutes les parties demanderesses au nombre de trente, *avec* cette addition à la suite... *appelant d'un jugement du tribunal de Blidah du* 15 *novembre* 1850... (il n'est pas question de celui d'Alger de 1847 !...) ; 2° les noms des défendeurs; 3° le point de fait. (Dans ce point de fait on ne dit pas un mot à l'égard du sieur Sionville, en rappelant l'assignation qui lui a été donnée à l'occasion du procès Embarek,

pour indiquer qu'il avait été assigné pour garantir les demandeurs des prétentions de la famille Embarek, s'en défendre contre eux, entendre au besoin à un recours... et en même temps, en tant *que besoin serait,* reprendre *l'action de* 1845...) Cette action de 1845 est seule énoncée de manière à faire supposer à tous que c'est *à son occasion seulement et pour la reprendre* que M. Sionville aurait été asssigné en 1848 devant le tribunal de Blidah!...
La lecture seule de ce *point de fait* (dans lequel on ne parle pas davantage de l'appel signifié le 18 janvier 1854 à M. Sionville... d'incidents de jonction... et de disjonction, *comme M. *** l'avait* écrit au 18 octobre 1854...) me frappa singulièrement!...

Après ce point de fait, je lis ce qui suit :

« La cause étant venue en ordre utile, Me ***, pour la
« Compagnie Rouennaise, conclut à ce qu'il plaise à la
« cour dire qu'il a été mal jugé, bien appelé ; émendant et
« statuant à nouveau, dire que la terre de Marman ayant
« été, le 15 novembre 1849, reconnue appartenir à la com-
« pagnie, c'était sans droit que sid Embarek et sa famille y
« avaient depuis plusieurs années établi des fermiers, et
« s'en étaient attribué les fermages, malgré les réclamations
« qui leur avaient été adressées et la citation du 22 avril
« 1848; les condamner par corps et solidairement en
« 15,000 fr. de dommages-intérêts en réparation du préju-
« dice par eux causé par leur indue jouissance et l'abattage
« des arbres; les condamner en outre solidairement aux dé-
« pens, dans lesquels entreront les frais de signification à
« faire aux fermiers établis à Marman, tant du jugement
« que de l'arrêt, afin qu'ils ne puissent désormais ignorer
« les droits de la compagnie ;

« En ce qui concerne le domaine et le sieur Sionville :
« Attendu qu'au lieu de 4,102 hectares, la terre de Mar-
« man n'en paraît contenir que 300 [1]; que le séquestre mis

[1] Par suite de l'expertise faite en 1845 par l'expert Dardé, qui a reçu

« par le domaine en 1840 et révélé seulement par l'arrêté
« du 15 novembre 1849, avait pour effet sa substitution aux
« obligations des vendeurs originaires de Marman, réduire
« à 77 fr. par an, à partir du 21 janvier 1841, la rente due
« ou à payer par la compagnie, à raison de la terre de Mar-
« man ; leur donner acte de ce qu'ils étaient prêts et offraient
« de s'en libérer aux mains du domaine, dans le mois de
« l'arrêt à intervenir, si le sieur Sionville ne faisait pas dé-
« clarer que le séquestre aurait été mis à tort ; condamner
« le sieur Sionville et le domaine aux dépens, tant de pre-
« mière instance que d'appel ; ordonner la restitution de
« l'amende consignée !... »

Les conclusions de M.*** ne contiennent ni un mot de plus, ni un mot de moins *dans* la copie que j'ai sous les yeux !... Je continue l'arrêt :

« M^e *** pour Embarek et joints, et le sieur Sionville,
« conclut qu'il plaise à la cour,

« Adoptant les motifs qui ont déterminé les premiers
« juges, et surtout en ce qui concerne le *sieur Sionville :*

« Attendu qu'il y avait litispendance et même demande
« antérieure à celle dont il s'agissait lors du jugement du
« 15 novembre 1850 ; en outre, que les conclusions prises au-
« jourd'hui contre lui n'existaient en aucune façon dans la
« demande introductive d'instance... *conclut* à ce qu'il plaise
« à la cour dire qu'il avait été bien jugé, mal et sans griefs
« appelés, confirmer purement et simplement le jugement
« dont était appel, et condamner les appelants en l'amende
« et aux dépens [1] ;

« M^e *** pour M. le préfet... *ès noms*, conclut à ce qu'il
« plaise à la cour,

« Par les motifs qui ont déterminé les premiers juges,

---

d'après taxe 1,981 fr. d'honoraires, on croyait en 1847 à 730 hectares de terre !...

[1] Je ne comprends pas ce que M^e *** a voulu dire en parlant de litispendance... et de conclusions nouvelles !...

« confirmer purement et simplement le jugement dont était
« appel, avec amende et dépens.

« En cet état, la cause présentait à juger les questions
« suivantes :

Point de droit.

« La cour devait-elle infirmer le jugement dont était
« appel et adjuger à la Compagnie Rouennaise ses conclu-
« sions ?

« Devait-elle, au contraire, confirmer ledit jugement à
« l'égard de l'amende et des dépens ?

« La cour, ouï les défenseurs des parties, en leurs con-
« clusions *et plaidoiries* respectives[1], le ministère public
« entendu, *après en avoir délibéré*, conformément à la loi et
« de l'avis conforme de l'assesseur musulman, adoptant les
« motifs des premiers juges, confirme purement et simple-
« ment le jugement dont est appel ; dit qu'il sortira son plein
« et entier effet ; condamne les appelants à l'amende et aux
« dépens d'appel taxés, savoir : ceux de M^e ***, à 122 fr. 25 c. ;
« ceux de M^e ***, à 119 fr. 70 c. »

Puis viennent les noms des magistrats qui ont rendu
l'arrêt, de l'avocat général, du greffier.

Je viens de copier textuellement... et j'affirme à mes lecteurs que je ne rêve pas... et que j'ai fidèlement transcrit ce
que j'ai lu !...

Maintenant, j'affirme encore que, ministre de la justice...
ou procureur général à Alger, je voudrais absolument
éclaircir cette affaire, afin que dans l'avenir le même fait
ne pût plus se reproduire.

Au 15 octobre 1854, M^e *** (défenseur estimé et très-bien
posé au barreau d'Alger) écrivait « *qu'il avait vainement de-
« mandé* la jonction de l'appel du 18 janvier 1854 (relatif
« au jugement de 1847 concernant Sionville...) à l'appel

---

[1] Il paraît qu'on a plaidé d'après cet arrêté !...

« concernant le jugement rendu à Blidah en 1850... qu'on
« avait refusé *et disjoint ces appels,* à raison du décès récent
« du sieur Sionville, et de ce que le dernier appel de 1854
« n'aurait pas été en état...

« Qu'il aurait fait de vains efforts pour obtenir une exper-
« tise, à l'effet de reconnaître les dommages-intérêts que
« la famille Embarek devait, et établir ainsi combien les
« premiers juges à Blidah se seraient trompés en accordant
« 600 fr. seulement... »

Ces assertions sont *nettes, claires, positives.* Il en résul-
tait pour moi, *qu'à raison* de la position de sid Embarek,
pour lequel on aurait peut-être prétexté des considérations
politiques, on avait pu seulement devant la cour faire admettre que 600 fr. punissaient suffisamment la famille Embarek du préjudice réel qu'elle avait causé !...

Puis, dans la première phrase de sa lettre commençant
ainsi : *La cour après huit jours de délibéré,* je voyais que la
discussion avait dû être chaude... que l'attention des magistrats avait été éveillée... que parmi eux il devait y avoir eu
des avis partagés, puisqu'il avait fallu *un délibéré de huit jours
avant de statuer...* tandis qu'au contraire, en lisant la copie
que j'ai sous les yeux, je ne trouve pas *un mot* qui prouve
qu'on ait conclu la moindre expertise contre la famille
Embarek ! pas un mot qui indique qu'on ait parlé de l'appel
du 18 janvier 1854 !... qu'on en ait conclu la jonction à celui
du procès jugé à Blidah !... pas un mot qui indique un premier arrêt de jonction, et, plus tard, un autre arrêt de
disjonction, *sous le prétexte que les deux appels* n'auraient
pas été en état !... pas un mot qui indique qu'après des plaidoiries la cour a renvoyé sa décision à huit jours de distance... *Rien, absolument rien,* que les conclusions si courtes
et l'arrêt indiqués, ci-dessus reproduits.

Hé ! mon Dieu ! que faut-il donc penser maintenant, ou
de l'arrêt, ou de la lettre du 15 octobre 1854 !...

Si on n'a pas dit un *mot à la* cour d'Alger de l'appel

de 1854... de la nécessité de le joindre à l'affaire Embarek, si on n'a pas pris de conclusions à cet égard (puisque l'arrêt signifié *n'en dit rien*), la cour bien évidemment n'avait pas à s'en occuper, *car elle ne peut statuer que sur les conclusions qui lui sont soumises et qu'on dépose* (ou qu'on devrait toujours déposer à sa barre...). Si on eût agi ainsi, la cour aurait parlé de jonction, de disjonction, d'affaires étant ou n'étant pas en état... il en serait question dans les motifs et le dispositif de son arrêt... on y trouverait (ou plutôt on eût pu y trouver) des raisons, ou d'exécuter son arrêt, ou de se pourvoir en cassation !... Au contraire, on n'y voit et trouve rien, d'où suit qu'on ne sait plus que penser en comparant, et cet arrêt, et la lettre du 15 octobre, et les divers faits qu'elle indique !...

Maintenant si, comme l'indique cette lettre (il a été question de l'appel de 1854... de jonction... d'expertise... de disjonction...), si on a pris des conclusions à cet égard !... il serait bien étrange que le greffier n'eût pas reproduit ces conclusions, et les arrêts de jonction et de disjonction dans l'expédition de son arrêt... et que la cour elle-même n'y eût pas fait au moins allusion dans son arrêt, si *court*, si *laconique* et *singulier même*, en présence du mémoire qui a dû lui être remis, bien qu'il fût antérieur à l'appel du 18 janvier 1854, car ce mémoire relevait des faits *graves*, *précis*, dignes de toute sa sollicitude, et par suite desquels (et même en l'absence des considérations qui précèdent) on s'étonne qu'elle ait pu confirmer le jugement de Blidah, n'accordant que 600 fr. contre le sieur Embarek seul !...

Si on a déposé des conclusions de jonction..., et si on a conclu sur l'appel de 1854..., etc., etc., et si le greffier n'en a pas fait note dans l'expédition de son arrêt, c'est un tort grave auquel il faudrait songer... mais dans ce cas encore on aurait à regretter que la cour n'en ait pas dit un mot.

. . . .

La famille Embarek a dû fort se moquer de ses adversaires et trouver qu'elle en avait eu bon marché... C'est vrai!... Mais la question n'est pas là, je la place plus haut... et c'est parce que je la place beaucoup plus haut, qu'à mes yeux, dans l'intérêt de l'administration et de la dignité de la justice, *et sans-arrière pensée de* blâme ou de peine, je trouve que M. le ministre de la justice ou l'autorité supérieure devraient vouloir s'assurer de ce qui concerne cet arrêt de 1854!...

Je me préoccupe peu de ce qu'on ne manquera pas à Alger de dire encore que je me pose toujours en *censeur*... Je n'ai pas à redouter qu'aucun de ceux qui pourront m'adresser ce reproche puissent, à propos de ces idées de dignité, de morale..., de justice, me comparer (suivant l'expression du comte de Maistre, page 77, édition 1821) à ces *courtisanes fanées* qui jouent des airs de vierge avec *des pudeurs de Carmin!...* Dans tous mes mémoires judiciaires ou dans les brochures relatives seulement à mes idées de colonisation, j'ai toujours dit et signalé ce qui me paraissait mauvais ou fâcheux, sans acception des personnes et des positions, soit contre, soit pour les Français ou les Arabes ; sans égard à ce qu'il s'agissait de faits judiciaires ou administratifs, j'ai désiré éclairer et servir à ma façon (sans qu'on me le demandât) un pays auquel je crois depuis longtemps les destinées de la France attachées...

En 1847, et dans des mémoires judiciaires, tous *publiés*, *signifiés* et *suivis* de décisions conformes à leur but, je disais dans l'un (affaire Solal), à l'occasion de sottises que j'avais à relever, qu'il était regrettable que les défenseurs à Alger n'eussent pas assez de temps pour examiner chaque affaire intéressant des Arabes, parce qu'ils préviendraient souvent de déplorables actions et une bien grande perte de temps aux juges. J'ajoutais que c'était dans ce but (à Alger) que la justice avait des auxiliaires, dont le devoir était d'éclairer les citoyens afin de ne pas laisser introduire des actions déraisonnables, etc., etc.

« A Alger (disais-je) s'acquitter d'un pareil devoir, *c'est*
« *faire acte de patriotisme, c'est servir la France*, car peu
« habitués à nos usages, à nos lois (qu'il leur faut subir
« dans leurs conventions avec nous), ses anciens habitants
« s'étonnent de nos formalités, de nos précautions, dont ils
« ne sentent pas la sagesse, et doivent s'irriter lorsque leurs
« prétentions se trouvent repoussées, parce qu'ils n'ont pas
« fait des justifications qu'ils n'avaient pas jugées indis-
« pensables. »

Dans le même temps, et dans une affaire Sefta, en m'a-
dressant aux défenseurs, je disais (page 11 du mémoire)
qu'ils honoreraient leurs fonctions en éclairant les Arabes
de leurs conseils et en prévenant des contestations fâcheuses
et souvent ridicules !...

Plus tard (affaire Darnaud) je disais qu'ils n'étaient pas
institués *seulement* pour recevoir des honoraires et compromettre leurs clients, mais pour veiller à leurs intérêts !...

Au 29 juin 1850, un haut fonctionnaire algérien, auquel je
signalais l'inutilité de *dix-sept courses séparées* que j'avais
faites en avril et mai précédent pour une des affaires de
mes cointéressés (seulement pour lui indiquer l'ennui qu'on
éprouvait ainsi à avoir des intérêts algériens), me répondait
d'une manière fort spirituelle et aimable du reste...

« J'ai lu avec un douloureux intérêt le récit véritablement
« navrant des nombreuses courses que vous avez été obligé
« de faire à... (l'administration); votre lettre m'a rappelé
« les stations du chemin de la croix.... le fiel, le vinaigre,
« la couronne d'épines et le coup de lance de la fin, etc.,
« etc... Les difficultés dont vous vous plaignez ne sont pas
« de notre fait... Les dossiers sont souvent des écheveaux
« inextricables, etc, etc. » Cette citation indique qu'à cette
époque, comme depuis, je savais indiquer ce qui me paraissait laisser à regretter.

En 1854, un magistrat algérien, maintenant inamovible en France, m'écrivait à l'occasion de mes rapports :

« La justice, dont vous vous êtes plaint quelquefois, ne
« vous fera pas défaut; mais pourquoi n'a-t-elle pas toujours
« été assez éclairée par vos mandataires? (Il voulait dire dé-
« fenseurs, puisque seuls ils représentent les parties devant
« les tribunaux.) Le juge est assez embarrassé pour débrouil-
« ler le chaos que l'on jette dans son prétoire ; il faut plutôt
« le plaindre (*c'est ce que j'ai toujours fait!*) que le mau-
« dire. Ceci n'est pas pour vous, qui sans cesse parlez des
« magistrats avec toute la réserve convenable. »

Les affaires Embarek font partie des écheveaux inextricables dont j'avais bien voulu m'occuper jusqu'à ma retraite de 1854!... L'arrêt du 10 octobre 1854 est aussi du nombre de ceux pour lesquels je plains la justice, *sans songer à la maudire*... Mais maintenant, comme alors, je verrais avec plaisir qu'on se préoccupât des singularités *plus qu'étranges* que je viens de signaler, et de ce qui se serait passé à l'époque de cet arrêt de 1854, *arrêt relevé et signifié* en raison, sans doute, des 122 fr. 25 c. pour frais accordés à Ali-Embarek, qui, bien que condamné à payer 600 fr. de dommages-intérêts, n'avait pas trouvé tout naturel *de les compenser* contre ces mêmes 122 fr. 25 c., sans grever ses victimes du coût et de la signification de cet arrêt de 1854... arrêt que maintenant je le remercie du reste de m'avoir fait connaître, à raison des pénibles révélations que j'en ai tirées!... Maintenant que j'en ai fini de cette longue digression sur les misères algériennes, j'en reviens à M. Bruat, pour lui faire l'application de l'exemple que j'ai voulu citer, du peu de confiance qu'on doit accorder à bien des actes des *cadis* ou scheiks algériens...

Conclusion.

Si lors de l'action formée le 22 juillet 1844, par M. Sionville, le tribunal voulant *vérifier* sa demande, conformément à l'art. 150 du code de procédure et l'art. 3 de l'ordonnance du 15 avril 1843, dernier paragraphe, qui était d'application, car les intéressés n'avaient pas reçu légalement et la signification de son prétendu transport... ni d'assignation à personne ou domicile... et ils n'avaient pas de mandataire *ad hoc* qui eût qualité pour les recevoir valablement pour eux, *d'où* suit *que d'office* le tribunal pouvait prononcer la nullité, on n'eût pas eu tant et tant de procès ruineux et coûteux.

Si des Arabes n'étaient pas allés mentir devant le cadi Maleki pour faire des déclarations (décousues et insaisissables...) à l'aide desquelles ce cadi (*le savant* des savants) était réputé avoir fait un acte établissant que Mme *Zhora* était bien l'unique propriétaire du habbous de Marman (ou plutôt de la rente), sans indiquer sa parenté avec les divers Arabes ayant sisté au contrat de vente de 1834, le lieu et la date approximative de leurs décès successifs, de manière enfin que cet acte eût le sens commun et ressemblât, *même de loin,* à nos actes de notoriété, M. Sionville n'eût probablement pas songé à acheter pour 3,000 fr., *payés comptant*, une rente foncière de 540 fr. avec cinq ans d'arrérages s'élevant à 2,700 fr.; d'où suit qu'il ne payait que 300 fr. *réellement* sa magnifique acquisition !...

On a la preuve que les Arabes plus ou moins honorables qui avaient comparu (ou qui sont dits avoir comparu devant le cadi) avaient *menti*, en disant que Mme *Zhora* était seule véritable propriétaire de cette rente de 540 fr., puisqu'elle appartenait aux domaines qui l'avaient séquestrée longtemps même avant l'acte arabe en question et le transport qui l'a suivi !

Si le notaire qui a reçu ce transport, le 16 août 1842, avait voulu, pour la sécurité de son client Sionville, s'assurer s'il n'y avait pas *oui* ou *non* de séquestre sur la rente qu'on lui cédait, s'il n'était pas *fort déraisonnable de payer comptant*, même sans attendre la signification aux prétendus débiteurs, pour savoir s'ils n'avaient pas d'opposition aux mains!... ce notaire, dis-je, en se rendant aux domaines, eût eu connaissance du séquestre publié le 4 juin précédent au *Moniteur algérien*.

Si le défenseur de la prétendue Compagnie Rouennaise y avait pensé, lors de l'instance intentée par M. Sionville, et avant le jugement du 22 juillet 1844, il eût connu ce séquestre et n'eût pas laissé ordonner l'expertise... mais l'expert Dardé n'aurait pas gagné 1,981 fr., d'après taxe, pour son opération... Si les magistrats eux-mêmes avaient lu et vérifié *le fameux acte du cadi Maleki*, et en dehors même des moyens de forme sur la procédure, ils auraient déclaré M. Sionville purement et simplement non recevable... et on n'eût certes pas eu le dispendieux bonheur de tant de procès, de jugements, d'arrêts... et de décisions si regrettables!... *Mais* encore pour cela, il eût fallu provoquer l'attention de ces mêmes magistrats!

Le tout a tenu au mensonge *contenu* dans l'acte reçu par le cadi... et au tort véritablement grave (ainsi que je l'indiquerai dans le deuxième volume de cet ouvrage, en parlant de l'inamovibilité pour les magistrats, de la justice, et des actes arabes) de la justice de s'arrêter à de pareilles attestations, quand on les oppose à des Européens !... Que les actes servent aux Arabes entre eux, en conformité de leur capitulation de 1830, je le comprends, parce qu'ils ont pour juges leurs tribunaux arabes; mais qu'on puisse leur accorder une valeur telle quelle devant les tribunaux français... (ou qu'on doive leur attribuer cette valeur sans prendre de précautions !...), c'est une faute bien grande et dont chaque jour on doit regretter d'avoir supporté l'introduction !!!

Eh bien ! si on a menti dans l'acte invoqué par M. Sionville... comment savoir si on n'a pas menti dans les actes bien autrement longs, fabuleux et tout à fait incompréhensibles invoqués par M. Bruat ?... Et ce dernier voudrait cependant que des magistrats, *sans y rien comprendre (le fait est impossible*), trouvassent que ces actes sont tellement lucides et faciles d'intelligence, qu'on devrait y avoir égard en sa faveur!...

Assez, assez et trop peut-être même sur ce premier exemple... Passons à un autre.

DEUXIÈME EXEMPLE.

Le 2 février 1834, et devant le scheik Abdalazil, deux Arabes avaient vendu, moyennant 180 fr. de rente, à M. Vildieu et joints, une petite propriété à Blidah. Le 9 mai 1845, et par acte devant Me Liautaud, notaire, ces Arabes (ou leurs héritiers, j'ignore, car je n'ai rien aux mains pour me renseigner) cédaient cette rente et ses arrérages à M. G..., propriétaire à Blidah, par 900 *fr., prix inférieur* aux arrérages dus.

Le 24 juin 1846, cet individu assigne en condamnation de 1,800 fr. d'arrérages de la rente *qu'il* avait payée 900 fr.!... Un procès s'engage devant le tribunal de Blidah. (J'ignore si on avait eu des moyens de procédure à opposer; ce que je sais, d'après ce qui me fut dit en 1847, c'est qu'on avait soutenu qu'il n'avait pas d'actes réguliers... mais seulement des copies de copies...) Le 16 décembre 1846, un jugement de Blidah condamne à payer... Sur l'appel, la cour d'Alger confirme, par arrêt du 4 octobre 1848. On paye, bien entendu... *puis en* 1850, on apprend que cette rente était séquestrée depuis 1842... On en est pour les arrérages et les frais payés au cessionnaire prétendu, car depuis il a fallu s'exécuter avec le domaine et le rembourser par huitièmes, en vertu du décret de 1850...

Que conclure de ce fait contre M. Bruat [1]?

C'est que le 9 *mai* 1845, les Arabes, cédant à cet habitant de Blidah, avaient impudemment menti devant Me Liautaud, notaire, en se disant bien et légitimes propriétaires de cette rente de 180 fr., puisqu'elle était séquestrée depuis 1842...

---

[1] Voir pages 30 et 31 du rapport de 1852.

C'est qu'il est fâcheux que le notaire n'ait pas été aux domaines s'assurer si, oui ou non, il n'y avait pas de séquestre!... C'est que le domaine lui-même se soit tu jusqu'en 1850... et ait laissé ce cessionnaire encaisser une rente achetée si bon marché...

Or, les Arabes qui mentent devant les notaires et les cadis pourraient bien avoir menti également dans les fameux actes invoqués par M. Bruat... au moins, on est payé pour n'y avoir qu'une très-mince confiance... Et combien d'autres exemples à joindre à ceux-là sans la crainte d'être par trop ennuyeux!... Aussi je me restreindrai à n'en indiquer qu'un troisième et dernier, mais d'une plus grande portée, au point de vue des choses de l'Algérie.

TROISIÈME ET DERNIER EXEMPLE.

Il s'agit d'un fait ayant trait encore à l'Haouche-Kouch...: Il me semble digne de toute l'attention de l'autorité, car il a donné lieu à des mesures et à des décisions qui me paraissent devoir renverser les idées sur ce qu'en général on pense *être juste ou injuste...* et sur l'application des prescriptions et du code civil et des lois de procédure!...

Puis il en ressort encore un document instructif *sur les levées du séquestre...* et le peu de formalités qu'on juge *nécessaires* pour en justifier la raison.

L'intérêt du trésor me paraît encore intéressé à ce que je dirai à ce sujet, qui devra donner à réfléchir à M. Bruat.

Je diviserai le sujet en deux parties. Dans la première, divisée en trois sections, je parlerai de la demande et du procès fait par M. A..., propriétaire à Alger, et dans la seconde partie, des observations que je crois bon de soumettre, à cette occasion, à ceux qui ont à s'occuper des modifications à faire subir aux institutions de l'Algérie, pour en hâter la colonisation.

FAITS.

PREMIÈRE PARTIE. — PREMIÈRE SECTION.

Le 20 février 1834, MM. Vildieu et joints avaient acquis la moitié de l'Haouche-Kouch et Bou-Amara, moyennant une rente de 360 fr., de *Hamed-Ben-Mohammed*-Ben-Mousli.

En 1849, on fut informé qu'une dame Erzhora-Ben-Chaabaam, agissant comme tutrice de ses deux *petits-fils Ahmed* et *Mustapha*-Ben-Mousli, qu'elle disait mineurs, s'était présentée pour réclamer cette rente, et menaçait de poursuites. On examina des notes envoyées en 1847 par un ancien agent (M. Savary), et on remarqua qu'il y indiquait que, le 8 septembre 1840, et suivant acte reçu par Me Martin, notaire à Alger, cette même veuve, agissant aux mêmes qualités, aurait transporté six années de cette rente, de 1840 à 1846, à des époux Dumoy, et on écrivit de faire savoir à cette veuve que, pour toucher les années échues depuis, il lui suffirait de faire dresser un acte de notoriété régulier constatant : 1° le décès de Ben-Mousli, et 2° qu'il n'avait laissé pour héritiers que les deux petits enfants dont elle se disait tutrice.

Malgré cet avis si simple et qui, assurément, ne trahissait aucun mauvais vouloir, cette veuve fit assigner en payement devant le tribunal de Blidah, et constitua Me de Lignières pour son défenseur, et peu après ou vers le même temps on apprit, le 27 août 1849, par l'arrêté de préfecture qui homologuait la délimitation de l'Haouche-Kouch, que *le séquestre existait depuis* 1842 sur les anciens propriétaires... *et par conséquent* sur la rente réclamée.

Au mois de mars suivant, j'expliquai à un Arabe influent de Blidah, qui s'intéressait à cette veuve, qu'elle aurait grand tort de donner suite à son action et ne ferait que des frais inutiles (voir page 99 du rapport de 1851), puisque outre que son action était nulle en la forme, faute d'assignation régulière... de justification des droits et qualités de ses petits-enfants... le séquestre mis en 1842 ne lui permettait de rien réclamer, etc., etc.

Peu après, on eut connaissance du décret de 1850, sur la réduction des rentes domaniales, et la possibilité de les rembourser par huitièmes avec deux années d'arrérages seulement. On voulut profiter de ce décret, mais le receveur de Blidah (sans qu'on ait jamais su pourquoi!) obligea à ce qu'on lui fît des offres, après quoi il reçut 580 fr. 24 c. le 30 décembre 1850, pour deux ans d'arrérages et remboursement d'un premier huitième, et les deux années suivantes on continua à payer par huitièmes sans entendre parler de cette veuve arabe et de son action de 1849.

Mais au mois de janvier 1855 (avant que la démission des membres de l'ancien comité de la *prétendue Compagnie Rouennaise algérienne* ne fût encore régulièrement acceptée par tous les intéressés, et qu'il y eût un gérant judiciaire, faute d'acceptation par tous!), on apprit à Rouen, par M. Guiot, qu'un propriétaire d'Alger, M. A..., avait fait signifier, le 12 du même mois de janvier, par exploit de Beaud, huissier à Blidah, *dans les termes suivans :*

« A MM. François-Bon Vildieu, Pierre-Alphonse Delau-
« nay, Guillaume Delaplanche et Florentin Roulland, tous
« demeurant à Rouen, *au domicile de M. Guiot*, proprié-
« taire, demeurant à Blidah, *mandataire général et spécial*
« des sus-nommés, soit de la Compagnie Rouennaise, ayant
« droit des sus-nommés, où *étant en parlant à lui-même,*
« qui a visé l'original (*copie* d'un transport et des divers
« actes dont je vais parler), aux fins que ladite compagnie
« n'en ignore et ait à avoir, audit transport, tous les égards
« de droit, et de suite nous avons fait sommation audit
« sieur Guiot de nous déclarer par réponse à la suite des
« présentes, ou *par acte extra judiciaire dans les vingt-*
« *quatre heures*, s'il existe dans ses mains des saisies-arrêt,
« significations de transport, ou actes quelconque antérieurs

« pouvant empêcher l'effet dudit transport, sans quoi son
« silence sera pris pour réponse négative. »

Cet exploit contenait copie d'un acte passé « le 22 dé-
« cembre 1854, devant M° Martin, notaire à Alger, par le-
« quel, moyennant 4,000 fr. *payés comptant, El-Hadj-*
« *Ahmed-Ben-Ahmed-Ben-El-Sid-Mohammed-Ben-Mousli*
« ou *Mesli*, propriétaire maure, domicilié et demeurant à
« Blidah, étant ce jour de passage à Alger en l'étude,
« *majeur et affranchi* de toute tutelle, ainsi qu'il résulte
« d'un acte aux écritures arabes du cadi Hanefi, du 21 dé-
« cembre 1854 (*la veille du transport*), aurait transporté
« audit sieur A..., la rente de 360 fr. en question avec tous
« les arrérages dus. » Ce transport énonce divers autres
actes qui y seraient annexés, et dont je parlerai dans un
instant; mais pour donner une idée *de la clarté éblouissante
de ces actes de transport en général!* de la foi vive qu'ils
doivent inspirer, je dois faire remarquer que, dans la copie
signifiée et que j'ai sous les yeux, je lis qu'après l'énonciation d'un premier acte, le notaire ajoute : 2° Que suivant
« acte reçu par M° Martin, notaire, *le 17 septembre 1840,*
« *moyennant la somme de 950 fr. payée comptant, aux termes*
« *dudit acte!...* »

Si la copie est conforme à la minute de l'acte notarié,
voilà une énonciation qui serait bien singulière!... Et puisqu'on voulait parler d'un acte de 1840 qui avait trait à la
rente cédée à M. A..., on aurait dû vouloir le lire et le faire
connaître autrement que par l'énonciation qui précède, *et
qui assurément ne signifie absolument rien...* A-t-on voulu
au contraire, en s'expliquant *par énigme*, empêcher qu'on
pût opposer à M. A... les conséquences de cet acte de 1840,
qui existe bien et relate un autre *acte arabe fort important (et qui plus tard prouvera encore à M. Bruat combien
on doit aveuglément s'en rapporter à tout ce fatras* d'écritures et d'attestations arabes faites devant les cadis!...)? Je
n'en sais rien!... J'annote le fait, sur lequel je reviendrai.

Enfin, je lis dans cet acte de transport que l'Arabe en question cède :

« A forfait et aux risques et périls de M. A..., n'entendant céder que ses droits, *sans en garantir l'étendue, n'entendant garantir que les seules choses étant de son fait personnel, et le recours de M. A...* contre lui ne devant s'appliquer qu'au seul cas où il *aurait déjà cédé la rente présentement cédée* à M. A..., acceptant ladite rente de 360 fr., payable annuellement et d'avance le 20 février de chaque année, ainsi que tous les arrérages dus jusqu'à ce jour... *que ledit Ahmed ne peut préciser, ignorant depuis* quelle époque ils sont dus, etc., etc., au moyen de quoi il le subroge dans tous les droits résultant d'un acte du 18 mai 1835, reçu par ledit Martin, notaire. (*Nota bene*... du 18 mai 1835!). Le présent transport est fait moyennant 4,000 fr., que le cédant reconnaît avoir reçus à la vue du notaire, *dont quittance sans aucune réserve.* »

Il est assez étrange de voir un cédant qui ne cède *que ses droits sans en garantir l'étendue* [1], *qui ne garantit que les seules choses étant de son fait personnel!*... et dont le cessionnaire n'aura de recours *que si le cédant avait déjà cédé à un autre!*... puis de voir, en présence d'un pareil cédant, qui *sait* si bien et *ses droits* et ce qu'il aurait pu faire, payer cependant comptant ! Mais il ne faut pas oublier qu'on est en Algérie... où l'étrange n'est pas très-rare !...

A la suite de la copie de ce transport, se trouvaient copiés divers autres actes qu'on y disait annexés. *Le premier* était un acte reçu le 21 décembre 1854 (la veille dudit transport) par le *cadi Hanefi*, d'Alger, constatant que des Arabes, dont les noms devaient se trouver à la suite, étaient venus attester « *qu'ils connaissaient* l'honorable El-Sid-El-Hadj-

---

[1] Y a-t-il donc d'autres ayants droit? On serait fort tenté de le croire en présence d'une rédaction si ambiguë !... car le cédant ne garantit que *son fait... et non ceux de tiers* qu'il fait ainsi supposer avoir des droits.

« Ahmed-Ben-El-*Sid-Ahmed*-Ben-*Mousli*, que *c'était un*
« *homme sensé, en état de gérer ses affaires sans se laisser*
« *tromper dans ses ventes ou achats.* » (*Si* cela est vrai,
je l'en félicite... mais j'en suis peu convaincu!) « Qu'en
« conséquence, il mérite qu'on l'affranchisse de toute
« tutelle. »

Ce qui a été reconnu parfaitement valide par le très-savant cadi Hanefi, *qui a apposé* son cachet, « tout cela en
« présence de la grand'mère dudit Ahmed, la dame Erzhora-
« Bent-El-Sid-Mohammed-Ben-Chaabaam, *qui a complète-*
« *ment approuvé le contenu du présent!...* »

(Il paraît que cela constitue un acte qui fait légalement
sortir de la tutelle, et que chez les Arabes ce n'est pas l'arrivée à un âge donné, vingt-un ans par exemple comme en
France, qui fait cesser la minorité.)

Le deuxième acte (*il est d'une grande* importance, car il
en *dément un autre* dont je parlerai plus tard, reçu aussi
par le cadi, et qui devra fixer toute *l'attention de M. Bruat*
sur les vérités arabes)!...

Cet acte énoncé avoir été reçu le 6 août 1852, par le cadi
Hanefi, et avoir été traduit le 23 mars 1854 par Kirwan, serait l'attestation de sept Arabes, *vieillards*, pieux, etc.,
« *qu'ils savaient de science* certaine, sans aucun doute à ce
« sujet, que Sid-Ahmed-Ben-Mousli est décédé de la peste
« qui eut lieu à Blidah, du 29 avril 1835 au 17 *avril* 1836
« (*le délai est large!*), en laissant *pour héritiers, sa femme,*
« la défunte Oum-El-Hassen-Bent-Sid-Mohammed-Ben-
« Chaabaam, *et son fils*, né de son mariage avec elle; le
« jeune homme El-Sid-Ahmed, maintenant vivant sans
« aucun autre héritier. Ledit jeune homme n'est jamais
« sorti de Blidah, ni pendant la guerre, époque *à laquelle*
« *d'autres personnes* en sortirent, ni depuis la paix... »
Tel est le témoignage, etc., suivent les signatures, l'enregistrement, etc.

Le troisième acte, copié et précédant la signification,

était ainsi conçu (je le transcris en entier pour qu'il fixe mieux l'attention) :

« Nous, soussigné, directeur, chef du service de l'enre-
« gistrement et des domaines de la province d'Alger, certi-
« fions à tous qu'il appartiendra que, par décision du 10 no-
« vembre 1854, approbative d'une délibération du conseil
« du gouvernement, en date du 26 septembre précédent,
« Son Excellence le ministre de la guerre a autorisé la res-
« titution pure et simple *à Ahmed-Ben-Ahmed-Ben-*
« *Mohammed*-Ben-Mousli, de Blidah, d'une rente de 360 fr.,
« *séquestrée par erreur*, sur la tête du père de cet indigène,
« à qui elle était due par la Compagnie Rouennaise, et or-
« donné la radiation de cette rente sur les sommiers du do-
« maine. En foi de quoi le présent certificat a été délivré
« pour valoir ce que de droit. Alger, le 2 décembre 1854.
« *Signé Fabre...* »

Suit la mention d'annexe. Et *voilà!...* rien de plus et rien de moins. C'est par ce certificat seulement qu'on sait que le *séquestre a dû être levé* par *une décision* ministérielle *approuvant* une délibération du conseil supérieur d'Alger. Mais il paraît que ce *simple et laconique certificat* doit suffire, sans qu'il soit besoin de produire et signifier *la copie des motifs et du dispositif* de cet *arrêté* du conseil *supérieur...* l'énonciation des actes d'instruction préalable et de l'ordonnance ministérielle *approbative...*

Il paraît que semblable certificat délivré par le chef du service des domaines à Alger[1], *dont la position correspond*

---

[1] Le service des domaines à Alger est bien autrement difficile que celui conféré à un directeur départemental de domaines en France !... A Alger, il a fallu tout créer et improviser, et tout préparer pour l'étendre chaque jour au fur et à mesure de l'agrandissement donné au territoire civil... Il faut opérer au milieu de difficultés très-considérables, à raison même de la prépondérance absolue de l'autorité militaire... des bureaux arabes, etc., etc. (Voir rapport de 1852, page 83.) Aussi le chef du service des domaines d'Alger a-t-il le titre de directeur des domaines !...

en *France à celle d'un chef de divison de préfecture* (car le préfet centralise tous les services : finances, domaines, etc., et c'est en son nom qu'on agit), *suffit devant les tribunaux* pour *qu'on doive s'incliner*... Ce mode de procéder paraît laisser fort à désirer... Je m'en expliquerai plus tard.

DEUXIÈME SECTION.

Quand on reçut cette signification à Rouen, qui prouvait que la veuve *arabe*, dont on s'était bénévolement occupé à Blidah en 1850, n'en avait pas tenu compte (puisque malgré l'assurance qu'on lui avait donnée sur la solvabilité des débiteurs, elle s'était prêtée, *avec son prétendu petit-fils unique*, à la cession invoquée par M. A..., qui, sans doute, avait dû *l'aider à obtenir la prétendue mainlevée* de séquestre!...), on voulut revoir ce qu'on avait de documents sur cette propriété de l'Haouche-Kouch!... cause de tant de démarches... de déboires... de désagréments... et on arriva à savoir : 1° que le 18 mai 1835, et par acte devant Me Martin, notaire, Ben-Mousli avait reçu l'année échue de sa rente de 360 fr., non pas de MM. *Vildieu, Delaunay, Delaplanche* et Roulland, *acquéreurs en* 1834, *mais des trente-cinq acquéreurs de ces derniers*, de sorte qu'à partir de cette date du 18 mai 1835, c'étaient bien ces *trente-cinq personnes* (MM. Hébert, Levasseur et joints), qui y étaient toutes *dénommées*, qui devenaient les débiteurs de la rente dont s'agit... Plus de doute ni d'équivoque possible;

2° Que le 31 mai 1836 et devant le même notaire, l'année échue de rente avait été payée par M. Hébert et ses autres codébiteurs;

3° Que le 5 avril 1837 et devant le même Me Martin, la dame *Erzhora-Bent-Mohammed-Chaabaam*, grand'mère et tutrice de *Mustapha* et *Merim* (et *non Ahmed*), déclarés seuls enfants et héritiers en minorité de feu Ben-Mousli, leur père, avait transporté trois ans de la rente en question à M. Rambert, qui en avait été payé, devant le même Me Martin, notaire, les 20 juin 1837, 6 avril 1838 et 8 septembre 1840, par M. Hébert et joints,

Et 4° que suivant autre acte reçu par le même notaire, le 17 septembre 1840, la même dame *Chaabaam*, comme tutrice de ses *deux petits-fils* (non plus *Merim*) *Ahmed et Mustapha, seuls héritiers de leur père, en vertu d'acte reçu par le cadi, le 15 dudit mois* de septembre, aurait transporté six années de la même rente, etc., etc., à des époux Dumoy.

Voilà des énonciations qu'il ne faut pas oublier, car elles devaient être les *vraies*, puisqu'en 1849 cette même veuve *Chaabaam* (constituant dans son assignation Me de Lignières pour son défenseur...) assignait encore en payement devant le tribunal de Blidah *comme tutrice de ses enfants mineurs!*...

En présence de ces documents si *précis* on dut nécessairement se mettre en garde contre *M. A...*, qui ayant dû voir tous ces actes chez son notaire, Me Martin, *n'avait* pu ignorer d'une part que depuis 1835 les débiteurs n'étaient plus MM. *Vildieu, Roulland* et Delaplanche, mais M. Hébert et les autres personnes, au nombre de trente-cinq, désignées dans cet acte, et *d'autre part, que depuis l'acte du 5 avril 1837 jusqu'à celui du 17 septembre 1840*, on avait toujours agi au nom de *deux enfants* et héritiers de feu Ben-Mousli, *ce qui* devait lui faire suspecter la déclaration nouvelle faite devant le cadi d'Alger (le 6 août 1852 et traduite le 23 mars 1854, disait-on), d'après laquelle *feu Ben-Mousli* n'aurait laissé pour héritiers *que sa femme et le jeune homme Ahmed*, maintenant vivant, et qui n'aurait sorti de Blidah ni pendant la guerre, ni depuis la paix!...

On se préoccupa d'autant moins de M. A..., que sa signification à *M. Guiot* (qui n'avait aucune qualité et n'en avait jamais eu aucune pour la recevoir) ne signifiait absolument rien; mais dès le 19 février suivant (cinq semaines après sa signification à M. Guiot), M. A... n'en assigna pas moins

14

devant le tribunal de Blidah, en condamnation des arrérages de sa rente depuis *le 20 février* 1835 (moins six annuités transportées à M. Dumoy), et cela sans égard à toutes les quittances reçues par son notaire, de 1835 à 1840, prouvant que cette *rente avait été exactement payée*, et à ce fait qu'en vertu du décret de 1850 on avait payé et remboursé aux domaines, à Blidah, trois huitièmes de cette rente, plus deux années d'arrérages (ce qui avait dû lui être indiqué par M. Guiot), de sorte que déjà la demande de tant et tant d'arrérages était en soi chose peu convenable.

Ce n'est pas tout, au lieu de faire régulièrement signifier son transport aux *véritables débiteurs*, tous bien connus et désignés dans l'acte de 1835, et, à défaut de payement, de les assigner en *personne*, comme le veut la loi (et spécialement pour l'Algérie l'ordonnance de 1843), M. A... imagine de faire assigner au domicile de M. Martin, notaire, *MM. Vildieu, Durand, Delaplanche* et *Delaunay,* appelés par lui, au besoin, Compagnie Rouennaise!...

On s'imagina qu'il suffirait, au nom d'un seul des quatre individus ainsi assignés chez M. Martin (ce fut la copie de M. Roulland sur laquelle on fit constituer), de présenter les observations qui précèdent devant le tribunal de Blidah pour qu'en la forme, *faute de signification régulière de transport aux véritables débiteurs* (art. 1690 du code civil), et faute aussi d'assignation régulière et à domicile aux véritables débiteurs, on déclarât cette action non recevable purement et simplement, *d'autant mieux que l'ordonnance de* 1843 *dit aux juges de prononcer* d'office *la nullité des significations et assignations* délivrées à de prétendus mandataires, *à moins qu'ils n'aient un pouvoir spécial* et *ad hoc...* Or, M. Guiot n'en avait pas... il ne pouvait pas en avoir de gens qui avaient cessé d'être débiteurs en 1835, et quand M. Delaunay père était mort depuis près de dix ans... M. Guiot n'avait pas davantage de *pouvoirs ad hoc* de la *prétendue* Compagnie Rouennaise, pour recevoir signification de transport de

M. A..., et M. Martin n'en avait pas davantage pour recevoir les quatre copies d'assignation du 19 février 1855!...

Puis au fond et en dehors de ces exceptions, *on pensait* qu'il suffirait d'opposer au prétendu certificat *vrai du cadi* d'Alger en 1852 (d'où résulterait que de 1835 au 19 *avril* 1836 Ben-Mousli père serait *décédé* laissant pour *seul héritier* son fils, *le jeune Adhmed, affranchi de toute tutelle le 21 décembre* 1854) l'autre *attestation qui devait être également vraie* du cadi d'Alger, du 15 septembre 1840, constatant qu'à cette époque ce *même* Ben-Mousli (mort de 1835 à 1836) avait laissé pour héritiers sa femme et *deux fils mineurs...* *attestation dont la vérité devait être d'autant moins suspecte*, qu'elle était corroborée par les actes notariés reçus par M⁰ Martin, les 5 avril et 20 juin 1837, 6 avril 1838, 8 et 17 septembre 1840, et par l'assignation donnée en 1849, devant le tribunal de Blidah, par la *dame Chaabaam*, au nom de *ses petits-fils,* dont elle était tutrice!... on pensait, dis-je, que ces attestations si contraires et si différentes, et les énonciations si bizarres du prétendu transport, *où le cédant* ne transportait que *ce qui était de son fait*, avec réserve à M. A..., pour le cas seulement *où ce cédant aurait déjà cédé à d'autres!...* suffiraient aussi *au fond* (lors même que les exceptions de forme n'auraient pas été radicalement insurmontables!...) pour faire rejeter l'action de M. A..., et *qu'en outre et au moins on trouverait parfaitement* déraisonnable (outre l'exagération de sa demande d'intérêts depuis 1835, moins six ans à partir de 1840) sa prétention d'être payé *même* des arrérages payés aux domaines avec trois huitièmes *du principal* de la rente, en vertu du décret de 1850 sur les rentes domaniales (cas où s'était trouvée la rente en question jusqu'à la levée du séquestre, qu'on disait être de 1854).

Eh bien! on s'était trompé *sur tous les points...* sur toutes les questions de forme et de fond!.. (*La vérité est qu'on se trompe souvent... très-souvent en Algérie,* et qu'on y est plus souvent trompé encore sur l'issue que, d'après certaines probabilités, on espère en faveur de certaines discussions!...)

TROISIÈME SECTION.

En ne faisant constituer que sur l'assignation délivrée à M. Roulland (un des quatre assignés chez M. Martin, notaire), l'ancien comité de la prétendue *Compagnie Rouennaise*, qui voulait absolument qu'on acceptât sa démission, qu'on la régularisât, en nommant un gérant à l'amiable, ou à défaut judiciairement, on voulait ainsi *gagner du temps* et imposer à chaque intéressé l'obligation de s'occuper de la prétention de M. A... Mais malgré une action intentée les 3, 4, 5, 6 et 7 avril 1855 à ce sujet, on n'était pas encore arrivé à un jugement au mois d'avril 1856, lorsqu'à cette époque M. Lesur (que les intéressés avaient autorisé à gérer provisoirement, et pour le mieux qu'il pourrait, les intérêts de tous) fut informé par le défenseur à Blidah que M. A... avait gagné son procès... « *que* M. Roulland, *le seul* pour
« lequel il s'était constitué, était condamné à payer cinq
« ans d'arrérages de rente, et les trois autres, qui avaient
« été réassignés et défaillans, à payer tout ce qui était ré-
« clamé ; que l'exécution provisoire était ordonnée, etc.

« Tous moyens signifiés et plaidés par moi (dit le défen-
« seur), *unguibus et rostro*, relatifs à l'amortissement d'un
« quart de la rente... à la quittance du 17 mai 1835... tous
« ces moyens, dis-je, et les conséquences *aux fins de la*
« *nullité* de la demande et autres que j'ai déduits, ont été
« rejetés, etc., etc. »

A la réception de cette lettre, M. Lesur réclama la copie textuelle du jugement annoncé, et, malgré mon *abstention* sur les affaires de mes cointéressés depuis la fin de 1854, il me pria de disposer pour lui des observations qu'il pourrait leur soumettre, dans une réunion qu'il voulait provoquer pour le 29 mai suivant, ce qu'il fit par une circulaire du 15 du même mois.

Le cas était grave et pressant ; bien qu'il m'en coutât (puisque je n'avais pu arriver à créer une société régulière entre mes cointéressés, à faire adopter les conseils de mon rapport de 1854... et que j'avais dû signifier ma démission... et que la justice était, à Rouen, saisie d'une action à ce sujet) je ne crus pas devoir refuser à *mes covictimes* un nouvel acte de bon vouloir ; mais, pour qu'ils n'eussent même pas à pouvoir se considérer comme mes obligés dans cette occasion, je préparai une assez longue note d'observations que je plaçai dans la bouche de M. Lesur lui-même, de manière qu'aux yeux de tous il en fût considéré comme l'auteur.

Je viens d'aller en prendre communication, et je me borne à reproduire ici ce que M. Lesur était réputé dire dans les observations destinées à sa réunion du 29 mai 1856.

1° *Etc., etc.*

. . . .

2° *Sur le certificat de M. Fabre.*

« Je ne connais rien aux formes administratives de l'Al-
« gérie, ni à ce qui est indispensable pour leur validité ;
« j'ai été surpris cependant qu'un simple certificat, délivré
« par M. le directeur des domaines (qui, à Alger, n'est
« qu'un chef des services placés sous la direction de M. le
« préfet), pût être une pièce suffisante *légalement* pour
« prouver que le séquestre a été bien et dûment levé. Il
« paraît que les choses se passent ainsi, d'après ce qu'on
« m'a dit, mais cela ne change rien à mon étonnement.

Chez nous, les chefs de service ou de division préparent des arrêtés... des actes quelconques, mais ils ne les signent pas ; la signature est réservée aux préfets ou à leurs secrétaires généraux ou délégués : ces actes sont revêtus du cachet de l'administration dont ils émanent, ils ont ainsi une forme particulière qui leur donne une véritable authenticité qui prévient toutes craintes d'abus ou même de faux... Puis de pareils actes sont précédés de motifs basés sur les diverses pièces d'instruction, sur laquelle une décision est rendue.

Dans l'espèce, rien de pareil n'a eu lieu, *on ne sait absolument rien* de ce qui s'est passé devant le conseil du gouvernement à Alger et plus tard devant le ministre de la guerre... On ne voit qu'une chose, c'est que M. Fabre atteste que le séquestre a été levé, et la citation des deux dates de l'avis du conseil du gouvernement et de l'arrêté ministériel.

Mais à ce moyen, et si on avait trompé MM. du conseil, et par suite la religion du ministre !... si, à l'aide d'attestations de complaisance, on les avait décidés à donner à un seul *ce qui appartient à plusieurs,* les tiers n'ont aucun moyen de se reconnaître !... ils ne peuvent signaler les erreurs dans lesquelles on est tombé, *erreurs dont ils peuvent être exposés à être les victimes!...* Or, dans l'espèce, il ne serait pas impossible, malgré le prétendu acte du 6 août 1852, que Ben-Mousli, mort en 1836, eût d'autres héritiers que le cédant de M. A..., et les actes des 15 septembre 1840 et l'assignation de 1849 prouvent qu'à cette date Ben-Mousli avait plusieurs enfants.

Puis, ne pourrait-il pas arriver qu'on surprît une signature à de pareils certificats de la part d'un chef de service aussi occupé que M. Fabre ? Qui garantit la vérité de sa signature ?... A-t-il un caractère légal qui confère l'authenticité à une pièce signée de lui ou qu'on dit signée de lui ?...

Je ne préjuge rien ; je ne critique ni approuve... Seulement j'appelle votre attention sur ce point : je me borne à vous signaler ce fait que, d'après le certificat attribué à M. Fabre, il aurait attesté que la rente de 360 fr. en question a été restituée, *non pas à la succession de* Ben-Mousli (ce qui m'eût paru plus normal), mais à Mohammed-Ben-Mousli... rente séquestrée par erreur sur la tête de son père.

Est-ce là pour M. A... un véritable certificat de notoriété qui puisse le dispenser d'expliquer les contradictions des actes de notoriété des 15 septembre 1840 et 6 août 1852 ?

C'est là ce que vous aurez aussi à apprécier.

3° *Sur le décret de 1850 et ses effets.*

En vertu du décret de 1850, vous avez remboursé les deux huitièmes de cette rente de 360 fr. qui avait été séquestrée le 1er novembre 1840, suivant insertion au *Moniteur* du 4 juin 1842, n° 220, neuvième liste.

Le 1er novembre 1850, vous avez payé pour arrérages et un huitième. . . . . 580 fr. 21 c.

Et le 30 novembre 1851, pour un deuxième huitième [1]. 213   75

Total. . . . . . . 793 fr. 96 c.

On n'a pu ignorer ces remboursements en 1854, lorsqu'on s'est occupé devant le conseil du gouvernement, à Alger, de restituer à la famille Ben-Mousli la rente dont s'agit, qui par erreur, dit-on, aurait été séquestrée en 1840.

Avant de statuer à cet égard, on a dû se livrer à une instruction... Le *chef du service des domaines a dû en référer au receveur de Blidah... Ce dernier n'a pu laisser ignorer* qu'il avait encaissé *deux huitièmes* et des arrérages... et il eût été, dans ce cas, rationnel de demander, au nom de la succession de Ben-Mousli, la restitution de ce qui avait été ainsi payé en 1850 et 1851, puisque ce payement avait eu lieu à son préjudice, *avec remise en même temps de la portion non remboursée de ladite rente !...*

Comme on ne sait absolument rien par le certificat attribué à M. Fabre de l'instruction qui a dû précéder l'arrêté de restitution à Mohammed-Ben-Mousli, on ignore complétement ce qui s'est passé !...

L'administration, qui vous savait ses débiteurs, en vertu

---

[1] On a payé un troisième huitième à la fin de 1852.

du séquestre de 1840, aurait dû avoir à vous notifier que c'était par erreur qu'elle avait reçu... à vous faire connaître un arrêté pris à cette occasion afin de vous fixer !... Vous ne savez et connaissez que le certificat de M. Fabre !

Mais il est bon que vous sachiez que M. A... prétend que les payements de 1850 et 1851 ne peuvent lui être opposés, parce qu'il ne peut souffrir d'une erreur administrative, erreur reconnue en 1854 !...

Mais pourquoi devez-vous en souffrir, vous, de cette erreur ? Si vous aviez remboursé la totalité de cette rente (et vous en aviez le droit) au receveur de Blidah, en vertu du décret de 1850, il vous faudrait donc, dans le système de M. A...., le payer également, sauf à vous, qui êtes si nombreux, à vous faire restituer, à l'aide de justification de droits et de qualités, le capital ainsi sorti !...

Cela me paraît peu raisonnable, je l'avoue, et comme le cas peut se représenter, vous feriez bien de vous assurer auprès de l'administration supérieure de la conduite qu'alors vous auriez à tenir, afin d'être éclairés sur vos droits et vos obligations.

J'ai peine à croire que vous soyez *seuls tenus* de souffrir d'une erreur qui ne vous est pas imputable... et que, lorsque l'administration peut, sur les documents qui lui sont remis, en découvrir une de cette nature, elle ne prenne pas des précautions pour n'exposer à aucuns embarras ceux qui, sous l'empire de cette erreur, lui ont fait des payements.

4° Sur la condamnation obtenue par M. A...

D'après son assignation, M. A... réclamait quinze ans de la rente de 360 fr. dont s'agit.

De sa part et en tous cas, cela n'était pas raisonnable, car il n'avait pu ignorer par les quittances et les actes reçus par M. Martin, notaire (notamment celui du 15 septembre 1840 qu'on paraît lui avoir remis), qu'il ne pouvait rien réclamer qu'à partir de 1846 (en ne se préoccupant pas du décret de 1850 et des payements faits en conséquence aux domaines).

Suivant ce qu'apprend le défenseur, le tribunal de Blidah (n'ayant eu égard à aucun des moyens de forme ou de fond qu'il a plaidés) a condamné M. Roulland à payer cinq ans d'arrérages seulement (à raison de l'art. 2277 du code civil), et les trois autres défaillants à payer les quinze ans réclamés, mais sans solidarité!... Puis le tribunal aurait ordonné l'exécution provisoire, et à défaut de payement, sous deux mois la résolution !

M. le défenseur pense, du reste, que M. A... se contenterait de recevoir cinq ans d'arrérages de tous les intéressés.

« *Il s'agit pour vous de décider maintenant quel parti vous*
« *prendrez sur ce jugement* qui, bien que n'étant pas rendu
« contre vous nominativement, mais contre MM. Vildieu,
« Roulland, Delaplanche et Delaunay, ne vous en intéresse
« pas moins!!! Ferez-vous interjeter appel? L'attaquerez-
« vous par tierce opposition? Vous déciderez-vous à payer?
« Ce sont des questions auxquelles *vous pouvez seuls ré-*
« *pondre, et c'est pour cela que je vous conjure* de vous réu-
« nir, etc., etc. »

Aussi, dans sa circulaire imprimée de convocation du 15 mai 1856, M. Lesur disait-il aux intéressés :

« Je tiens à établir que j'ai mis chaque membre de la
« compagnie à même d'aviser au parti à prendre dans cette
« occurrence, et ce en attendant qu'un gérant judiciaire soit
« nommé et qu'il puisse régulièrement agir dans l'intérêt
« de tous... »

Sur cette convocation, pour le 29 mai 1856, un certain nombre seulement des intéressés se présentèrent chez M. Lesur. Mais sous l'impression de dégoût et d'ennui que la plupart d'entre eux éprouvaient pour leurs soixante-sixièmes d'intérêts dans la prétendue Compagnie Rouennaise algérienne!... en présence du procès non terminé à

Rouen pour la nomination d'un gérant et de la persistance regrettable du principal intéressé à vouloir *suivre, et à Rouen*, la liquidation de leurs affaires et la licitation des biens, etc., etc.. ; sous le coût du procès qu'on pouvait considérer comme perdu par la décision de la cour d'Alger dans l'affaire contre le sid Embarek, par l'arrêt du 18 juin 1854; en présence d'un autre rendu, par la même cour, le 4 décembre 1854, malgré les consultations imprimées de MM. Lemarié et Decorde, avocats fort distingués du barreau de Rouen, consultations d'après lesquelles un échec ne paraissait pas pouvoir être possible!... en présence de toutes leurs déceptions, *et spécialement* pour leurs affaires de l'Haouche-Kouch avec l'administration, etc., etc., ces divers intéressés, présents chez M. Lesur, *au lieu* de vouloir examiner et discuter la réclamation de M. A... en la forme ou au fond, et si l'administration avait bien ou mal procédé à l'occasion de la levée de séquestre...; en face de la condamnation qu'on leur annonçait, et dans la crainte d'une confirmation probable en appel (car plusieurs d'entre eux étaient persuadés qu'il y avait une main invisible qui agissait contre eux et les contre-carrait à chaque instant), et qu'il y avait parti pris de les dégoûter de leurs portions indivises de propriétés, ces intéressés, dis-je, engagèrent M. Lesur à se mettre en rapport direct avec le défenseur de Blidah pour tâcher de s'entendre avec M. A... et d'en finir, afin de n'avoir plus à plaider avec lui. Aussi, et sous l'empire de cette idée fixe, *en finir à tout prix* et *le plus tôt possible*, ne voulût-on pas s'occuper et des observations de M. Lesur, ni même du jugement de Blidah, dont *la copie* du dispositif lui avait été envoyée depuis sa circulaire du 15 mai précédent!!!

Vouloir persuader à des gens, dont le parti est arrêté, qu'ils se trompent, qu'ils ont tort de se laisser ainsi battre sans se défendre, c'était chose impossible; je ne pus que laisser faire, car je ne voulais pas, pour mon *compte exclu-*

sif, aller soutenir une difficulté, où, au lieu de défendre les principes et la véritable cause de l'Algérie, on imaginerait que je ne me querellais que pour mon *soixante-sixième* personnel... Je dus donc laisser faire et me borner à en gémir ou à hausser les épaules de pitié.

Le 22 juillet suivant, et par suite de la correspondance qu'il avait établie depuis la réunion du 29 mai précédent, M. Lesur adressa une nouvelle circulaire imprimée, avec convocation aux intéressés, pour le 30 dudit mois, en leur annonçant que, d'après une lettre du 7 dudit même mois, M. A... consentait accepter « *dix années d'arrérages et les* « *frais*, mais sous *deux conditions* : la première, que le « capital de la rente serait remboursé à la fin de l'annuité « courante (c'est à dire le 20 février 1857); la deuxième, « que le règlement des dix années d'arrérages s'effectuerait « avant la fin de juillet. »

La veille j'avais par hasard rencontré le principal des intéressés dans ces tristes affaires algériennes, celui qui, faute de réflexion, avait le plus contribué à mon irrévocable détermination de *retraite présidentielle*... j'essayai en vain de lui faire comprendre qu'il nuisait à ses véritables intérêts en voulant liciter... et liciter à Rouen !... Il m'assura que cette opinion ne lui était pas exclusive, qu'elle était partagée par d'autres cointéressés qui, comme lui, désiraient à tout prix n'entendre plus parler de leurs intérêts algériens, que seul j'étais le véritable obstacle à ce que les choses se passassent ainsi, et qu'on arrivât, en attendant, à la nomination régulière d'un gérant judiciaire qui pût, au nom de tous, faire ce que l'intérêt commun exigerait, en présence de tant et tant de discussions et de difficultés administratives ou judiciaires !...

Dès le lendemain 23 juillet 1856, et à Dieppe, où je me trouvais alors, j'adressai à M. Lesur une lettre qu'il fit imprimer de suite, et qu'il adressa à chacun des intéressés, pour qu'ils pussent se prononcer à cette occasion, dans la réunion qu'il avait provoquée pour le 30 du même mois. Dans cette lettre, j'expliquais encore une fois ma pensée et mes regrets sur la liquidation provoquée et la licitation... et surtout sur l'idée déraisonnable de la suivre à Rouen... et je faisais appel à tous, pour qu'ils eussent à se prononcer, en les assurant que mon unique but avait été de leur être *utile à tous...* et *de ne faire niche à qui que ce soit* d'entre eux, et que je me soumettrais, pour mon compte particulier, à ce qui leur paraîtrait *raisonnable, possible et loyalement exécutable sur cette déplorable idée* de licitation ; je terminais en disant :

« Décidez, je n'aurai rien à dire, sinon que chacun de
« nos cointéressés aura fait une lourde faute, en ne formant
« pas une société pour dix à douze ans encore... mais, *je*
« *l'aurai répété à satiété*, et je me croirai à l'abri de tout
« reproche ultérieur !... »

Le 30 juillet, on se réunit... un assez bon nombre des intéressés étaient présents... (mais, comme toujours, il y avait encore des absents) ; on parut décidé à en finir avec M. A... (pour ne plus entendre parler de sa réclamation) et à *liciter même à Rouen...*

Devant un pareil découragement... qui à *lui seul est un enseignement assez grave* sur l'affaissement moral où des tracasseries de toute espèce peuvent réduire des hommes aisés... honorables... à même d'aider la colonisation algérienne, je n'avais rien à dire, qu'à déplorer... et à me féliciter d'avoir, dès la fin de 1854, donné ma démission d'un titre avec lequel je ne pouvais plus vraiment être utile à ceux dont les apparences me faisaient le directeur officieux et quasi officiel... et qui comptaient parmi eux des membres si peu disposés à écouter même les conseils les plus simples... Je n'avais plus qu'à laisser faire... et c'est ce que je fis.

Aussi, le 17 novembre 1856, et par quittance reçue par le même Me Martin, notaire, qui avait reçu tous les actes concernant la rente de 360 fr. grevant l'Haouche-Kouch,

M. A... a *eu l'inespéré bonheur de se faire payer à titre de transaction encore :* 1° 4,000 fr. pour *les arrérages seulement de sa rente* de 360 fr. qui lui reste ainsi en totalité ; car il a renoncé, à ce qu'il paraît, à la condition qu'il avait imposée au 7 juillet précédent, de se faire aussi rembourser le capital de sa rente au 20 février 1857 ; et 2° les frais de la procédure par lui faite, à Blidah, pour arriver à obtenir la condamnation dont j'ai parlé.

En vérité, c'est à n'y pas croire... mais la quittance notariée du 17 novembre 1856 existe, comme existent aussi toutes celles qui prouvent qu'on avait payé jusqu'à 1840... que pour les six années suivantes elles avaient été transportées aux époux Dumoy... qu'en 1850 et depuis, on avait payé et remboursé aux domaines, à Blidah, *deux ans d'arrérages avant* 1850 et les *huitièmes du capital* de ladite rente *que, par erreur, dit-on, on avait* séquestrée !...

M. A... ayant acheté sa rente 4,000 fr., d'après son acte du 22 décembre 1854... et recevant, le 17 novembre 1856, 4,000 fr. pour les arrérages seulement, se trouve avoir fait une belle et magnifique opération algérienne sur les rentes... puisque, sans égard ni à ses actes même et à sa procédure, il a été assez heureux pour se faire payer !...

Cet exemple a peut-être excité M. Bruat, dans la singulière demande qu'il a osé intenter aussi de son côté... Il peut espérer le même bonheur, si le même motif de découragement et de lassitude continue d'exister chez ceux qu'il a fait assigner... et s'ils persistent dans leur abstention à se défendre plutôt que de signaler les dangers de pareils actes et de pareilles procédures qui seraient ruineuses pour tous autres qu'eux, et qui obligeraient des malheureux à déserter un pays où, même en territoire civil, on est exposé à de pareilles réclamations... à de pareilles poursuites, à de si étranges procédures et à d'aussi singulières déceptions administratives ou judiciaires...

Mais de ce que je n'ai rien à dire en ce qui concerne le

payement acquis à M. A..., il ne s'ensuit pas que je n'ai rien à en induire contre M. Bruat, ni même sur les conséquences dangereuses qu'il y aurait au point de vue des intérêts de l'Etat et des particuliers à ce que la marche suivie administrativement et judiciairement dans l'affaire de M. A... ne fût pour l'avenir sérieusement et promptement modifiée. Ce sera l'objet de la deuxième partie qui va suivre.

DEUXIÈME PARTIE. — PREMIÈRE SECTION.

Du séquestre... du domaine... de la forme singulière suivie dans l'affaire de M. A..., de ses dangers... et des actes arabes.

Le séquestre sur les biens des Arabes ayant porté les armes contre la France à une certaine époque, est inconstablement dans le droit de l'Etat... Le séquestre une fois mis implique nécessairement l'obligation d'utiliser les biens qui en ont été frappés... pour les agents du domaine le devoir de s'en occuper, de les approfiter au compte du trésor public, au lieu de laisser chacun, Arabes ou Français, les exploiter à sa guise, d'en utiliser les foins, les bois, etc., etc., d'y bâtir même, comme cela a eu lieu à l'Haouche-Kouch, à Marman et ailleurs, bien que le séquestre mis en 1840 sur ces biens eût dû empêcher et prévenir ce qui a eu lieu!.. Je ne reviens pas à cet égard et sur ce qui précède sur ce que j'ai indiqué avec plus de détail dans mes divers rapports précités.

J'admets volontiers que dans certains cas, et par suite de l'absorption par l'autorité militaire de tous les autres services publics réduits à l'état d'instruments obligés à obéir... par suite même de mesures jugées politiques et prudentes par le pouvoir militaire, on ait laissé certains Arabes utiliser à leur profit des biens séquestrés... avec défense aux agents des domaines de s'en plaindre!... Et c'est par cette considération seulement que j'arrive à comprendre que la justice n'ait rien accordé à mes cointéressés contre Ben-Schergnoun..., que les domaines n'aient rien réclamé contre lui à titre d'indemnité... et qu'on n'ait accordé que 600 fr. contre le sid Embareck... Mais une *veuve Messon*, un sieur Bertrand que nous avons judiciairement *et seuls et à nos frais* fait expulser *de l'Haouche-Kouch* (voir pages 90 et 91 du rapport de 1851); mais le sieur Retournat qui s'y est installé, qui y a bâti, n'étaient pas des Arabes!... Et alors MM. du domaine, *s'ils n'ont pas reçu de l'autorité militaire d'ordres à cet égard*, auraient dû s'opposer à ce que ces individus vinssent ainsi approfiter pour eux des biens qui étaient réputés domaniaux depuis le séquestre de 1840!... car ce n'est qu'en 1847 et depuis que nous avons commencé à savoir où étaient ces biens, à y prétendre droit, à faire consacrer ce même droit, *de sorte que* le séquestre ne pouvait plus atteindre que *les rentes* moyennant lesquelles nous avions acquis.

Aussitôt le fait de séquestre réduit aux rentes *connu*, il était juste qu'aux domaines on réclamât ces mêmes rentes aux acquéreurs de biens, que le séquestre ne pouvait frapper, puisque la vente en avait été régulièrement faite.

En 1850, et comme on sut frappé de séquestre la rente de 360 fr. (acquise depuis par M. A...), on veut payer le huitième échu et les arrérages aux domaines... le receveur exige qu'on lui fasse un exploit d'offres!... Le fait constitue déjà un acte bien singulier!... obliger le débiteur de l'Etat à offrir sa *dette par exploit!...* On ne pouvait en agir ainsi que parce qu'on savait la grand'mère des enfants de *Ben-Mousli* (le vendeur de l'Haouche-Kouch) demeurer à Blidah, et avoir des droits à faire lever le séquestre mis sur leur père!... c'est qu'on avait donc connaissance de la procédure qu'elle avait intentée en 1849, époque à laquelle, ignorant le séquestre, elle avait formé une action, sur laquelle elle avait constitué Me de Lignières!... Mais si on savait cela, on savait qu'elle agissait pour plusieurs *enfants*, au nom desquels, et dès 1840, elle avait transporté six ans d'arrérages de cette même rente aux époux Dumoy!... A ce moment déjà, M. A... connaissait-il cette veuve? S'en était-il constitué le défenseur? Avait-il engagé le receveur des domaines à ne pas toucher le payement qu'on lui offrait?... Pourquoi n'en avoir pas instruit les débiteurs, *qui eux* avaient, par M. Hassem, propriétaire à Blidah, fait engager cette veuve à ne pas suivre son action, pour ne pas se grever de frais inutiles?... Pourquoi même n'en avoir pas parlé en 1851 et 1852, lorsqu'à Blidah on reçut de nouveaux huitièmes de cette rente?... Pourquoi?... Je n'en sais rien; j'y vois du mauvais vouloir qui, à mes yeux, pourrait bien se rattacher à la singulière tolérance accordée au sieur Retournat... à son installation sur l'Haouche-Kouch... aux constructions qu'après 1850 il s'est trouvé faire, tandis que pour nous on volait tranquillement les pierres que notre agent avait fait extraire à nos frais sur cette même terre de l'Haouche-Kouch[1]. (Voir page 16 de la lettre à M. le général Daumas, du 20 mars 1853.)

Mais avant d'arriver à la décision de levée de séquestre du 18 novembre 1854 (à l'occasion de laquelle nous ne connaissons que les cinq à six lignes, *signées Fabre*, jointes à l'acte invoqué si heureusement par M. A...), il avait fallu, de nécessité absolue, une instruction préparatoire... les premiers éléments de cette instruction avaient dû partir de Blidah pour revenir à Alger, à la division de la préfecture

---

[1] On a payé pour achat de pioches la somme de. . . . 39 fr. 45 c.
et, le 25 janvier 1852, pour jours d'extraction à 3 fr. le mètre. . . . . 147 »

Total. . . . . . 186 fr. 45 c.

On a payé les instruments pour extraire et les frais d'extraction, mais les pierres extraites ont été volées, il paraît... au moins c'est ce qui a été dit.

Il est fâcheux que la justice n'ait pas recherché les artistes qui ont trouvé à exécuter ce genre de vol, et qui ont été assez habiles pour n'être pas remarqués par le sieur Retournat, sa famille et ses employés. Il a cependant fallu venir avec des voitures pour enlever les cailloux et pierres à bâtir... Les voleurs en Algérie sont, il paraît, très-adroits...

(portant nom de direction des domaines). A Blidah, on avait dû signaler les payements faits en 1850, 1851 et 1852, l'obligation qu'on avait imposée aux débiteurs de faire un exploit d'offres, et par suite la raison qu'il y aurait, *si le séquestre était levé,* à ce qu'on restituât *la portion* non encore emboursée de la rente dont s'agit, mais aussi ce que les débiteurs avaient versé à la caisse domaniale, en vertu du décret de 1850, puisqu'on serait décidé à lever le séquestre, à raison des motifs invoqués pour les représentants du séquestré!...

A Blidah, où les rapports de 1851 et 1852 (et ce qui concerne l'Haouche-Kouch) étaient bien connus (de MM. du domaine), ainsi que le fait de poursuites exercées au nom des *enfants mineurs de feu Ben-Mousli,* on eût dû s'étonner de voir que la levée de séquestre *n'était réclamée* que dans l'intérêt *d'un seul* enfant, *Ben-Mousli* (plus tard le cédant de M. A...)... et surtout que cet enfant se dît seul héritier de son père, en vertu d'un acte reçu par le cadi, *le 6 août* 1852, acte qui a dû précéder toute espèce d'instruction préliminaire, puisque *c'est lui* qui indique que Ben-Mousli père serait mort de la peste en 1835 ou 1836, *et que* son fils n'aurait jamais quitté Blidah, etc., etc...

En présence de cet acte attestant que Ben-Mousli n'avait laissé *qu'un seul héritier,* il était tout rationnel de se préoccuper des poursuites de 1849 (consignées au rapport de 1851), du transport fait aux époux Dumoy, de l'autre acte arabe reçu aussi par le cadi, le 15 septembre 1840, *constatant que Ben-Mousli* avait laissé plusieurs enfants... De telle sorte que si les Arabes, qui avaient *attesté en* 1840, avaient dit vrai (ce qui me paraît certain), ceux qui avaient attesté à leur tour en 1852, devant le même cadi, *avaient dû mentir....*

Ces faits étaient graves et devaient éveiller la sollicitude! Puisqu'on croit devoir conserver une certaine force légale aux actes arabes, *même devant l'autorité française...* qu'on leur accorde l'authenticité... il faut que les gens qui y concourent soient passibles de peines quand ils font des déclarations mensongères... et il y avait lieu assurément d'opposer ces deux actes de notoriété l'un à l'autre.

Tout cela avait dû faire l'objet de notes transmises de Blidah à la direction des domaines à Alger... là, on avait dû aussi examiner ces premiers éléments d'instruction et s'y préoccuper aussi de ce que pouvaient dire les rapports de 1851 et 1852, qu'on avait aux mains, et signalant les actes de 1840 et les poursuites de 1849... On n'avait pas dû les perdre de vue (car ils y avaient paru, et bien à tort cependant, de nature à blesser...)... et par suite de cet examen, on avait dû aussi rédiger de nouvelles notes ou observations avant que l'affaire de levée de séquestre n'en vînt au conseil supérieur du gouvernement pour recevoir sa sanction... sanction qui ne doit être qu'une simple formalité, ainsi que la signature approbative du ministre, qui, eux, ne peuvent que supposer réguliers les projets de mainlevée qu'on leur présente et qu'ils doivent croire avoir reçu l'instruction préliminaire convenable !...

Cependant un fait me semblait aussi de nature à devoir provoquer l'attention de MM. du conseil supérieur du gouvernement ; ce *fait, le voici :*

Si dans *l'intérêt de la succession Ben-Mousli* on eût demandé la mainlevée pure et simple du séquestre de 1840, rien n'eût dû éveiller son attention ; *mais c'était au nom d'Ahmed-Ben-Mousli fils seul, et dans son intérêt exclusif,* que cette *mainlevée était demandée* (et c'est à son profit seul, d'après le certificat de M. Fabre, qu'elle aurait été prononcée). Cette forme était insolite, à moins que, sans égard aux exemples nombreux d'attestations mensongères faites par les Arabes dans leur intérêt à eux ou dans l'intérêt de leurs cessionnaires, on se crût, au conseil du gouvernement, obligé à une foi entière et aveugle dans l'acte du cadi du mois d'août 1852 !...

Mais il y avait cet autre fait, bien autrement capital encore, qui eût dû frapper l'attention de **MM.** du conseil supérieur (si l'instruction qu'on leur soumettait avait été faite régulièrement et avec soin), c'étaient les payements de 1850 (à la suite d'un exploit d'offres!...), les versements de 1851 et 1852!...

Or, tout en admettant que le séquestre dût être levé, *même au profit d'Ahmed-Ben-Mousli* seul (et non de la succession de son père, ce qui seulement me paraîtrait raisonnable), il fallait bien dans la décision du conseil supérieur s'expliquer sur ces payements... sur la contradiction des actes de notoriété de 1840 et celui de 1852... puis arriver à dire que *l'Etat rendrait ce qu'il avait reçu, et ne restituerait* ensuite que la portion non remboursée de la rente dégrevée de séquestre!...

Cette manière d'envisager la question ne comporte pas de contradiction... le sens commun seul l'impose!... Mais comment l'instruction *a-t-elle eu lieu?*... que s'est-il passé au conseil du gouvernement?... qu'a-t-il dit?... comment a-t-il motivé son arrêté?... Nous n'en savons rien, puisque nous n'avons que le *seul* certificat signé de **M.** Fabre!...

Mais si à l'aide de menées ténébreuses... de renseignements inexacts... d'attestations mensongères on avait trompé le conseil du gouvernement, les parties lésées se trouvent sans moyen d'éclairer l'Etat, *lorsqu'on* impose comme souverainement suffisant et probant, le certificat du chef du domaine se bornant à dire : Le séquestre mis *sur telle rente* avait été mis par *erreur*... il est *levé!*... vous avez déjà versé des à-compte à l'Etat... tant pis pour vous (vous aviserez à vos frais aux moyens de vous faire rendre ce que vous avez versé, payements qu'on eût pu vous contraindre à faire si vous ne vous étiez pas exécutés!...) ; mais payez malgré cela toute votre dette aux porteurs d'arrêtés de levées de séquestre, ou à leurs amis ou protecteurs, sans vous préoccuper de rien de plus... Les arrêtés rendus ne vous regardent pas, et on ne vous en doit pas compte!... Tout cela est la conséquence logique et forcée de l'usage fait par M. A... du certificat de M. Fabre, et là j'arrive au cœur de la question à traiter pour signaler le danger réel pour l'Etat lui-même à suivre une marche si absolue et si cavalière !...

Voyons donc à nous expliquer carrément à ce sujet.

Sans doute l'Etat ne doit compte à personne des mesures qu'il prend dans tel ou tel but !... mais c'est à la condition que ces mesures ne porteront atteinte à aucuns intérêts nés et acquis... sans quoi il faudrait admettre une somme d'arbitraire à laquelle on ne saurait raisonnablement prétendre, même en Algérie !...

L'Etat avait séquestré en 1840 la rente Ben-Mousli, c'était son droit; plus tard, le décret de 1850 avait réduit de moitié cette rente, qui alors se trouvait due par des gens reconnus avoir valablement acquis la propriété qui en était grevée.

Les débiteurs de cette rente avaient *aussi un droit acquis* dans ce décret de 1850... en vertu duquel ils avaient fait par huitièmes des remboursements successifs à l'Etat, leur créancier. Or, l'Etat ne pouvait changer leur situation sans les prévenir et leur notifier les mesures ultérieures qu'il pourrait prendre au sujet de la créance qu'il avait à faire valoir.

En 1852, une demande en mainlevée de séquestre paraît avoir été formée par un Arabe du nom de *Ahmed-Ben-Mousli* (ou dans son intérêt par M. A..., si déjà il s'occupait de son acquisition de 1854); on l'appuyait nécessairement sur l'acte du cadi, du 6 août 1852... Déjà cette réclamation, qui avait pour but de dépouiller le trésor d'un actif acquis (la moitié d'une rente de 360 fr.), devait exciter la sollicitude des agents du fisc pour se fixer sur l'origine de cette même rente, et les actes auxquels elle avait dû donner lieu à Blidah, et les payements que les débiteurs auraient pu faire depuis 1850, en vertu du décret qui leur avait donné des droits. Il eût paru rationnel de les prévenir de la demande faite..., et qui, au cas d'admission, devait les priver d'un bénéfice qu'ils devaient croire acquis, afin qu'ils eussent à soumettre des observations s'ils le jugeaient utile... à prouver, par exemple, que les faits attestés devant le cadi en 1852 étaient inexacts, que le séquestre avait été bien mis et devait être maintenu, *ce à quoi* ils avaient un intérêt véritable, si les faits allégués ne leur paraissaient pas vrais... On ne leur dit rien... absolument rien !...

Mais, pourra-t-on dire, on n'était pas tenu à leur donner un semblable avertissement... les agents *du trésor n'ont pas besoin d'auxiliaires pour défendre les droits de l'Etat*, et savoir si un séquestre doit être levé ou maintenu... Cela n'est vrai, qu'autant que des tiers ne sont pas intéressés au parti qui sera pris !... Or, dans l'espèce, il y avait des tiers, et des tiers fortement intéressés à ce qui serait fait... tiers dont le concours était bien plus à rechercher qu'à craindre ; car, par position, ils étaient tenus d'aider le conseil supérieur du gouvernement dans ses recherches pour savoir s'il y avait oui ou non lieu à levée de séquestre !...

Si on avait donné le moindre avis, on n'eût pas manqué de signaler au conseil supérieur l'acte du cadi de 1840... le transport de 1840, prouvant qu'à cette époque, comme en 1849, il y avait plusieurs enfants Ben-Mousli... qu'on avait fait des remboursements en 1850, 1851 et 1852... et assurément le conseil eût rendu un arrêt en conséquence... même lorsqu'il aurait été *conduit à reconnaître* que c'était par erreur que le séquestre avait été mis en 1840 !... Mais il ne l'eût pas levé en *faveur d'Ahmed-Ben-Mousli fils* seul, mais au profit de la succession de son père, sauf partage ultérieur entre les ayants droit à cette succession... Puis, eu égard aux payements faits de bonne foi, *quand on devait croire le séquestre* régulièrement mis, le conseil eût ordonné la restitution par l'agent du domaine à Blidah de ce qui avait été encaissé par suite d'erreur... et, de plus, il eût replacé les débiteurs du surplus de la rente dans la position où ils se trouvaient avant le décret de 1850, qui avait réduit leur rente, *à tort*, et par erreur séquestrée !... Mais assurément et si ingénieux et habile qu'on soit en spéculations algériennes, on n'eût pas entraîné le conseil supérieur à rendre un arrêté qui exposât les débiteurs aux avanies qu'ils ont dû subir, par suite de l'importance donnée à l'attestation si laconique, signée *de M. Fabre*, comme chef du service des domaines!...

A cela, on objecte encore que le conseil était assurément bien libre de reconnaître qu'une *erreur avait été commise* à l'occasion du séquestre dont s'agit... On ne conteste pas du tout le droit; mais ce qu'on fait remarquer, c'est qu'il est impossible, avec le certificat de M. Fabre, *de reconnaître en aucune façon* comment le conseil a pu être admis à reconnaître et proclamer *cette erreur* (motif qu'on doit assez souvent employer pour légitimer les levées de séquestre), en prenant, arrière des intéressés qui déjà avaient fait des versements en 1850, 1851 et 1852, une mesure qui leur était contraire, en même temps qu'elle enlevait au trésor une ressource et une petite indemnité de ses frais de la conquête algérienne.

Or, avec une instruction régulièrement faite et la connaissance donnée au conseil des faits devant signalés, il est certain qu'il n'eût pas rendu un arrêté pouvant se traduire de manière à donner les résultats que M. Fabre a constatés si laconiquement, et dont M. A... a tiré un parti si avantageux, par suite du transport qu'il s'est fait immédiatement faire *par un Arabe qui n'était pas certain* de n'avoir pas déjà fait le même transport à un autre... (Il paraît que cet Arabe avait eu plusieurs offres de services, pour le cas où il obtiendrait la levée du séquestre... et la certitude de ne pas manquer d'acquéreurs de sa rente, dont on savait les débiteurs solvables!...)

Mais on peut encore faire une objection, c'est qu'à supposer qu'il y eût plusieurs enfants Ben-Mousli, le conseil aurait été libre de ne rendre la rente en question qu'à un seul, et que le ministre pouvait, de son côté, le vouloir ainsi... J'ignore ce qu'il y aurait de vrai et de légal dans ce droit si exorbitant[1]; mais au moins l'arrêté du conseil et la décision du ministre en devraient dire quelque chose... et il n'en transperce rien du certificat de M. Fabre, si bien utilisé par M. A... Le plus clair, c'est que l'Etat n'a plus rien de cette rente... et qu'elle a profité à un heureux spéculateur, et qu'elle a valu des frais et des poursuites à des gens qui, depuis 1850, se croyaient n'avoir plus pour créanciers que l'Etat, *qui s'est dessaisi sans les initier en rien* sur les motifs de son dessaisissement... et les a mêmes laissés obligés de payer au bénéficiaire de cet arrêté des sommes que déjà le receveur de Blidah avait encaissées au profit du trésor, cru longtemps seul créancier.

Mais, ajoute-t-on, de quel droit voudriez-vous connaître les motifs qui ont décidé le conseil supérieur à proposer la levée du séquestre, et le ministre à l'adopter?...Mais du droit qu'a tout Français de savoir pourquoi et comment, sous le prétexte d'une erreur qu'on ne l'appelle pas à discuter, on pourrait le priver du bénéfice qui lui est acquis par une loi générale, comme le *décret* de 1850!... du droit de tout Français de n'obéir à un jugement que lorsqu'il en a reçu la signification, parce qu'il sait ainsi pourquoi et comment on l'a condamné à payer une somme ou à abandonner une chose?... du droit qu'a un citoyen de n'obéir à un arrêté ministériel ou préfectoral, que lorsqu'il en a reçu la notification... car ayant été partie dans ces jugements ou arrêtés, il a agi dans l'intérêt de sa défense, et qu'on l'a appréciée, puisqu'il y a eu jugement ou arrêté... Mais, dira-t-on, vous n'étiez pas partie dans cet arrêté de levée de séquestre.

---

[1] L'Etat peut, à titre de récompense nationale, constituer des rentes pour services rendus; mais pour cela, il faut une loi votée par les deux grands pouvoirs du gouvernement... Ce n'est pas le ministre qui, de son autorité, donne... ou explique la nature des services à récompenser, et je ne suppose pas qu'on eût des services publics à récompenser en faveur du jeune Ben-Mousli, en voulant lui restituer nominativement une rente due à la succession de son père...

Mais oui on y était partie, puisqu'il s'agissait pour l'Etat de se substituer un autre créancier, et de ne laisser qu'une créance *réduite*, par suite des payements légalement faits en 1850, 1851 et 1852 !... payements auxquels on eût eu forcément égard, si le conseil supérieur les avait connus et si les intéressés, ayant été prévenus, avaient été à même de lui signaler.

On n'a pas là a arguer de raisons politiques... La politique n'avait rien à démêler avec le jeune Ben-Mousli ou la succession de son père... et pas besoin n'était de jouer au pacha pour taire aux intéressés la mesure de la levée de séquestre sollicitée il paraît en 1852 !...

Mais si on eût été averti des demandes adressées à l'administration à cet égard, une fois qu'on aurait été fixé sur la contradiction des actes arabes de 1840 et 1852... et certain, par exemple, que le jeune Ben-Mousli aurait bien réellement *seul* droit à la restitution de ce qui n'était pas payé de sa rente, on l'eût empêché assurément d'en faire le transport à un prix si désavantageux pour lui ! On lui eût réitéré ce qu'on faisait dire à sa grand'mère en 1850 ! Il eût gardé sa rente restituée, et un tiers n'en eût pas ainsi profité à son préjudice.

Donc la marche suivie dans cette affaire est mauvaise... et l'intérêt du trésor a pu en souffrir, en même temps que les débiteurs en ont été assez cruellement atteints, sans qu'on sache encore ce qui sera fait à l'égard des Arabes qui ont dû mentir, soit en 1840, soit en 1852, dans des actes arabes auxquels on veut bien accorder les honneurs de l'authenticité.

Or, soutenir que l'attestation de M. Favre est suffisante, qu'on ne doit se préoccuper de rien en plus... est déraisonnable et peut laisser le trésor exposé à être chaque jour dépouillé, au profit d'acheteurs de rentes, des droits que le séquestre mis semblait lui assurer, parce qu'on n'a, avec ces *certificats, aucun moyen de contrôle sur l'instruction* préalable, ni sur les arrêtés du conseil supérieur et les décisions des ministres, que le premier intrigant venu peut tromper, en concertant à peu de frais et avec des Arabes, toutes les attestations qu'il convient de faire donner devant un cadi, pour arriver à faire lever le séquestre sur les biens ou les rentes d'Arabes dont on se constitue en apparence le protecteur officieux, après s'être à l'avance assuré les bénéfices du service à rendre... et parce que les intéressés, n'étant pas prévenus de la demande (comme dans l'espèce citée), on pourrait, à l'aide de relations avec des employés subalternes, faire disposer (par suite d'attestations données devant les cadis) des instructions qui, ne laissant rien à désirer en apparence aux membres du conseil supérieur, les porterait tout naturellement, ainsi que le ministre, à adopter des propositions quoique funestes aux intérêts du trésor public.

Je ne connais pas le cessionnaire du jeune Ahmed-Ben-Mousli... J'ai expliqué pourquoi j'avais cru devoir m'abstenir de pousser mes cointéressés à soutenir la lutte engagée devant le tribunal de Blidah... j'ai indiqué comment il avait été payé... mon but ne saurait donc être de faire le procès à un homme qui peut être, et que je crois volontiers, parfaitement honorable, et qui a usé de son droit en traitant de la rente du jeune Ben-Mousli !... Mais, enfin, l'Algérie a offert plus d'un exemple de gens ne reculant devant aucuns moyens blâmables pour arriver à leurs fins, et il serait d'une haute raison, d'une grande moralité et d'un véritable intérêt pour l'Etat, à ce que, dans les modifications à introduire dans les institutions algériennes, on stipulât formellement que dans l'avenir on ne devra plus se contenter des certificats si laconiques des chefs du service des domaines en matière de levée de séquestre, mais qu'on devra notifier, tout au long, les arrêtés du conseil supérieur du gouvernement et les arrêtés ministériels approbatifs, afin que chacun puisse voir et se convaincre que l'instruction préalable a été faite raisonnablement, légalement, qu'aucuns droits n'ont été sacrifiés, et que, de plus, lorsqu'il s'agira de demande en mainlevée de séquestre sur des rentes, on devra s'assurer si des versements n'ont pas été faits par des tiers, afin de leur dénoncer les demandes de levée de séquestre, pour qu'ils aient à intervenir et surveiller leurs droits, s'ils avisent que bien soit.

Mais dans ce cas particulier, on ferait bien encore, pour l'honneur des principes, et sans arrière-pensée de blâme ou de châtiment s'il y avait lieu, *de faire tirer à clair* tout ce qui se rattache à la levée du séquestre de la rente Ben-Mousli... et aux actes de 1840 et 1852, reçus par le cadi, et contenant des attestations si contraires... et des moyens pris pour arriver à ce résultat *merveilleux*, qu'on ait restitué la totalité d'une rente séquestrée en 1840, *malgré* les payements faits en 1850 et depuis... Le fait, quoique algérien, n'en a pas moins un cachet tout extraordinaire !...

Il serait vraiment curieux que maintenant un autre enfant de Ben-Mousli (puisqu'il y en avait plusieurs en 1840 et 1849...) vînt aussi réclamer sa part de la rente acquise par M. A..., et dire aux débiteurs qu'il n'a pas, lui, à se préoccuper du certificat de M. Fabre... parce que ce certificat ne se serait pas expliqué convenablement, ni sur l'arrêté du conseil supérieur, ni sur l'approbation du ministre, et que dans le certificat revêtu de la signature de M. Fabre on aurait fait omission des droits de ce nouveau réclamant!...

Le fait ne me surprendrait pas plus que le succès de M. A..., ou même d'apprendre que M. A... n'a pas opéré pour lui, pas plus que M. Retournat ne serait installé à Kouch pour son compte... pas plus que MM. Sionville, Mlle Godefroy et d'autres n'agiraient pas pour leur compte personnel!...

Or, c'est pour prévenir de pareils faits, et pour la sécurité de tous, que, répétant les paroles du chef du gouvernement, voulant *justice*, *probité* et protection pour tous, que je crois devoir signaler l'étrangeté de celui qui précède, de manière qu'aucun soupçon ne puisse naître, par suite de séquestres levés... et sur les moyens pris pour y parvenir.

Mais je vais plus loin encore : c'est qu'on ne devrait pas, dans ces matières, se contenter d'actes reçus par les cadis!... On sait la facilité des Arabes à mentir en faveur de qui paye un mensonge!... En pareil cas, on devrait exiger que les actes devant servir à légitimer une levée de séquestre soient reçus par des notaires français, en présence d'un agent des domaines, et à l'aide d'interprètes : au moins les actes auraient la précision désirable sur tout ce qui serait à constater... puis les témoins questionnés par le notaire et l'agent du domaine sur chaque fait à constater, et mis à même de comparer les déclarations des divers Arabes, ces notaires recevraient des actes qui offriraient une garantie véritable et pour l'administration des domaines d'abord, et ensuite pour le conseil supérieur lorsqu'il serait appelé à proposer le rejet ou l'adoption des demandes en mainlevée de séquestre. Avec ce qui se fait, on court risque d'être souvent trompé ou d'arriver à des résultats aussi singuliers que celui que je viens de faire connaître, et encore d'une manière imparfaite, *parce que le certificat délivré* par M. *Fabre* ne permet pas de savoir le côté *vrai* de la question.

DEUXIÈME SECTION.

Singularité de la procédure en Algérie... Ses inconvénients au point de vue de l'intérêt du trésor... de la foi que les tribunaux se croient tenus de donner à des certificats des préposés des domaines et aux actes arabes... et réflexions sur le contexte du jugement obtenu par M. A..., rentrant dans celles faites sur l'arrêt Embarek.

Par suite du payement fait à M. A... en novembre 1856, la personne qui avait eu mission de l'effectuer, ayant rapporté la copie entière et signifiée du jugement obtenu par M. A..., j'ai voulu le lire en entier, d'autant mieux que la lecture de l'arrêt Embarek m'avait fourni matière à d'assez pénibles réflexions... et que je désirais m'assurer si je ne trouverais pas dans la copie de ce jugement de nouveaux motifs à exposer, pour appuyer la nécessité de reviser les institutions algériennes. Je l'ai lu en entier, et voici ce qui d'abord m'a frappé. Je croyais lire dans ce jugement que le tribunal avait eu à se prononcer d'abord sur la nullité de l'assignation donnée par M. A..., assignation non délivrée à ceux qu'il savait seuls être débiteurs de la rente qu'il disait lui appartenir... sur le défaut de signification de transport, puisque celle faite à M. Guiot ne signifiait absolument rien !... Je n'y trouve rien de pareil. Si on a excipé de ces nullités radicales, le jugement n'en comporte pas de traces... S'il y a eu des conclusions déposées à cet égard... elles n'ont pas été reproduites dans le jugement, ce qui serait une faute regrettable (dans le cas où des conclusions de cette nature auraient été prises et déposées). Je vois après les noms des parties et le point de fait de l'affaire, que M⁰ Branthome, défenseur de M. A..., a conclu à ce qu'il plaise au tribunal (*textuel*) :

« Donner itératif défaut contre les parties défaillantes,
« quoique dûment réassignées, et *un simple défaut seule-*
« *ment* contre le sieur Delaunay, et, pour le profit, condam-
« ner *solidairement* les défendeurs à payer au demandeur
« la somme de 5,760 fr., montant de seize annuités de la
« rente de 360 fr., dont les défendeurs sont débiteurs, aux
« termes de leur acte d'acquisition, avec intérêts, et faute
« par eux d'effectuer ledit payement dans la quinzaine du
« présent jugement à intervenir, prononcer la résolution
« du contrat de vente des 23 février 1834 et 18 mai 1835 ¹.

---

¹ *Donc*, on avait aux mains cet acte de 1835, indiquant trente-cinq débiteurs de la rente réclamée, avec leurs noms, professions et demeures, et on en avait assigné quatre seulement, dont trois n'avaient plus rien depuis longues années dans la propriété de Kouch, et dont l'un, le père de M. Delaunay, était mort depuis longtemps déjà !...

« En conséquence, que l'immeuble dont s'agit rentrera aux
« mains des demandeurs franc, libre et quitte de toutes
« charges, dettes, priviléges, inscriptions et hypothèques,
« et que M. le conservateur sera tenu, sur le vu d'une ex-
« pédition du jugement à intervenir, d'en opérer la radia-
« tion, à quoi faire contraint, quoi faisant bien déchargé,
« et *dans le cas où faute par les défendeurs* de payer dans
« le délai ci-dessus ladite somme de 5,760 fr., montant
« des intérêts du prix pour lui tenir lieu de fruits, plus
« les intérêts jusqu'au jour de la reprise de possession, con-
« damner enfin les défendeurs solidairement aux dépens. »

Il doit y avoir une omission dans la transcription de la dernière phrase de cette conclusion... mais je copie ce que mes *yeux lisent*.

« La cause ayant été appelée, M⁰ Branthome a développé
« les conclusions ci-dessus transcrites, et en a sollicité l'ad-
« judication. »

De son côté, M⁰ ***, pour le sieur Roulland, son client, a conclu à ce qu'il plaise au tribunal :

« Dire que le sieur A... devra justifier que son cédant a
« tous les droits à la rente réclamée; en cas de justification
« et de celle de la mainlevée régulière du séquestre, dire
« la rente réduite, aux termes du décret du 21 février 1850,
« tout au moins que cette rente, dont le quart a été amorti
« par suite de remboursements faits, sera réduite à 270 fr.,
« dont les arrérages ne seront dus que du 30 décembre 1851 ;
« donner acte à M. Roulland de ce qu'il excipe de l'art. 2277
« du code Napoléon, et condamner A... aux dépens dis-
« traits. »

Ensuite vient le point de droit, et enfin le jugement longuement motivé... Comme on le remarque, il n'est pas dit un mot de la validité de la procédure, du défaut de signification de transport, de la bizarrerie de la signification faite à M. Guiot, tandis que les quatre assignations ont été délivrées, au contraire, chez M. Martin, notaire à Alger, à

MM. *Vildieu*, Delaunay, Roulland et Delaplanche... De même dans les conclusions de Mᵉ Branthome, et pour le cas de résolution des contrats de 1834 et 1835 (à défaut de payement des 5,760 fr. réclamés), il n'est *pas dit un mot de dommages-intérêts à accorder*. Je crois utile de transcrire en entier jusqu'aux motifs qui précèdent la décision :

« Sur quoi, le tribunal en ayant délibéré, conformément à la loi, et ouï le ministère public en ses conclusions ;

« Attendu qu'aux termes de deux actes passés, le premier
« devant le cadi d'Alger, le 20 février 1834, et Martin, no-
« taire, le 18 mai 1835, Ahmed-Ben-Mohamed-Ben-Mousli
« a vendu à Vildieu, Delaunay, Delaplanche et Roulland,
« l'Haouche-Kouch, moyennant 360 fr. de rente ;

« Attendu que, par acte reçu par le même notaire, le 22 dé-
« cembre 1854, Hadj-Ahmed-Ben-Ahmed-Ben-Mousli, *en*
« *sa qualité de seul héritier* du vendeur, a cédé et transporté
« ladite rente de 360 fr., ensemble les arrérages échus et
« non payés par les acquéreurs sus-nommés, *auxquels ledit*
« *transport a été signifié*, suivant exploit de Beaude, huis-
« sier à Blidah, le 12 janvier 1855 ;

« Attendu que, par exploit de Bailli, huissier à Alger, en
« date du 19 février 1855, A... a assigné les quatre sus-
« nommés au domicile élu dans l'acte du 18 mai 1835 [1],
« à fin de condamnation en payement de la somme princi-
« pale de 5,400 fr., montant de quinze annuités de la rente
« dont s'agit, et, au cas de non payement, à la résolution de
« la vente *avec dommages-intérêts ;*

« Attendu que Roulland ayant seul constitué défenseur, le
« tribunal, à la requête d'A... et par jugement du 8 octobre

---

[1] Dans cet acte de 1835, les trente-cinq personnes y dénommées, dont M. *Delaplanche* ne faisait pas partie, ont, avec le mandataire spécial de *Ben-Mousli père*, fait élection de domicile chez le notaire, M. Martin, pour tout ce qui a trait à l'Haouche-Kouch, reconnu par tous être la propriété de ces trente-cinq personnes !...

« 1855, a donné défaut contre Vildieu, Delaplanche et De-
« launay, ordonné leur réassignation et joint le profit du
« défaut ;

« Au fond, attendu que les deux premiers, quoique réas-
« signés, n'ont pas constitué défenseur ;

« Attendu, en ce qui concerne le troisième, que le de-
« mandeur ayant appris que le sus-nommé Pierre-Alphonse
« Delaunay était décédé, a, par exploit de *Vielle*, huissier
« à Paris, du 29 janvier 1856, assigné Alphonse Delaunay
« comme seul et unique héritier de Pierre-Alphonse De-
« launay; que, sur cette assignation, il n'y a pas eu de
« constitution de défenseur ;

« Que A... déclarant que Pierre-Alphonse Delaunay [1]
« était mort antérieurement à l'assignation du 19 février
« 1855, conclut à ce qu'il soit statué à l'égard d'Alphonse
« Delaunay par simple défaut, et non par mode de profit
« joint ;

« Attendu qu'il y a lieu de faire droit à cette demande ;
« qu'en effet, le décès de Pierre-Alphonse Delaunay étant
« antérieur à toute poursuite, aucun acte de procédure n'a
« pu être utilement dirigé contre lui, et conséquemment
« c'est par *suite d'assignation directe qu'Alphonse Delaunay*
« *est appelé dans la cause*, et par conséquent on ne peut le
« priver du bénéfice éventuel de l'opposition ;

« Au fond, attendu que Roulland, seul défendeur com-
« parant, oppose : 1° que A... n'établit pas que la cession
« faite à son profit soit régulière, puisqu'il ne prouve pas
« que Hadj-Hamed-Ben-Ahmed-Ben-Mohammed-Ben-Mousli
« soit l'unique héritier du vendeur; 2° qu'en supposant
« A... cessionnaire régulier, il ne peut poursuivre Roulland
« comme *débiteur solidaire*, qu'il ne peut pas même le pour-

---

[1] Ce mode d'agir vis à vis de M. *Delaunay fils* seul est assez singulier, car on n'avait pas plus de motif de l'assigner que ceux qui représentaient les anciens débiteurs morts, et, à part M. Delaplanche, il y en avait bien d'autres depuis 1834 et 1835 !...

« suivre pour un quart de la dette, puisque le vendeur n'i-
« gnorait pas que la vente était faite au profit de trente-cinq
« personnes, qu'il avait reconnues comme ses débitrices en
« leur donnant quittance d'arrérages; que par suite, le
« payement des arrérages ne peut, ainsi que la résolution
« du contrat de vente, être poursuivi légalement que contre
« tous les intéressés ; 3° que l'Etat ayant séquestré la rente
« dont s'agit, les acquéreurs ont profité du décret des 21 et
« 22 février 1850, tant *pour la remise des arrérages* que
« pour la réduction et le rachat partiel de la rente dont s'a-
« git, et que, dans tous les cas, le demandeur ne pourrait
« agir que pour la partie restant due; 4° qu'aux termes de
« l'art. 2277 du code Napoléon, la demande devrait être ré-
« duite aux arrérages des cinq dernières années[1];

« Sur le premier moyen :

« Attendu qu'à l'acte de transport du 22 décembre 1854 a
« été annexé, un acte aux écritures arabes du cadi de Blidah
« (on a voulu dire Alger, sans doute), du 19 chaoual 1268
« (6 août 1852), duquel il résulte que le vendeur avait pour
« seul héritier le cédant d'A...; *qu'en l'absence de toute*
« *preuve contraire*, ledit acte de notoriété établit le droit du
« cédant et, par suite, celui du cessionnaire ;

« Sur le deuxième moyen :

« Attendu que Hamed-Ben-Mohammed-Ben-Mousli n'a
« vendu qu'aux quatre acheteurs assignés; que si cette ac-
« quisition a été faite dans l'intérêt d'une société, le ven-
« deur n'a en réalité traité qu'avec les quatre dénommés
« aux actes des 20 février 1834 et 18 *mai* 1835 et n'a d'action
« que contre eux, sauf à ceux-ci à exercer contre leurs co-
« intéressés telle action récursoire que bon leur semblera,

---

[1] Dans tout cela pas un mot de la nullité de la signification de transport faite à Blidah à M. Guiot, qui n'avait aucune qualité pour la recevoir, même au nom des quatre individus qu'on voulait prévenir de ce transport, individus qu'il n'a jamais connus et dont trois étaient morts avant son arrivée en Algérie !...

« en vertu de conventions auxquelles le vendeur est resté
« étranger ; que si ce dernier a consenti à recevoir paye-
« ment de personnes autres que celles dénommées auxdits
« actes, ce consentement ne pourrait lui être utilement op-
« posé qu'autant qu'il aurait, *lui*, ou ses *ayants cause*, re-
« noncé formellement au droit d'agir pour le tout contre les
« contractants primitifs, ce qui n'est nullement établi ;

« Attendu, quant à la solidarité, qu'elle n'est point sti-
« pulée, qu'elle ne se présume pas, que par conséquent
« A... ne peut obtenir contre chacun des contractants qu'une
« condamnation pour sa part ;

« Sur le troisième moyen :

« Attendu que le séquestre dont parle Roulland *est une*
« *mesure qui* a été prise par erreur, ainsi qu'il résulte d'une
« *lettre administrative du 2 décembre 1854, émanant du di-*
« *recteur chef du service des domaines* à Alger, laquelle
« constate que, pour réparer cette erreur, la restitution de
« la rente a été ordonnée par décision ministérielle [1] au
« profit d'Ahmed-Ben-Mohammed-Ben-Mousli ;

« Attendu que si Roulland et consorts ont payé des arré-
« rages ou obtenu une réduction sur ladite rente, *ce qui*
« n'est nullement établi (je suis surpris de ces expressions,
« car le défenseur devait avoir aux mains les pièces justi-
« fiant le fait de payement !...), ces payements ou réduction
« ne peuvent préjudicier ni à Ahmed-Ben-Mohammed-Ben-
« Mousli, ni à son cessionnaire, sauf à Roulland et consorts
« à procéder ainsi qu'ils aviseront à l'égard de l'Etat, à rai-
« son *du payement de l'indu ;*

« Sur le quatrième moyen :

« Attendu que la prescription édictée par l'art. 2277 est
« opposable dans l'espèce ;

---

[1] Qu'un tribunal s'incline devant un arrêté ministériel pris par un ministre dans ses attributions, je le conçois ; mais qu'un tribunal s'incline devant la simple lettre d'un agent de domaine attestant l'existence
d'un arrêté ministériel qu'on ne produit pas... c'est un peu fort...

« Attendu que les motifs sus-énoncés s'appliquent aux
« trois autres défendeurs, sauf le bénéfice de la prescription
« qu'il n'appartient pas au tribunal d'appliquer d'office ;

« Attendu que les quinze annuités demandées s'élèvent à
« la somme de 5,400 fr., qu'une nouvelle annuité est échue
« postérieurement à la demande, la somme totale des arré-
« rages s'élève à 5,760 fr.;

« Attendu que sur cette somme Roulland doit être con-
« damné à payer : 1° celle de 575 fr., représentant le quart
« des cinq dernières annuités échues au jour de la demande;
« 2° celle de 90 fr., formant le quart de l'annuité échue pos-
« térieurement, soit la somme totale de 660 fr. et les inté-
« rêts de droit ;

« Attendu que Bon Vildieu, Alphonse Delaunay et Dela-
« planche sont tenus chacun pour un quart du payement de
« la somme de 5,760 fr. sus-arrêtée et des intérêts tels que
« de droit ;

« Attendu qu'en cas de non payement, la résolution du
« contrat de vente doit être prononcée *avec dommages-*
« *intérêts;* que le tribunal a des éléments suffisants pour
« fixer le montant desdits *dommages-intérêts;*

« Attendu qu'il y a titre, que c'est le cas d'ordonner l'exé-
« cution provisoire demandée,

« Par ces motifs,

« Donne itératif défaut contre Bon Vildieu et Dela-
« planche, *donne acte à A...* de ce qu'il déclare que Pierre-
« Alphonse Delaunay était décédé antérieurement à la de-
« mande introductive d'instance, déclare en conséquence
« frustratoire la procédure suivie à l'encontre de ce dernier
« (M. Delaunay fils doit s'estimer fort heureux de cette at-
« tention de M. A...!), donne défaut contre Alphonse De-
« launay, condamne Roulland à payer à A..., la somme de
« 660 fr. pour les causes sus-énoncées, et les intérêts cal-
« culés à 10 p. 100 par an, à partir du jour de la demande,
« mais sur la somme de 575 fr. seulement ; condamne Bon

« Vildieu, Delaplanche et Alphonse Delaunay à payer à A…
« la somme de 1,440 fr., formant enfin celle de 5,760 fr.
« sus-spécifiée et les intérêts calculés à 10 p. 100 du jour de
« la demande, mais sur la somme de 1,350 fr. afférente aux
« annuités échues au jour de la demande ; dit que faute par
« les défendeurs, ou l'un d'eux, de payer les sommes ci-
« dessus fixées dans le délai de deux mois, à partir de la
« signification du présent jugement, la vente consentie par
« les actes du 20 février 1834 et 18 mai 1835 [1], sera et de-
« meurera résolue ; »

« *Condamne, pour ce cas, les défendeurs en retard à payer*
« *conjointement la somme de* 1,800 *fr. à titre de dommages-*
« *intérêts,* la résolution du contrat de même que la con-
« damnation aux dommages-intérêts ne devant avoir effet
« que dans la proportion d'un quart contre chaque défen-
« deur ; *ordonne que le présent jugement sera exécutoire*
« *par provision, nonobstant opposition ou appel et sans*
« *caution ;*

« *Sur les autres dires, faits et conclusions des parties, les*
« *met hors de cause…* » (J'ignore à quelles dires ou conclusions cette portion de dispositif du jugement peut s'appliquer, puisque l'expédition ne reproduit que les conclusions que j'ai transcrites ci-dessus ! ! !…) « Condamne A…
« aux dépens à l'égard de *Pierre-Alphonse Delaunay ;* con-
« damne Roulland, Bon Vildieu, Delaplanche et Alphonse
« Delaunay au surplus. »

Tel est ce jugement, qui, quoique en apparence assez fortement motivé, n'en contient pas moins d'étranges doctrines
qu'il convient de relever pour s'édifier sur la situation des

---

[1] Si le contrat du 18 mai 1835 ne constituait qu'une simple quittance donnée aux trente-cinq personnes y dénommées, il n'y avait pas lieu à en conclure la résolution, ni même à l'ordonner… mais c'est qu'il y avait eu, dans cet acte, reconnaissance des nouveaux débiteurs et élection de domicile entre eux et les créanciers pour ce qui avait trait à la rente due !…

choses algériennes et le préjudice que le trésor éprouve dans le défaut d'application stricte de la loi contre les acquéreurs de rentes, qui, achetant à très-bon compte, parviennent à se soustraire même aux frais de la signification de transport, frais qui, s'ils étaient faits, diminueraient un peu (quoique faiblement) le bénéfice de leurs spéculations, dont le trésor recevrait une parcelle.

PREMIÈRE RÉFLEXION.

Devant les magistrats de Blidah, il a été forcément question des payements faits depuis 1850 (puisqu'un des motifs du jugement porte que *le fait n'est pas justifié*...) ; il a été question des payements des arrérages jusqu'en 1840, du transport fait à cette époque aux époux Dumoy, des arrérages de cette même rente jusqu'en 1846... de l'acte arabe joint au transport de 1840, prouvant que Ben-Mousli père avait laissé plusieurs enfants... de la procédure intentée en 1849 par la grand'mère et tutrice des enfants Ben-Mousli... M. le *défenseur* qui avait aux mains le rapport de 1851, où il est question de cette action (pages 97 et 100), et le rapport de 1847, où il est question des époux Dumoy (page 39), et des offres faites au receveur de Blidah pour l'obliger à recevoir, *n'a pu* nécessairement ne pas faire d'observations à cet égard. (Je ne m'occupe pas encore des conclusions qu'il a prise, et que la copie du jugement a reproduites ! ! !...)

Comment donc le tribunal a-t-il pu ne pas se préoccuper de ces faits, et surtout dire à propos de l'acte arabe de 1852 invoqué par M. A..., à l'appui de son transport, *qu'en l'absence de toute preuve contraire*, cet acte de 1852 établissait à suffire les droits du cédant.

L'articulation positive qu'un autre acte arabe de 1840, reçu par le même cadi, prouvait, ainsi que l'action de 1849, l'existence de plusieurs enfants Ben-Mousli, eût dû arrêter le tribunal !.... Le parquet lui-même eût dû avoir à s'en préoccuper ;

car on avait à l'audience même la révélation que des attestations contradictoires avaient été données sur un même fait, à des époques différentes, et il était naturel avant tout d'éclaircir la vérité et de punir ceux qui avaient menti... et de se préoccuper de cette bizarrerie, qu'en 1850 on avait forcé les débiteurs à faire des offres pour se libérer à Blidah du premier huitième du capital de leur rente et des arrérages !!!... On devait de ces faits induire que le conseil supérieur du gouvernement et le ministre auraient bien pu être trompés en levant le séquestre... et c'était le cas, avant de statuer, de vouloir que la lumière se fît à cet égard!...

Au contraire, le tribunal s'incline devant la simple attestation *signée de M. Fabre*... et tout est dit... et il ne tient même pas compte des payements *faits jusqu'en* 1840... et n'exige pas (si M. le défenseur n'avait pas les expéditions des quittances dans ses mains) que la preuve de ces payements soit rapportée!... Et alors cependant M. A... avait eu tout le temps de connaître et l'acte de 1840 et les quittances qui l'avaient précédé... dans une lettre du 9 janvier 1855, adressée par son conseil à M. Guiot, à Blidah ; ce conseil lui-même reconnaissait que les arrérages ne pouvaient être réclamés, même dans le système de son client, que depuis le 20 février 1846... ce qui, cependant, ne l'empêchait pas de réclamer seize ans d'arrérages devant le tribunal.

Malgré soi on s'étonne d'un pareil résultat, parce qu'il n'est pas admissible que le défenseur de la Compagnie Rouennaise (défenseur dont la capacité, le zèle et le dévouement à ses clients sont bien connus) n'ait pas, dans sa plaidoirie, relevé tous ces faits... et j'avoue que je ne vois d'explication possible aux motifs qui ont déterminé les magistrats de Blidah dans leur décision, que dans la position anormale de la magistrature algérienne, qui, à défaut du bienfait de l'inamovibilité, ne peut rien faire quand elle se trouve en face d'actes qui émanent ou du gouvernement militaire de l'Algérie, ou du ministère de la guerre... Ce motif seul a pu leur imposer d'admettre sans plus de contrôle l'attestation contenue au certificat de M. Fabre, *appelé lettre administrative* dans un des motifs de la décision rendue!

Or, de la part du tribunal, dire que cette lettre administrative *ne suffisait pas!*... qu'il fallait lui représenter l'arrêté du conseil supérieur et la décision ministérielle dont était question dans cette lettre administrative, avant qu'on pût y avoir égard... et ne tenir aucun compte des faits que la discussion de l'audience avait dû révéler, c'eût été de sa part paraître vouloir s'immiscer dans la connaissance d'actes de l'administration... des motifs qui avaient conduit à lever le séquestre... l'exposer à dire qu'on avait pu tromper le conseil, ou au moins lui donner des documents inexacts en signalant les actes arabes si contraires de 1840 et 1852... Et la position faite à la magistrature, et les habitudes reçues ou imposées avec le temps, ne l'autorisaient pas à se livrer à une pareille immixtion... et lui faisaient un devoir de se contenter de la lettre administrative en question!...

Qu'on y prenne bien garde!... une pareille situation est anormale!... elle est souverainement malheureuse, car elle ne permet pas, même aux magistrats, de révéler à l'autorité supérieure qu'elle a pu être trompée... qu'elle a cru à des documents inexacts et mensongers, et l'engager à en rechercher les auteurs et à punir même des coupables quand il peut y en avoir!... Loin de moi... bien loin de moi la pensée de songer à jeter un blâme déplacé et immérité sur la conduite des magistrats dans cette occasion... mais, assurément, on ne peut s'étonner que je les plaigne, au moins, quand on sait que, depuis 1847, je n'ai cessé de mettre en avant le besoin de leur conférer l'inamovibilité, parce qu'ils seraient à même ainsi d'agir plus à l'aise au respect de l'autorité supérieure, et de l'avertir quand ils croiraient s'apercevoir qu'elle a dû être trompée ou s'en être rapportée à des apparences mensongères!...

Assez sur ce point, auquel j'engage de tous mes efforts à

bien réfléchir ceux qui, par leur position, pourront s'occuper des modifications à introduire dans les institutions algériennes!...

Mais, ministre de la justice ou même de la guerre, et pour l'honneur des principes, je voudrais encore m'enquérir minutieusement, et par des gens *sûrs*, de la manière dont les choses se sont passées lors de ce jugement... qui, évidemment, et à ce premier point de vue, doit frapper l'attention de ceux qui, sans parti pris ou de blâmer ou *d'admirer quand même,* aiment à se rendre compte et à apprécier!...

DEUXIÈME RÉFLEXION.

Le tribunal de Blidah ne donne par son jugement qu'un simple défaut (permettant éventuellement la voie de l'opposition) sur M. Delaunay fils, parce que, depuis l'introduction de l'action, M. A... aurait reconnu que M. Delaunay père, étant mort depuis plusieurs années, l'assignation à lui délivrée chez M. Martin, notaire, n'avait pu l'être valablement, et qu'il fallait s'adresser directement au fils, et par exploit nouveau!... Puisque le tribunal l'a ainsi admis, comment a-t-il pu être conduit à prononcer une condamnation contre M. Delauny fils?... Là encore se trouve une nouvelle bizarrerie algérienne, que je rattache à cet ensemble de peu de bon vouloir... à ce je ne sais quoi de mystérieux et de non saisi encore, qui a souvent exposé la Compagnie Rouennaise à des déceptions singulières. Voyons à nous expliquer à cet égard. Dans le second des motifs du jugement de Blidah, *on vise* la signification de transport faite par M. A..., le 12 janvier 1855, à M. Guiot (qui n'avait aucune qualité pour cela; je m'en expliquerai bientôt)...

Et plus tard on vise aussi l'assignation donnée à M. Delaunay père, chez M. Martin, pour *la déclarer* fruste et inutile (et laisser les frais au compte de M. A...), parce qu'il est reconnu qu'il était mort longtemps avant l'action!... Or, cela étant, puisqu'on a cru devoir procéder par assignation nouvelle contre M. Delaunay fils, il aurait fallu, avant tout, lui signifier le transport de M. A... pour être saisi, aux termes de l'article 1690. Or, la signification du 12 janvier 1855, faite à M. Guiot, au nom des quatre personnes (dans lesquelles figurait M. Delaunay père, reconnu depuis mort longtemps avant), ne pouvait rien signifier (en dehors de son autre nullité radicale!), au respect de M. Delaunay fils, qu'on faisait assigner plus tard et séparément; et, par rapport à lui, le tribunal eut dû, ce me semble, déclarer l'action de M. A... *non recevable*, faute de signification préalable du transport.

Avant d'accorder les fins d'une demande, le magistrat l'examine... il vérifie la procédure, et si l'action n'est pas régulièrement introduite, il la rejette, sans qu'il soit besoin à l'assigné de se présenter pour se défendre; car la justice *veille pour tous*, présents comme absents. Or, comme on n'excipait pas d'autre signification de transport que celle du 12 janvier 1855 (alors que depuis on reconnaissait M. Delaunay père mort depuis longtemps), force était de déclarer le réclamant non recevable, puisqu'il n'était pas saisi, au respect de son prétendu débiteur. M. Delaunay aurait ainsi gagné son procès sans se défendre, cela est vrai; mais cela était arrivé déjà devant le même tribunal le 15 novembre 1850, affaire Sionville (voir rapport de 1851, page 67), et, depuis le 13 mai 1856, contre des époux Galula. (Je parlerai plus tard de cette affaire, en indiquant ce qui me semble constituer chez MM. du domaine un mauvais vouloir systématique, ou se rattachant à l'influence ignorée, mais si funeste à la Compagnie Rouennaise.) Le sieur Sionville et les époux Galula, sans s'être défendus, n'avaient pas moins vu la justice repousser les actions formées contre eux... et dans l'espèce de l'affaire intentée par M. A..., et avec les circonstances qu'on en connaît maintenant, il eût paru tout naturel qu'on le déclarât non recevable dans sa demande, *sans* s'occuper même du bénéfice de l'ordonnance de 1843, à laquelle j'arriverai bientôt par une autre réflexion qui s'appliquera aussi à M. Bruat, auquel il me tarde de revenir.

TROISIÈME RÉFLEXION.

Par son jugement, le tribunal de Blidah prononce 1,800 fr. de dommages-intérêts pour le cas où sous le délai de deux mois on n'aurait pas payé la condamnation rendue, et où, par suite, M. A... *en serait réduit à rentrer* en possession des biens vendus par Ben-Mousli père, en 1834... Là encore il y a matière à réfléchir... Dans les conclusions prises par M. A... et reproduites dans la copie du jugement en question, on ne trouve pas de demande de cette nature pour indemniser son client au cas prévu.

Une pareille demande ne se supplée pas, et dans les circonstances que les plaidoiries avaient dû forcément révéler, on ne devait pas considérer M. A... comme fort à plaindre, *dans le cas* où il lui aurait fallu reprendre les propriétés grevées de sa rente.

Depuis 1834, l'état de choses avait bien changé en Algérie!... on avait créé des routes... des villages... celui de l'Oued-Halleig (traversé par la grande route de Blidah à Koleah); depuis 1854, la Compagnie Rouennaise avait fait cultiver une partie de l'Haouche-Kouch... Elle y avait même bâti une maisonnette pour le sieur Ferey, en 1851... (époque à laquelle elle espérait obtenir, à titre d'échange, de compensation, etc., etc., la part de l'Etat...) Elle avait même offert à payer cette part sur le taux de 100 fr. l'hectare, dans les propositions faites... Le rapport de 1852, à partir de la page 16, s'explique longuement à cet égard. Or, M. A..., non payé de la condamnation qu'il sollicitait, fût rentré ainsi en possession de plus de 200 hectares de terre, qui, en les calculant sur le taux de 100 fr. offerts à l'Etat, valaient plus de 20,000 fr. assurément; de sorte qu'en présence des 4,000 fr. qu'il avait versés (dit son acte) au jeune Ben-Mousli! on ne devait pas le considérer comme trèspréjudicié, tandis que, par contre, on devait tout naturellement trouver fort à plaindre les membres de la compagnie, réduits à se laisser ainsi déposséder d'une propriété qui avait eu tant d'envieux et donné lieu à tant et tant de singularités... dont le résultat est encore dans l'inconnu!...

Or, il est remarquable que ces 1,800 fr. de dommages-intérêts accordés hypothétiquement, le sont en faveur d'un homme dont les titres devaient bon gré mal gré porter à réfléchir, contre des gens qui avaient fait des versements à l'Etat depuis 1850... et qu'on réduisait à faire à grands frais des justifications pour se faire rendre ce qu'ils avaient payé *par suite* d'un séquestre mis, dit-on, par erreur!... Ces réflexions devaient porter à rendre d'autant plus sobre de dommages-intérêts éventuels qu'on en avait refusé devant le même tribunal : 1° le 28 novembre 1851, contre le sid Ben-Schergnoun, qui cependant avait occupé une grande partie de l'Haouche-Kouch (qu'il occupe encore, je crois!), bien qu'il y eût des conclusions à cet égard... que la cour avait confirmé la décision à ce sujet de refus d'indemnité, décision contre laquelle un pourvoi en cassation a été admis le 15 décembre 1852 (voir rapport de 1852, pages 128 à 131); 2° que dans l'affaire Embarek (dont j'ai parlé) on n'avait accordé que 600 fr. pour un tort matériel bien plus grave que celui que M. A... fût resté exposé à subir, s'il avait eu à reprendre la propriété dont s'agit; 3° que dans les affaires Baccuet, Darnaud et d'autres, dont il est question aux rapports précités, et bien qu'on eût à se défendre des actions les plus étranges... (avec obligation de faire imprimer de longs mémoires, pour que les faits fussent bien expliqués et qu'il n'y eût pas d'erreur possible...). Cependant, la justice n'avait rien accordé... pas même les frais d'impression de mémoire!... Il est vrai que ces individus habitent l'Algérie, y sont répandus, et n'ont pas suscité contre eux les mauvais vouloirs que ces rapports ont pu provoquer, bien qu'ils n'eussent en vue cependant que d'aider au développement algérien autant que de servir mes cointéressés, et non de faire la guerre à qui que ce soit... tout en exprimant des regrets généraux sur certains faits !...

Dans ces dommages-intérêts éventuels, je trouve encore M. A... fort heureux, comme dans tout ce qui a préparé son transport et la levée du séquestre !... Il faut que dans sa défense on ait été bien habile, et qu'on y ait représenté la Compagnie Rouennaise sous des couleurs bien fâcheuses pour que la justice ait pu se déterminer à la traiter si sévèrement... *et à ordonner même l'exécution provisoire sans caution*, et malgré appel, etc., etc.

Ces faits me semblent aussi dignes de sérieuses observations !...

Les dommages-intérêts accordés éventuellement à M. A..., et les faits que je viens de signaler... et les incertitudes d'appréciations que m'ont inspiré la lecture de l'arrêt Embarek (page 192), et le jugement obtenu par M. A..., me portent, avant de passer à *une quatrième* réflexion, à rappeler ici, et sur-le-champ, une autre *singularité* judiciaire algérienne.

Faits. — Village de l'Afroun.

Le village actuel de l'Afroun (sur la route de Blidah à Cherchell) a été établi depuis 1848, sur une terre du nom d'El-Hakem, ou Hatchibraham, faisant partie de celles vendues à la Compagnie dite Rouennaise. (Voir pages 64 et suivantes du rapport de 1852.)

Il était dû sur cette terre une rente de 400 fr., *servie et acquittée* jusqu'au 15 mars 1843; elle donna lieu à divers transports et à différents procès, dont il est question aux rapports de 1847, 1849, etc., etc.

Dès le 27 octobre 1846, le domaine avait été appelé en cause dans un des procès relatifs à cette *grosse mystification algérienne*, et, le 18 novembre de la même année, le domaine avait fait des réserves pour faire examiner les titres de propriété par l'administration du contentieux.

En 1848, on fut informé que l'Etat voulait prendre cette propriété pour y créer un village... Le 15 septembre 1848, on adressa une pétition pour s'opposer à la dépossession ; il en *fut accusé réception le 15 octobre* suivant, 2ᵉ bureau, n° 1015... Puis, le 1ᵉʳ décembre suivant, une protestation par huissier fut signifiée, contre toute dépossession, au directeur des finances !... Dès le 8 février 1847, et sous le n° 287, on avait demandé la délimitation de cette terre, et déposé deux titres à l'appui !... Malgré les protestation et pétition, on passa outre, et, sans *aucun arrêté officiel pris et notifié à l'avance*, l'Etat se mit en possession et créa le village actuel de l'*Afroun*...

Malgré tout cela, et *bien que les prétendus propriétaires* de la terre dont s'agit *n'eussent absolument rien*, un des divers cessionnaires de la rente en question fit conduire des saisies-arrêt pour arrérages dont il se disait créancier... Un jugement du 17 janvier 1849, rendu à Alger, en prononça la mainlevée, *mais sans accorder* aucuns dommages-intérêts...

Mais voilà qui est plus fort et qui tient du merveilleux !... (Ce n'est pas un conte, comme on pourrait le penser... c'est de la réalité positive !...) Un autre individu, cessionnaire (aussi *en règle* que tous ceux qui l'avaient précédé) d'une portion d'arrérages de cette rente, cause d'un si bon trafic... et bien qu'avec un titre, *bon* ou *mauvais*, il ne pût avoir de droit hypothécaire que sur cette terre *El-Hakem !...* cet autre individu, dis-je, imagine de faire saisir immobilièrement, sur ses prétendus débiteurs (et sans leur avoir jamais signifié aucun transport), une autre propriété située à Birkadem, à sept ou huit kilomètres d'Alger !...

Il avait trouvé un huissier assez stupide, ou assez osé, pour pratiquer une pareille saisie, *sans aucun mandat spécial*, sur un bien sur lequel, *le* prétendu créancier, *n'avait jamais eu la plus petite apparence même de droit hypothécaire !...*

S'il faut s'en rapporter à l'agent qu'on avait trouvé en 1847, et qu'on eut le tort de conserver jusqu'à la fin de 1849, à Alger... cet agent n'aurait reçu ni signification de transport... ni commandement préalable!... et il aurait *appris seulement*, par la dénonciation qu'il en aurait reçue, que le 14 *novembre* 1847 on avait eu *l'extravagante idée d'aller saisir* immobiliairement une propriété à Birkadem, à raison de 400 fr. d'arrérages réclamés, d'une rente *grevant, disait-on,* la terre *El-Hakem...* après laquelle on courait déjà à cette époque, aussi inutilement qu'on l'a fait depuis !...

Informé d'une aussi ridicule et odieuse procédure... je rédigeai, pour les intéressés, un mémoire très-court, terminé par des conclusions relevant ce qu'il y avait *d'inouï* et de criminel de *lèse-raison* dans une pareille procédure... Aussi, pour faire un exemple, on réclamait 1,500 fr. de dommages-intérêts ; on désirait *faire flétrir par la justice* une menée que l'on supposait imaginée pour effrayer les membres de la prétendue Compagnie Rouennaise... les décider à donner leurs biens pour rien, afin de n'en plus entendre parler !...

Ce mémoire, imprimé, publié, signifié et remis (si on a suivi les intentions des intéressés) aux magistrats qui devaient statuer... fut suivi d'un jugement le 14 *juin* 1849 !...

Ni l'agent dont j'ai parlé, ni le défenseur n'informèrent les intéressés de cette décision... mais le 25 mars 1850 seulement, pendant que j'étais à Alger, j'eus l'occasion de lire ce jugement, *qui s'était borné à annuler la saisie...* à condamner le saisissant aux dépens..: sans dire un mot de la conduite de l'huissier, *et sans accorder un centime de dommages-intérêts* pour couvrir au moins les frais du mémoire publié !...

Maintenant que je puis réfléchir un peu plus à l'aise sur

la conduite de l'agent de 1847... sur les divers faits qui se sont accomplis depuis son remplacement... sur le fait qu'au 14 *juin* 1849, *il savait positivement* que (malgré la pétition du 15 septembre 1848, et la protestation qu'il avait fait *signifier lui-même*, le 15 octobre suivant) la terre El-Hakem avait été prise par l'Etat... qu'on y bâtissait un village... alors que cet agent savait ces faits et avait dû en référer au défenseur, qui avait dû les reproduire au tribunal!... je me demande encore comment il est humainement possible que les magistrats (si on leur a remis le mémoire imprimé... et si on leur a expliqué les faits survenus depuis...) aient pu ne pas se révolter contre la scandaleuse poursuite qu'ils annulaient à cette date du 14 juin 1849!... et comment ils auraient pu trouver qu'il n'était rien dû à titre de dommages-intérêts!... Là encore, il doit y avoir un mystère algérien!...

L'homme au nom duquel cette saisie immobilière avait été pratiquée est un homme intelligent et capable... Déjà bien posé à Alger en 1847, ayant de très-nombreux obligés, car il a acquis passablement de rentes et doit avoir été le banquier de bien des gens!... cet homme bien posé et habile en affaires n'a dû prêter que son nom à une poursuite si radicalement et absurdement ridicule!...

Mais enfin comment a-t-il pu s'y prendre, en face du mémoire *imprimé et signifié* et des faits ci-dessus, pour que la justice ait pu refuser tous dommages-intérêts... et que l'huissier lui-même n'ait pas été vertement et sévèrement *tancé*... s'il n'y avait rien de plus à faire?...

Si j'étais ministre de la justice ou grand dignitaire de l'Etat, je voudrais, tout en cherchant à faire expliquer l'arrêt Embarek et l'affaire A... (pages 202 et suivantes), chercher à voir clair aussi dans cette affaire de saisie immobilière... je voudrais faire rappeler les souvenirs des magistrats qui ont statué au 14 juin 1849, afin de savoir si les débats ont été animés devant eux... ce qu'on a pu dire pour excuser la poursuite de saisie immobilière et l'huissier qui l'avait pratiquée... et arriver à ce résultat qu'on n'ait pas même trouvé rationnel d'accorder un chiffre tel quel de dommages-intérêts!

A cet égard, je n'agirais certes pas en vue de punir (car à supposer qu'il y eût lieu, tant d'autres cas équivalant ont dû se présenter; que le mieux peut-être ou le moins mauvais est de faire de l'amnistie!...), mais pour arriver à reconnaître à l'aide de quelles combinaisons on a pu parvenir à tant de résultats si étranges... à tant de solutions de toute espèce qui mettent la raison en défaut... A ce moyen, et après des recherches minutieuses, on serait à même d'aviser aux moyens de prévenir le retour de pareilles drôleries!...

Je sais bien que j'ai plusieurs fois entendu dire que l'administration supérieure ne pouvait s'occuper ainsi de faits particuliers qui ne la concernaient pas d'une manière directe... mais j'en ai signalé et j'en indiquerai encore qui la concernent directement, et dans ces occasions, les drôleries ne sont pas moins étranges... Mais on se trompe fort en suivant comme bon ce système de non intervention pour s'éclairer quand on le pourrait... Ces faits d'intérêts particuliers font par leur nombre, et reliés à d'autres faits, ce qui constitue précisément la raison d'être et la nécessité de tant d'administrations diverses qui régissent le pays et qui viennent se concentrer dans le pouvoir suprême du chef de l'Etat... Or, il est des circonstances où il importe de se préoccuper de certains faits particuliers pour y puiser d'utiles documents, pour se mettre en garde contre des piéges et y puiser le moyen de sauvegarder les intérêts généraux.

En effet, lorsque des mystifications se reproduisent souvent... lorsque les mystifiants en recueillent toujours les bénéfices... à raison peut-être de ce qu'ils sont sur les lieux, les mystifiés se dégoûtent d'un pays où la protection qu'ils obtiennent ne leur paraît pas suffisante, où par l'incurie ou le peu de loyauté de leurs agents... ou par la faiblesse ou la mollesse de ceux qui pourraient et devraient peut-être leur venir en aide... ou par des considérations qui empêchent que les mystifiants ne soient dévoilés et mystifiés à leur tour. En procédant ainsi, on nuit, sans le vouloir, aux véritables *intérêts* algériens, on en éloigne des gens dont le concours pourrait être utile à la colonisation, soit par leurs bras, soit par leurs capitaux, qu'ils craignent d'aventurer de nouveau, ou dans de plus grandes proportions, sur une terre qui ne leur a produit que des déceptions!...

Quoi qu'on en dise ou pense... cette considération vaut bien aussi qu'on la pèse au lieu de la *rejeter dédaigneusement!*...

QUATRIÈME RÉFLEXION.

Elle a une véritable importance au *point de vue fiscal*, et de l'interprétation de l'ordonnance de 1843 sur la procédure, et sur sa singulière application au profit des acheteurs de rentes, contre les acquéreurs imprudents des biens qui en sont grevés! Elle a son application aussi contre M. Bruat, cause indirecte de tant de citations, et a pour justification ce qui déjà s'est passé au tribunal de Blidah, les 17 novembre 1852 et 20 juillet 1853, et le 4 décembre 1854, devant la cour d'Alger.

D'abord, occupons-nous des ordonnances.

En 1844, les acquéreurs de biens arabes avaient paru si scandaleusement volés en général, qu'on voulut venir à leur secours, car on savait déjà le commerce établi à leurs dépens par les acheteurs de rentes!... On créa des interdictions d'acquérir... on fit même des prescriptions qui sentaient trop la loi du sabre... car on s'empressa, en 1845 et 1846, d'introduire des modifications à ce qu'on avait ordonné d'abord... Mais le but constant ce fut, en aidant au travail de la colonisation, de protéger efficacement les imprudents qui, dans l'origine, avaient acquis des biens ou qui n'existaient pas... ou qui n'avaient pas toujours la cinquantième partie des contenances promises... et à l'occasion desquelles, même en 1847, au mois d'avril, on m'engageait à ne pas m'occuper pour tout ce qui alors n'était pas encore en territoire civil et *en deçà* du fossé d'enceinte, assez près de la Chiffa... *Qu'on* n'oublie pas ce fait : cette invitation avait lieu en 1847 encore, car on trouvait sage et prudent de ne pas troubler les Arabes établis sur des biens dont on se disait propriétaire !... Et, maintenant, comme je le dirai plus tard, MM. du domaine voudraient tirer un parti rigoureux de l'ordonnance de 1844 (affaire Galula !...) pour opposer à ceux qui réclament leurs biens au delà de cette limite, qu'ils ne sont pas fondés à le faire et que leurs acquisitions *sont nulles*, faute de prise de possession avant 1844... quand au moins, pour *essayer de posséder*, il aurait fallu savoir où se trouvaient les biens acquis !... avoir dans le concours de l'autorité le moyen d'expulser les occupants, etc., etc., et quand, en 1847, on engageait à ne pas s'en occuper !... Mais n'anticipons pas.

Dans ces ordonnances, on voulait aider les acquéreurs de biens ; si pauvre opinion qu'on pût avoir de beaucoup d'entre eux, de leur inutilité au point de vue du développement de la colonisation, parce qu'on les considérait en général comme des brocanteurs ou des spéculateurs... au moins, on les croyait encore plus dignes d'intérêt que les brocanteurs de rentes, qui eux achetaient pour rien (ou à peu près) et à coup sûr des créances sur des individus (dont à l'avance on pouvait s'assurer la solvabilité !...), tandis que ces mêmes individus en étaient, comme tous les Jérôme Paturot, à demander aux échos algériens *où pourraient bien se trouver leurs domaines*, décrits d'une manière si pompeuse dans les actes arabes dressés pour les en faire propriétaires !...

En voulant de la protection pour les acquéreurs de biens, on en voulait aussi en faveur des cessionnaires de rente ; car, devant la loi, chacun a droit à la conservation paisible de de ce qui lui appartient légitimement.

On savait bien, par les transcriptions opérées au bureau des hypothèques d'Alger et par les notes de l'enregistrement, que dans une foule de contrats d'achat de biens arabes, on avait fait des élections de domicile à Alger, chez des notaires ou des mandataires, pour convenir du lieu où les rentes constituées seraient payées ; et comme on voulait surtout aller vite (trop vite même, à cause des habitudes militaires qui, faute de les connaître, font trop bon marché des formes judiciaires et des avantages réels qu'elles procurent aux intérêts généraux), on avait décidé, dans l'ordonnance du 26 septembre 1852, qui commençait à créer une justice se rapprochant un peu de celle française, que toutes les instances seraient dispensées de conciliation préalable ; et comme on ne pouvait se montrer à cheval sur des formalités ignorées en grande partie par ceux qu'on investissait du rôle d'auxiliaires de la justice, on y décréta que les nullités seraient facultatives... On laissa à cet égard liberté entière aux magistrats pour les accueillir ou les rejeter.

Mais on s'aperçut bientôt que ce mode de procédure était un peu trop draconien, et on arriva, dans l'ordonnance du 16 avril 1843 (qui constitue encore la loi algérienne en cette matière), à dire, dans l'article 46, qu'on maintenait en grande partie la disposition de l'article 69 de l'ordonnance de 1842 (ce qui fut une disposition regrettable, ainsi que je le signalais en 1847!...); mais aussi on fit, dans l'article 2 de cette ordonnance de 1843, une disposition qui au moins devait un peu rassurer les acquéreurs de biens contre la négligence ou la déloyauté possible de leurs anciens agents, ou de ceux où des domiciles avaient été élus, et contre MM. les acquéreurs de rentes. On conçut ainsi cet article 2 :

« Aucune citation ou signification ne pourra être valable-
« ment faite qu'à la personne, ou au domicile réel ou d'élec-
« tion, ou à la résidence de la partie citée.

« *Sera nulle* toute signification ou citation faite à la per-
« sonne ou au *domicile d'un mandataire*, à moins qu'il ne

« soit *porteur d'un pouvoir spécial et formel* pour répondre
« à la demande... *Cette nullité devra être prononcée en tout*
« *état de cause sur la demande de la partie intéressée, et*
« *même d'office par le tribunal!...* »

Voilà une disposition *nette, claire, précise* qui ne permet aucune ambiguité... *nullité absolue* (à *imposer même d'office*) de toute citation ou assignation *à un mandataire, à moins qu'il ne soit porteur d'un pouvoir spécial et formel de défendre à la demande*.

C'est donc à celui qui a une citation ou une assignation à délivrer à un individu, au domicile d'un prétendu mandataire, à s'assurer que ce mandataire a bien le pouvoir *spécial* et *formel* pour défendre à la *demande*, sans quoi toute procédure est nulle (et là il y a une nullité que l'article 46 de cette même ordonnance ne laisse pas même au libre arbitre du juge, surtout lorsqu'elle est opposée!...).

Partant de cette disposition si impérative, il s'ensuit pour les cessionnaires de rentes, qu'il leur faut, aux termes de l'article 1690, signifier leurs transports pour être valablement saisis au respect des débiteurs, soit à leurs *domiciles* réels, soit aux *domiciles* élus dans les *actes de constitution*, et *qu'ils ne peuvent les signifier à de prétendus mandataires* qu'à la condition formelle que ceux-ci auraient des *pouvoirs spéciaux* et *ad hoc* pour répondre à leurs significations, et par suite aux assignations en payement... et que ces significations et assignations doivent être données séparément, peu importe le lieu, *domicile réel* ou *d'élection*, ou *chez de prétendus mandataires à pouvoirs* spéciaux, *à chacun de ceux sur lesquels on prétend s'être* fait céder des rentes (s'ils ne sont débiteurs solidaires) ou que l'on veut faire assigner en condamnation... *Voilà* des règles qui ne supportent pas de contradiction.

En s'obligeant à des rentes en 1833, 1834 et depuis, par suite d'acquisition de biens, les premiers acquéreurs ne s'étaient pas interdit le droit de vendre à des gens qui auraient, eux, des mandataires autres que ceux de leurs vendeurs... Seulement, pour ces nouveaux acquéreurs, il leur fallait subir la loi du *domicile d'élection*, créé dans les actes originaires... et rien de plus ; car ces nouveaux acquéreurs et leurs héritiers ou successeurs, n'étaient pas tenus par la loi *de donner des pouvoirs formels et spéciaux* à chacun des mandataires que successivement ils pourraient prendre pour gérer leurs biens, à l'effet de répondre aux procès qui leur seraient faits, ni même recevoir des significations de transports (pour faciliter le commerce des rentes). Loin de là, ces mêmes acquéreurs se seraient bien gardés de donner de pareils pouvoirs à des mandataires souvent pris au hasard ; il y avait bien plus de sécurité pour eux à ce que chaque signification leur fût faite aux domiciles élus chez les notaires, qui, eux habitués aux affaires et connaissant l'importance de chaque acte, pouvaient en aviser les intéressés, et, en cas de décès, leurs héritiers.

Donc, pour le cessionnaire d'une rente, il ne peut rien signifier valablement à un *prétendu mandataire,* s'il n'a aux mains la preuve légale que ce mandataire a un pouvoir spécial et formel pour *lui répondre* et défendre à la demande judiciaire qu'on veut introduire.

En s'en tenant à ces dispositions si absolues de l'ordonnance précitée, il faut, pour le cessionnaire d'une rente, qu'il signifie ainsi (à défaut de cette preuve de pouvoir *spécial* et *formel*) ses actes et ses assignations au domicile élu dans l'acte constitutif du droit cédé... et que si le débiteur est mort, et si des actes ont prouvé son décès, il agisse contre les héritiers du décédé ou ses représentants, *toujours, il est vrai, au domicile élu* (s'il ne préfère agir contre eux à domicile réel), de manière à ce qu'il procède ainsi régulièrement, et, qu'en profitant de son droit, il n'ôte rien de la sécurité due aussi aux débiteurs.

Voyons donc comment les choses se passent en Algérie, dans la pratique, et avec qu'elle ténacité, et malgré l'intérêt du trésor public, la justice en agit en faveur de messieurs les acheteurs de rente.

Prenons d'abord l'exemple de l'affaire Ben-Ischti, jugée à Blidah, le 17 novembre 1852, confirmée en appel le 20 juillet 1853. (Il est vrai qu'un pourvoi en cassation, que redoute le bénéficiaire de cet arrêt, l'a empêché, je crois, jusqu'à ce jour, de le relever et signifier; au moins depuis mon abstention des choses de la Compagnie Rouennaise, je n'en ai pas entendu parler.)

En 1834, plusieurs Arabes vendent pour 27 hectares (une propriété reconnue depuis n'avoir jamais pu contenir au delà de 47 ares), moyennant une rente de 400 fr., qui a donné lieu à de nombreuses discussions, qui eussent été prévenues si on eût retrouvé plus tôt des copies d'assignation du 21 octobre 1845. (Les détails à ce sujet sont contenus aux rapports précités.) Il y avait élection de domicile chez M. Martin... les débiteurs originaires étaient MM. Vildieu, Delaunay, Delaplanche et Roulland, représentés depuis par tous les individus appelés Compagnie Rouennaise, et qui ont eu le malheur de plaider avec les auteurs de sid Ben-Ischti.

Le 3 octobre 1851, M. Ben-Ischti devient cessionnaire, dans des termes et des conditions incroyables, d'une fraction de cette rente de 400 fr. (Déjà le 14 juillet 1847, on avait déclaré les auteurs de M. Ben-Ischti non recevables, faute de signification du premier acte de commerce ou plutôt transport de cette même rente.) Au lieu de signifier cet acte aux individus qu'il savait être débiteurs, *ou au moins à MM. Vildieu*, Delaunay, Delaplanche et Roulland, au domicile de M. Martin, notaire, il fait le 8 *octobre* 1851, par acte d'un huissier de Blidah, et par une *seule copie*, signifier non pas les transports originaires propres à justifier son prétendu droit, puisque le jugement de 1847 lui était connu, mais son acte du 3 du même mois seulement, à *M. Vildieu et consorts, membres de la Compagnie Rouennaise, au domicile de M. D..., son mandataire spécial à Blidah...* Il est évident que cet agent n'avait jamais eu de mandat formel et spécial, ni de M. Vildieu, ni des trois autres personnes avec lesquelles il avait acquis en 1834 des biens sortis de ses mains depuis longtemps... personnes que cet agent n'avait jamais connues... C'est égal, la signification a lieu ainsi, et *par cette seule copie.*

Le 2 septembre 1852, ce même M. Ben-Ischti, qui sait bien que les débiteurs de 1834 ou sont morts ou ont cessé d'être débiteurs depuis 1835, s'imagine de faire assigner à domicile réel, à Rouen, *trois seulement* des membres de la prétendue Compagnie Rouennaise algérienne en condamnation solidaire, etc., etc.

Devant le tribunal de Blidah, et malgré la nullité *radicale* de la signification du transport fait le 8 octobre 1851, M. Ben-Ischti n'en obtient pas moins par défaut un jugement qui lui accordait sa demande, jugement que plus tard il faisait signifier à *un seul des trois assignés*, tant pour lui que *pour vingt-neuf autres* dénommés dans sa signification, et qu'il y appelle membres de la Compagnie Rouennaise.

Sur l'opposition, on opposa, mais inutilement (à raison des habitudes reçues et de l'espèce de faveur que partout on croit due, sans doute, à MM. les acquéreurs de rente), la nullité du transport, *signifiée par une seule copie à un* individu qui n'avait pas qualité pour la recevoir... qui n'avait aucun *pouvoir formel et spécial* pour défendre contre M. Ben-Ischti, et recevoir ni significations ou assignations... et de plus la nullité aussi de l'assignation donnée seulement à trois des intéressés à Rouen, etc., etc... Sur l'appel, la cour crut devoir confirmer, malgré les consultations de deux jurisconsultes fort distingués du barreau de Rouen !... tant l'habitude est enracinée...

Il s'agit d'examiner la question au point de vue fiscal seulement.

En validant ainsi une *signification faite par une seule co-*

pie à un individu qui n'avait ni qualité ni droit pour la recevoir, on rend, sans contredit, service aux cessionnaires de rentes, qui, s'appuyant sur cette jurisprudence, s'estiment heureux de pouvoir, à si bon marché, se trouver saisis de leurs prétendus droits, au respect des tiers qu'ils disent leurs débiteurs.

Ces frais de signification de transport sont une charge pour les acheteurs de rentes, et on leur adoucit la charge, en déclarant qu'une seule copie suffit... Cela peut être fort bien accueilli de la part des spéculateurs sur ce genre de biens... mais pour le trésor, il est privé de débit de timbre, de droits d'enregistrement, tandis que MM. les acheteurs de rentes se frottent les mains en voyant leurs bénéfices si peu écornés.

A signifier son transport à tous ses débiteurs qu'il connaît bien et à leur domicile réel en France, M. Ben-Ischti eût dépensé près de 500 fr., sur lesquels, en enregistrement et timbre, le trésor aurait reçu plus de 100 fr. En faisant la même signification aux mêmes débiteurs, mais au domicile élu en 1834, chez M. Martin, notaire, la même signification eût encore coûté plus de 300 fr. (car le timbre et l'enregistrement coûtent moins en Algérie qu'en France...), mais le trésor public eût encore reçu près de 50 fr.

A supposer même que M. Ben-Ischti se crût autorisé à ne signifier son acte qu'aux quatre débiteurs *non solidaires*, désignés dans l'acte de 1834, il eût fallu payer le timbre pour quatre copies, et l'enregistrement à raison de quatre personnes auxquelles il eût adressé sa signification. Il empoche ainsi et à son profit les trois quarts de ce qu'il aurait payé au trésor public, par le moyen économique qu'il a adopté et qu'il a été assez heureux pour faire consacrer par la justice.

Donc l'intérêt de l'Etat exige aussi qu'on se préoccupe de l'interprétation de cet article 2 de l'ordonnance de 1843 ; car la jurisprudence qui paraît suivie a pour but de le dépouiller de droits légitimement acquis.

Ceci dit (et l'explication s'en fera plus tard, et par des considérations plus fortes envers M. Bruat), j'en reviens à M. A... et au jugement qu'il a ainsi obtenu à Blidah.

Il s'est borné à faire une seule et unique signification à M. *Guiot*, au nom de MM. *Vildieu*, Delaunay, Delaplanche et Roulland (dont il aurait été le mandataire *général* et *spécial*, soit de la Compagnie Rouennaise, etc. etc.)

Mais comme je l'ai dit, M. *Guiot n'a jamais connu* MM. Vildieu et joints, ses prétendus *mandants spéciaux*... il n'a jamais reçu de pouvoir *formel et spécial* de qui que ce soit de ceux que M. A... appelle Compagnie Rouennaise, à *l'effet de recevoir les significations* ou assignations que pourrait vouloir leur délivrer M. A..., *qu'ils ne connaissaient pas, avec lequel* ils n'avaient jamais fait le moindre acte... Evidemment donc, M. Guiot ne pouvait avoir de mandat dans le sens de l'art. 2 de l'ordonnance de 1843.

M. A... l'a senti sans doute, puisque cinq semaines après sa signification de transport, *il faisait assigner au domicile élu en* 1834, chez M. *Martin, notaire*, non pas les trente-cinq personnes qu'il savait devoir en vertu de l'acte du 18 mai 1835!... mais MM. Vildieu, Delaunay, Delaplanche et Roulland, indiqués dans l'acte de 1834... Eh bien! pour être conséquent, c'est à eux et à ce domicile élu qu'il eût dû signifier son transport, *et non* à M. *Guiot*.

A procéder ainsi, le trésor public eût profité de droits de timbre, d'enregistrement dans les proportions que j'ai relevées pour M. Ben-Ischti, et le bénéfice de M. A... eût été un peu moindre; mais l'Etat en eût profité et les contribuables aussi, car ils payent d'autant plus d'impôts, que des gens habiles trouvent plus de moyens pour se soustraire à payer ceux qu'ils doivent légitimement, en vertu des lois d'enregistrement et de timbre...

Donc, il importe qu'on se préoccupe de cette question, même au point de vue domanial.

Mais, au respect de la justice, j'arrive à dire que *puisque M. A... ne justifiait pas de signification de transport régu-*

lièrement faite à un individu *établi avoir un pouvoir formel et spécial* de ceux qu'on avait voulu citer devant elle... puisque ainsi on n'avait pas satisfait à l'art. 1690, et par suite à l'ordonnance de 1843, *le tribunal de Blidah eût dû d'office, et en présence des circonstances spéciales à la cause*, déclarer l'action de M. A... non recevable.

Je sais bien que le tribunal pouvait se croire enchaîné par son jugement de 1852 dans l'affaire Ben-Ischti, où ce moyen avait été aussi présenté et écarté par la décision rendue... mais ce précédent ne pouvait le porter à ne pas modifier une jurisprudence qu'il aurait pu reconnaître mauvaise, contraire au texte et à l'esprit de la loi, et aux véritables intérêts du trésor.

Je regrette même que ces moyens *de nullité absolue n'aient pas été produits par l'honorable défenseur de Blidah, car le jugement rendu n'en dit pas un mot*, ce qui eût eu lieu évidemment, si on avait déposé des conclusions dans ce sens.

Peut-être le défenseur aura-t-il craint de passer pour irrespectueux envers la justice, en venant reproduire un moyen de forme déjà proscrit précédemment... Je ne serais pas étonné qu'avec la position anormale faite à la justice comme aux défenseurs mêmes, ils n'aient pas, comme en France, leurs coudées franches pour présenter les moyens qui pourraient leur paraître bons... lorsque déjà de semblables moyens auraient pu être repoussés... Mais comme il arrive assez souvent que la jurisprudence se modifie, comme la cour de cassation aura certainement à s'occuper de l'arrêt Ben-Ischti (à moins que le gérant judiciaire de la Compagnie Rouennaise ne recule devant cette nouvelle dépense en l'honneur des vrais principes), mieux eût valu que le moyen eût été carrément présenté contre M. A... Au surplus, la procédure, terminée si heureusement pour lui, m'a fourni l'occasion (comme l'arrêt Embarek) de pouvoir dire *que le gouvernement, dans sa région la plus élevée*, a besoin de se préoccuper vite et très-sérieusement des choses de l'Algérie... et de tous les documents que j'ai voulu mettre sous ses yeux, en m'en prenant à une petite partie des drôleries relevées dans mes divers rapports ou mémoires depuis 1847.

En m'imposant un pareil soin à l'occasion de mes idées générales de colonisation et de sa nécessité, et cela dans un travail spécial sur la question, on ne saurait raisonnablement admettre que je n'ai été mû que par un sentiment de taquinerie (ce qui serait pitoyablement ridicule...) ou un froissement d'intérêt personnel, dans une affaire dont j'ai déserté la présidence à raison de mon impuissance bien reconnue d'être utile à ceux que je voulais servir. Je sais que trop souvent en cherchant des hommes on ne rencontre que des masques... Heureusement pour moi (et j'en remercie Dieu!) je ne saurais prendre de masque et me prêter à encenser ce qui me paraît mauvais ou regrettable. Dans ce que j'ai dit, je le réitère, je ne fais certes pas la guerre aux hommes qui, dans les positions les plus élevées, s'occupent de l'Algérie... les chefs, si capables et honorables qu'ils soient et qui ont à la diriger, n'ont pas le loisir d'entrer dans de pareils détails et de remédier à ce qui, certainement, leur paraîtrait défectueux ou blâmable, et c'est pour que leur sollicitude soit éveillée par les gens en position de le faire, et pour tâcher de servir à ma façon la cause de la colonisation, que je crois faire acte de bon citoyen en signalant les divers faits qui précèdent, afin que, sans punir personne, mais en constatant avec soin et minutieusement le mal, on avise aux moyens d'en empêcher la reproduction, ce qui peut aisément se faire sans rien culbuter ni détruire, en suivant les idées de M. le général d'Hautpoul en grande partie.

Détruire est aisé, mais reconstruire n'est pas toujours facile !

Or, sans rien détruire, au contraire, on peut améliorer beaucoup... en Algérie !

Tout cela peut ressembler à du zèle de parade ou à du don-quichottisme. Je me préoccupe peu de l'opinion que des gens mal intentionnés pourront s'en faire, et je ne m'en estimerai pas moins heureux si mes observations produisent un peu de bien à un pays auquel les destinées de la France me paraissent attachées, ainsi que je m'en expliquerai plus tard, lorsqu'après avoir fini ce que j'ai à dire pour M. Bruat et exposé, dans le second volume de cet ouvrage, la nécessité de rendre la magistrature algérienne inamovible, *j'arriverai* enfin à ce qui, pour moi, est le véritable cœur de la question : la colonisation à l'aide des détenus... des enfants trouvés... des villages départementaux... et ensuite à la nécessité du retour aux idées et pratiques religieuses. Mais avant cela il me faut encore revenir, dans la section qui va suivre, aux faits qui semblent justifier que MM. du domaine paraissent se tromper dans l'exercice de leur portion de pouvoir, et qu'ils nuisent par instants (et sans le vouloir assurément) aux idées de la colonisation, de la part d'hommes que rebutent les mauvais vouloirs qu'ils croient rencontrer, et qui, pour eux, ont un côté tout à fait regrettable. M. Bruat y trouvera d'ailleurs un nouvel épisode concernant les rentes dont il se dit cessionnaire en grande partie.

TROISIÈME SECTION.

J'ai, au début de ces longues observations (ayant pour but de prouver la nécessité de modifier les divers pouvoirs en Algérie), indiqué comment, en 1847, j'avais été par hasard conduit à m'occuper des affaires de la compagnie dite Rouennaise, et plus tard à même de reconnaître des mauvais vouloirs *de toute espèce* à l'occasion desquels j'avais dû, à la fin de 1854, imposer ma démission, persuadé qu'elle serait utile à mes cointéressés et qu'elle pourrait diminuer l'hostilité que j'avais cru remarquer dans l'ensemble des actes que j'avais été à même de suivre depuis 1847. Pour qu'on ne voie pas là une insinuation malveillante, jetée au hasard (à l'adresse des employés des domaines surtout), il est bon que je rappelle, le plus succinctement possible, comment et pourquoi j'en suis venu à croire à ce mauvais vouloir et même à sa continuation depuis ma retraite. Les faits nouveaux que j'aurai à indiquer à cette occasion seront aussi de nature à éclairer la question de nécessité de changement dans les choses de l'Algérie.

Lorsque, pour la première fois, en 1847, je voulus, à Alger, essayer de me reconnaître dans le chaos très-obscur des affaires de mes cointéressés, je réclamai les dossiers des procès prêts, me disait-on, à être jugés ; je fus effrayé de ce que je vis... de la négligence apportée à la défense... et, par suite, de la singularité des décisions... Je fus obligé de changer de défenseur, et pour qu'à Alger on sût de suite que la prétendue Compagnie Rouennaise se composait de gens sérieux... à même de payer ceux qui pourraient légitimement lui adresser des réclamations et résister de même à ce qui lui paraîtrait déraisonnable et injuste... je rédigeai et fis imprimer quatre mémoires dans quatre affaires différentes... Ils donnèrent lieu à des décisions conformes et favorables, les 19 mai, 14 et 16 juillet 1847, en première instance, et le 30 juin même année devant la cour.

Le premier de ces mémoires concernait la malheureuse famille Kodjaberry, que je commençai à plaindre et que je continue à plaindre, malgré la cession de la majeure partie de ses droits prétendus à M. Bruat.

Les trois autres concernaient des acquéreurs de rentes (M. Sionville, entre autres, dont j'ai déjà parlé). On sembla s'étonner à Alger de ma prétention que les *acheteurs de rentes* seraient personnellement tenus d'en subir la réduction, si les biens qu'ils en disaient grevés n'avaient pas les contenances promises, etc., etc., en conformité des ordonnances sur la matière !... Cette prétention parut exorbitante, *même à des légistes algériens...*

On voulait bien que les acquéreurs, trompés ou volés, eussent un recours direct contre les Arabes *vendeurs;* mais là, disait-on, s'arrête le droit!... Il ne peut atteindre les tiers *cessionnaires* de rentes... ils ont acquis de bonne foi... il faut les payer!... sauf aux victimes à se tirer d'affaires comme elles pourront vis à vis des vendeurs de biens!...

C'était de la déraison assurément; mais MM. les maquignons de rentes, battant chaque jour le pavé d'Alger, y vivant... en contact journalier avec la population... les employés de toute sorte... la justice... les défenseurs... etc., paraissaient plus dignes d'intérêt que des acquéreurs de biens qui restaient en France pour la plupart, et qu'on considérait volontiers pour des paniers percés ou des Robert Macaire n'ayant acquis que pour revendre à gros bénéfices, ne voulant pas cultiver, etc., etc. (La prétendue Compagnie Rouennaise n'a *jamais reçu un centime* de ses acquisitions... elle court encore après un assez bon nombre... et n'a jamais rien vendu!...) Mais pour les trafiquants de rentes habitant l'Algérie, on en faisait volontiers de *quasi petits saints* dignes de la plus haute sollicitude... sans songer au mal réel qu'ils causaient à l'avenir algérien, en achetant pour rien ou à peu près (dans les premiers temps surtout) les rentes des Arabes et en leur enlevant ainsi l'occasion forcée du contact avec les Européens, pour en recevoir à chaque terme les rentes dues, et, par suite, de se fondre ainsi plus aisément dans nos habitudes et se former d'autant mieux à la protection de nos lois, garantissant leurs droits tout aussi religieusement que ceux de leurs débiteurs.

Quoi qu'il en soit, ces mémoires, imprimés, répandus et colportés, furent vus avec regret; car ils préparaient (si on les admettait, ce qui eut lieu) des douleurs à ceux qui, ayant déjà brocanté des rentes, se proposaient de brocanter encore des divers droits des Arabes.

Malgré cette prédisposition déjà fâcheuse excitée chez

MM. les acquéreurs de rentes, des magistrats, des fonctionnaires et des hommes considérables accueillirent mes premiers essais algériens avec bienveillance, à raison des *idées* et des conseils qu'ils contenaient, *car* déjà et après un mois de séjour à Alger et les environs, j'avais puisé le culte de la colonisation et de sa nécessité pour la France. Et c'est à l'un de ces mémoires, dont j'eus l'honneur de parler avec l'illustre et à jamais regrettable maréchal duc d'Isly (ainsi qu'à mes réflexions sur l'Algérie... la position de la justice, etc., etc.), que j'attribue la bonté qui le porta, au mois de septembre suivant, à m'adresser, écrite de sa main (de la Durantie, où il se trouvait), une lettre en cinq pages, pour répondre à des observations que je lui avais soumises à propos de la première brochure que je publiai, en janvier 1848, sur la colonisation.

Toutefois, c'est à l'époque de 1847 et à ces premiers mémoires, fort inoffensifs, du reste, que j'attribue les premiers germes des mauvais vouloirs qui se développèrent plus tard, mauvais vouloirs qui, dans mon opinion, durent avoir pour principaux moteurs les acquéreurs de rentes et tous leurs tenants, à quelque titre que ce fût, car il y en avait déjà qui avaient conquis ainsi une certaine position qui leur donnait accès partout, les mettait à même de rendre des services d'argent aux gens qui en étaient à court, etc., etc.; puis, d'ailleurs, il y en avait que leurs noms, leurs familles recommandaient suffisamment pour être justement et honorablement posés.

A cette même époque de 1847, l'agent qu'on avait alors pour la prétendue Compagnie Rouennaise algérienne, parut mal accueillir les observations que j'avais eu à lui faire. (Voir rapports de 1847, 1849 et 1850.) Deux nouveaux mémoires contre deux autres acquéreurs de rentes (c'est aux mains de l'un d'eux, dont la rente de 720 fr. a été annulée, et qui a été condamné en plus à payer une somme qui dépasse 14,000 fr., maintenant, c'est en ses mains que M. Bruat a conduit la saisie-arrêt, cause de tant et de si longs documents!...) et un premier rapport général imprimé en août 1847, relevant des faits singuliers et vraiment tristes, vinrent augmenter les mécontentements suscités en avril et mai précédents; puis, le 22 septembre même année, on présenta la première pétition, dont il a été question déjà, parlant notamment d'expulser des Arabes de biens *dont les créanciers* de rentes faisaient des poursuites.

On ne s'en occupa pas, malgré son envoi par M. le ministre de la guerre!... elle déplut soit aux bureaux, soit aux domaines, qui, cependant, auraient bien dû s'en préoccuper, surtout par suite de ses nombreux rappels successifs, même en 1850, où l'autorité était suppliée d'intervenir pour prévenir des collisions fâcheuses... On disait, page 91 du rapport de 1850, contenant pétition, et à l'occasion du *sid* Embarek :

« Il faut, de toute nécessité, qu'on obtienne une protec-
« tion qui ne permette à aucun Arabe, si puissant qu'il
« s'imagine être, de douter de la force et de l'autorité fran-
« çaise!... »

Dans ce refus de concours, ou dans la négligence apportée à en fournir aucun, on dut penser qu'une influence étrangère, supérieure et occulte, pesait sur les employés inférieurs, puisqu'on n'obtenait pas l'appui réclamé... Déjà on avait entendu dire que des raisons politiques avaient plusieurs fois engagé à suivre une marche pareille, parce que l'autorité militaire voulait user de certains ménagements vis à vis d'Arabes réputés influents... Mais comme on n'avait reçu aucune explication qui fît croire à des motifs de cette nature, vis à vis les Arabes dont il était question dans ces pétitions, on craignit qu'il n'y eût abus blâmable, et même coupable, dans la tolérance dont ils étaient l'objet.

En 1848, on avait eu à reprendre toutes les instances formées le 21 octobre 1845, en réduction de rentes (bien qu'on sût, d'après ce que l'agent en avait dit dans le courant de mai 1847, que *vingt-huit* de ces originaux avaient été perdus et volés, par suite d'un crime sur l'individu qui en aurait *maladroitement, et sans aucune nécessité, été constitué le porteur!...*); on évaluait la dépense de ces reprises d'instance à 500 fr. au plus; mais, sans mémoire préalable (et il paraît de l'avis de cet ancien agent), l'huissier s'avise de faire traite de 2,810 fr. à raison de ces mêmes exploits de reprises d'instance.

Faute par cet huissier d'entendre raison, et malgré l'appui qu'il paraissait avoir trouvé auprès d'un des intéressés, pour empêcher qu'on ne nous accusât d'esprit de tracasserie, on s'adressa au parquet d'Alger... Le mémoire algérien de 2,810 fr. fut taxé à 418 fr.!... 418!... Ce fut une nouvelle occasion encore de crier contre des gens qui n'étaient pas à Alger pour faire taire d'aussi sottes récriminations, et dont l'unique tort était de ne pas *se laisser pressurer ou voler* impunément!... Puis, et malgré des tiraillements bien regrettables, *et inexplicables encore,* par suite du mauvais vouloir de plusieurs intéressés dans ladite prétendue Compagnie Rouennaise, eurent lieu des rapports imprimés en 1851 et 1852, qui contrarièrent plusieurs personnes d'Alger, ce qui porta à penser qu'elles avaient dû contribuer à empêcher la solution des pétitions présentées à cette époque... à ce qu'on fît minutieusement des recherches des copies des exploits délivrés en 1847, etc., recherches cependant ordonnées à diverses reprises par M. le ministre de la guerre et M. le directeur général de l'Algérie, etc., etc.; puis enfin, et à la suite de la pétition du mois de mai 1851, se produisirent tous les incidents dont j'ai parlé à l'occasion de l'Haouche-Kouch, tant et si bien, que je dus offrir d'abord et imposer ensuite ma démission.

Jusque-là j'avais lutté de tous mes efforts, malgré mes incertitudes... sur ce que j'avais vu en 1847, et ce qui me paraissait laisser fort à désirer, malgré les ménagements qu'on avait dû s'imposer de ne pas poursuivre l'agent de

1847, la restitution de fonds et de pièces qu'il doit avoir encore (voir page 45 du rapport de 1850), et pour prévenir, dès avant 1850, les menaces d'une liquidation qui aurait été funeste à tous mes cointéressés!... Mais en 1854, et en présence d'un refus de *document écrit et signé*, qui m'eût mis *à même* de prendre un parti grave, en présence d'une *affirmation qui m'était faite à Alger, affirmation dont la vérité ne me paraissait pas admissible*... je compris que la lutte n'était plus possible... que la position n'était plus tenable et que ma démission devenait un devoir, malgré le regret que j'éprouvais d'abandonner des collègues, dont bon nombre étaient disposés à aider mes vues, pour travailler aussi de notre côté à la colonisation, en y employant des familles normandes... rêve qui seul m'avait soutenu depuis 1847, au milieu d'ennuis de toute sorte... d'inquiétudes et de soupçons de toute nature... et malgré même les mauvais vouloirs que je croyais avoir suscité de la part de certaines personnes qui n'avaient pas voulu voir que la question algérienne me préoccupait bien plus que les singularités contre lesquelles je me débattais.

Cependant, depuis ma retraite, de nouveaux faits sont encore venus corroborer ma pensée, qu'il y avait mauvais vouloir systématique chez plusieurs employés algériens, contre les membres de la prétendue Compagnie Algérienne, et j'avoue que je regrette d'en être encore réduit à conserver cette pensée, que je vais essayer de justifier par des exemples; mais auparavant il me semble utile de rappeler ce que je disais pages 17 et 18 de mon rapport de 1849 :
« C'est dans l'intérêt public que les administrations existent,
« que des employés reçoivent un traitement payé de l'argent
« des contribuables, et les administrations manqueraient à
« leurs devoirs et au but de leur institution si elles refu-
« saient leur concours à des individus qui, justifiant de
« contrats, viennent se renseigner près d'elles pour décou-
« vrir leurs propriétés, en justifiant qu'ils en ont acquitté

« les rentes pendant plusieurs années, bien qu'ils ne fussent
« pas en possession, etc., etc. »

Le gouvernement, qui, avec juste raison, veut que partout l'autorité soit forte, mais protectrice et la gardienne fidèle de tous les intérêts, afin que tous ceux qui ont à réclamer son assistance puisent dans son concours des raisons nouvelles de s'y attacher, ne saurait admettre, assurément, qu'en son nom on semble procéder par taquinerie, par des mesures sentant la vexation ou l'animosité... parce que si ces modes de procéder, tout regrettables qu'ils sont, peuvent être tolérés ou compris de particuliers à particuliers, ils seraient tout à fait déplorables s'ils étaient usités au nom d'une administration qui ne tient sa mission que du gouvernement, dont la volonté est si opposée à de pareils procédés !

Eh bien ! j'ai cru et je crois encore que MM. du domaine, en Algérie, s'imaginent servir l'Etat en n'aidant pas, comme ils le devraient, ceux qui s'adressent à eux, soit pour retrouver des copies de pièces ou documents qui leur manquent (voir ce qui est dit dans mes rapports, et pour des expulsions d'Arabes, et pour les copies des exploits de 1845, dont les originaux, dit-on, ont disparu, et la page 35 du rapport de 1852 !), et qu'ils s'imaginent servir surtout l'intérêt de l'Etat, en essayant de lui faire rentrer des biens arabes, en n'aidant pas les intéressés à découvrir les pièces à l'aide desquelles la propriété devrait leur être maintenue... bien que ces employés puissent avoir dans leurs archives les documents à l'aide desquels toutes difficultés à cet égard disparaîtraient ou permettraient de suite des solutions nettes et définitives... ou bien encore lorsqu'ils croient pouvoir exercer des poursuites qui, dans leur opinion, doivent les rehausser, parce qu'ils font sentir leur action et leur puissance, comme si la vraie puissance (le gouvernement dont ils ne sont que les instruments) ne voulait pas, au contraire et essentiellement, être tutélaire, bienfaisante, mais toujours juste, car la justice est de son essence... sa raison d'être, et l'autorité n'existe précisément que pour assurer cette même justice à tous et pour tous... et c'est en Algérie surtout où son action se trouve la plus nécessaire.

Je passe maintenant aux exemples à citer.

PREMIER EXEMPLE.

On se rappelle de toutes les sollicitations et réclamations faites à l'occasion de la famille Kodjaberry à l'autorité algérienne, pour qu'elle voulût bien faire connaître les bases du séquestre mis sur deux fractions de rentes, l'une de 293 fr. 87 c., et l'autre de 241 fr. 07 c... les premières poursuites de 1841, et tout ce qui a eu lieu depuis jusqu'en 1854... de l'inanité de tant d'efforts, puisqu'on ne sait encore *quels sont les* membres de la famille Kodjaberry frappés de séquestre... la quotité de rente séquestrée sur chacun, de manière au moins à *pouvoir saisir une apparence de raison et de droit dans la réclamation de M. Bruat...* Eh bien! il paraît que MM. du domaine ont continué à jouer *aussi du pacha* à l'occasion de ces mêmes rentes, et qu'en vertu de leur pouvoir *d'intimidation,* ils ont trouvé bon de forcer le nouvel agent des intéressés à payer... bien que ces intéressés ne sachent encore absolument rien (ainsi que ne le prouve que trop l'action de M. Bruat) de leur véritable situation dans cette triste affaire, dans laquelle, débiteurs de rentes *qu'ils ne contestent assurément pas,* ils en sont réduits à *être poursuivis de toutes parts,* sans connaître raisonnablement et légalement leurs véritables créanciers et la quotité vraie des droits que chacun d'eux pourrait avoir. *Voici* un fait qui me semble, à moi, tenir du prodige... et bien mériter qu'on songe sérieusement aux modifications que je réclame si instamment, et que je prétends légitimer en signalant si longuement une petite partie seulement *des douleurs algériennes de mes cointéressés!...* Qu'on lise!...

Le 18 juillet 1855, le receveur des domaines à Blidah délivre sur M. Guiot, agent de la prétendue compagnie, une contrainte ainsi conçue :

N° 278, *folio* 279 *du sommier* 10.

« Il est dû à l'administration par la Compagnie Rouen-
« naise, représentée par M. Guiot, 433 fr. 27 c., savoir :
« pour arrérages courus du 1ᵉʳ janvier 1854 au 30 sep-
« tembre 1855, d'une rente de 293 fr. 87 c., réduite
« à 146 fr. 94 c., grevant au profit de l'Etat Kodjaberry,
« au quartier Krachna, 287 fr. 15 c., ci. . 287 fr. 15 c.

« Et pour arrérages pendant la même pé-
« riode d'une rente de 201 fr. 28 c. (je ne
« sais pourquoi on dit 201 fr. 28 c., car de-
« puis 1841 et dans la première contrainte du
« 4 novembre 1841 délivrée à cette époque,
« il était question de 211 fr. 07 c.!...), réduite
« à 100 fr. 64 c., grevant au profit de l'Etat
« la terre Kodjaberry au Beni-Kelil, 176 fr.
« 28 c., ci. 176   28

« Total. . . . . 463 fr. 43 c.
« au payement de laquelle somme il sera contraint par
« toutes voies de droit, etc., etc. Vu par le directeur du
« service à Alger, le 18 juillet 1855... Vu et rendu exécu-
« toire le 20 juillet 1855, à la requête de M. le préfet (qui
« assurément n'en sait rien) et à la diligence du rece-
« veur, etc., etc., commandement de payer!... » Puis enfin,
et peu de temps après, payement par ce même agent, qui
n'a pas, lui, le moyen de *résister à la force et à la violence
morale qu'on exerce sur lui*... bien qu'il ait aux mains tout
ce qui a trait à la lamentable histoire de la famille Kodjaberry, *et aux fractions de rente dont l'Etat se dit propriétaire* par droit de séquestre... fait qu'on ne conteste pas !
mais dont, depuis 1847, on sollicite que ses agents indiquent la date, avec les noms des gens séquestrés... et la

quotité de rente séquestrée sur chacun d'eux, afin qu'on puisse enfin s'y reconnaître !...

En vérité, de pareilles manières d'agir bouleversent les idées des gens les plus impassibles !... Les chefs turcs ne devaient pas en agir plus durement et plus arbitrairement avec les Arabes... seulement au lieu d'huissiers signifiant des contraintes, ils avaient la ressource du bâton ou du *yatagan!*...

Mais dans cette inqualifiable manière d'agir, il y a cette particularité qui la rend bien plus singulière encore, c'est que l'Etat était et est encore débiteur de *plus de* 14,000 *fr. en principal et intérêts sur les biens* de Kodjaberry, *même* en prenant pour base le dernier arrêté de préfecture d'Alger du 26 juin 1856, qui a réduit la somme reconnue due précédemment (voir page 130). Or, évidemment, la compensation légale était facile... On ne pouvait avoir de crainte de n'être pas payé (à supposer qu'on eût été en règle... qu'on eût donné les explications et justifications *qu'on doit* et réclamées depuis si longtemps!...). Non, on a préféré délivrer une contrainte, *et forcer bon gré mal gré* à payer!... Et on ne verrait pas dans cette conduite une preuve de cet esprit de mauvais vouloir organisé dont j'ai déjà si souvent parlé, mauvais vouloir auquel on doit peut-être la singulière installation du sieur Retournat à l'Haouche-Kouch et le refus de concours pour expulser sans frais les Arabes établis sur les biens de la prétendue Compagnie Rouennaise, car les deux créances existent entre les mêmes *créanciers* et *débiteurs...* L'Etat doit, pour les biens Kodjaberry, plus de
« 14,000 fr. (C'est M. le préfet d'Alger qui le représente.)
« L'Etat se dit créancier de deux rentes à l'occasion de ces
« mêmes biens, son droit paraît certain, seulement il n'est
« pas encore expliqué et défini par suite du retard apporté
« à répondre aux demandes faites à ce sujet... (C'est encore
« M. le préfet qui le représente, et au nom duquel *payement*
« *ou encaissement* doivent être effectués...) Les domaines

« *sont une division* des attributions de M. le préfet, comme
« la caisse du pays, devant verser les 14,000 fr. ci-dessus,
« *sont une autre division* de la préfecture... Donc, avant
« d'agir, si on eût référé à M. le préfet, débiteur et créan-
« cier tout à la fois au nom de l'Etat, il n'eût permis ni de
« décerner de contrainte, ni de faire le commandement si-
« gnifié à M. Guiot... car la compensation légale s'opérait de
« droit. » La vérité est que je regarderais comme un malheur
si parmi les sénateurs ou fonctionnaires qui consentiront
lire mes observations, il ne se trouvait personne appelant
sur de pareils faits l'attention du ministre de la guerre, et
même celle du chef de l'Etat, au nom duquel et par le pouvoir duquel la protection et la justice sont dues à tous les Français, *même en Algérie*, sans que nul puisse se croire le droit
de vexation !... Assez pour cet exemple. Passons à un autre.

DEUXIÈME EXEMPLE.

Le 18 juin 1856, requête de M. le préfet, à la diligence
du receveur des domaines à Blidah, on délivrait à Rouen
une assignation, en validité d'arrêt, conduite aux mains
d'un fermier de la terre Kodjaberry-Saint-Charles (M. Hau-
court), aux fins d'assurer le recouvrement, sur la compagnie, de rentes grevant deux petites propriétés à Blidah, et
la terre de Marman, etc., etc.

Or, pour les deux propriétés de Blidah, à l'occasion desquelles on réclame 57 fr. 96 c. pour l'une, et 162 fr. pour
l'autre, il y a action en réduction depuis le 21 octobre 1845.
On n'a pas suivi dans le temps pour éviter des frais à l'Etat,
il en est question dans la pétition de 1847 et aux rapports
de 1847, 1849, 1851 et 1852, pages 30 à 35. (Ces propriétés
sont désignées sous les n°s 11 et 22 dans ces rapports.) En
1852, et bien qu'il n'eût pas encore été statué sur ces actions
de 1845, MM. du domaine proposaient le rejet de la réduction réclamée, en se fondant entre autres choses *sur* ce
qu'on ne représentait pas les originaux d'exploits à eux dé-

— 279 —

livrés, exploits qui portent les n°s 2372 et 2373 sur le répertoire de l'huissier Serain, et qui font partie des vingt-huit exploits si malheureusement perdus ou volés, par l'imprudence de l'agent dont j'ai déjà parlé [1]. Tant qu'on n'aura

[1] J'ai plusieurs fois déjà, dans le cours de cet ouvrage, parlé de *vingt-huit originaux d'exploits perdus* ou volés... et des conséquences funestes de l'impossibilité de représenter ces originaux.

Il est utile de donner un mot d'explication à cet égard :

Le 21 octobre 1845, et pour profiter des ordonnances régissant l'Algérie, on avait introduit vingt-quatre actions différentes contre les vendeurs de diverses propriétés de la Compagnie Rouennaise et contre le *domaine*, qui déjà avait invoqué les droits du séquestre par lui mis sur certains Arabes et spécialement sur les rentes grevant les propriétés n°s 11 et 22, *dont il est question ci-dessus.*

On dressa à cette occasion trente-deux originaux séparés : vingt-quatre furent utilisés par M° Serain, huissier à Alger, et huit par M° Pennetrat, huissier à Blidah ; les huit originaux d'exploits dressés par M° Pennetrat *faisaient double emploi* avec huit des originaux dressés par M° Serain et avaient trait aux mêmes propriétés. Je ne saurais expliquer pourquoi on a eu la bizarre idée de faire ce *double emploi*, puisque les assignations délivrées se trouvaient avoir le même but, soit qu'elles fussent de l'huissier d'Alger ou de celui de Blidah.

Sur les vingt-quatre actions différentes (ayant donné lieu à trente-deux originaux d'exploits), dix concernaient le tribunal d'Alger, et les quatorze autres le tribunal de Blidah, qu'on croyait compétent pour en connaître ; les huit originaux *faits en double* par les huissiers Serain et Pennetrat s'appliquaient à huit des *quatorze actions* qu'on voulait porter au tribunal de Blidah.

A l'occasion de ces vingt-quatre actions différentes (qu'on n'avait pas la volonté de suivre tout d'abord et qu'on ne formait que pour prévenir des déchéances...), on eut une masse considérable de copies à délivrer chez les cadis d'Alger, aux parquets de première instance d'Alger et de Blidah, *à la direction des finances*, représentant alors le domaine, chez les notaires, où il y avait des domiciles élus ; *puis aussi à MM. des bureaux arabes*, qui devaient faire passer au ministère de la guerre *des copies* de ces mêmes assignations délivrées par *duplicata*, à raison même de l'obligation imposée d'adresser ces duplicata au ministère, à Paris...

Ainsi, ces trente-deux originaux d'assignations délivrées à de nombreux Arabes avaient donné lieu à une masse considérable de copies.

D'après les répertoires de ces deux huissiers et les registres de l'enpas poursuivi et fait condamner comme faussaire (ce à quoi assurément on ne songera pas), et l'huissier qui a fait et dé-

registrement des receveurs à Alger et à Blidah, on a la preuve de l'existence matérielle de ces trente-deux originaux qui, sur le répertoire de l'huissier Serain, portent les nos 2350 à 2373. Les deux derniers numéros s'appliquent à des demandes formées directement contre les domaines (la direction des finances alors).

En 1847, je réclamai ces originaux, à la conservation desquels j'attachais la plus haute importance, car déjà j'apercevais des motifs de défiance de toute nature contre les choses algériennes...

Pressé, en mai 1847, de me remettre ces originaux, l'agent qu'on avait alors finit par me dire qu'il en avait réuni *vingt-huit* en paquet, pour les faire remettre à Blidah, à Me Saint-Marc... mais que le porteur de ce paquet avait été assassiné et volé en chemin!... et que tout avait disparu... qu'au surplus on en retrouverait les copies aux lieux où les copies avaient été délivrées!...

Une pareille révélation, peu de jours avant mon départ d'Alger et quand j'avais déjà des embarras pour d'autres affaires, était un véritable coup de foudre... Cependant, je dus taire mes inquiétudes et mon peu de foi à la sincérité de cette prétendue perte!... cependant, je dus me taire pour n'en rien laisser transpirer, car on eût pu de suite en abuser cruellement!... D'ailleurs, j'espérais que cet agent, qui avait (s'il disait vrai) commis la faute énorme de confier ce paquet de vingt-huit originaux à un étranger, s'occuperait d'en retrouver les copies, suivant sa promesse... mais il paraît qu'il n'en fit rien, malgré ses nombreuses relations (comme principal clerc de notaire) dans tous les lieux où il eût pu mieux qu'un autre les retrouver!...

En 1849, le 24 avril, le tribunal de Blidah (devant lequel un cessionnaire de rente excipa le premier du défaut de non représentation de ces originaux de 1845) accorda un mois pour en justifier, ou au moins de copies, faute de quoi et dès à présent il rejetait une réduction de rente formée à l'occasion d'une propriété vendue pour 27 hectares et qui se trouvait n'avoir que 47 *ares!*...

On s'adressa alors à M. le ministre de la guerre, pour le supplier de faire faire des recherches dans les bureaux, à Paris, à Alger, aux bureaux arabes, aux domaines, etc., etc., afin de retrouver au moins tout ou partie de ces copies d'exploits de 1845.

Le 17 août 1849, deuxième bureau, n° 1228, M. le ministre eut la bonté d'écrire qu'il avait prescrit des recherches, et le 16 octobre suivant, d'indiquer que ces recherches n'avaient rien produit!...

livré ces actes, et le receveur de l'enregistrement qui les a enregistrés, on est en droit d'affirmer qu'ils existent... et

On s'adressa alors aux parquets de première instance d'Alger et Blidah et aux domaines, puis, en 1850, on revint à la charge, même aux bureaux arabes, chez le notaire et près le cadi d'Alger... Ces recherches firent découvrir quarante-une copies au parquet d'Alger et dix-neuf à celui de Blidah... mais rien, ni chez le cadi, ni aux *bureaux arabes*, ni à la *direction à Paris*, ni *aux domaines*, ni chez les notaires; aussi et faute de représentation, ni d'originaux, ni de copies, la cour d'Alger, par arrêt du 11 juillet 1851, rejeta définitivement la réduction de rente qui lui était demandée... Elle alla même plus loin que le tribunal de Blidah au 24 avril 1849, *car* elle déclara que comme la demande aurait pu être nulle, l'original seul de l'exploit *représenté* (ce qui était impossible, à moins qu'on ne l'eût retrouvé!...) pourrait seul prouver qu'il était régulier et à l'abri de nullité!... et cela quand la loi algérienne rend les nullités facultatives pour les juges et quand, outre les *quatre originaux* non perdus ou volés, on avait les soixante copies retrouvées aux parquets d'Alger et de Blibah, *imprimées, comme toutes celles délivrées en 1845*, prouvant qu'il n'y avait pas de raison pour qu'on eût exprès commis *une nullité* dans la demande dont la justice s'occupait!...

A cette époque de 1851 et dès avant, on avait des soupçons sur la sincérité de la déclaration faite en 1847... on ne comprenait pas pourquoi, et sans aucun *motif raisonnable*, l'agent avait eu l'idée de faire passer à Blidah *vingt-huit* originaux d'exploits, dont dix ne *concernaient que le tribunal d'Alger*, et ne pouvaient être d'aucune utilité à Blidah, et d'y envoyer même les huit originaux concernant les affaires à soumettre à ce tribunal, mais formant double emploi avec les huit originaux spéciaux dressés par l'huissier de Blidah même... et de faire cet envoi, *quand une seule des parties assignées sur toutes* les assignations de 1845 (la veuve Caïd-Sefta) avait constitué défenseur!...

On continua les investigations, et le 10 mars 1851 l'agent en question fit une version différente de celle de 1847; il indiqua qu'il aurait luimême perdu ces vingt-huit originaux d'exploits, que, sans aucune raison, il aurait eu la maladresse de porter avec lui, dans un voyage qu'il faisait à Blidah!...

A l'occasion de nouveaux procès, on pétitionna de nouveau auprès de M. le ministre de la guerre, près de M. le ministre de la justice... d'autant mieux que les agents du domaine avaient proposé le rejet de pétitions en réduction de rente pour les rentes grevant les propriétés n°ˢ 11 et 22, en se *fondant sur la non représentation* des actes prouvant d'affirmer également que les copies en sont aux domaines, et que là, malgré les instances de M. le ministre de la

qu'on avait assigné en 1845!... (Voir avec soin le rapport de 1852, pages 30 à 35.)

Grâce à l'obligeance de M. le ministre de la justice et de M. le procureur général à Alger, on retrouva dix-neuf copies faisant partie de celles délivrées chez le cadi Maleki... (Dans ces copies se trouvent celles dont le tribunal de Blidah, au 14 avril 1849, *avait demandé la représentation*.)

Mais aux bureaux arabes à Alger, aux domaines... et aux bureaux à Paris, on ne retrouva rien, malgré les ordres transmis de nouveau par M. le ministre de la guerre, le 20 avril 1853, deuxième bureau, n° 318, et à l'occasion desquels, les 1er juillet et 10 décembre 1853 (voir page 120 ci-dessus), il écrivait qu'on n'avait rien découvert!...

Or, c'est à l'occasion de deux rentes, objet direct d'actions de 1845 et parce qu'on ne retrouve pas de copies, ni aux bureaux arabes à Alger ou à la direction à Paris, *ni dans les bureaux des domaines*, que les agents de cette administration ont eu la singulière idée de faire la saisie-arrêt, cause de cette note!...

Il faut qu'il y ait eu en 1845 bien peu d'ordre aux bureaux arabes et à Paris... et à la direction des finances (les domaines maintenant) pour qu'on n'y retrouve aucune de ces copies... ou bien il faut que les recherches aient été faites avec bien peu de soin, car elles existent ces copies, s'il n'a été fait à leur *occasion aucun commerce coupable* pour les faire disparaître avant ou depuis qu'on sait que vingt-huit originaux auraient été volés ou perdus!...

A cet égard, l'agent de 1847 aura à s'expliquer devant la justice, car on paraît décidé à en finir avec lui et à le rendre responsable des conséquences de son imprudence!... Mais on voit dans ce qui précède une nouvelle preuve de la nécessité d'introduire plus d'ordre dans les bureaux qui contiennent des archives dans lesquelles chacun doit au besoin attendre et obtenir les documents qui peuvent l'aider, *même contre le domaine;* car l'Etat n'est pas un particulier pouvant exciper de *finasseries procédurières*, qu'on peut accepter de gens cauteleux et de onne foi douteuse... L'administration a un rôle plus noble et tout paternel à remplir pour satisfaire aux vœux et aux intentions de son chef. Dans l'espèce, la raison, la probité et la justice ne permettent pas de doutes sur l'existence matérielle de ces exploits du 21 octobre 1845... et partant de là, on eût dû y avoir égard de la part de MM. du domaine... D'ailleurs, la justice n'a pas encore statué!...

guerre, *on n'a pas* voulu les rechercher (car on en eût trouvé, comme depuis cela a eu lieu chez le cadi Maleki). En se servant du jugement rendu à Blidah, le 24 avril 1849, on a le droit de dire que si le domaine représentait les copies qu'il a, la réduction ne pourrait souffrir la moindre discussion!... Eh bien! malgré le refus, ou plutôt l'ajournement qu'apportait M. le directeur général des affaires de l'Algérie à adopter les conclusions de rejet proposées par MM. du domaine (voir page 35 du rapport de 1852), bien qu'on n'ait rien notifié (que je sache) pour établir qu'on a rejeté les demandes faites à cet égard, et qu'on n'ait pas par suite fait proscrire l'action du 21 octobre 1845, qui n'en existe pas moins *malgré* la disparition de l'acte qui en prouve le début... malgré tout cela, dis-je, on fait de la part de MM. du domaine une saisie-arrêt aux mains du fermier, de gens qu'on sait très-bons pour payer, et qui ont l'Etat lui-même pour débiteur de sommes beaucoup plus considérables!... *Et on* n'aurait pas le droit de voir là un système de vexation, un moyen préparé pour dégoûter de leurs intérêts algériens des gens qui n'ont pas le temps d'apporter, à les défendre, l'ardeur que j'y ai apportée, croyant ainsi servir la cause algérienne?

Pour la troisième rente, cause de cette saisie-arrêt, elle se rapporte à la rente grevant la terre de Marman, pour laquelle la cour d'Alger n'a pas encore statué, ainsi que je l'ai expliqué en parlant de l'affaire Embarek, page 191. Réduira-t-on cette rente à 77 fr. d'abord (sauf l'application ensuite du décret de 1850), ou devra-t-elle être maintenue à 270 fr. par an? Au moins la question est encore entière devant la cour... et malgré cela, et sans qu'il ait été statué... on ne recule pas à la pensée d'une saisie-arrêt! Tout cela est déplorable et témoigne d'un bien grand désir de faire du pouvoir et de la vexation!

Dans cette assignation du 18 juin 1856, il est encore question d'une quatrième rente pour laquelle on réclame 225 fr.;

mais j'ignore ce qu'on veut dire à cet égard... à quelle propriété elle s'appliquerait... si on peut, oui ou non, nous les réclamer... Mais le fait de saisie-arrêt et d'assignation en validité n'en subsiste pas moins!... Qu'en est-il advenu depuis?... Je l'ignore ; car, malgré les sommes consignées et dues par l'Etat, sur lesquelles une saisie-arrêt eût été moins blessante que celle faite aux mains d'un fermier, à part les faits *où, en mon privé nom,* j'ai indiqué être intervenu dans toutes ces affaires depuis 1855, j'ai tenu à rester complétement étranger, même aux suites des assignations que j'ai pu recevoir, comme celle du 18 juin 1856, que j'ai fait dénoncer à mes cointéressés le 2 juillet suivant, dans le cours de l'action dont le tribunal de Rouen est saisi, afin qu'ils avisassent eux-mêmes à se défendre s'ils le voulaient!...

TROISIÈME ET DERNIER EXEMPLE.

Premier paragraphe.

En 1834, et au nombre des propriétés acquises par les auteurs de la Compagnie Rouennaise, se trouvait une terre du nom de Sidi-Icklef, indiquée contenir 683 hectares, et vendue, entre autres choses, par 126 fr. de rente, transportés depuis à des époux Galula. Le 21 octobre 1845, ces individus furent assignés devant le tribunal d'Alger, en délimitation, remise de titres et réduction de rentes.

On ignorait la situation de la propriété, et on avait cru devoir saisir le tribunal d'Alger de la demande (voir page 43, rapport de 1852) ; en 1848, on fut informé que cette propriété était située près du lac Haloula, et ressortait du juge militaire de Milianah. On crut devoir reprendre cette action de 1845 devant lui... Plus tard, le territoire de Sidi-Icklef ayant été englobé dans l'arrondissement de Blidah, on pensa que c'était au tribunal de Blidah que cette action de 1845 devait être soumise, et cela sans égard à ce que d'abord l'action de 1845 avait été portée au tribunal d'Alger, quand on ignorait la situation de la propriété... Cette action, à cause de la latitude sur les nullités laissées aux magistrats algériens, fut donc, sans désistement préalable et précis de celle de 1845, reproduite au tribunal de Blidah, car, d'après les documents obtenus à Koleah, la terre Sidi-Ieklef ne devait contenir que 35 hectares (au lieu de 683), puis elle figurait au bureau des domaines de cette localité sous le n° 7 des *biens séquestrés*... On ignorait si l'acquisition de 1834 avait été faite valablement et si le séquestre ne devait porter que sur la rente, qu'on avait payée *jusqu'en* 1840 (sans cependant avoir *jamais su* où la propriété était située pendant qu'on la payait ainsi!...).

Avec ce renseignement sur le fait du séquestre, on présenta pétition le 4 novembre 1851, à l'effet que l'administration s'expliquât sur les conséquences de ce séquestre, et dît si on pouvait songer à lui payer la rente de 126 fr. en conséquence du décret de 1850, en se réglant d'abord sur la différence de contenance, eu égard aux actions de 1845 et 1848, *intentées* quand on ignorait que le domaine pût avoir des droits, puisque, jusqu'en 1849, il avait laissé des Arabes en disposer (comme on l'avait fait pour la famille Embarck et Ben-Schergnoun et autres, sur les terres de Marman et de Kouch). Cette demande resta, il paraît, sans réponse.

En 1853, je fis à cette occasion une note pour cette propriété et plusieurs autres (désignées dans mes rapports sous le titre de : Propriétés prises par l'Etat ou dont les rentes sont indiquées comme séquestrées, ce qui n'empêche pas les prétendus créanciers de rente d'agir), pour prier l'administration de nous fixer sur le point de savoir si certaines propriétés comme Sidi-Ieklef nous resteraient, si le séquestre qui les frappait n'atteindrait que les rentes dues, sauf à se régler sur les différences de contenance. M. le directeur général, à Paris, eut l'obligeance de faire passer ces notes à Alger pour qu'on s'en occupât et qu'on y répondît... car on ne l'avait pas encore fait sur la demande du 4 novembre 1851, pas plus que sur les demandes formées dans le même but et le même jour pour les propriétés El-Iman, Meydouba et Alkebir, désignées sous les n°s 2, 41 et 48 aux rapports précités.

En avril ou mai 1854, on me disait aux bureaux des domaines qu'on ne prendrait pas d'arrêtés sur ces pétitions, qu'on se bornerait à donner des notes de renseignements seulement. Je témoignai ma surprise, qu'on se crût dispensé de répondre par un arrêté de *rejet ou d'admission* sur des demandes positives, dont les notes adressées par bienveillance, par M. le directeur général des affaires de l'Algérie, n'étaient qu'un moyen de rappel; puis j'observai que des arrêtés seuls notifiés pourraient faire loi contre les prétendus créanciers de rentes sur les biens indiqués dans ces pétitions... que si le séquestre était maintenu sur ces rentes, on aurait ainsi et seulement le moyen de se régler soit sur les réductions pour défaut de contenance, soit pour rembourser en vertu du décret de 1850... On me laissa entendre que l'usage n'était pas de prendre des arrêtés!... puis, à la fin de mai ou au commencement de juin, on reçut une lettre signée de M. le préfet d'Alger, qui contenait réponse aux notes transmises de Paris par M. le directeur général.

A cette époque, *ma démission était résolue* dans ma pensée par suite des ennuis que j'avais éprouvés pendant mon dernier voyage algérien, et je ne m'occupai pas de cette lettre portant date du 29 mai 1854. C'est une signification *reçue* le 29 août 1856, à la requête de M. le préfet, qui seule me rappela l'affaire de l'Haouche-Sidi-Ieklef (et qui, par suite du nouveau travail algérien dont je m'occupe, m'a conduit à aller en prendre connaissance chez le gérant judiciaire de la prétendue Compagnie Rouennaise).

Voici le document que fournit cette lettre pour la terre Sidi-Ieklef; je transcris : « La note donnée par la commis-
« sion présidée par M. le colonel Durieu, n° 24, désigne
« cette propriété située au même quartier que la précédente

« (Meydouba) comme ayant une superficie de 35 hectares
« et comme ayant été séquestrée sur les héritiers de Sidi-
« Ieklef, qui n'ont produit aucun titre de propriété. Il
« résulte des recherches que j'ai faites dans les archives
« arabes du domaine, qu'en 1776 cette ferme avait été cons-
« tituée en habbous par Mustapha-Ben-El-Scheik-El-Ouali-
« Sidi-Ieklef, et qu'après le décès de cet indigène sans
« postérité, la corporation de la Mecque et Médine, à la-
« quelle le domaine a été subtitué, était devenue propriétaire
« de cet immeuble. Les registres arabes mentionnent di-
« verses locations qui en ont été faites depuis 1790 jusqu'à
« la conquête. La similitude du nom des occupants actuels
« avec ceux des derniers locataires de la Mecque ont fait
« présumer que ce sont les mêmes individus.

« Les prétentions de la Compagnie Rouennaise à cette
« propriété n'étant appuyés d'aucun ancien titre, *ni de prise
« de possession*, conformément aux vœux de l'article 23 de
« l'ordonnance du 1er octobre 1844, doivent être repoussées,
« aucune question de séquestre ne pouvant non plus être
« soulevée ; je me propose de remettre cet immeuble au ser-
« vice de la colonisation, dès que les plans géométriques
« m'en auront été fournis. »

Ne perdons pas de vue ce qui résulte de ces documents, à l'occasion desquels *au lieu d'un arrêté motivé qui eût tranché la question contre tout le monde* et contre les créanciers de la rente, assignés devant le tribunal de Blidah, *et contre* la Compagnie Rouennaise elle-même... Nous y reviendrons dans un instant.

Au mois d'octobre 1854, comme on n'avait reçu aucune notification d'arrêté définitivement rendu sur ce qui concernait la terre Sidi-Ieklef... comme d'un autre côté les époux Galula restaient toujours les créanciers apparents d'une rente servie régulièrement jusqu'au 10 septembre 1840, devant Me Martin, notaire à Alger, on fit dénoncer à M. le préfet d'Alger les assignations en réduction de rente, etc., etc., concernant ces créanciers, pour que, contradictoirement, on parvînt à avoir solution soit sur la réduction de rente, soit sur la conservation de la propriété, soit sur le maintien du séquestre ne s'appliquant qu'à la rente due, etc.

Il est probable que j'aurai conseillé d'en agir ainsi pour arriver à une solution, puisqu'on ne recevait pas de signification d'arrêté administratif qui aurait tranché la question sans frais... A cet égard, je ne fais qu'une supposition; car je ne m'étais plus occupé de cette affaire depuis 1854.

Mais cependant je n'en lis pas moins dans la signification qui m'a été faite le 29 août 1856, à la requête de M. le préfet d'Alger, représentant le domaine de l'Etat, d'un jugement rendu le 13 mai précédent par le tribunal civil de Blidah, *statuant par défaut contre les époux Galula* qui n'avaient pas constitué de défenseur (et qui n'en ont pas moins gagné leur procès, quant à présent au moins), ce qui suit... Je veux encore reproduire ce qui a été conclu... on peut ainsi mieux apprécier ce qui a été fait et l'esprit qui a dû diriger... et on a plus facile à tirer des inductions.

Me Branthome conclut pour M. le préfet, à ce qu'il plaise au tribunal :

« A vue des dispositions du titre 3 de l'ordonnance du
« 1er octobre 1844, *qui n'a jamais été abrogée* et qui est
« pleinement en vigueur, portant :

« Que toutes les transactions intervenues antérieurement
« et relatives à des immeubles situés hors des périmètres
« assignés à la colonisation, sont déclarées nulles et sans
« effet lorsque les acquéreurs n'ont pu se mettre en pos-
« session [1], et lorsque les vendeurs n'ont pu livrer la chose
« vendue [2];

---

[1] *Mais ils n'avaient pas de régiments*, ou de bureaux arabes, ou de gendarmes à leur disposition pour aller au delà de la Chiffa se mettre en quête de ces biens et les occuper... En 1847, on leur disait encore de ne pas y penser !...

[2] Mais une foule de vendeurs ont continué d'occuper les biens vendus,

« Déclarer les demandeurs purement et simplement non
« recevables dans leur demande, mal fondés en tout cas en
« icelle, les en débouter et les condamner aux dépens de
« l'instance, *sauf toutes* autres conclusions. »

Au moins, voilà un moyen *carré*, brutal même, tiré de l'ordonnance de 1844... mais pas un mot n'est dit sur la prétendue nullité de la procédure portée à Blidah, ou sur l'incompétence du tribunal, qui, dans cette occasion, au contraire, a suppléé d'office à ce qui n'était pas réclamé, en vue de prévenir des frais frustres pour le trésor public, mais aussi qui n'a pas voulu s'expliquer sur la prétendue fin de non-recevoir, résultant, disait-on (au nom de M. le préfet), de l'ordonnance de 1844.

JUGEMENT.

« Attendu que, par exploit du 18 octobre 1854, Hébert
« et consorts ont assigné les époux Galula en reprise d'une
« instance introduite le 21 octobre 1845 devant le tribunal
« d'Alger ;

« Qu'en supposant qu'il y eût lieu à reprise d'instance,
« le tribunal de Blidah ne pourrait connaître de cette
« action ;

« Qu'en effet, si le tribunal d'Alger était alors compétent,
« c'est encore devant ce tribunal que devait se porter la
« demande en reprise d'instance ; que si, au contraire, le
« tribunal d'Alger était incompétent, ainsi que le déclarent
« les demandeurs, ce n'est pas par voie de reprise d'une
« instance portée devant un tribunal incompétent, mais
« bien par une action nouvelle que le tribunal de Blidah
« aurait dû être saisi ;

« Attendu d'ailleurs que la procédure de reprise d'ins-

---

et cela après avoir transporté leurs rentes à des officieux, ce qui leur faisait un double bénéfice... ce qu'ils avaient touché en vendant la propriété... et ce qu'ils pouvaient attraper en se dessaisissant de leurs rentes !...

« tance ne s'applique pas aux cas où l'instance a été inter-
« rompue, soit par négligence, soit par une erreur de fait
« ou de droit du demandeur, mais exclusivement aux cas
« spécifiés par la loi... [1];

« Attendu qu'aucune des causes prévues n'est alléguée
« dans l'espèce; que, par suite, la procédure de reprise
« d'instance n'a pu saisir légalement le tribunal; que la
« solution contraire, outre qu'elle serait en opposition avec
« les prescriptions de la loi, aurait pour résultat de mettre
« à la charge des défendeurs, s'ils succombaient au fond,
« des actes frustratoires destinés par les demandeurs à
« porter successivement la connaissance du litige devant
« trois juridictions, dont ils déclarent avoir tardivement
« reconnu l'incompétence [2];

---

[1] Je ne sais pas trop ce que peut signifier ce motif... car depuis 1845, les intéressés dans la prétendue Compagnie Rouennaise n'étaient plus les mêmes... Il y avait eu des décès... des changements d'état... et les époux Galula n'ayant pas constitué défenseur... il fallait bien, par voie d'assignation directe, faire revivre, pour en prévenir la péremption, l'action de 1845, et la reprendre au besoin contre eux !...

[2] Voilà un motif qui vraiment fait peine, car il sent la malveillance contre des malheureux qui, de 1834 à 1840, chez M° Martin, notaire, ont payé cette rente pour une propriété, *que sous peine de vie ils n'auraient pu même aller voir* s'ils en avaient eu la pensée... qui plus tard, et depuis 1836, ont payé cette rente aux époux Galula, qui n'ont même pas voulu indiquer la situation de la propriété qu'ils disaient grevée de leurs droits... aux époux Galula qui, assignés à cet égard au 21 octobre 1845, ne daignent pas se déranger, et à l'occasion desquels les malheureux débiteurs, après s'être adressés *à tous les échos*, pour savoir des nouvelles de la situation de *leur prétendu domaine*... de l'autorité dont il pourrait dépendre, saisissent *par de simples assignations* (pour prévenir toute prescription) les diverses justices qu'on leur dit compétentes *et auxquelles cependant* on prête bénévolement l'idée d'avoir voulu faire des frais frustes... En vérité, en vérité, la Compagnie Rouennaise doit être bien mal notée, pour prêter à une pareille interprétation de sa conduite... et cela lorsque, ni les époux Galula, *qui font défaut*, ni le préfet, représentant le domaine, n'en excipent!...

Attendu, d'autre part, que l'action principale étant déclarée non recevable, il n'y a pas lieu de statuer sur les conclusions de l'appelé en cause, lesquelles deviennent sans objet [1];

« Par ces motifs, et sans qu'il soit besoin de statuer sur
« les conclusions du préfet, représentant le domaine de l'E-
« tat, appelé en cause par les demandeurs,

« Autorise la femme Galula à ester en justice; donne ité-
« ratif défaut contre les époux Galula, réassignés; déclare
« Hébert et consorts non recevables dans leur demande; les
« condamne en tous les dépens, liquidés à la somme de
« 54 fr. 55 c.; commet Bertrand, huissier à Blidah, pour
« signifier le jugement aux époux Galula. »

Puis ce jugement, expédié, relevé, est signifié au nom de M. le préfet (qui assurément ne s'en doute pas), comme représentant le domaine, et *séparément au domicile des trente-cinq individus* composant ce qu'on appelle la Compagnie Rouennaise.

MM. du domaine ont ainsi la satisfaction de leur apprendre, à grands frais, que leur procédure est mauvaise, et leur font payer chèrement la leçon donnée, grâce au tribunal, qui l'a donnée lui-même et d'office.

Examinons un peu maintenant les conséquences morales et de cette décision, et du renfort déraisonnable de frais de signification dont on l'a fait suivre au domicile de chaque intéressé, *quand* déjà on a vu la justice trouver régulières des significations *de transport et des assignations délivrées à tous ces individus, et par une seule copie, au domicile de M. Guiot, son prétendu mandataire spécial*... quand, pour les rentes Kodjaberry, on vient de voir, sous le premier

---

[1] Mais c'est encore un nouveau malheur, car au moins on saurait à quoi s'en tenir, sans nouveaux procès, sur la question d'interprétation de l'ordonnance de 1844 ou du séquestre réduit à la rente... tandis qu'il faudra recommencer de nouveaux frais sur l'action de 1845, *qui tient toujours*, pour empêcher la prescription du droit de réclamer!...

exemple qui précède, le receveur des domaines de Blidah *décerner une contrainte contre M. Guiot, représentant la Compagnie Rouennaise*... N'est-on pas en droit de penser qu'un mauvais génie dirige tout ce qui doit être fait contre la Compagnie Rouennaise pour la rebuter, par tous les moyens possibles, de ses malheureuses acquisitions algériennes!...

Si, aux domaines, et par suite des pétitions de 1847, 1848, 1849 et 1850, ou au moins sur celle du 4 novembre 1851, on s'était occupé de l'affaire de Sidi-Ieklef... si, au moins, par suite des notes transmises si obligeamment, de la part de M. le directeur des affaires de l'Algérie, à MM. du domaine... et de l'opinion qu'ils manifestaient dans la lettre *signée par M. le préfet d'Alger*, le 29 mai 1854, ils avaient coulé à fond la question de validité ou d'invalidité de l'acquisition, en 1834, de l'Haouche-Sidi-Ieklef... si, sans égard à l'impossibilité matérielle où l'on s'était trouvé de se mettre en possession de cette terre, on avait voulu faire consacrer les conséquences qu'on veut faire produire à l'ordonnance de 1844 (malgré ce qu'en disait si justement *Montaigne* dans son commentaire sur l'article 23 de cette ordonnance)... on avait au moins provoqué et fait rendre *un arrêté régulier, à notifier officiellement*, qui eût statué à cet égard *et sans aucuns frais*, on aurait su à quoi s'en tenir, on l'eût contre-dénoncé aux époux Galula... on aurait su si, oui ou non, on avait été *volé complétement* en 1834... si les vendeurs n'étaient pas les représentants légitimes de ceux qui, d'après les indications fournies au 29 mai 1854, avaient, en 1776, constitué la propriété en habbous... On serait fixé.

Dans le cas même de nullité de la vente, on n'aurait pas été surpris, puisque beaucoup de vols de la même nature ont eu lieu; on se serait borné à regretter les frais de contrat et la rente payée jusqu'en 1840, et à voir si, d'après les ordonnances postérieures à 1844, il n'y aurait pas eu lieu à demander au moins, à titre d'indemnité, d'autres terres, eu égard au capital de la rente de 126 fr. cédée aux époux Galula...

Mais, au contraire, MM. du domaine ne font rien... et ne veulent pas faire rendre d'arrêté, de manière à tenir en haleine et dans leurs incertitudes les membres de la Compagnie Rouennaise, qui ne peuvent, de leur côté, faire admettre par les époux Galula, *et comme chose définitive*, qu'ils n'ont plus de rentes... que la cession qu'ils se sont fait faire ne vaut rien, et qu'ils doivent en remettre le titre comme caduc et sans valeur !...

Pour se soustraire à une aussi ridicule position, on assigne en 1854 ; on met les époux Galula et les domaines en présence, et, devant le tribunal de Blidah, on n'arrive pas même à une solution qui tranche la question de propriété... de validité ou d'invalidité d'acquisition... et de l'application de l'ordonnance de 1844.

On est presque tenté de croire que le tribunal de Blidah a rouvé le moyen présenté par le domaine odieux, ou son application trop dangereuse pour les autres cas où la question pourrait se présenter... et qu'il a été heureux de trouver *d'office* un moyen pour écarter la demande, quant à la forme, sans dire un mot sur la véritable question !... Puis, comme c'est une occasion de vexer un peu les membres de la prétendue compagnie, on s'empresse de signifier à chacun de ses membres, et à domicile, une décision qui ne fait pas faire un pas à la véritable question du procès.

A-t-on, *oui ou non, bien ou mal acquis* en 1834 ?... a-t-on, oui ou non, été *volé ?*... doit-on, *oui ou non*, une rente aux époux Galula, ou aux domaines?... doit-on, *oui ou non*, réduire cette rente?... les époux Galula eux-mêmes n'ont-ils pas été trompés en 1836 ?...

Eh bien, il serait très-difficile, ce me semble, de persuader à des gens raisonnables que, dans cette manière d'agir des agents du domaine, il n'y a pas de mauvais vouloir... puisqu'il leur était si facile, et que leur devoir d'ailleurs bien compris *les obligeait à faire rendre un arrêté par l'administration supérieure*, à l'aide duquel on serait fixé depuis si longtemps, et sans des frais aussi déplorablement faits à des individus, qui réclament *protection et justice* près de l'autorité qui la leur doit en Algérie comme en France, tandis qu'il leur faudra, pour ne pas rester exposés aux poursuites des époux Galula, ou de brocanteurs nouveaux, décidés à trafiquer de leurs droits (comme il s'en est trouvé pour la prétendue rente de 166 fr. de M. Sionville), reproduire leur action de 1845, pour en finir d'une manière absolue!...

Je ne saurais trop le dire... de pareils faits sont déplorables... Si le chef de l'Etat les connaissait...!

Cet exemple de l'affaire de Sidi-Ieklef me décide à en indiquer de suite un autre de même nature sur un aussi triste sujet et *beaucoup plus malheureux et triste encore!*...

Deuxième paragraphe.

En 1834 on acheta, comme contenant 683 hectares, une terre dite l'Haouche-Sefta. (Voir rapport de 1852, pages 44 et suivantes.)

En 1845, le 21 octobre, on assigne en délimitation et réduction de rente; la veuve du *vendeur* constitue pour son défenseur Me Fourrier, à Blidah. C'est la seule personne arabe qui ait donné signe de vie sur ces assignations de 1845!...

Par la pétition de 1847, on demande l'expulsion des Arabes établis sur cette propriété, dont on avait appris la situation; on réitère la même demande dans les pétitions qui suivent jusqu'en 1851.

Mais avant qu'on eût statué sur ces demandes, on avait appris, en 1847, à Alger, que de prétendus cessionnaires de la rente de la famille Sefta avaient obtenu, le 12 avril 1843, au tribunal d'Alger, condamnation de 1,400 fr. pour arrérages de cette même rente grevant une propriété qu'on ne connaissait pas... que, le 2 décembre 1843, et sur opposition dont les motifs sont inconnus (voir page 32, rapport de 1847), ce jugement aurait été confirmé... que, malgré un appel du 2 juillet 1844, le défenseur des intéressés aurait maladroitement versé 1,500 fr. sur ces arrérages *au défenseur de ces prétendus cessionnaires, dont, depuis 1847, on attend toujours la quittance*, que le défenseur qui a touché devrait remettre en échange de la sienne!...

En 1848, on apprend que l'Etat doit prendre la terre Sefta pour créer des villages, et que la vente consentie aurait été nulle... *Malgré cela*, et le 1er décembre 1848, par exploit de Me Lesonneur, huissier à Alger, on signifie à M. le directeur des domaines une protestation au besoin contre toute dépossession, de manière à ce qu'il connaisse les droits invoqués par la compagnie... puis, on songe alors à tâcher de faire rentrer les 1,500 fr. si déraisonnablement versés en 1845 au défenseur des prétendus créanciers cessionnaires... Il paraît qu'à ce moment, et par une inspiration providentielle, ces braves Arabes auraient eu l'idée de demander la péremption de l'appel du 2 juillet 1844; mais un arrêt de la cour d'Alger, du 13 juin 1850, fit justice de cette équipée de *finesse judiciaire* tout à coup éclose dans le cerveau d'Arabes!...

La péremption écartée par la cour ne préjugeait rien sur le fait de savoir si on avait bien ou mal acquis... et si on devait recouvrer les 1,500 fr. versés si maladroitement en 1845, quand une quittance notariée, du 16 mai 1839, prouvait qu'on avait payé jusqu'en 1840, de manière à ne devoir que 720 fr. en 1845, au moment de ce ridicule versement... On mit en cause M. le préfet d'Alger, représentant le domaine, pour qu'il eût (faute de solution sur toutes les pétitions présentées depuis 1847) à s'expliquer avec les prétendus créanciers sur le fait de savoir si l'acquisition de 1834 était bonne ou mauvaise, de manière à avoir ainsi une solution, et pour, au cas de nullité de l'acquisition de 1834, obtenir la restitution des 1,500 fr. versés en 1845!... Rien de plus simple... de plus terre à terre de raison et de sens commun.

Eh bien! MM. du domaine, qui déjà avaient été mis en demeure le 1er décembre 1848!... refusent de s'expliquer!... puis la cour d'Alger, le 20 août 1851, rend un arrêt (qu'il faudra déférer à la cour de cassation quand on en recevra la signification, et cela par les motifs consignés pages 49 à 57 du rapport de 1852!...) dans *lequel elle trouve que l'appel en cause du domaine était inutile...* (quand le domaine disait déjà, par les registres domaniaux, que la propriété *Sefta était à lui!...*), « déclare sur les autres chefs de conclusions « *qu'il n'y a pas lieu à statuer quant à présent*, etc., etc. (Cet arrêt offre une bien regrettable erreur judiciaire!... Si la défense a été présentée, comme on doit le penser, convenablement... je ne puis, comme dans l'affaire Embarek, reproduire les conclusions qui ont été prises, car je ne sache pas que depuis 1851 on *ait osé relever et signifier cet arrêt*, et cette signification seule pourrait me mettre à même d'avoir une opinion définitive sur la marche qui aura été suivie devant les magistrats!... Or, l'affaire Embarek doit me rendre très-circonspect dans mes appréciations!...)

Comme on le remarque, l'arrêt de la cour d'Alger du 20 août 1851 ne tranchait pas plus la question de savoir si on avait *bien ou mal acquis en* 1834... si on pouvait *oui ou non* devoir une rente, que le jugement rendu à Blidah pour l'affaire Sidi-Iecklef... Mais devant la cour d'Alger, il n'y avait pas de prétendu vice de procédure à invoquer... on pouvait et on devait s'expliquer carrément.... Mais MM. du domaine ne paraissent pas en avoir agi ainsi.

Il était question de cette terre et de cet arrêt dans les notes que M. le directeur général de l'Algérie eut l'obligeance de transmettre à MM. du domaine à la fin de 1853.

Voici ce qui y est répondu dans la lettre *signée par M. le préfet d'Alger*, le 29 mai 1854. Qu'on lise... et on verra ensuite si, humainement parlant, il est possible d'être plus mystifié... et malmené que ne l'ont été MM. de la Compagnie Rouennaise... et s'ils ne sont pas fondés à supposer qu'un *mauvais génie* s'attache à tout ce qui les concerne... et si pour moi je n'ai pas été bien inspiré en imposant ma démission en 1854 :

N° 6. — *Haouche Caïd-Sefta.*

« D'après les explications fournies par l'agent de la Com-
« pagnie, la propriété qu'elle revendique sous ce nom se-
« rait la même que celle appelée *Caïd-El-Sebt*, située aux
« Hadjoutes, au nord du village des Mouzaïa, en dehors des
« zones soumises aux prescriptions de l'ordonnance du
« 21 juillet 1846. Cet immeuble, d'une contenance de
« 435 hectares, appartient à l'Etat, comme provenant des
« Beylik ; il figure sur les anciens registres arabes déposés
« dans mes archives, avec la mention des diverses locations
« qui en avaient été faites par le gouvernement turc avant
« la conquête.

« La commission, présidée par M. le colonel Durieu, dans
« l'art. 2 de sa notice, indique cette terre comme ancienne
« propriété du Beylik provenant de confiscation faite dans
« la famille de *Deïzia*, reconnue coupable de concussion !...
« (Des concussions du temps des Turcs, cela n'a rien de bien
« singulier !...)

« Depuis la cessation des hostilités, cette ferme était oc-
« cupée provisoirement par des familles arabes qui y avaient
« été placées par ordre de M. le gouverneur général ; elle a
« ensuite été affectée à la colonisation des environs de Mou-
« zaïa, et la remise en a été faite à M. le général comman-
« dant la division, suivant procès-verbaux *des* 1er *juillet* 1850
« (*l'arrêt* de la cour d'Alger est du 20 août 1851) et 25
« août 1852...

« La Compagnie Rouennaise n'a jamais pris possession,

« *et on ne peut pas s'expliquer encore* pourquoi elle ne s'est
« pas empressée de provoquer la résiliation de son contrat
« d'acquisition [1]... C'était ce semble le seul moyen qu'elle
« eût à prendre. »

Il est vraiment *saignant* de voir MM. du domaine faire une pareille réponse... constater *eux-mêmes que, dès le 1ᵉʳ juillet 1850, on a remis* la propriété de Sefta au commandant de la division militaire, malgré la protestation du 1ᵉʳ décembre 1848... et n'en rien dire devant la cour d'Alger, au 20 août 1851... quand on avait tant et si souvent, depuis 1847, *sollicité... mendié une explication,* et par suite un arrêté qui pût mettre un terme aux procès pendants et à Blidah et à Alger... quand là, devant la cour de cette ville, le domaine (en désespoir d'arriver à la lumière) avait été assigné en la personne de M. le préfet, pour qu'il s'expliquât sur la question *du oui ou du non* de la validité ou de *l'invalidité* de l'acquisition de 1834 !

Mais si on l'eût fait ainsi, *mon Dieu!...* l'arrêt de la cour d'Alger du 20 août 1851 (si singulier qu'il puisse paraître...) serait tout différent... la lumière serait faite... justice serait rendue... tandis que *la cour a sursis à statuer quant à présent!...*

Eh bien ! *la cour*, si on revenait devant elle avec de nouveaux frais, *se contenterait-elle* de la lettre *signée de M. le préfet* pour reconnaître que *le quant à présent* de statuer est arrivé ?...

Et on termine la note en disant qu'on s'étonne que la Compagnie Rouennaise n'ait pas provoqué la résiliation de son contrat !...

Mais elle plaide depuis 1843 à Alger... depuis 1845 elle a une action à Blidah... Mais pour demander la résiliation de

---

[1] Il est difficile de se moquer des gens avec plus d'aplomb... Et vraiment il y aurait conscience à revoir ce que dit le rapport de 1851, pages 106 et 107... et celui de 1849, pages 90 à 99... on y trouve la réponse à cette réponse !...

son contrat, il lui faudrait aux mains *un acte légal* établissant que son acquisition de 1834 est nulle... C'est pour l'obtenir qu'on a présenté tant de pétitions... qu'on avait appelé M. le préfet en cause dans l'affaire jugée au 20 août 1851... après s'être adressé, au 1er décembre 1848, à MM. du domaine... et maintenant est-ce donc que la justice se croirait liée *par une simple note* qui se trouve comprise dans la lettre qu'on a fait signer, le 29 mai 1854, à M. le préfet d'Alger?...

Ah! MM. du domaine... vous devez avoir parmi vous des agents qui comprennent bien peu comment le gouvernement veut qu'on administre et qu'on fonctionne... et qui s'inspirent bien peu de son esprit de droiture et de justice... Et pour moi, je crois toujours à une pression étrangère, sans quoi ma raison se refuse à admettre que les choses eussent pu se passer ainsi.

Je m'arrête là de ce genre d'histoires que je pourrais prolonger, car mes rapports en contiennent d'autres... Mais si je trouve des hommes sérieux qui aient le courage de lire, il devra s'en trouver qui aient aussi le courage d'en parler à MM. les ministres, pour les exciter à s'en occuper, pour l'honneur et la dignité de l'administration... et pour en parler même au chef de l'Etat, afin que, jetant un voile sur le passé et proclamant *miséricorde et pardon*, il prenne d'énergiques mesures pour que nul désormais n'ait à subir tant et de si coûteuses avanies que les membres de la Compagnie Rouennaise!... car il importe, par tous les moyens possibles, de convier à la colonisation de l'Algérie... et de pareils faits, si le retour en était à craindre, seraient de nature à en éloigner, jusqu'à la pensée, les hommes dont ce pays a le plus besoin.

. . . .

. . . .

Mais au respect de M. Bruat, auquel je vais enfin arriver après tant de détours pour expliquer la valeur, la véracité des actes arabes, la foi qu'ils doivent inspirer (ce que sa position le met à même d'apprécier aussi bien que qui que ce soit) „il peut voir après les exemples devant cités ce qu'il faut penser de la sincérité des actes relevés dans l'affaire de M. A..., et de la valeur des transports faits aux époux Galula et aux cessionnaires de la rente Sefta... Dans ces deux cas, ce sont des gens frappés de séquestre qui ont vendu des rentes... rentes qu'on a payées longtemps... ou bien ce sont des gens qui n'avaient pas plus le droit de vendre des biens que des rentes, qui ont trouvé acheteurs pour les uns comme pour les autres... et M. Bruat, sans avoir rien signifié, voudrait se faire payer!... Mais qui donc assure que ceux qu'il dit ses cédants ne fassent pas partie des Arabes sur lesquels le séquestre aurait été mis et à l'occasion desquels on aurait décerné les singulières contraintes dont j'ai parlé? Mais n'anticipons pas et revenons de suite, dans la quatrième section, à M. Bruat, pour rentrer ensuite dans les questions générales relatives à la colonisation. Au moins, je me retrouverai à l'aise et n'aurai plus par instants à contenir mon dégoût devant tant d'étrangetés... que mes pauvres cointéressés ne soupçonnent pas et qu'ils n'auraient pas le courage de relever!...

QUATRIÈME SECTION.

Examen de l'action intentée par M. Bruat, le 18 mars 1857, et révélations nouvelles. — Observations préliminaires.

Lorsqu'au mois de mars j'eus connaissance de l'action de M. Bruat et lorsqu'il me vint à la pensée d'en faire un sujet d'observation à comprendre dans mon nouveau travail algérien, je priai M. le gérant judiciaire de la Compagnie Rouennaise de faire revenir de Blidah la signification et l'assignation que, le 11 mars 1856, M. Bruat paraissait avoir fait délivrer à M. Guiot, d'après le contexte *de sa singulière* demande du 18 mars 1857.

J'avais renoncé à voir cette signification du 11 mars 1856, parce que, *malgré ses demandes*, M. le gérant judiciaire m'avait, à plusieurs reprises, déclaré n'avoir pu en obtenir l'envoi ; aussi près de trois cents pages de ce premier volume étaient imprimées et tirées en feuille lorsque, le 27 mai 1857 (*seulement*), cette signification de 1856 me fut remise. Je dus l'examiner et en faire d'abord des extraits, afin d'essayer de m'y reconnaître et voir si elle ne jetterait pas un jour nouveau sur l'action formée par M. Bruat le 18 mars 1857, action qui m'a valu de grossir de tant de détails ma publication actuelle pour justifier à mon sens la nécessité de modifier les institutions algériennes.

« Si fatigué qu'on puisse être des longueurs qu'on a eues
« à parcourir, je manquerais le but auquel je m'efforce de
« parvenir, si je ne signalais pas *les étrangetés nouvelles* qui
« ressortent de cette demande de 1856!... l'imprudence,
« pour ne pas dire l'impudence de l'action qui y est formu-
« lée!... *l'absurdité des transports de rentes... la folie des*
« *Arabes à se dépouiller* des droits les plus sérieux et les plus
« solides!... *parce qu'on ne leur vient pas en aide pour les*
« *éclairer sur leurs droits et la conduite qu'ils ont à tenir,*
« *comme je n'ai cessé de le demander depuis* 1847 pour la
« famille *Kodjaberry!... Mon Dieu!* daignez *inspirer à*
« *ceux qui auront bien voulu lire mon œuvre jusqu'ici, le*
« *courage nécessaire* pour continuer leur lecture jusqu'à la
« fin de cette section!... Ils y verront s'ils devront me trou-
« ver déraisonnable lorsque je demande *protection, secours*
« *et pitié pour les Arabes,* en prenant les mesures dont j'ai
« déjà parlé pour prévenir leur ruine complète et empêcher
« leurs regrets et les haines que plus tard leur ruine
« pourrait provoquer contre ceux qui ont profité de leur
« ignorance!... »

Pour créer de la clarté dans cette quatrième et dernière section, je la diviserai par paragraphes, dans le premier desquels je m'occuperai exclusivement de la signification faite en 1856 à M. Guiot par M. Bruat, et dans les paragraphes suivants, j'arriverai enfin à son action de 1857 et aux conséquences à en déduire au point de vue algérien et des institutions qui régissent l'Algérie.

PREMIER PARAGRAPHE.

Signification et assignation du 11 mars 1856 délivrées à M. Guiot.

En lisant dans l'exploit de M. Bruat du 18 mars 1857, reproduit aux pages 176 et 177 qui précèdent, *que, par exploit du 11 mars* 1856, il avait fait assigner *M. Guiot* devant le tribunal, j'en induisais que précédemment *sans doute* il lui avait fait signifier *les prétendus transports* servant de point de départ à la réclamation judiciaire dont il informait les intéressés par ses exploits de 1857. C'était une erreur de ma part; M. Bruat n'avait pas pris tant de précautions!... il avait fait copier *plus ou moins illisiblement vingt-quatre actes différents, les uns* à la suite des autres; il en avait délivré une seule et unique copie à M. Guiot et il avait fait suivre cette copie, *équivalant pour lui* à la signification de transport, aux termes de l'article 1690 du code civil, d'une assignation en condamnation!... Ce procédé était plus expéditif et surtout moins coûteux pour M. Bruat, qui trouvait ainsi (*au cas où ses adversaires ne se défendraient pas*) le moyen de faire comprendre dans les dépens qu'il obtiendrait contre eux, jusqu'aux frais de la signification de *ses qualités prétendues de cessionnaire!...* Cela peut être de la promptitude... de l'habileté, si l'on veut!... mais est-ce de la raison? C'est ce que nous allons examiner...

Les huit premières pièces copiées dans la signification faite à M. Guiot ont pour but de reproduire en presque totalité les cinquième, sixième, première, deuxième, troisième, quatrième, neuvième et dixième pièces imprimées pages 161, 165, 86, 153, 156, 160, 85 et 168.

Il est bon de remarquer cependant : 1° que la *troisième copie signifiée à M. Guiot,* pour être celle du contrat du 17 mars 1834, reproduit page 86, ne contient que *deux noms des membres de la famille Kodjaberry,* au lieu de trente-sept, comme l'indique ledit acte de 1834, et 2° que la quatrième de ces copies, qui doit être celle du habbous de 1619, imprimée page 153, ne ressemble ni quant à sa longueur et à son style et à ses dispositions principales à l'acte signifié à Rouen!... Pourquoi ces différences dans les copies? Je les ignore, et je me borne à les constater.

Neuvième copie.

La neuvième copie signifiée à M. Guiot commence *la série des transports invoqués par M. Bruat* et la preuve que la famille Kodjaberry a été bien mal inspirée en cédant ses rentes!...

Cette neuvième copie est celle d'un acte énoncé reçu, le 13 avril 1853, par Me Pourtauborde, notaire à Alger, par lequel acte, plusieurs membres de la famille Kodjaberry, au nombre de seize (ou leurs prétendus mandataires), transportent sous leur *garantie solidaire* contre toutes *saisies-arrêt ou empêchements* à M. Bruat, ce acceptant :

1° 120 fr. de rente leur revenant (*ainsi, dit-on, qu'ils en ont* justifié à M. Bruat) dans une rente de 720 fr. créée, le 12 mars 1834, par MM. Vildieu, Delaplanche, Delaunay et Roulland, ci. . . . .   120 fr. » c.

2° 150 fr. dans une rente de 900 fr. due par M. Lacrouts, ci.   150   »

3° 85 fr. dans une rente de 1,080 fr. due par le même sieur Lacrouts, ci.   85   »

4° 101 fr. 70 c. dans une autre rente de 720 fr. créée, le 17 mars 1834, par MM. Vildieu et joints, ci.   101   70

Et 5° 128 fr. 76 c. dans une autre rente de 900 fr. due par un sieur Langlois, ci. . . .   128   76

Total. . . . .   585 fr. 46 c.

« Dans ce transport sont compris tous les arrérages des-
« dites fractions de rentes qui n'ont pas été touchées depuis
« longtemps et pour le moins depuis *cinq à six ans*, à l'ex-

« ception cependant de la rente sur le n° 2, qui n'est due
« que depuis trois ans environ.

« Ce transport a lieu moyennant 3,913 fr. que les cédants
« reconnaissent avoir *reçu avant ces présentes, hors* la vue
« du notaire, dont quittance. »

Avant d'aller plus loin, il convient d'arrêter ici son attention pour un instant.

Voilà des Arabes qui cèdent, moyennant 3,913 fr. payés antérieurement au contrat de 1853, 585 fr. 46 c. de bonnes et excellentes rentes foncières grevant des immeubles d'une valeur considérable, plus tous les arrérages dus au moins depuis cinq à six ans (moins sur la rente n° 2, dus depuis trois ans seulement).

Les arrérages de ces rentes calculés pendant six ans (et ceux dus sous les n°^{s} 1 et 4 sur les représentants de M. Vildieu, le sont pour un délai plus considérable); ces arrérages, dis-je, s'élèvent à. . . . . 3,512 fr. 76 c.

Mais il faut en déduire 450 fr. pour la rente n° 2, dont trois années d'arrérages seulement seraient dues, ci.   450   »

M. Bruat aurait à toucher en arrérages sur les rentes dont s'agit. . . . .   3,062 fr. 76 c.

Comme il paraît avoir versé 3,913 fr. pour prix d'achat, ci.   3,913   »

il se trouve payer par 850 fr. 24 c., ci. . .   850 fr. 24 c.
585 fr. 46 c. de bonnes rentes foncières!...

Le prix n'est pas élevé assurément!... M. Bruat paraît faire ainsi une *bonne et excellente affaire algérienne*... Mais patience, on en verra de bien *plus incroyables* encore, lorsque j'arriverai aux dix-septième, dix-huitième copies ci-après, en suivant le développement des divers transports invoqués par M. Bruat!...

A la fin de cet acte de 1853, intervient une dame Meriouma-Bent-Soliman, agissant au nom de ses petits-enfants, qui cède aussi à M. Bruat, ce acceptant : 1° 11 fr. 28 c., formant la part prétendue de sesdits petits-enfants dans la rente de 720 fr. créée, le 17 mars 1834, par MM. Vildieu et joints, ci. . . . . 11 fr. 28 c.

Et 2° 14 fr. 28 c. dans l'autre rente de 720 fr. créée le 12 mars 1834, ci. 14 28
                                                                                    ─────────
                                                                                    25 fr. 56 c.

Cette cession de 25 fr. 56 c. comprend aussi tous les arrérages dus, et a lieu par 175 fr. payés comptant.

Six ans d'arrérages de rente s'élevant à 25 fr. 56 c. par an. donnent 153 fr. 36 c., ci. . . . . . . 153 fr. 36 c.

Le prix d'achat étant de. 175   »
                                   ─────────

Il s'ensuit que M. Bruat paye 21 fr. 64 c., ci . . . . 21 fr. 64 c. son achat de 25 fr. 56 c. de rente.

De l'économie de ce premier acte, il ressort que M. Bruat se trouve avoir déjà sur les représentants de MM. Vildieu et joints :

1° Une rente de 120 fr. dans celle de 720 fr. créée le 17 mars 1834, ci. . . . . 120 fr. » c.

2° 101 fr. 70 c. dans celle créée le 12 mars 1834, ci 101 70

Et 3° 25 fr. 56 c., pour les fractions cédées dans ces mêmes rentes par la veuve Meriouma-Bent-Soliman. 25 56
                                                                                    ─────────
                      Total. . . . . 247 fr. 26 c.

Cette constatation est bonne à ne pas oublier, car on verra plus tard que les cessions faites à M. Bruat, rapprochées des réclamations du domaine et de celle de Mlle Godefroy, *excèdent de beaucoup* les deux rentes de 720 fr. (ensemble 1,440 fr.) constituées en 1834, par MM. Vildieu et joints.

Dixième, onzième et douxième copies.

Les dixième, onzième et douxième copies signifiées à M. Guiot, sont celles de trois prétendus pouvoirs donnés devant le scheik, l'iman, le savant, le très-docte, l'illustre, le sid Hasseim, cadi Hanefi, d'Alger, par divers Arabes, en vue de faciliter le transport fait à M. Bruat le 13 avril 1853... ou plutôt pour assurer la ruine de malheureux Arabes mineurs, au nom desquels le dixième acte paraît être ce qu'on appelle *un pouvoir judiciaire* donné, « à cause
« *du préjudice qui en résulterait pour lesdits mineurs, si leurs*
« *droits restaient invendus après* la vente de leurs cointé-
« ressés !... »

Si au lieu d'être soumis à la loi arabe, qui donne aux cadis Maleki ou Hanefi le droit de conférer des pouvoirs judiciaires, facilitant de pareils transports de droits de mineurs, les tuteurs de ces mineurs avaient eu à se présenter devant un juge de paix français, ce magistrat eût éclairé leurs tuteurs ou tutrices, et ces mêmes mineurs arabes auraient conservé leurs rentes, aliénées pour un prix si peu *raisonnable*... et si peu en rapport avec la valeur véritable des droits cédés !...

Treizième copie.

La treizième copie signifiée à M. Guiot, est celle de l'acte du 16 octobre 1849, reçu par M. Morizot, notaire à Alger, reproduit pages 146, 147 et 148 : c'est le premier transport obtenu par M. Bruat, des membres de la famille Kodjaberry :

Par cet acte, *sid Abder-Rhaman-El-Hanefi-Ben-Mohammed-Ben-Kodjaberry*, propriétaire, demeurant à Alger, assisté de son fils, cède à M. Bruat 440 fr. de rentes foncières, savoir : 1° 150 fr. sur M. Lacrouts, dont j'ai déjà parlé; 2° 120 fr. sur celle de 720 fr. créée le 12 mars 1834, par MM. Vildieu et joints, et 3° 170 fr. encore sur M. Lacrouts.

Par cet acte, le cédant n'abandonne d'arrérages de rente, que ceux de la rente de 120 fr. à prendre sur MM. Vildieu et joints, arrérages qu'il dit dus depuis cinq à six ans. Puis cet acte reproduit fidèlement l'obligation imprimée à la *page 148, de rapporter les pièces établissant les droits du cédant; mais cette copie ne dit pas un mot* de la disposition imprimée page 148, *indiquant que les parts de Mouni et Nefissa, mortes sans postérité, auraient été frappées de séquestre!*...

J'ai lu et relu ces deux copies pour les contre-vérifier et les opposer l'une à l'autre, et bien m'assurer que les énonciations imprimées *page* 148 étaient exactes, et à part l'observation qui précède pour constater la différence qui existe dans leurs énonciations, je dois faire observer ici *que c'est par erreur* que j'ai dit, au bas de la page 148, que M. Bruat, ayant acquis par 3,080 fr. 440 fr. avec six ans d'arrérages, se trouvait à ce moyen ne payer son acquisition que 880 fr.

Ces deux copies examinées de nouveau, indiquent qu'on n'a cédé les arrérages que de la rente de 120 fr., et non des arrérages des *deux autres rentes*, d'où il suit que le prix d'achat étant de 3,080 fr., ci. . . . . 3,080 fr.
les arrérages pendant six ans sur la rente
de 120 fr., ne donnant que 720 fr., ci. . . . 720
le prix vrai d'acquisition de 440 fr. de rentes,
serait pour M. Bruat de 2,360 fr., ci. . . . 2,360 fr.
et non 880, *comme je l'ai dit par erreur, page* 148!... erreur que je suis aise de pouvoir relever ici!... Même à ce prix rectifié, ce serait encore *une belle et bonne affaire algérienne!*... bien que ce soit *la plus coûteuse* de celles invoquées par M. Bruat!...

Quatorzième et quinzième copies.

La quatorzième copie d'acte signifiée à M. Guiot est d'une autre constitution de habbous, faite par le défunt caïd Ferhat... La quinzième copie est relative aux droits que sid

Abder-Rhaman et sa sœur Mouni auraient eus sur les rentes dues par M. Lacrouts : ces actes paraissent complétement étrangers à ce qui concerne MM. Vildieu et joints!...

Seizième copie.

La seizième copie est ainsi conçue [1] :

« Louanges à Dieu! Le habbous de la totalité du tiers indivis de la totalité du haouche dit Eltaana, situé à Oumzafran, canton de Beni-Kelil, était complétement dévolu aux frères et sœurs de sid Abder-Rhaman et Mouni, fils et fille de sid Mohammed-Kodjaberry, connu sous ce dernier nom, qui l'avaient reçu du chef de leur aïeul le sid Mohammed-Bey, mentionné dans un des actes de propriété, dont sont détenteurs leurs cointéressés, ledit acte du 24 de rabian-eltani an 1255 (7 juillet 1839) : ledit tiers est loué, à rente perpétuelle, au chrétien François Boyeldieu ou Vildieu et à ses cointéressés, moyennant la somme de 240 fr., sur le prix de 720 fr., établi pour la totalité du haouche, ainsi qu'il résulte de l'acte de bail passé en forme authentique, en date du 1er de caadah an 1249 (12 mars 1834), lequel acte, ainsi que le précédent, sont sous les yeux des témoins ici présents. Pour traduction conforme, Alger, le 12 septembre 1849, signé Kirwan. Ensuite est cette mention : Enregistré à Alger, le 12 octobre 1849. Reçu 1 fr.; signé Duclos.

« Le habbous des cinq neuvièmes de la moitié du hui-
« tième d'un neuvième; plus, des cinq neuvièmes de la

---

[1] Je crois utile de la donner en entier, car elle doit avoir pour but d'établir le droit qu'aurait eu dans l'acte du 10 octobre 1849 (treizième copie ci-dessus) le cédant de M. Bruat, pour lui transférer 120 fr. de rente sur MM. Vildieu et joints.

Dire qu'un acte ne signifie rien !... qu'il est absurde, qu'on ose en soumettre de pareils à la justice... tout cela pourrait être pris pour un reproche banal, une idée de tout blâmer. Je préfère qu'on lise et qu'on qualifie soi-même, et après l'avoir lu, l'acte dont s'agit.

« moitié du huitième d'un neuvième; plus, des quatre
« dixièmes d'un neuvième de la moitié du huitième d'un
« neuvième de la totalité de la part, soit les six neuvièmes;
« plus, quatre huitièmes du neuvième; plus, la moitié d'un
« huitième d'un neuvième; plus, cinq neuvièmes de la
« moitié du huitième d'un neuvième; plus, les cinq neu-
« vièmes de la moitié du huitième d'un neuvième ; plus,
« quatre dixièmes du quart de la moitié du huitième d'un
« neuvième de la totalité de la moitié du haouche situé à
« la Krachna, territoire de Ben-Djennam, connu sous le
« nom de Haouche-Ben-Nassaff, était complétement dévolu
« aux frères et sœurs germaines, le sid Abder-Rhaman-El-
« Hanaff et Mouni, fils et fille de sid Mohammed-Ben-Kod-
« jaberry, dans la proportion suivante : Le sid Abder-Rha-
« man en a trois neuvièmes; plus, trois huitièmes d'un neu-
« vième ; plus, trois neuvièmes; la moitié du huitième d'un
« neuvième; plus, six dixièmes du neuvième de la moitié du
« huitième du neuvième ; et sa sœur Mouni un neuvième;
« plus, cinq huitièmes du neuvième; plus, la moitié du
« huitième d'un neuvième; plus, un neuvième de la moitié
« du huitième d'un neuvième; plus, huit dixièmes du neu-
« vième de la moitié du huitième d'un neuvième ; ladite part
« leur a été transmise par sid Adjmou-Amith-El-Kebia, et
« ils n'ont cessé d'en jouir jusqu'à ce jour. Ladite rente
« est louée, à rente perpétuelle, au sieur Lacrouts, moyen-
« nant 255 fr., sur laquelle il revient à Abder-Rhaman
« 170 fr., et à sa sœur 85 fr. sur le prix de 450 fr., établi
« pour la totalité de la moitié dudit haouche. En date du
« 12 octobre 1845. Omar-Ben-Ali, que Dieu le favorise!
« Alger, 31 juillet 1846, signé Kirwan. Enregistré à Alger,
« le 12 octobre 1849. »

Si, parmi mes lecteurs, il s'en trouve d'*assez heureux*
ou d'*assez habiles* pour deviner et saisir quelque chose dans
la copie qui précède, et pour y entrevoir comment M. Bruat
se trouve avoir bien 120 fr. de rente à prendre en vertu

de cet acte, sur MM. Vildieu et joints, il y aurait charité à eux à *m'en informer par une lettre ;* car, pour moi, je n'y ai rien... absolument rien compris!... et cependant cet acte et les deux copies nos 14 et 15 qui le précèdent, ont été annexés par M. Morizot à la minute de *son contrat* du 10 octobre 1849!...

Dix-septième copie.

Par un prétendu acte sous seing privé du 17 janvier 1853, enregistré le 7 août suivant [1], sid Mohammed-El-Keiat-Ben-Ali-Khodja, agissant comme mandataire de sid Hassem-Ben-Ali-Kelaidji, des enfants de celui-ci, Ali, Ahmed et Hamouda, d'*Omar*-Ben-Ali-Kelaidji, de la fille de celui-ci, Fatma, de Hamdan-Ben-Ali-Kelaidji, des enfants de celui-ci, Mohammed et Touma, de Mustapha-Ben-Ismael, d'Abdel-Kader-Ben-Mustapha, de Mahmoud-Ben-El-Hadj-Mohammed-Euri-Esseka, *en vertu des divers pouvoirs* dont il est *porteur*, l'un du 27 novembre 1842, reçu par le cadi d'Alger ; l'autre du 31 mars 1844, *délivré par le cadi de Tunis,* et extrait du registre du cadi Hanefi, d'Alger,

Cède, au nom de ses mandants, qui *s'obligent solidairement* à *M. Bruat*, ce acceptant, et pour être libérés vis à vis de lui de 1,895 fr. *qu'il leur avait prêtés précédemment,* leurs parts et portions dans :

1° Une rente de 720 fr., créée le 17 mars 1834, par MM. Vildieu et joints, répartie entre les intéressés par un acte du cadi, du 20 juillet 1852, ledit acte de partage rectifié par d'autres actes des 23 juillet et 17 novembre 1852, ci . . . . 720 fr.

A reporter. . . 720 fr.

---

[1] En voyant ces actes sous seing privé, ayant pour but de nouveaux transports de rentes, je me demande si les notaires d'Alger n'auraient pas refusé de les recevoir par actes de leur ministère, à raison des résultats prodigieux qu'ils donnent!...

Report. . .	720 fr.
2° Dans une autre rente de 900 fr. (Lacrouts), ci.	900
3° Dans une autre rente de 900 fr. (id.), ci. .	900
4° Dans une autre rente de 720 fr., créée le 11 mars (c'est le 12 mars) 1834, par MM. Vildieu et joints, répartie entre les intéressés, par un acte du cadi d'Alger du 1ᵉʳ janvier 1852, *lesquels actes seront enregistrés avec les présentes*, ci. .	720
Total.	3,240 fr.

Pour, M. Bruat, en disposer ainsi qu'il avisera bien, et toucher les arrérages échus et ceux à échoir, etc. (Il n'y a pas de réserve d'arrérages pour ces rentes...) Le mandataire, au nom de ses prétendus mandants, prend *l'engagement personnel* de donner à M. Bruat, à première demande, tous les documents nécessaires, etc.

« Fait en autant d'originaux qu'il y a de parties intéres-
« sées dans l'acte, à Alger, le 17 janvier 1853; approuvé
« l'écriture et le contenu ci-dessus. Signé Bruat.

« Au bas du texte arabe qui se trouve en regard de la tra-
« duction française, dont l'expédition précède, se trouve
« cette mention : *Approuvé le présent* écrit, *Mohammed-*
« *Ben-Ali-Khodja;* certifié, signé Kirwan. Certifié le texte
« arabe conforme au texte français. Signé Kirwan. »

Les rentes cédées par la présente convention sont :

1° 109 fr. de rente sur l'Haouche - Mérachda[1], ci	109 fr. » c. »
2° 138 fr. de rente sur la maison rue Bruce, ci.	138 » »
3° 86 fr. 60 c. 3/4 sur autre propriété, ci.	86 60 3/4
A reporter. . . .	333 fr. 60 3/4

---

[1] Elle fait partie de celle de 720 fr., créée en 1834 par MM. Vildieu et joints.

Report. . . . 333 fr. 60 3/4
4° 69 fr. 28 c. 3/4, sur l'Haouche-Kodja-
berry-Mazafran [1], ci 69 28 3/4

Total. 402 89 1/2

Enregistré à Alger le 7 août 1853. Signé Goby de la Chapelle.

Après la mention du nom du receveur de l'enregistrement, on lit dans la copie de la signification faite à M. Guiot:
Suit la teneur des procurations !... Mais cette teneur ne suit pas !... M. Bruat a trouvé sans doute cet acte sous seing privé *trop merveilleusement clair*, pour qu'il fût utile d'établir que *le mandataire de ces prétendus cédants* avait bien qualité pour se prêter à une aussi ridicule et déplorable cession de *droits...*

Examinons de suite l'économie de ce nouveau chef-d'œuvre d'opérations algériennes.

Il paraît que M. Bruat avait rendu des services à plusieurs membres de la famille Kodjaberry, habitant maintenant Tunis !... Il leur aurait prêté 1,895 fr., d'après l'acte ci-dessus reproduit, pour se libérer vis à vis de lui, et s'il est vrai qu'ils aient donné des pouvoirs dans ce but, ils auraient transporté à M. Bruat 402 fr. 89 c. 1/2 dans les rentes devant indiquées, plus les arrérages échus et à échoir.

En ne calculant que cinq ans d'arrérages de rente sur 402 fr. 89 c. 1/2, on obtient 2,014 fr. 47 c. 1/2, ci. . . . . 2,014 fr. 47 c. 1/2

M. Bruat paraissant avoir avancé
à ses cédants . . . . 1,895 » »

Il *obtient, par les seuls arrérages, un bénéfice net de* . . . . 119 fr. 47 c. 1/2
et sa rente de 402 fr. 89 c. 1/2 *ne lui coûte pas un centime!* pas un centime !...

---

[1] Partie de la deuxième rente de 720 fr., créée en 1834 par MM. Vildieu et joints.

Voilà ce qu'à Alger on appelle faire de bonnes affaires !...

En vérité si M. Bruat a été utile à ses cédants en leur prêtant 1,895 fr., il ne doit pas les accuser d'ingratitude !... Ils s'en sont montrés bien reconnaissants, en se dépouillant ainsi et à pur don, à son profit, de 402 fr. 89 c. 1/2 de rentes !...

. . . .

Mais il ne suffit pas de faire cette première réflexion, il faut remarquer que dans le contexte de ce prétendu acte sous seing, il n'y a pas un mot, avant les signatures qu'on dit le terminer, indiquant les fractions de rentes cédées, et que ce n'est qu'après la signature de l'interprète qu'on voit la mention desdites fractions de rentes qui donnent, sous les n°s 1 et 4, 178 fr. 28 c. 3/4, à prendre par M. Bruat, dans les deux rentes de 720 fr. constituées en 1834 par MM. Vildieu et joints au profit de la famille Kodjaberry, et que dans les diverses fractions de rentes indiquées dans de prétendus actes de partage, reçus par le cadi d'Alger, et reproduits aux pages 158 et 159, 164, 172 et 173 qui précèdent, il n'y a aucune somme, soit de 109 fr., soit de 69 fr. 28 c. 3/4...! d'où la conclusion qu'on doit supposer que M. Bruat a dû lui-même faire et fixer d'imagination les fractions de rentes qu'il s'est fait céder par ce singulier acte.

Mais il est bon de remarquer aussi que M. Bruat ne juge pas à propos de faire signifier les *prétendus pouvoirs* de l'Arabe Mohammed-El-Kheiat-Ben-Ali-Khodja, qui a consenti, au nom de ses prétendus mendants, un acte aussi profondément déraisonnable et ruineux pour eux !... Assez, assez.

Passons à une autre copie.

. . . .

Dix-huitième copie.

La dix-huitième copie signifiée par M. Bruat à M. Guiot est celle d'un autre acte sous seing privé, du 7 avril 1853, enregistré à Alger le 16 du même mois, par lequel acte :

1° le sid Hamed-Ben-Bou-Ghazli, demeurant à Alger, et Ibrahim-Aroun-Cheraa-Ben-Ahmed-Ben-El-Gali, demeurant à Alger, rue Sidi-Abdallah, agissant comme mandataire substitué le 14 août dernier, et encore comme *autorisé judiciairement* par le cadi Maleki, dans les pouvoirs qui avaient été donnés le 13 octobre 1851, devant le cadi de Tunis, par Ahmed, Mohammed, Khadoudja, Kharouffa, enfants de Hassem-Ben-El-Hadj-Ismael-Ben-El-Coblan ; par Aicha, Goussem, Mouni, Mustapha, enfants de ladite Kharouffa ; par Amouda et Aicha, enfants de Mohammed-Ben-Khelil-Khidja ; enfin par Fatima, fille d'El-Hadj-Khalil-El-Turki-El-Hanafi.

Lesquels, pour *se libérer de* 1,010 *fr.* par eux dus à M. Bruat, qui les leur avait prêtés précédemment, lui transportent *solidairement entre eux* toutes les portions leur revenant dans les rentes perpétuelles suivantes :

1° Dans celle de 720 fr. grevant l'Haouche-Mérachda, *rappelée ci-dessus* [1], ci. . . . . 720 fr.

2° Dans celle de 900 fr. grevant la maison rue Bruce, ci. 900

3° Dans celle de 900 fr., *rappelée ci-dessus,* ci. 900

4° Dans celle de 720 fr. grevant l'Haouche-Kodjaberry, canton du Beni-Khelil, près du pont du Mazafran, *rappelée ci-dessus,* ci. 720

Et 5° dans celle de 720 fr. grevant une maison rue Boutin, ci. 720

Total. 3,960

Pour, par M. Bruat, en faire et disposer comme il avisera bien, et toucher les arrérages *échus et à échoir, etc.! On s'oblige à passer cet acte chez notaire et à fournir à première demande tous les documents nécessaires,* au moyen de quoi il les tient quittes des 1,010 fr. qu'ils lui doivent.

[1] Il paraît que ce nouvel acte sous seing privé fait suite au précédent, auquel on veut renvoyer par cette simple mention : *rappelée ci-dessus.*

Fait en autant d'originaux qu'il y a de parties. Alger, 7 avril 1853. Signé Bruat. Au bas du texte arabe qui se trouve en regard de la traduction française, se trouve cette mention : Signé Ibrahim-Ben-Ahmed-Ben-Gali et Hassem. Pour traduction, signé Kirwan. Enregistré à Alger, le 16 avril 1853. . . . .

. . . .
Dans l'acte qui précède, on avait à la fin indiqué les fractions de rentes cédées !... on avait parlé d'annexe de pouvoirs, qu'on avait jugé à propos de ne pas faire connaître !... *Dans ce second acte sous seing privé*, il n'est pas dit un mot de ce qui est cédé sur aucun des prétendus débiteurs de rentes, et quoi qu'on fasse, *et bien* qu'il y soit question des deux rentes de 720 fr. constituées en 1834, par MM. Vildieu et joints, on ignore *complétement et d'une manière absolue* ce qu'il a entendu se faire céder dans ces rentes.

. . . . . Il y a plus que de la déraison à signifier de pareils actes, comme constituant des transports sérieux... Il y a de *la sottise et de l'impertinence* à l'adresse et des débiteurs prétendus, et *de la justice elle-même*, qu'on semble croire à l'avance disposée à ne pas repousser avec mépris, ou même avec indignation, de pareils titres qu'on voudrait déposer sur sa barre, pour qu'elle les consacrât sans les lire... et sans y rien comprendre !...

M. Bruat... comment donc avez-vous pu vous décider à signifier de pareils actes ?. . . . .

Dix-neuvième copie.

La dix-neuvième copie signifiée par M. Bruat est celle d'un autre acte sous seing privé du 22 août 1854, qui semble avoir pour but d'expliquer et ratifier celui qui précède, et qui est aussi singulier.

Pour ce nouvel acte, le nommé Djelloul-Ben-Omar, maître d'école à Alger, agissant comme mandataire de dix Arabes y dénommés, en vertu de pouvoirs qui lui auraient été donnés du 26 août au 4 septembre 1853, *homologués par le cadi d'Alger le 17 septembre* même année, ratifie la vente faite le 7 avril précédent par le nommé Ibrahim-*Chérau-Ben-Ahmed-El-Gali*, au moyen de 464 fr. versés à ce nouveau mandataire pour ses mandants tenus quittes des 1,040 fr. énoncés dans l'acte du 7 avril 1853. Puis il est « observé que c'est par erreur que dans l'acte du 7 avril on « a fait figurer *le Maure Omar* comme vendeur et enfant « de Ismael-Ben-El-Cobtan ; la vérité est qu'il n'est ni l'un « ni l'autre, mais qu'il est *simplement un des témoins* qui « ont comparu comme témoin devant le cadi de Tunis, et « 2° que Kharoufa, l'une des venderesses, fille d'Ahmed-« Ben-Ghazli, *est indiquée à tort* comme fille d'*Ismael « Ben-El-Cobtan*. » Alger, le 22 août 1854. Enregistré. *Suit la procuration !...* On a bien écrit ces deux mots, mais on s'est arrêté là, et on n'a pas plus la procuration de *Djelloul,* le maître *d'école*, qu'on a eu celles énoncées dans l'acte du 7 avril 1853.

Mais il faut aussi remarquer que dans l'acte du 7 avril 1853, il n'y a *aucun Arabe* du nom d'*Omar,* indiqué comme enfant d'*Ismael-El-Cobtan...* d'où résulte qu'on ne comprend pas la rectification qu'on a voulu faire au 22 août 1854... et ce qui concerne la nommée *Kharoufa,* qui serait fille d'un nommé Ben-Ghazli, et non d'Ismael-El-Cobtan... et que cet acte rectificatif ne rend pas plus clair celui qu'il s'agit de rectifier.

Vingtième copie.

La vingtième copie signifiée à M. Guiot est celle d'un autre acte sous seing privé du 28 mars 1853, par lequel El-Aarbi-El-Mogredi-Errazaim, mandataire volontaire et judiciaire de divers autres Arabes, au nombre de treize, auxquels M. Bruat aurait prêté précédemment 807 fr., lui aurait transporté pour les libérer entièrement envers lui sous leur solidarité respective leurs parts et portions, savoir :

1° 52 fr. 73 c. à prendre dans celle de 720 fr. grevant l'Haouche-Merachda, constituée *même énonciation que ci-dessus* (textuel) [1], ci. . . . . 52 73 »

2° 66 fr. 78 c. sur la maison Bruce, ci. 66 78 »

3° 112 fr. 45 c. 1/2 dans une autre rente de 900 fr., etc., ci. 112 45 1/2

4° 89 fr. 96 c. 1/2 dans celle de 720 fr. créée le 12 mars 1834, ci. 89 96 1/2

Et 5° 89 fr. 96 c. 1/2 dans celle de 720 fr. rue Boutin, ci. 89 96 1/2

Total. . . . . 411 fr. 89 c. 1/2

Ensemble, tous les *arrérages dus depuis plus de cinq ans* révolus, etc., etc. On s'oblige à passer acte devant notaire et à remettre à M. Bruat tous les titres et documents nécessaires.

Conclusion de cet acte.

On cède cinq ans au moins d'arrérages de rentes s'élevant à 411 fr. 89 c. 1/2, ce qui, pour cinq ans, donne. . . . . 2,059 fr. 47 c. 1/2

A raison *du service rendu par M. Bruat* à ses cédants, auxquels il paraît avoir prêté 807 fr., ci. . . . 807 » »

Il gagne, *pour récompense du service rendu*, 1,252 fr. 47 c. 1/2, ci. . . . . 1,252 fr. 47 c. 1/2 *sur les seuls arrérages* des rentes qu'on lui transporte, et il ajoute à cette récompense d'avoir absolument pour rien 411 fr. 89 c. 1/2 de rentes foncières !...

En vérité... en vérité, le rôle de bienfaiteur des Arabes est par trop lucratif !...

Malheureuse famille Kodjaberry ! combien il est fâcheux

---

[1] Il faut que tous ces actes sous seing privé soient à la suite les uns des autres pour qu'on ose se permettre un pareil laconisme qui n'explique rien, puisque les actes ci-dessus sont eux-mêmes incompréhensibles !...

pour elle qu'on n'ait pas écouté mes réclamations depuis 1847!... qu'elle est à plaindre de n'avoir pas suivi mes conseils de 1850 et 1852, et que les employés du domaine n'aient pas eu égard aux réclamations faites par la Compagnie Rouennaise!...

Assez sur un acte aussi extraordinaire.

Vingt-unième copie.

La vingt-unième copie signifiée à M. Guiot est celle d'un autre acte sous seing privé du 6 juillet 1853, par lequel le mandataire de quatorze autres Arabes se disant de la famille Kodjaberry, auquel M. Bruat aurait prêté 655 fr. précédemment, lui cèdent et transportent *solidairement* 342 fr. 13 c. 1/4 formant, disent-ils, leurs parts dans les cinq rentes énoncées dans l'acte qui précède et comprenant deux fractions : l'une de 55 fr. 37 c. 1/4 et l'autre de 71 fr. 57 c. (ensemble, 126 fr. 94 c. 1/4) à prendre dans les deux rentes de 720 fr. constituées en 1834 par MM. Vildieu et joints, et de plus les arrérages desdites rentes depuis plus de cinq années révolues, avec obligation de passer acte devant notaire et de fournir à M. Bruat tous les titres et documents nécessaires, etc. etc.

Cinq ans d'arrérages sur 342 fr. 13 c. 1/4 donnent 1,710 fr. 66 c. 1/4, ci. . . . . . 1,710 fr. 66 c. 1/4
Le service rendu en argent par
M. Bruat s'élevait à 655 fr., ci. . .   655   »   »
Il se trouve réaliser en bénéfice sur
les arrérages qu'on lui cède. . . . 1,055 fr. 66 c. 1/4
et il a toujours, et comme *complément gratuit* de reconnaissance du service rendu, 342 fr. 13 c. 1/4 de rentes!...

Quant aux copies des procurations en vertu desquelles on lui aurait cédé ces rentes, M. Bruat ne juge pas à propos de les signifier!...

Vingt-deuxième copie.

La vingt-deuxième copie signifiée à M. Guiot est celle

d'un autre acte sous seing privé du 14 mars 1853, par lequel, au moyen de 1,737 fr. payés comptant (c'est moins avantageux que dans ceux qui précèdent), d'autres Arabes (au nombre de sept, représentés par de prétendus mandataires dont les pouvoirs sont inconnus) de la famille Kodjaberry cèdent à M. Bruat 229 fr. 99 c. à prendre dans les cinq rentes énoncées dans les actes qui précèdent et comprenant 172 fr. 76 c. à prendre dans les deux rentes de 720 fr. constituées en 1834, par MM. Vildieu et joints, avec les arrérages s'élevant au moins à cinq ans; plus l'obligation de passer acte devant notaire et de rapporter tous titres et documents nécessaires, etc., etc.

Cinq ans d'arrérages de 229 fr. 99 c. de rentes donnent 1,149 fr. 95 c., ci. . . . . 1,149 fr. 95 c.
M. Bruat paraît avoir payé. . . . . . 1,737 »

partant, il paye et achète par 587 fr. 05 c.   587 fr. 05 c.
229 fr. 99 c. de rentes... Certes, le prix n'est pas trop élevé.

Vingt-troisième copie.

La vingt-troisième copie est celle d'un autre acte sous seing privé du 24 janvier 1853, par lequel douze autres Arabes de la famille Kodjaberry, représentés aussi par des prétendus mandataires (dont on ne fait pas connaître les pouvoirs), auraient cédé à M. Bruat, moyennant 1,274 fr. payés comptant : 1° 60 fr. 28 c. faisant partie de la rente de 720 fr. constituée le 17 mars 1834 par MM. Vildieu et joints, et 2° 71 fr. 24 c. faisant partie d'une autre de 900 fr. sur une maison rue Bruce ; en tout 131 fr. 57 c., le tout avec les arrérages échus et à échoir.

Cinq ans d'une rente de 131 fr. 57 c. donnent   657 fr. 85 c.
Le prix d'achat étant de. . . . . 1,274 »

Le prix d'achat de 131 fr. 57 c. de rente
revient à M. Bruat à 616 fr. 15 c., ci. . .   616 fr. 15 c.
ce qui commence à n'être qu'une opération fort ordinaire pour l'Algérie.

Vingt-quatrième et dernière copie.

La vingt-quatrième copie est celle d'un autre acte sous seing du 17 mars 1853, par lequel le mandataire (à pouvoir *également inconnu*) de quinze Arabes, auxquels M. Bruat aurait avancé précédemment 790 fr., lui *cèdent, en se portant fort les uns des autres, leurs parts* dans : 1° une rente de 720 fr. créée, le 17 mars 1834, par M. Vildieu, *répartie* dans un acte du cadi Maleki du 20 juillet 1852, rectifié les 23 du même mois et 7 novembre même année, et 2° dans une rente de 900 fr. grevant une maison rue Bruce, etc., *ainsi que lesdites rentes, résultent des partages précités auxquels les parties se réfèrent* pour la fixation des quotités cédées [1], le tout avec arrérages échus, obligation de rapporter titres et documents!... (Cette obligation n'était pas à dédaigner, et on l'a reproduite dans tous les actes, ce qui démontre la clarté que M. Bruat y apercevait et la confiance qu'elle lui inspirait.)

Qu'a-t-on cédé par cet acte sur MM. Vildieu et joints? On n'en sait rien!... pas plus qu'on ne le sait pour les rentes cédées dans l'acte rappelé ci-dessus dans la dix-huitième copie!...

. . . .

A la suite de la copie de ces vingt-quatre pièces différentes, vient une signification faite le 11 mars 1856, par exploit de Mᵉ Bertrand, huissier à Blidah, « *à la Compa-
« gnie Rouennaise algérienne, représentée à Blidah par
« M. Guiot, son mandataire,* en parlant à sa personne, à
« ce qu'il n'en ignore, et attendu que M. Bruat est cession-
« naire de 317 fr. 36 c. de rente dans celle de 720 fr. gre-
« vant l'Haouche-Merachda, et de 441 fr. 84 c. dans celle
« de 720 fr. grevant l'Haouche-Kodjaberry au Mazafran,

---

[1] Il faut toute l'assurance de M. Bruat pour oser renvoyer à ces prétendus actes de partage (auxquels assurément il n'aura rien compris lui-même), pour connaître ce qu'il s'est fait céder!...

« défense est faite de payer à tous autres qu'à lui, et vu
« qu'il lui est dû cinq ans d'arrérages aux échéances de
« mars 1855, sommation est faite de le payer, et à défaut
« de ce faire, assignation est donnée, aux délais de la loi,
« devant le tribunal civil de Blidah, pour s'entendre *condam-*
« *ner par corps* à payer, etc., etc., avec dépens, *sur quoi*,
« *Mᵉ Fourrier,* défenseur à Blidah, est constitué, etc., etc. »

Tel est le but de cette assignation aussi extraordinaire et déraisonnable que tous les actes qui lui servent de préambule et de cortége.

Ce qui est absurde se discute peu et la raison du juge suffit pour en faire *justice,* dès que l'absurde est démontré, et la démonstration se trouve toute faite par la seule indication des divers actes invoqués par M. Bruat, et qu'il considère, il paraît, comme une *magnifique signification de transport...* S'il y a transport, ce ne peut être qu'un transport *de cerveau;* mais assurément il ne persuadera à personne que sa signification puisse être jamais considérée comme un acte sérieux pouvant mériter un instant l'attention et comme pouvant rentrer dans l'esprit de la loi.

Mais avant même de dire un mot sur cette ridicule action du 11 mars 1856, il convient pour rentrer dans mon but, *l'observation des drôleries algériennes,* de faire les réflexions suivantes, en analysant ce qui *est susceptible d'être analysé* dans *les actes signifiés* à M. Guiot par M. Bruat.

PREMIÈRE RÉFLEXION.

D'après le contexte de sa signification du 11 mars 1856, M. Bruat se dit créancier de deux portions de rentes s'élevant ensemble à 758 fr. 60 c., ce qui est conforme à ce que j'en ai dit à la page 151, *lorsque je n'avais pas sous les yeux* cette même signification de 1856.

On ne s'explique pas pourquoi M. Bruat ne réclame que 758 fr. 60 c. de rente, car les actes qu'il invoque le font créancier sur les représentants de MM. Vildieu et joints d'une rente supérieure. Voici la justification de cette articulation, puisée dans la copie signifiée à M. Guiot :

1° Dans l'acte du 9 avril 1853 (neuvième copie des actes de M. Bruat, page 303), il se dit cessionnaire : 1° de 120 fr. sur la rente créée le 12 mars 1834, ci. . . . . . . 120 fr. » c. »

2° De 101 fr. 70 c. sur celle du 17 mars même année, ci. . . . . . 101 70 »

Et 3° 11 fr. 28 c. sur cette dernière rente, ci.. . . . . 11 28 »

Total. . . . 232 fr. 98 c. »

2° Par l'acte du 10 octobre 1849, reçu par Me Morizot (treizième copie, page 306), il dit avoir 120 fr. de rente sur celle du 12 mars 1834, ci. . . . 120 » »

3° Par l'acte sous seing du 17 janvier 1833 (dix-septième copie, page 310), il réclame 109 fr. sur la rente du 17 mars, ci. . . 109 fr. » c. »

Et 69 fr. 28 c. 3/4 sur celle créée le 12 mars. . . . 69 28 3/4

Ensemble. . 178 fr. 28 c. 3/4, ci. 178 28 3/4

4° Par l'acte du 28 mars 1853 (vingtième copie, page 316), il réclame 142 fr. 69 c., savoir : 52 fr. 73 c. sur la rente créée le 17 mars 1834, et 89 fr. 96 c. sur celle du 12 mars, ci. . . . . . . 142 69 »

5° Par l'acte du 6 juillet 1853 (vingt-unième copie, page 318), il dit avoir 126 fr. 94 c. 1/4 de rente, savoir : 55 fr. 37 c. 1/4 dans celle du 12 mars 1834, et 71 fr. 57 c. dans celle du 17 mars, ci. 126 94 1/4

6° Par l'acte du 14 mars 1853 (vingt-deuxième copie, page 318), il se dit ces-

A reporter. . . . 800 fr. 90 c. »

Report. . . .	800 fr. 90 c.	»

sionnaire de 172 fr. 77 c. de rente, savoir : 100 fr. 24 c. sur la rente du 12 mars 1834, et 72 fr. 53 c. sur celle du 17 mars,

ci.	172	77	»

Et 7° par l'acte du 24 janvier 1853 (vingt-troisième copie, page 319), il se dit cessionnaire de 60 fr. 28 c. sur la rente de 720 fr. créée le 17 mars 1834,

ci.	60	28	»
Total. . . .	1,033 fr. 95 c.		»

Au moyen de quoi M. Bruat paraît être cessionnaire de 1,033 fr. 95 c. de rente, savoir : 554 fr. 86 c. sur celle du 12 mars 1834, et 479 fr. 09 c. sur celle du 17 mars, au lieu de 758 fr.

60 c., ci . , ...	758	60	»

Ce qui forme une différence de 275 fr.

35 c., ci.	275 fr. 35 c.	»

Mais en faisant ressortir que, d'après les actes devant énoncés, M. Bruat paraîtrait être cessionnaire de 1,033 fr. 95 c. de rente (au lieu de 758 fr. 60 c.), je ne comprends rien pour les fractions de rente qu'il s'est fait céder par les actes des 7 avril et 17 mars 1853 (dix-huitième et vingt-quatrième copies, pages 310 et 320), parce que ces actes *ne permettent pas de deviner* les portions de rente que M. Bruat a eu en vue d'acquérir.

J'ai fait des efforts inouïs pour comparer les noms des vingt-huit Arabes désignés dans ces deux prétendues cessions avec ceux des Arabes désignés aux prétendus partages faits par le cadi d'Alger, et reproduits précédemment pages 158 et 159, 164, 172 et 173, et j'ai dû, malgré moi, renoncer à appliquer à ces vingt-huit Arabes aucune des fractions de rente indiquées dans ces prétendus partages, parce qu'il *m'a été matériellement impossible d'y rien reconnaître!*...

Ces vingt-huit Arabes ont nécessairement et forcément des droits *tels quels* dans les rentes dont s'agit, sans quoi M. Bruat ne fût pas devenu leur cessionnaire et ne leur eût pas avancé, aux premiers désignés dans l'acte du 7 avril 1853, 1,010 fr., et aux derniers désignés dans l'acte du 17 mars 1853, 790 fr.!...

Toutefois, et en négligeant les droits que M. Bruat peut avoir en vertu de ces *deux actes dont la portée est insaisissable,* on voit qu'il a, en vertu des sept actes, dans lesquels on a sorti l'importance de chaque fraction de rente cédée, 1,033 fr. 95 c., ci. . . . . 1,033 fr. 95 c.

Or, on n'a pas oublié sans doute (et au besoin je le rappelle) :

1° Qu'une demoiselle Godefroy se dit cessionnaire de 135 fr. sur ces mêmes rentes (voir page 90), ci. . . . . 135 »

Et 2° que l'Etat a séquestré et se fait payer (à tort ou à raison, je n'en sais absolument rien) :

1° Dans une rente. .	293 fr. 88 c.	
2° Dans l'autre. . .	211 07	
Total. .	504 fr. 95 c., ci.	504 95

1,673 fr. 90 c.

De sorte que sur les deux rentes de 720 fr. (ensemble 1,440 fr.) créées par M. Vildieu en 1834, les réclamations réunies de Mlle Godefroy, de l'Etat et de M. Bruat, s'élèvent à 1,673 fr. 90 c.!... à quoi il faut nécessairement ajouter d'autres sommes pour les cessions que M. Bruat a voulu se faire faire par les deux actes de 1853 (dix-huitième et vingt-quatrième copies devant énoncées); de sorte que si les fractions cédées par ces deux *actes inintelligibles* atteignent ensemble un chiffre de 150 à 200 fr. par exemple, on aurait des réclamations excédant de plusieurs centaines de francs les deux rentes créées en 1834.

A la vérité, il se peut que M. Bruat se soit fait céder par la plupart des membres de la famille Kodjaberry (frappés maintenant de séquestre) la majeure partie des 504 fr. 95 c. que les domaines se font payer maintenant, en vue d'obtenir la mainlevée du séquestre et d'en palper ainsi les bénéfices au préjudice de l'Etat, en faisant les démarches nécessaires pour faire préparer par des cadis les attestations convenables, *pour justifier que c'est par erreur* que ces Arabes ou leurs auteurs auraient été frappés à tort du séquestre!... C'est un autre genre de spéculation ou de protectorat que je n'ai pas à discuter.

Mais en se plaçant même dans cette hypothèse, la vente de droits séquestrés (dont l'importance n'est pas indiquée par M. Bruat) serait sans aucune valeur, car, quant à présent, et depuis 1840, c'est l'Etat qui est créancier des 504 fr. 95 c. en question, et on ne peut céder ce qui lui appartient. Les Arabes frappés de séquestre ont été dessaisis de tout droit, à l'instant même où la mesure de séquestre a été prise à leur égard!... ils n'ont plus rien, et ne peuvent dès lors rien céder : ce n'est que lorsqu'ils auront fait rapporter le séquestre et obtenu, comme le jeune *Ben-Mousli* (dont j'ai parlé pages 202 et suivantes, en indiquant la très-singulière forme suivie dans cette occasion), la mainlevée de la mesure qui les atteint et la restitution de leurs fractions de rente, qu'elles pourront redevenir *une matière commerciale* au profit des acheteurs de rentes algériennes ! Jusque-là, il n'y a pas de cession rationnellement possible.

Donc, et quoi qu'on fasse, il est impossible de s'expliquer comment M. Bruat a osé former son action du 11 mars 1836, quand il lui serait impossible à lui-même d'expliquer ce qu'on lui a cédé, et pourquoi il ne réclame que 758 fr. 60 c., quand ses actes semblent lui donner beaucoup plus... et auxquels, de ses nombreux cédants, il applique les 758 fr. 60 c. de rente à raison desquels il agit!...

DEUXIÈME RÉFLEXION.

Résumé de ce qu'on sait quant à présent des ventes faites à M. Bruat, par divers membres de la famille Kodjaberry.

Au point de vue des choses de l'Algérie et de la nécessité de venir au secours des Arabes, pour les empêcher de se ruiner d'une manière vraiment affligeante, et de donner aussi satisfaction aux vœux du chef de l'Etat, voulant justice, protection et probité partout et chez tous, chez les Arabes comme chez les Français, il n'est pas sans intérêt d'examiner les résultats nets des diverses cessions faites jusqu'à ce jour par quatre-vingt-dix-huit[1] des membres de la famille Kodjaberry à M. Bruat, de comparer l'importance des rentes acquises, des arrérages cédés et du prix payé pour obtenir ces cessions!... On y trouvera matière aux plus sérieuses réflexions sur la position faite aux Arabes par l'absence de protectorat ou de mesures pour les éclairer sur leurs droits et leurs vrais intérêts. En voici le tableau :

Dates des cessions.	Montant des rentes cédées.	Arrérages cédés.	Prix d'achat.
1° 13 avril 1853 (voir page 303).	585f 46c	3,062f 76c	3,913f » c
Idem.	25 76	153 36	175 »
2° 10 octobre 1849 (voir page 306).	440 »	720 »	3,080 »
3° 17 janvier 1850 (voir page 312).	402 89	2,014 46	1,895 »
A reporter.	1,454f 11c	5,950f 58c	9,063f » c

[1] L'acte du 12 mars 1835, reproduit page 85, indique vingt-trois membres de la famille Kodjaberry! celui du 17 mars 1834 (page 86) en porte le nombre à trente-sept.
En consultant les divers actes invoqués par M. Bruat, on voit que, jusqu'en 1853, ce nombre allait à quatre-vingt-dix-huit, et il ne contient pas le nombre entier de tous ceux qui représentent les vendeurs de 1834; car il y a les cédants de Mlle Godefroy, ceux qui n'ont pas vendu, et les *Arabes séquestrés*.

Dates des cessions.	Montant des rentes cédées.	Arrérages cédés.	Prix d'achat.
Report. . .	1,454f 11c	5,950f 58c	9,063f » c
4° 28 mars 1853 (voir page 317).	411 89 2/4	2,059 47	807 »
5° 6 juillet 1853 (voir page 318).	342 13 1/4	1,710 66	655 »
6° 14 mars 1853 (voir page 319).	229 99	1,149 95	1,737 »
7° 24 janvier 1853 (voir page 319).	131 57	657 85	1,274 »
Total. . .	2,569f 69c 3/4	11,528f 51c	13,536f » c

Sur le capital de 13,536 fr. payés pour acheter 2,569 fr. 69 c. 3/4 de rentes foncières, il faut prélever pour les arrérages cédés la somme de 11,528 fr. 51 c., ci. 11,528 51

Il reste net. . . . . . . 2,007f 49 c

Et par ce prix de 2,007 fr. 40 c., on devient propriétaire de 2,569 fr. 69 c. 3/4 de rentes foncières !...

Qu'on juge par là de l'ardeur qu'on doit apporter en Algérie *à rendre des services* aux Arabes pour en obtenir plus tard, et à de pareilles conditions, la cession de leurs rentes !...

Qu'on juge des regrets inévitables que, plus tard, devront éprouver les Arabes de la famille Kodjaberry (et de tous leurs trop nombreux imitateurs, depuis plus de vingt-quatre ans !...), d'avoir ainsi cédé leurs prétendus droits, et que, depuis 1847, on soit resté sourd à toutes les réclamations que j'ai adressées, pour qu'une *autorité telle quelle* leur vînt en aide !...

Je m'arrête là de ces réflexions, mais qu'on veuille bien les peser, et voir si, pour l'honneur du nom français, il ne serait pas convenable d'avoir égard au projet de décret que j'avais indiqué en 1852, et que j'ai reproduit dans ce volume, pages 72 à 76 !...

CONCLUSION DU PREMIER PARAGRAPHE DE LA QUATRIÈME SECTION. — CONDITIONS POUR POUVOIR AGIR.

Première condition.

Pour former une réclamation en justice, il faut d'abord (*et comme première condition*) avoir qualité et droit pour agir : si on agit comme héritier, il faut justifier du décès de ceux dont on se dit avoir recueilli les droits, et faire cette justification à l'aide ou d'extraits d'inventaire, ou d'actes de notoriété.

Si on agit comme cessionnaire, il faut, avant tout, s'être conformé à l'article 1690, et avoir signifié aux débiteurs prétendus les titres qu'on invoque et ceux qui établissent, d'une manière *nette, claire, positive,* les qualités et les droits de ceux dont on dit avoir acquis les droits. Si ces droits ont été cédés par des mandataires des créanciers, il faut établir que ces mandataires avaient des pouvoirs réguliers et suffisants pour concourir aux transports qu'on veut invoquer, et signifier extraits *saisissables* au moins (si on n'en donne copie entière) des prétendus pouvoirs conférés auxdits mandataires. Puis, s'il s'agit de fractions de droits dans des immeubles ou des valeurs mobilières, il faut que des partages ou des actes de liquidation, intervenus régulièrement entre les ayants droit *à la totalité* des droits cédés, aient d'abord déterminé d'une manière également *intelligible et claire,* la quotité de droits attribués à chaque intéressé, de manière que cette quotité puisse devenir l'objet d'une cession telle quelle.

Puis il faut de plus que l'individualité de chaque cédant soit authentiquement constatée, afin que le débiteur ne puisse être trompé sur la valeur des droits qu'on veut exercer contre lui, et la qualité véritable de ceux du chef desquels on dit agir, et qu'au cas de payement de créances hypothécaires, par exemple, on puisse se faire donner mainlevée de toutes inscriptions, et obtenir sans difficulté la radiation, etc., etc.

Il n'y a pas d'équivoque possible sur cette première proposition.

Quels sont les droits de M. Bruat?... On n'en sait rien... Quels sont les droits de ses prétendus cédants? On n'en sait pas davantage!... Qu'elle est la valeur intrinsèque des divers pouvoirs qui auraient été donnés par les nombreux Arabes, au nom desquels, majeurs et mineurs, auraient été consentis les divers transports sous seing invoqués par lui?... Quels drois confèrent ces prétendus pouvoirs?... On n'en sait rien!...

Y a-t-il eu entre tous *les divers Arabes* qui ont sisté aux deux contrats des 12 et 17 mars 1834, un premier acte originaire qui ait fixé la part de chacun d'eux, dans les deux rentes de 720 fr. créées à cette époque?...

Par suite des décès survenus depuis 1834, au nombre de ceux qui ont figuré à ces mêmes actes, et après un premier partage opéré, y a-t-il eu de nouveaux partages réguliers entre les ayants droit dans les successions de chaque individu décédé, de manière à établir entre ces ayants droit leurs parts dans les quotités de rentes qui seraient revenues à chacun de leurs auteurs, par suite de ce premier partage?...

Il ne ressort rien de pareil *de tout le fatras d'actes authentiques ou sous seing privé* qu'il a plu à M. Bruat de signifier soit à M. Guiot, à Blidah, au 11 mars 1856, soit en 1857, et, en France, à ceux que M. Bruat sait et reconnaît être les représentants de MM. Vildieu, Delaunay, Roulland et Delaplanche!... (Ces trois derniers, morts depuis plusieurs années déjà!...)

Le premier acte de partage invoqué par M. Bruat, est un acte (voir pages 156 à 160) qui aurait été reçu en 1842 par le cadi Maleki!... Mais, malgré les trois actes qui le suivent (voir pages 160, 161 et 167) et qui ont pour but de le rectifier (actes qui contiennent plusieurs mentions, *blanc dans le texte...* afin d'ajouter, sans doute, *à leur clarté!...*), il est *matériellement impossible* de reconnaître, en quoi que ce soit, comment et en quoi ces divers Arabes se rattachent à ceux qui ont sisté aux contrats de 1834! à quel titre, en quel nombre, ils représentent la quotité des droits *qu'ils en auraient recueillis.* On voit qu'on reconnaît des droits de propriété à des gens qui n'auraient pas sisté aux contrats de 1834 (voir le bas de la page 163), et les deux prétendus actes rectificatifs qui le suivent ne sont pas plus compréhensibles que l'acte de 1842 lui-même.

Le second acte de partage, que M. Bruat fixe à 1852 (voir pages 168 à 174), est inintelligible comme celui de 1842, et n'établit pas mieux le rapport qui aurait existé entre les Arabes qui sont réputés y avoir sisté et les Arabes ayant figuré aux deux contrats de 1834 [1], et l'importance des droits que chacun se serait trouvé avoir recueilli dans les successions des vendeurs de 1834.

Champollion, malgré sa science, qui l'avait mis à même de comprendre les hiéroglyphes des pyramides d'Egypte, serait impuissant à comprendre quoi que ce soit dans ces divers actes, et *à reconnaître la part qui, effectivement, doit appartenir*, dans les deux rentes créées en 1834, à tous les Arabes qui auraient concouru, en 1842 et depuis, à des *actes que M. Bruat* appelle actes de partage.

Toute la justice française de l'Algérie, réunie pendant douze à quinze jours, pour s'aider réciproquement à deviner la vérité à cet égard, n'y parviendrait pas!... Aussi je continue à trouver que, de la part de M. Bruat, *il y a inconvenance à présenter aux tribunaux de pareils actes* pour essayer d'en faire dériver un droit appréciable et une quotité de droits qu'il fixe à 758 fr. 60 c., quand dans les actes par lui

---

[1] Il est question, à la page 169, d'un autre prétendu partage du 7 juillet 1839; mais M. Bruat ne l'ayant pas fait signifier, on ne sait ce qui pourrait en ressortir!..

signifiés à M. Guiot (je parle des actes dans lesquels il y a des quotités de rente indiquées!...) il paraîtrait avoir droit à 1,033 fr. 95 c.

Combien survivent de ceux des Arabes qui ont sisté aux contrats de 1834? On n'en sait rien !!!

Quand et où sont morts ceux de ces Arabes qui n'existent plus? ont-ils laissé tous des enfants ou des collatéraux pour héritiers ; en quel nombre? On n'en sait rien !!!

Sans doute, les Arabes n'ont pas d'actes de l'état civil, tenus régulièrement comme en France, pour établir chaque décès ; mais enfin, et lorsque du chef d'un parent décédé, des Arabes viennent revendiquer des droits et ont besoin de faire dresser des actes par leurs cadis ou autres chefs, il faut bien qu'ils assignent une date telle quelle au décès de celui dont ils se disent les ayants droit! On ne se montre pas exigeant pour ces fixations, si on en juge par ce qui a été dit pour le feu sid Ben-Mousli père, qui serait mort de la peste *depuis le mois d'avril* 1835 à 1836 (voir page 206) ; mais enfin on a, vaille que vaille, une indication pour point de départ. Or, il n'y a rien de pareil dans tous les actes invoqués par M. Bruat.

Cependant, et avant de rien réclamer à des Français, ses compatriotes, M. Bruat eût dû comprendre qu'il devait au moins les mettre à même de reconnaître la légitimité, et la raison de la réclamation qui leur serait faite, et de s'en rendre compte ; car il n'y a, parmi ceux *que M. Bruat appelle Compagnie Rouennaise*, aucun héritier de *Champollion*, apte à deviner et comprendre les *véritables hiéroglyphes* qu'il a fait signifier.

Ce n'est pas tout. Dans les actes signifiés à M. Guiot se trouve copie de *sept actes sous seing privé*, qui auraient eu lieu en 1853, en *présence et sous la garantie*, il *paraît*, d'un *interprète* (M. Kirwan), qui paraît attester la vérité de ce qui serait contenu dans ces actes.

Mais cet interprète a-t-il, en Algérie, une qualité suffisante pour attester l'individualité des Arabes *qui sont réputés avoir signé ces actes sous seing privé, rédigés, dit-on, en arabe et en français ?*... En vertu de ces actes, et à raison de la présence de cet interprète, et si on payait M. Bruat, le payerait-on valablement? M. Bruat donnant, comme subrogé par ces mêmes actes, aux droits de ses prétendus cédants, mainlevée des inscriptions qu'ils ont ou peuvent avoir pour raison des rentes cédées, pourrait-on contraindre le conservateur des hypothèques d'Alger à radier?

Je crois qu'il suffit de poser une pareille question pour la résoudre négativement... Autrement, il faudrait supprimer l'institution du notariat et décider que désormais MM. les interprètes suffiront pour rendre authentiques *tous les actes* auxquels ils sisteront, pour servir de *truchements* entre des Arabes et des Européens! A supposer que la présence de l'interprète pût rendre ces actes valables, quant à la forme, et suffisants pour faire radier des inscriptions, il faudrait au moins qu'ils précisent régulièrement ce qui est cédé (et les deux actes des 7 avril et 17 mars 1853 n'en disent rien), la capacité des cédants, la justification de la quotité des droits cédés!... et il n'existe rien de pareil dans ces mêmes actes... Je sais bien qu'il renvoie aux actes de partage et d'attribution opérés depuis 1842!... Mais j'ai démontré que ces actes *incompréhensibles* ne signifiaient rien, d'où la conclusion que les actes sous seing dont s'agit ne peuvent valoir plus que ceux auxquels ils se réfèrent pour *essayer d'établir la quotité des droits cédés!*...

Ce n'est pas tout encore. Dans ces divers actes sous seing privé *les Arabes cédants* sont représentés par des mandataires, en vertu de pouvoirs donnés volontairement *ou judiciairement* devant les cadis d'Alger, de Médeah et de Tunis!... Qui garantit la vérité et la légalité de ces pouvoirs, *ayant pour but la ruine véritable de prétendus cédants ?*... Qui garantit la personnalité de ceux qui se seraient présentés pour donner ces *prétendus pouvoirs*... ou pour les *obtenir judiciai-*

rement ?... On ne sait absolument rien, *car M. Bruat* n'a pas signifié à M. Guiot *un seul de ces prétendus pouvoirs* (ainsi que je l'ai fait ressortir pour la dix-septième copie de M. Bruat, page 312).

Les cadis peuvent-ils *bien autoriser judiciairement des grands parents* à ruiner leurs mineurs, sous le prétexte de vendre à peu près pour rien, *et pour rien même*, les droits de ceux dont ils se disent les tuteurs?...

Si cela est ainsi, il serait d'une haute importance, dans l'intérêt de tous les mineurs Arabes, *de prendre sans retard des précautions* pour les protéger contre de pareilles aliénations et surveiller au moins ce qu'à cette occasion pourront faire les cadis, lorsqu'ils auront à conférer à leurs coreligionnaires de *nouveaux pouvoirs judiciaires !...*

Mais à supposer même que tous ces actes sous seing privé fussent magnifiques et réguliers, et à l'abri de critique dans leur contexte, il faudrait au moins que M. Bruat eût justifié tout d'abord des pouvoirs de ceux qui y ont sisté... et il s'est abstenu de le faire, quand, au contraire, il a fait signifier des actes de habbous, qui, à part *leur utilité historique*, ne paraissent d'aucune portée pour expliquer les droits dont il se dit cessionnaire...

Mais, d'un autre côté, il n'est pas inutile de remarquer que les pouvoirs donnés devant les cadis, ou judiciairement, *sont tellement clairs*, que M. Bruat lui-*même*, qui a une grande expérience des choses de l'Algérie (ainsi sans doute que l'interprète qu'il emploie...), s'y sont trompés, puisqu'ils auraient fait sister comme *un* des cédants, dans l'acte du 7 avril 1853 (page 313), un nommé *Omar*, comme un des enfants d'*Ismael-El*-Cobtan, tandis qu'il n'aurait été que *témoin au contraire*, dans une procuration donnée par des membres prétendus de cette famille, devant le cadi de Tunis!... et qu'ils auraient indiqué une femme arabe du nom de *Kharoufa*, comme fille d'Ismael-El-*Cobtan*, tandis qu'elle aurait été fille d'un nommé Bou-Ghazli. (Voir à ce sujet, page 315, la dix-neuvième copie signifiée à M. Guiot, ayant en vue de rectifier l'acte du 7 avril 1853!...)

Lorsqu'on compare les prétendues explications et rectifications à celles imprimées quatrième, cinquième, sixième, septième et dixième copies (pages 160 à 169), et qu'on a la patience et le courage nécessaires pour relire ces prétendues rectifications... ces *additions de copropriétaires* aux vendeurs de 1834, *ou les retranchements opérés* (page 169), les erreurs de noms de filles, ou de femmes, ou de belles-sœurs, au lieu d'épouses!... l'esprit s'égare. Quoi qu'on fasse, *et, malgré soi, on se demande comment un homme intelligent et doué de raison*, comme M. Bruat, a pu imaginer qu'il suffirait de faire signifier *à M. Guiot,* à Blidah, *un pareil imbroglio* pour y trouver les justifications de prétendus droits... et s'imaginer satisfaire ainsi à *l'article 1690, condition première,* avant qu'il pût former aucune espèce de réclamation.

Partant, et sous ce premier point de vue, l'action du 11 mars 1856 est d'une déraison choquante et inqualifiable... Mais ce n'est pas tout.

Deuxième condition pour pouvoir agir.

Lorsqu'un cessionnaire de rentes a des titres réguliers ne pouvant donner matière à aucun doute, à aucune incertitude, sur l'importance et la légitimité des droits cédés, la qualité des cédants, leur capacité, etc., etc., ce cessionnaire n'est saisi et ne peut agir contre les débiteurs que lorsqu'il a satisfait à l'article 1690. Toute poursuite préalable serait ridicule et repoussée par la justice.

Voilà encore une proposition incontestable... qu'on soit en France ou en Algérie!...

M. Bruat se dit le cessionnaire de diverses fractions de rente constituées, par deux contrats des 12 et 17 mars en 1834, par MM. *Vildieu, Delaunay,* Roulland et Delaplanche, au profit de vingt-trois Arabes de la famille Kodjaberry dans un contrat, et de trente-sept membres de la même famille dans le second acte. D'après ce qu'indique M. Bruat lui-même, les débiteurs seraient *donc MM. Vildieu... Delaunay... Roulland et Delaplanche*, ou leurs héritiers ou ayants cause. C'est donc à ces quatre acquéreurs, en 1834, moyennant les deux rentes devant indiquées, que M. Bruat eût dû faire signifier ses prétendus transports, *si tous* quatre eussent existé en 1856 ou 1857 et avaient continué d'être débiteurs personnels des rentes en question.

C'était le premier acte préliminaire à observer pour satisfaire à l'article 1690 du code civil.

Dès 1835, et aux termes d'actes enregistrés, déposés à Me Martin, notaire, transcrits aux hypothèques à Alger, ces quatre débiteurs originaires avaient changé et étaient représentés par les diverses personnes que *M. Bruat* appelle *maintenant* Compagnie Rouennaise.

MM. Delaplanche, Roulland et Delaunay sont morts depuis plusieurs années déjà. Quant à M. Vildieu il a dû céder ses droits il y a plus de dix ans, et M. Bruat, qui a pu lire les singulières quittances données en 1845 devant Me Liautaud, notaire (voir page 93), ne pouvait ignorer quels pouvaient être les véritables débiteurs des rentes dont il se disait le cessionnaire ; il pouvait d'autant moins prétexter d'ignorance à cet égard, qu'il avait plaidé avec eux devant la cour d'Alger, qui avait rendu un arrêt contradictoire entre eux, le 27 juillet 1853.

Ainsi en 1856, au 11 mars, c'était à ces mêmes individus *qu'il connaissait,* qu'il eût dû signifier, à ses frais et à leurs domiciles (ou au moins chez Me Martin, notaire à Alger, s'il y avait eu, en 1834 ou 1835, élection de domicile chez ce notaire), ses prétendus transports, afin d'être saisi vis à vis d'eux, et cela avant toute action judiciaire aux fins de payement.

M. Bruat savait, de source certaine, qu'il *n'existait pas de société*, outre sa participation à l'arrêt de 1853, qui le fixait à cet égard; il connaissait les mémoires et rapports faits, imprimés et publiés dans l'intérêt des représentants de MM. Vildieu et joints, établissant qu'il n'existait entre eux aucune *société*... aucune solidarité, et que chacun n'était intéressé que pour un nombre plus ou moins grand de *soixante-sixièmes* dans les biens acquis originairement par MM. Vildieu et joints.

Qu'imagine cependant M. Bruat, pour s'éviter sans doute *les frais assez considérables* de signification de ses transports? Il en fait délivrer sur huit feuilles de timbre de 70 c. et une autre de 35 c. (en tout 8 fr. 05 c.), une seule et unique copie à la *prétendue et imaginaire Compagnie Rouennaise algérienne, représentée, dit-il, à Blidah par M. Guiot*, et au lieu de se borner à une simple signification, il assigne en même temps en payement... *solidairement et par corps, la prétendue compagnie, dont il n'indique pas même les membres.*

Si cette manière de procéder eût été *rationnelle et régulière*, elle eût valu une *économie considérable* à M. Bruat, qui eût *privé l'Etat de fourniture de timbre et de droits d'enregistrement* devant s'élever à plusieurs centaines de francs, et les huissiers de leurs droits de copies et de délivrance d'exploits à tous les débiteurs, soit qu'on agît contre eux à leurs domiciles en France, soit au domicile de Me Martin, notaire.

A supposer que M. Bruat eût pu se croire autorisé (ce qui n'est pas) à ne signifier ses prétendus transports qu'aux débiteurs originaires en 1834, il lui eût fallu agir contre ces quatre débiteurs *sinon* en France, au moins chez Me Martin, notaire, et la dépense, pour être moins considérable, était encore plus élevée que celle d'une seule signification à M. Guiot, qui n'a jamais *ni vu ni connu ces quatre débiteurs* originaires, et n'a jamais pu, par conséquent, recevoir d'eux aucun pouvoir que ce soit!

Or, les représentans de MM. Vildieu et joints qui ne pouvaient prévoir en 1835 que plus tard M. *Bruat* pourrait avoir des significations à leur faire, et qu'ils devaient de longue main *veiller à lui économiser des frais,* n'ont jamais donné à M. Guiot *aucun pouvoir spécial et* ad hoc *pour recevoir même, et chacun nominativement,* les copies de signification ou d'assignation qu'il pourrait avoir à leur délivrer, de sorte que la signification faite à M. Guiot ne signifie absolument rien ; elle est radicalement nulle à leur respect, ainsi que l'assignation qui la suit, aux termes des dispositions formelles de l'article 3 de l'ordonnance du 16 avril 1843, dont j'ai parlé page 258.

D'office le tribunal de Blidah peut, même sans qu'on se défende, opposer cette nullité absolue à M. Bruat, et il *n'aurait pas le droit de la rejeter dès qu'elle serait soulevée devant lui ?...*

Donc la signification faite à M. Guiot ne valant rien, l'assignation qu'elle comporte ne vaut pas plus, et si les intéressés veulent se défendre, il leur sera facile d'avoir raison d'une pareille procédure pour obtenir le bénéfice de droits que *M. Bruat lui-même ne doit pas connaître,* bien qu'il semble les vouloir faire sanctionner par la justice, qu'il met, par la *clarté des actes qu'il invoque,* dans une *impuissance aussi absolue que la sienne* d'y rien reconnaître, lors même qu'elle voudrait l'essayer.

Assez sur cette deuxième condition indispensable à la validité des significations de transport.

Passons à l'examen du fond de la question en elle-même !...

. . . .

Au fond et en dehors des moyens qui précèdent et qui sont plus que suffisants pour faire justice absolue de cette action de 1856, supposons un instant que les actes de M. Bruat soient intelligibles et réguliers, et qu'il ait valablement satisfait à l'article 1690, serait-il moins non recevable à agir? La justice pourrait-elle accueillir sa réclamation ?

Au lieu de 1,033 fr. 95 c. que lui attribuent ceux de ses

actes qui précisent des fractions de rente cédées (et en négligeant les deux cessions des 7 avril et 17 mars 1853 qui ne disent rien à cet égard), M. Bruat ne réclame que 758 fr. 60 c. de rente, ci. . . . . 758 fr. 60 c.

Mais Mlle Godefroy a aussi fait assigner (voir page 151) pour être payée d'une rente de 135 fr. composée de deux fractions, ci. 135 »

Le domaine de son côté a séquestré 504 fr. 95 c.; il a fait des poursuites en 1841 et 1842, et s'en est fait payer (voir pages 90 et 91); le domaine a recommencé ses poursuites en 1855 contre M. Guiot, et s'est encore fait payer; ce qui prouve que cette administration tient à son droit et y croit (voir page 276), ci. 504 95

1,398 fr. 55 c.

D'où suit, comme je l'ai indiqué page 151, qu'il ne resterait plus à la famille Kodjaberry, sur ses deux rentes, que. 41 45

Ce qui donnerait un total égal à ce qui est incontestablement dû en vertu des actes de 1834 (et sauf le bénéfice du décret de 1850, sur les portions séquestrées), à savoir 1,440 fr., ci. . . . . 1,440 fr. » c.

Mais quel acte établit que, dans les 758 fr. 60 c. de rente auxquels M. Bruat réduit sa demande, il n'y a rien de commun avec ce qui est réclamé par le domaine, et que partie des Arabes sur lesquels cette administration a séquestré 504 fr. 95 c. de rente, ne soit pas précisément du nombre de ceux qui auraient cédé à M. Bruat 758 fr. 60 c. au lieu de 1,033 fr. 95 c.!... et si, au contraire, ces 1,033 fr. 95 c. ont été valablement cédés, que deviendra Mlle Godefroy pour sa rente de 135 fr., et l'Etat pour ses 504 fr. 95 c.? Que pourra-t-il résulter même de ces deux actes sous seing des 7 avril et 17 mars 1853 (dix-huitième et vingt-quatrième copies des actes de M. Bruat), qui forcément ont pour but la cession de diverses autres fractions de ces mêmes rentes à M. Bruat ?

Evidemment personne n'en sait rien, et on se trouve dans une impasse où l'absurde le dispute à l'absurde... et dans lequel chacun expérimente à sa guise et comme il l'entend sur le dos des malheureux qu'on appelle la Compagnie Rouennaise, et que chacun semble vouloir rançonner, sans que personne ne vienne à son secours pour l'éclairer... pas plus du reste qu'on ne l'a voulu faire pour la famille Kodjaberry, qu'on a laissé tranquillement se ruiner, au lieu de lui venir en aide!...

Et c'est dans de pareilles conditions que M. Bruat (qui a eu le soin de faire stipuler dans tous ses actes que ses *cédants lui remettraient*, à première demande, les actes et titres propres à justifier ses droits!...) a osé assigner, sans se préoccuper même des actions pendantes à Alger depuis les 14 et 21 décembre 1848 (voir pages 97 et 98), et qui n'ont pas encore reçu solution, parce qu'on avait voulu protéger la famille Kodjaberry et lui éviter des frais!...

Cependant l'action du 14 décembre 1848, intentée par Abder-Rhaman-Ben-Mohammed-Ben-Kodjaberry et Mouni, sa sœur, poursuite de leur *fils, neveu et mandataire*, paraît avoir été intentée par le même Kodjaberry, qui au 10 octotobre 1849, et devant Me Morizot, notaire (voir page 146), a le premier cédé ses prétendues portions de rente à M. Bruat. A la vérité, dans cet acte, ce même Kodjaberry agit pour son compte seul, et non comme héritier de sa sœur *Mouni*, dont les droits, ainsi que ceux d'une autre sœur du nom de *Néfissa*, *auraient été séquestrés* [1].

Dans les autres actes de cession signifiés par M. Bruat,

---

[1] Si les droits de cette dame Mouni étaient séquestrés d'une manière si nette que son frère le déclarait au 10 octobre 1849, comment donc et pourquoi intentait-elle avec ce frère l'action du 14 décembre 1848 ?... Le séquestre aurait-il eu lieu depuis 1848 ?...

on retrouve des noms de cédants, qui paraissent se rapporter aux noms des autres Arabes qui ont aussi formé l'action du 21 décembre 1848 (malgré la leçon qui leur avait été donnée le 19 mai 1847 par le tribunal civil d'Alger, voir page 96). Partant, en prenant, suivant lui, la place de ces divers Arabes, en se faisant substituer à leurs droits, il endossait les conséquences favorables ou contraires de ces mêmes actions de 1848, qui continuaient de tenir ou à son avantage ou à son préjudice, suivant l'appréciation qui en serait faite par les magistrats chargés de statuer, quand le moment en serait venu !...

Un cessionnaire de droits a tous ceux de ses cédants (quand il n'y a pas de stipulations ou réserves contraires); il ressemble à l'héritier qui recueille ceux de son auteur : s'il reçoit les droits, il en reçoit aussi les obligations.

Eh bien ! un créancier quel qu'il soit, ne peut, pour une même créance et à son gré, intenter des actions diverses et devant des tribunaux différents pour être précisément payé de la même créance... Autrement, un créancier riche et processif pourrait ruiner en peu de temps et à sa guise chacun de ses débiteurs.

Lorsque l'action est formée, ce créancier ne peut en former une nouvelle ayant le même but, que sous la condition de se désister de la première, et de faire au préalable accepter *son désistement. C'est là une règle élémentaire du code de procédure.*

Dans l'espèce, et s'il avait eu des actes réguliers, M. Bruat, après les avoir signifiés aux débiteurs pour être saisi à leur respect, aux termes de l'article 1690, n'avait qu'une chose à faire, reprendre, par acte de défenseur à défenseur, devant le tribunal civil d'Alger, et en son nom, les actions des 14 et 21 décembre, 1848, etc., en augmenter incidemment la portée, parce qu'il se serait trouvé avoir une réclamation d'arrérages plus considérables à faire consacrer que celle originaire.

Mais il n'y avait pas lieu à former une action directe et principale devant le tribunal civil de Blidah (dans les conditions que j'ai révélées), sans se désister au préalable de ces mêmes actions de 1848, auxquelles il est et reste soumis.

Ainsi, sous tous les rapports possibles, l'action de M. Bruat du 11 mars 1856 est aussi déraisonnable et ridicule qu'elle est non recevable, et si les magistrats de Blidah ont à s'en occuper, ils ne manqueront pas de l'apprécier comme je viens de le faire, et de qualifier peut-être plus sévèrement encore une aussi pitoyable procédure, s'appuyant sur de pareils titres... non signifiés à ceux qu'on sait être débiteurs, et que cependant son but était de faire condamner à payer, à l'aide de la seule signification faite à M. Guiot, qui n'avait ni qualité ni droit pour la recevoir, et malgré les dispositions impératives de l'article 3 de l'ordonnance de 1843.

DEUXIÈME ET DERNIER PARAGRAPHE.

Action de M. Bruat du 18 mars 1857.

C'est à cette action du 18 mars 1857, qui me parvint lorsque je m'occupais du premier volume de cette nouvelle publication algérienne, que je dois d'être entré dans tant de détails sur les *singularités algériennes,* et que j'ai, en citant des exemples, puisé de nouveaux motifs à ma conviction que, pour rentrer dans les vues du chef de l'État, voulant tout appuyer sur la religion, la justice, la probité et l'amour des classes souffrantes, il faut de nécessité absolue arriver à modifier les institutions de l'Algérie, pour y assurer partout, d'une manière sûre et efficace, le règne de la justice, de la loyauté, et une *protection sérieuse* à tous les intérêts nés et à naître, entre les Européens et les Arabes, et mettre un terme à un état de choses qui laisse par trop à désirer, puisqu'on est exposé à y voir se reproduire *des drôleries de toute espèce,* comme celles que j'ai indiquées !...

Ce que j'ai dit dans le paragraphe qui précède, sur l'action de M. Bruat, du 11 mars 1856, s'appliquant tout naturellement à celle du 18 mars 1857, j'aurai peu de chose à y ajouter. Cependant, cette dernière action doit être l'objet de courtes observations qui lui seront spéciales. Cette nouvelle action *en validité d'une saisie-arrêt*, formée par M. Bruat, le 31 janvier 1857, aux mains d'un propriétaire de Toulouse, pour être payé de sommes qu'il dit lui être dues, en vertu des actes que j'ai fait connaître... cette action, dis-je, constitue une méchanceté, une odieuse tracasserie, à l'occasion de laquelle il me paraîtrait souverainement moral et juste que les magistrats d'Alger fissent un exemple salutaire de répression, afin d'en prévenir l'imitation et le retour : un jugement à cette occasion devrait être *une sévère leçon !*...

Cette leçon ne peut être donnée que par la condamnation à des dommages-intérêts assez élevés pour que l'exemple porte des fruits ; pour se prémunir contre toutes les éventualités et l'apparente bienveillance accordée en général aux habitants de l'Algérie, au préjudice de ceux qui ne l'habitent pas, il faut réclamer des dommages-intérêts dont le chiffre permette de pouvoir épuiser tous les degrés de juridiction, afin de faire consacrer ce principe qu'il n'est loisible à personne de causer préjudice à autrui ou de le vexer et tracasser sans être tenu à réparation (articles 1382 et suivants du code civil), principe dont on ne me paraît pas avoir tenu bien compte dans les cas que j'ai cités précédemment, et spécialement pages 253 et suivantes.

Première observation.

Pour réclamer un droit et intenter une action à ce sujet, il faut d'abord avoir un droit sérieux, réel, appréciable... et si on agit comme cessionnaire de droits, il faut d'abord satisfaire à l'article 1690 du code, vis à vis de tous ceux contre lesquels on veut exercer ce même droit, en s'adressant à eux, à leurs domiciles réels, ou *au domicile élu dans la convention*.

Tout ce qui est dit dans le paragraphe qui précède répond déjà à cette proposition.

M. Bruat n'a point de titres intelligibles, réguliers, légaux qui permettent de deviner quelles sommes peuvent réellement lui appartenir (en présence de M{^{lle}} Godefroy, pour ses prétendus 135 fr. de rente, et du domaine, à raison des 504 fr. 95 c. de rentes séquestrées) dans les rentes dont il prétend être le cessionnaire, par les actes qu'il a fait signifier en mars 1857, *pour la première fois,* à ceux qui se trouvent être, à des titres différents et pour des fractions plus ou moins considérables, les représentants de MM. Vildieu, Delaunay, Roulland et Delaplanche, qui, aux 12 et 17 mars 1834, ont constitué deux rentes de 720 fr. au profit de la famille Kodjaberry.

A défaut de titres, ou au moins de titres intelligibles, réguliers et appréciables, *pas* d'action possible au profit de M. Bruat.

Deuxième observation.

Avant d'intenter toute espèce d'action, un cessionnaire est tenu de faire signifier l'acte qui lui confère un droit.

La signification faite le 11 mars 1856 à M. Guiot ne signifiant absolument rien, étant radicalement nulle et contraire à l'article 1690 du code civil et à l'ordonnance de 1845, spéciale à l'Algérie, cette signification *est comme si elle n'existait pas, et ne peut dès lors produire aucun effet.*

Cela étant, comment donc M. Bruat a-t-il pu oser conduire, le 31 janvier 1857 (voir pages 174 et 175), une saisie-arrêt aux mains de M. Darnaud, propriétaire à Toulouse, sur les sommes par lui dues à ses prétendus débiteurs, qui, à cette époque, n'avaient jamais reçu la signification de ses prétendus titres et qui ne connaissaient de lui qu'une signification tout à fait nulle et sans valeur, faite le 15 novembre 1849 (voir page 146), relative à une rente de 120 fr. dont il aurait été cessionnaire en vertu d'un acte du 10 octobre même année et qui *fait partie des titres lumineux* signifiés depuis à Rouen !...

Une saisie-arrêt sur des valeurs assez considérables dont on enlevait la disposition aux intéressés et dans les conditions qu'on connaît maintenant, était et constituait un acte arbitraire, déraisonnable et vraiment scandaleux.

Ce n'était autre chose que de la vexation et un moyen imaginé sans doute pour forcer des individus qu'on sait fort ennuyés de leurs affaires algériennes et regrettant fort pour la plupart d'y avoir des intérêts... c'était, dis-je, un moyen de profiter de leur affaiblissement moral causé par tant d'ennuis et de dégoûts de toute espèce, pour arriver à leur arracher de suite le payement de droits si incertains, si inconnus et si tristement et pitoyablement indiqués, *qu'on aurait dû payer* sans savoir si on payait bien ou mal, sauf à se tirer d'affaire ensuite et comme on pourrait avec Mlle Godefroy et le domaine... à moins que, pour avoir aussi et de suite une tranquillité parfaite, on ne consentît payer *tous ceux auxquels il plairait de se dire tenir* partie des droits de la famille Kodjaberry... droits auxquels les spéculateurs pourraient donner l'importance et l'étendue que leur imagination leur suggérerait.

Donc cette saisie-arrêt était une vexation et une vexation odieuse causant un préjudice réel, puisqu'elle empêchait les intéressés de prendre les mesures nécessaires pour régler avec leur débiteur toulousain et se mettre en règle à cet égard, à raison de quoi déjà un voyage avait été entrepris à Toulouse avant la saisie-arrêt du 31 janvier 1857.

Il y a vexation... il y a préjudice causé, et M. Bruat en doit réparation.

Troisième observation.

M. Bruat ne pouvait valablement et raisonnablement songer à faire une saisie et à intenter une action en validité, qu'après avoir obtenu des titres réguliers et les avoir signifiés; ne l'ayant pas fait, son action du 18 mars 1857, en tant qu'action en validité d'arrêt, est non recevable, nulle et vexatoire. En réduisant cette action à une demande simple en condamnation des sommes *prétendues dues,* cette action serait encore repoussée par ce motif que les actions des 14 et 21 décembre 1848, dont il est question à la fin du paragraphe qui précède, ne lui permettaient pas, sans les abandonner par un désistement régulier, suivi d'acceptation volontaire ou judiciaire, d'en former une nouvelle.

Puis au fond et en dehors de ces moyens insurmontables *de forme,* on a vu comment et pourquoi, et quant à présent, il est impossible à M. Bruat de rien réclamer avant qu'il n'ait, d'accord avec Mlle Godefroy et l'administration domaniale, et le concours de tous les Arabes qui ont sisté aux contrats des 12 et 17 mars 1834 ou leurs héritiers ou représentants, *prouvant et établissant* leurs qualités, fait dresser un acte légal et compréhensible indiquant :

1° Comment et dans quelles proportions chacun d'eux tous représentent les vingt-trois Arabes qui ont figuré dans un contrat et trente-sept dans l'autre, et la quotité de droits afférents à chacun, *afin que, Dieu aidant, on arrive enfin à savoir ce qu'on sollicite si inutilement depuis* 1847,

Et 2° les portions de rentes grevées de séquestre, les noms des Arabes de la famille Kodjaberry frappés de cette mesure et les dates auxquelles ces mesures auraient été prises!... Ce mode au moins aura l'inappréciable avantage d'indiquer comment l'Etat est créancier et sur qui des Kodjaberry il a des droits... Ce sera la réponse bien tardive, il est vrai, à toutes les *réclamations, supplications et pétitions* présentées à ce sujet, et le moyen de savoir si, parmi les nombreux Arabes qui ont fait des transports à M. Bruat et à Mlle Godefroy, il n'y en a pas que le séquestre atteigne, ce qui doit être, puisque si Mlle Godefroy devait avoir 135 fr. de rente, et l'Etat 504 fr. 95 c., et M. Bruat 1,033 fr. 95 c., en vertu des cessions qu'il s'est fait faire par ceux de ces actes, dans lesquels on peut reconnaître les fractions cédées, et en négligeant les deux actes des 17 mars et 7 avril 1853, on arriverait à 1,673 fr. 95 c. de rente, tandis qu'il n'est dû et ne saurait être dû (sauf le bénéfice du décret de 1850) que 1,440 fr.

Conclusion du deuxième et dernier paragraphe.

. . . .

Par les diverses considérations qui précèdent (considérations qui m'ont fait entrer dans bien des détails dont la longueur a pu fatiguer, mais qui me semblaient indispensables pour mieux faire ressortir l'absurdité des actes et des procédures de l'Algérie !...) et si j'avais à me défendre devant le tribunal civil d'Alger de cette nouvelle action de M. Bruat, ce que je ne me déciderais à faire qu'autant que mes *covictimes* le feraient pour leur compte, je conclurais dans les termes suivants, que le défenseur aurait à reproduire sur la barre du tribunal, et à faire insérer *tout au long dans le jugement qui serait rendu,* afin qu'il n'y eût pas d'équivoque possible sur *le contexte et la portée* des conclusions prises.

. . . .

A ce qu'il plaise au tribunal :

Vu les articles 1382 et 1690 du code civil ;

Vu les dispositions du code de procédure civile et l'article 3 de l'ordonnance du 16 avril 1843 ;

Recevoir les défendeurs incidemment demandeurs, joindre la demande incidente à l'action principale formée par M. Bruat le 18 mars 1857 et jours suivants ;

Statuant sur le tout par un seul et même jugement ;

Et vu les actions des 14 et 21 décembre 1848, sur lesquelles il n'a pas encore été statué, et que M. Bruat eût dû reprendre s'il eût été en règle et en mesure d'agir,

Déclarer l'action de M. Bruat de 1857 non recevable, ridicule, vexatoire, faute d'aucune signification préalable, aux termes de l'article 1690 du code civil, des titres lui conférant les droits qu'il prétend avoir, et parce que d'ailleurs ceux qu'il prétend faire dériver des actes insignifiants, inintelligibles et tout à fait irréguliers dont il a fait donner des copies illisibles, *constatant,* à plusieurs *reprises, des blancs dans les textes,* ne sauraient être considérés comme ayant rien de sérieux par la justice ;

En tant que besoin, déclarer nulle, insignifiante et sans aucune valeur possible, comme contraire à l'esprit et au texte de l'article 3 de l'ordonnance du 16 avril 1843, la signification prétendue faite de tout ou partie de ces mêmes titres, le 11 mars 1856, à *M. Guiot, à Blidah*, sous l'indication de *Compagnie Rouennaise algérienne*, compagnie qui n'existe pas et n'a jamais existé, ce que M. Bruat n'ignorait pas ;

Déclarer, en conséquence, son action aussi non recevable en la forme que déraisonnable et injustifiable au fond ;

Faire mainlevée de la saisie-arrêt conduite à sa requête le 31 janvier 1857, aux mains de M. Darnaud, propriétaire à Toulouse ;

Dire que sur la signification du jugement à intervenir prononçant ladite mainlevée, ledit sieur Darnaud sera tenu de se libérer des sommes par lui dues ou à défaut contraint par toutes voies de droit et à ses frais ;

Condamner M. Bruat *et par corps en* 2,000 *fr.* de dommages-intérêts pour réparation du préjudice qu'il a causé aux concluants et de la conduite vexatoire qu'il a tenue à leur égard, le tout avec dépens, sous la réserve, le cas échéant, de tous autres dommages-intérêts.

. . . .

C'est dans ce sens, à mon avis, que les intéressés pourraient conclure [1]!... Mais voudront-ils se défendre ? auront-

---

[1] Quant à Mlle Godefroy, le mode de défense pourrait être le même, et comme il est assez douteux qu'elle agisse pour son compte personnel

ils la patience ou le courage nécessaire pour lire, *même superficiellement*, tout le *fatras* de procédures et d'actes de

(après que par une sommation on aurait obligé son défenseur à indiquer son véritable *domicile* à Marseille, où jusqu'à ce jour, on n'a pu le découvrir), on ferait bien de réclamer aussi 2,000 *fr.* de dommages-intérêts contre elle, afin d'en avoir raison *sur le principe* du droit à réparation des vexations.

Cette demoiselle Godefroy, qui s'était tenue prudemment tranquille depuis 1850 (voir page 151), a imaginé, au 28 février 1857, de faire aussi une saisie-arrêt aux mains de M. Darnaud, pour avoir payement, dit-elle, de sa rente de 135 fr., résultant des actes *clairs, précis* et *saisissables* invoqués par M. Bruat... Sa condition est la même, et les exigences de M. Bruat, et les paperasses qu'il invoque, semblent vouloir établir que les prétendus cédants de Mlle Godefroy n'auraient pu avoir 135 fr. de rente. (Voir note page 161.)

Par suite de cette saisie-arrêt du 28 février 1857, Mlle Godefroy a aussi fait assigner à Rouen, le 3 avril 1857 et jours suivants!...

Or, avant toutes choses, on doit aussi renvoyer Mlle Godefroy à M. Bruat et aux domaines pour, avec *tous* les représentants des Kodjaberry ayant sisté aux actes des 12 et 17 mars 1834, établir d'une manière régulière et sérieuse les droits de chacun d'eux, etc., etc.

D'un autre côté aussi, Mlle Godefroy n'a signifié son prétendu transport ni à tous les *débiteurs actuels* des deux rentes de 720 fr. créées en 1834, ni même à MM. Vildieu, Delaunay, Roulland et Delaplanche, au domicile de Me Martin, notaire; elle s'est bornée à une signification faite le 26 *avril* 1850 à un seul des intéressés qui se trouvait en ce moment à Alger. Cette signification, valable peut-être, au respect de cet intéressé, pour son soixante-sixième, ne signifie absolument rien au respect de tous les autres ; de sorte que, faute d'avoir d'abord satisfait à l'article 1690 du code civil, cette demoiselle est aussi blâmable que M. Bruat, d'avoir osé débuter par une saisie-arrêt contre des gens qui ne la connaissent pas, et quand elle est dans l'impuissance absolue d'établir d'une manière raisonnable son prétendu droit... et l'importance réelle de ce droit!.. Si ma mémoire est fidèle, le transport fait à cette demoiselle aurait eu lieu sous seing privé, *et aurait été accepté (ce qui a toujours paru très-singulier...)* par un ancien agent des représentants de MM. Vildieu et joints... le même agent qui dit avoir perdu si *maladroitement* et si *malheureusement* les vingt-huit originaux d'exploits dont il est parlé page 279 en note.

Partant, les mêmes moyens de forme et de fond repoussent l'action de Mlle Godefroy, et pourraient être invoqués avec succès contre elle.

M. Bruat?... J'ai des motifs pour en douter fort... car de 1847 à 1854, et alors que comme président du comité qu'ils avaient formé entre eux j'avais occasion de leur faire des rapports, imprimés pour la plupart, je sais que plusieurs d'entre eux m'ont dit ne les avoir pas lus, parce qu'ils n'en avaient pas le temps... puis d'autres voyaient à regret des réflexions relatives à l'Algérie en général, réflexions qui seules me portaient à m'occuper de ces mêmes rapports.

Ainsi donc, si la présidence du comité en question avait pu au début flatter ma *vanité*, cette vanité a été bien punie par le peu de résultats utiles produits par mon bon vouloir... et par cette considération (que j'indique ici pour rester toujours dans le vrai) que je n'ai pas toujours obtenu la satisfaction de savoir *ma prose lue* par ceux que, cependant, elle devait si directement intéresser.

Conclusion générale sur le contenu de la troisième partie de ce volume.

Dans la note qui se trouve au bas des pages 10 et 11 de la préface, et au début de cette troisième partie, page 82, j'ai prévenu que, pour des lecteurs ordinaires, cette troisième partie (quoique constituant de la véritable histoire algérienne) pourrait être ennuyeuse et fatigante, mais qu'il ne m'en aurait pas moins fallu une assez forte somme de courage et de patience pour revoir et relier ensemble tous les faits qui la devraient constituer.

Mon but, en me livrant à un travail aussi pénible et aussi ingrat, n'était pas évidemment de faire un mémoire judiciaire ou de simples conclusions contre M. Bruat et Mlle Godefroy, car j'aurais dû, dans ce cas, suivre une forme toute différente et beaucoup plus laconique.

Ce que je m'étais proposé, c'était de faire ressortir que, pour travailler utilement au salut du présent et à la tranquillité de l'avenir, en répondant, chacun selon ses forces, à l'appel vraiment français du chef actuel de l'Etat, c'était de songer sérieusement à la colonisation de l'Algérie... Mais que pour en arriver là, il fallait tout d'abord, et en s'inspirant des idées de M. le général d'Hautpoul, s'occuper de modifier sérieusement les institutions de ce pays... et d'en rattacher le plus tôt possible tous les services aux divers ministères correspondants en France.

Ce que j'ai dit me semble de nature à justifier cette proposition. Sans doute, il m'a fallu entrer dans des détails de faits tout particuliers où je me suis trouvé, à l'occasion de mon soixante-sixième, dans ce qu'on appelle la Compagnie Rouennaise algérienne, ne traiter en apparence que des intérêts particuliers et mettre trop en évidence *ma personnalité !*... C'est un inconvénient sans doute et j'aurais préféré pouvoir traiter la même question sans qu'il pût y être question ainsi de ce que j'aurais *dit*, *tenté ou fait;* mais je n'avais pas de matériaux à indiquer aussi certains, et autres que ceux que j'ai cités, et pour une partie seulement (car mes rapports particuliers de 1847 à 1854 en contiennent d'autres aussi singuliers au moins). On ne peut (quand on veut faire de l'histoire et non du roman) parler que de ce qu'on sait sur le sujet à l'occasion duquel on veut écrire, au risque de paraître jouer le rôle de la Mouche et du Coche, rôle qui a été à peu près le mien depuis 1847, puisque mes démarches n'ont rien produit, ni pour mes cointéressés, ni pour l'Algérie elle-même, dont je désirais cependant servir les intérêts !...

Sans doute les faits divers et de nature toute différente que j'ai relevés pour les grouper et les opposer les uns aux autres pourraient paraître, à des esprits superficiels, n'être pas de ceux sur lesquels les grands corps politiques, les hauts personnages peuvent ou doivent porter leur attention, pour concourir de toute leur influence à faire modifier les institutions d'un pays... parce qu'ils ne constitueraient que des faits d'intérêt privé; mais ce sont les intérêts privés qui, par leur nombre et leur réunion, constituent ce qui forme les intérêts généraux d'une société, intérêts qu'un gouvernement a toujours mission de surveiller, protéger et sauvegarder, surtout lorsque l'intérêt politique et social exige qu'on essaie, par tous les moyens possibles, à faire progresser le territoire où ces mêmes intérêts particuliers ont pris naissance et à les y développer, pour en attirer d'autres.

Je concède volontiers qu'en haut lieu on soit plus naturellement porté à examiner ce qui pourrait concerner les grandes fournitures à l'Etat, soit pour l'armée de terre ou de mer, soit pour les travaux publics... les actes des grands fournisseurs ou comptables, parce que là il s'agit d'intérêts se traduisant en millions et centaines de millions dont l'emploi *régulier, sincère et réel* réclame les sollicitudes spéciales des gouvernants et de leurs principaux conseillers. Mais puisqu'en France on est maintenant assez généralement d'accord que l'Algérie est pour nous une indispensable nécessité, que chaque jour on s'aperçoit combien il nous importe d'en développer et faciliter la colonisation, il faut bien, comme voie de conséquence, se préoccuper des institutions qui régissent le pays et examiner si ce qui pouvait être suffisant et convenable de 1830 à 1840... si les modifications introduites depuis et jusqu'en 1850... si tout cela, dis-je, peut encore être considéré comme convenable et suffisant après une occupation qui remonte à près de vingt-sept ans... surtout lorsque des intérêts particuliers paraissent avoir fréquemment souffert.

Cette préoccupation devient d'autant plus rationnelle et nécessaire que, par des voies bien différentes, le gouvernement sait que des hommes graves, dont les bonnes intentions, l'expérience et la droiture ne sauraient être mises en doute (comme M. le général d'Hautpoul par exemple), pensent qu'il y aurait utilité indispensable à placer dans les attributions des divers ministères de la France les services directs qui maintenant fonctionnent en Algérie sous la direction spéciale et trop absolue des gouverneurs généraux, qui, eux-mêmes, ne ressortent que du ministre de la guerre.

Un gouverneur général, avec un pouvoir aussi étendu et absolu, si capable et dévoué qu'il soit, ne peut pas s'occuper sérieusement et d'une manière vraiment utile des services divers qui rayonnent sur un territoire dont l'étendue équivaut déjà aux trois quarts de la France... et surveiller tout à la fois les Européens et les Arabes et leurs intérêts divers... Il lui faut laisser à chaque chef de service à peu près toute la responsabilité des actes de sa spécialité, responsabilité qui, légalement cependant, remonte à ce même gouverneur général et par suite au ministre de la guerre. Là encore on peut bien porter une sérieuse attention sur les actes relatifs aux grands travaux, aux grandes fournitures, aux grosses dépenses, à leur réalité, à leur exécution ; mais évidemment on ne peut songer aux petits intérêts particuliers qui constituent cependant les intérêts nouveaux et généraux du pays. Pourvu que chaque chef de corps soit ou se croie bien avec M. le gouverneur général (ou les principaux auxiliaires qu'il a près de lui), qu'il sache que ses actes ne les contrarie pas, de manière à ce que sa position personnelle ne coure pas de risque, il se trouve à peu près le chef effectif et quasi absolu à son tour de l'administration à la tête de laquelle il est placé ; et comme chaque sous-chef ou employé sous ses ordres sait ou imagine que la surveillance à laquelle il est soumis s'exerce sur une trop grande échelle pour être bien redoutable, parce que chaque fait particulier de leurs attributions n'a pas assez d'importance pour remonter à M. le gouverneur général et par suite à M. le ministre de la guerre, chacun peut jouer au pacha *au petit pied* sans apporter aux intérêts particuliers tout le soin, l'obligeance, le bon vouloir ou l'activité qu'ils réclament, au risque de nuire (même sans se prêter à des actes précisément coupables) au pays dans lequel ces employés exercent par délégation une parcelle de puissance.

Pour chacun, l'important est de ne pas froisser l'autorité militaire, dont on sent trop la prééminence, de sorte que (comme je l'ai déjà dit) les divers fonctionnaires algériens peuvent jusqu'à un certain point passer (et sans vouloir être injurieux pour personne, je l'affirme) pour n'être que des instruments divers dans la main des gouverneurs généraux, qui, cependant, ne pourraient (sans absurdité et sans folie), pas plus que M. le ministre de la guerre, être considérés comme responsables des actes fâcheux ou blâmables, ou des lenteurs dont peuvent souffrir les intérêts privés, et, par instants aussi, l'Etat lui-même pour le trésor public.

Or, à défaut de faits d'une grande importance générale, il me fallait bien grouper et relever un certain nombre de faits particuliers pour en déduire à mon point de vue une déduction logique ayant pour but de démontrer la nécessité de modifier le mode actuel du gouvernement de l'Algérie, d'y faire concourir les divers ministères à Paris, en laissant toujours une part large et convenable à MM. les gouverneurs généraux, mais en laissant *dans les territoires civils* une action plus directe et personnelle à chaque chef des corps spéciaux, sous la surveillance, *à Paris*, de leurs ministres respectifs, parce que cette surveillance ainsi divisée serait plus facile, plus effective et plus aisément protectrice de tous les intérêts particuliers, et que par ce procédé on opérerait avec moins d'embarras le recrutement de tous les fonctionnaires nécessaires au bien de ces divers services, lorsque ces fonctionnaires sauraient ne dépendre réellement que de leurs ministres et non d'une manière à peu près absolue, ou de MM. les gouverneurs généraux ou de M. le ministre de la guerre et de leurs bureaux.

Avec un mode de gouvernement ainsi divisé, avec la surveillance répartie et rendue plus facile et plus effective, et lorsque de nouveaux territoires mixtes ou arabes viendront augmenter les territoires civils, on n'aurait plus à voir des Arabes ou des Européens s'implantant à leur gré sur des propriétés particulières ou domaniales, en partie au moins, ou crues domaniales pour les exploiter à leur guise, malgré le séquestre mis douze à quinze ans auparavant et les avis donnés à l'administration, comme je l'ai indiqué pour les terres de Marman, de Kouch et autres dans les divers rapports que j'ai publiés de 1847 à 1852 (et spécialement dans ce volume, aux pages 107, 182, 297, etc., etc.).

On ne verrait plus les agents des domaines, dans ces cas (et sans justifier au moins d'ordres à cet égard), s'abstenir de réclamer des dommages-intérêts au profit de l'Etat contre les occupants de ces mêmes biens, comme je l'ai indiqué pages 108 et 110 ; les corps judiciaires eux-mêmes se montreraient moins sobres de dommages-intérêts contre les occupants de ces mêmes biens, lorsque les véritables propriétaires veulent enfin se mettre en possession de ce qui leur a été vendu.

On ne verrait plus les poursuites singulières sentant l'arbitraire et la vexation (et le refus de toute espèce de document), comme je l'ai indiqué pages 90, 91, 276, 278, ou le persiflage le plus regrettable. (Voir pages 287 et 298.)

On ne verrait plus rien de ces mesures singulières, contradictoires, et des résultats *déplorables,* comme tout ce qui a trait à la terre de l'Haouche-Kouch (revoir spécialement les pages 106 à 109), où des tentatives *cauteleuses et coupables sont restées impunies.*

On n'aurait plus *sans réponse* des pétitions ayant de trois à près de dix ans de date, tandis que les intéressés sont poursuivis, traqués et réduits à renoncer à leurs intérêts algériens, pour recouvrer la tranquilité et la paix, préférant ce parti à celui de vouloir sauver les débris de leurs capitaux, parce que le hasard fait que de pareils sacrifices ne sauraient entraîner leur ruine personnelle.

S'il y avait plus d'ordre dans les bureaux des domaines, dans ceux arabes ou les bureaux de Paris, on y retrouverait à point nommé les copies des actes dont on peut avoir besoin, lorsque les originaux ont disparu ou ont été volés (voir pages 281 et 282); les recherches prescrites seraient opérées et produiraient des résultats.

On prendrait plus de précautions pour lever les séquestres, ou au moins on justifierait de ces précautions à ceux qu'elles intéressent... En cas d'actes mensongers, on en poursuivrait les auteurs, et on ne procéderait plus assurément, comme on l'a fait dans l'espace indiqué pages 222 et suivantes.

Les arrêtés préfectoraux ne seraient plus pris sans y appeler les parties qu'elles concernent.

On prendrait des mesures contre les chefs arabes, cadis et autres, pour les obliger à donner à leurs actes les indications les rendant compréhensibles; on prendrait, contre les notaires et les huissiers, des précautions, pour qu'ils ne prêtent leur ministère, dans les ventes ou cessions de droits par des Arabes à des Français ou à des Européens, ou dans les significations les concernant, qu'autant que les droits et les qualités des parties seraient raisonnablement établis; on voudrait aussi prévenir les regrets et la ruine des uns et des autres, Arabes ou Français. On ne reverrait plus de singularités comme celles relevées dans la dernière section de ce volume, et on ne songerait plus à priver le trésor public de la fourniture du timbre et de ses droits d'enregistrement pour enrichir d'autant les spéculations algériennes.

On ne verrait plus les agents domaniaux faire des poursuites pour des fractions de rentes dites *séquestrées*, sans vouloir indiquer la date du séquestre... sur quels Arabes il porte... la quotité de droits séquestrés sur chacun, et laisser les débiteurs *contraints à payer* ce *qui est réclamé au nom de l'Etat,* exposés cependant à des poursuites de la part d'autres individus qui se disent aussi cessionnaires, en vertu d'actes plus ou moins ridicules et indéchiffrables, de portions de ces mêmes rentes, de manière à excéder cependant de beaucoup ce qui peut être légitimement dû... (*ce qu'on sait être dû...*), sans savoir à qui on doit et combien on peut devoir à chacun, et cela quand, depuis 1847, des prières, des supplications et des pétitions ont été adressées pour savoir à quoi s'en tenir et prévenir *d'aussi inextricables et ridicules situations.*

On obligerait dans chaque service à donner récépissé des pétitions ou pièces déposées, afin de pouvoir toujours être à même de justifier et contrôler le temps mis à satisfaire aux demandes faites.

L'attention des parquets porterait sur le dépôt exact sur la barre des tribunaux de toutes les conclusions qui seraient prises devant les magistrats, afin, qu'en lisant les arrêts, on sût d'une manière positive ce qui a été conclu, et qu'on pût le comparer avec les décisions rendues (voir pages 192 et 195), et ne pas rester incertain et hésitant, comme j'ai dû le faire pour le cas cité !...

Chaque chef de service ayant son action directe, personnelle, en dehors de M. le gouverneur général (d'une manière moins écrasante et absolue), pour ne ressortir que de son ministre-spécial, exercerait plus à l'aise et d'une manière plus indépendante sa surveillance sur tous ses subordonnés, sans crainte qu'ils n'aient des affinités ou des protections spéciales auprès des autorités militaires, de manière à paralyser les actes de sévérité qui pourraient les atteindre pour manquement à leurs devoirs, ou retard et négligence à s'en occuper. Cette surveillance s'exercerait *même sans bruit* sur tous les gens faisant profession d'être agents ou représentants de propriétaires en Algérie ou de compagnies... La police, par ses moyens propres, connaîtrait les marchés qu'ils passent, les achats, ventes ou travaux dont ils s'occupent, et rendrait chacun plus circonspect.

Cette surveillance aurait aussi d'excellents résultats.

Si on entrait dans cette voie d'amélioration, on ne manquerait pas d'être frappé en même temps de la nécessité de conférer aux populations fixées en Algérie le droit d'envoyer aussi des députés au corps législatif pour y être les représentants et les défenseurs de leurs besoins et de leurs intérêts, tout en concourant aux lois générales de la France, leur patrie.

Cette mesure me paraissait prématurée en 1847, par les raisons que j'ai exprimées aux pages 22 à 26 de ma première brochure... Ma manière de penser à cet égard est à peu près toujours la même... Cependant, comme de nouvelles institutions ont profondément changé celles qui régissaient alors le droit de voter!... comme, d'un autre côté, la population française a notamment augmenté en Algérie depuis 1847, il y aurait justice, et on se montrerait conséquent avec ce qu'on a décidé pour la France, en appelant cette population à nommer ses députés, d'autant mieux que, de 1848 à la fin de 1851, ce droit lui avait été conféré.

La population agricole algérienne n'est pas moins capable que celle de France d'exercer les droits électoraux, et comme elle se compose en général de gens d'une certaine énergie, qui ne se sont faits colons que pour arriver plus facilement à l'aisance et se faire une condition meilleure qu'en restant en France, il est présumable que cette population exercerait avec empressement et une véritable satisfaction le droit électoral, maintenant conféré à tous, sans distinction de ceux qui payent un impôt tel quel ou de ceux qui ne payent absolument rien !... Comme la loi le dispose ainsi, je n'ai évidemment rien à dire à cet égard, bien qu'au fond et pour mon compte (quoique instinctivement il me paraisse que ce mode est le plus conforme à la véritable égalité de tous devant la loi) la mesure ainsi généralisée ne me paraisse pas exempte d'inconvénients et ne me semble pas suffisamment à l'abri de ce qu'*Esope disait de la langue.*

. . . .

L'Algérie, assurément, tirerait d'immenses avantages de

pareilles mesures, qui contribueraient puissamment à en faciliter la colonisation, parce qu'on y retrouverait en vigueur les institutions de France, avec leurs garanties protectrices, et les moyens assurés d'arriver à jouir de ses droits, de ses biens, sans s'user inutilement en efforts impuissants à lutter contre le mauvais vouloir ou l'arbitraire et les influences arabes ou françaises, semblant trop souvent paralyser la justice ou empêcher son action de se produire et de rassurer tous et chacun, d'une manière active et paraissant rationelle, sur les faits, les actes, les mesures ou les décisions qui paraissent contraire à la raison, à l'équité et à la justice même, sans qu'il soit possible de deviner *pourquoi et comment, et par qui, et dans l'intérêt ou l'exigeance de qui* tels et tels faits se produisent!...

Si les faits que j'ai voulu signaler s'étaient produits séparément contre des gens peu aisés, évidemment on eût achevé la ruine de chacun d'eux... mais de ce que leur ensemble atteint des individus dans des conditions plus heureuses, cet ensemble en est-il moins regrettable?... n'a-t-il pas conduit à ce résultat véritablement contraire à l'intérêt algérien, que les intéressés en sont réduits à ne plus vouloir entendre parler de leurs intérêts... et à préférer que le tout soit *sacrifié, liquidé, vendu*, à peu importe quel prix... *même à Rouen*... plutôt que de rester plus longtemps enchaînés à de pareilles propriétés, et de vouloir songer à utiliser *le peu* qu'ils en ont *pu arracher* à la mauvaise foi des vendeurs originaires, ou disputer à MM. des domaines, qu'ils ont trouvés aussi sur leur chemin comme adversaires... au lieu d'être leurs guides et leurs protecteurs... *afin* de remplir ainsi les intentions du chef de l'Etat?

Ainsi donc, tous ces faits divers, si ennuyeux d'incidents, justifient, suivant moi, la nécessité de songer à modifier les institutions algériennes, à en venir aux idées émises en 1850 et 1851 par M. le général d'Hautpoul. Ces faits sont à ajouter à ceux beaucoup plus graves et d'une plus grande portée, qui le mettaient à même, dès 1850, de réclamer, avec l'autorité importante de son expérience et de sa parole, des modifications dans le régime de l'Algérie.

A côté de M. le général d'Hautpoul, et dans le sénat, il se trouve d'autres personnages qui, par la nature de leurs fonctions, leurs inspections, la spécialité de leurs anciens services, peuvent aussi joindre à ces faits nouveaux d'autres faits beaucoup plus graves ou seulement de la même nature, les réunir en faisceau pour en faire un travail d'ensemble à soumettre au chef de l'Etat, pour que, de son côté, il n'hésite pas à prescrire et ordonner les mesures qui couperont court au mal, en ne permettant plus que le bien et en assurant à tous le bénéfice de ces mêmes mesures, de telle sorte que de nouveaux colons et de nouveaux intérêts n'hésitent pas à aller s'asseoir et se fixer sur la terre algérienne, pour la rendre de plus en plus française et travailler ainsi à la sécurité de l'avenir, sous la protection d'une magistrature inamovible, recrutée avec le plus grand soin. Pour que cette grande œuvre, aidée de villages départementaux et par l'emploi des enfants d'hospices, puisse d'autant mieux porter ses fruits, il importe qu'on sente aussi la nécessité de revenir franchement et loyalement à la pratique publique des devoirs du christianisme, afin d'aider (chacun de son côté, administrateurs et administrés) le chef de l'Etat à réaliser son magnifique programme d'institutions, ayant pour but la *religion*, la *probité*, la justice et l'amour des classes souffrantes... *idées* et moyens qui formeront le sujet de mon second volume, dans lequel j'aurai l'avantage de traiter la question d'une manière moins pénible et pour les lecteurs et pour moi, parce que je n'aurai plus à m'occuper de misères comme celles qui ont formé la troisième partie du premier.

Puisse le dévouement qu'il m'a fallu pour réunir ces misères et les mettre au jour, et la fatigue véritable que j'en ressents encore, *me valoir* près de MM. les sénateurs, de tous les fonctionnaires ou autres personnes qui voudront lire avec soin cette partie de ma nouvelle publication, d'*obtenir* des protecteurs des idées que je m'efforce depuis si longtemps de faire prévaloir, et pour les faire parvenir au chef de l'Etat, qui, dans les conditions actuelles de la société française, peut seul les faire triompher et exécuter, en ce qui concerne le gouvernement de l'Algérie!... car Dieu seul... peut (par intérêt pour nous et nos descendants) nous éclairer et nous exciter à revenir aux croyances du christianisme, et à prouver ainsi que nous savons utiliser les yeux et les oreilles dont il nous a gratifiés, et qu'en voyant le mal, nous voulons en prévenir les débordements, afin de n'en pas subir les terribles conséquences par nous ou nos enfants!

Signé BAILLET.

FIN DU PREMIER VOLUME.

TABLE DES MATIÈRES.

	Pages.
Introduction.	v

PREMIÈRE PARTIE.

Première proposition. — La Colonisation est une nécessité, avec le retour aux idées religieuses. ... 1
Première section. — Aperçu historique sur la formation de la société française. ... 2
Deuxième section. — Déductions en faveur de la colonisation, tirées du luxe, des diverses révolutions subies en France et de la diminution des pratiques religieuses. ... 11
Troisième section. — *Premier paragraphe.* — Motifs généraux de colonisation. ... 22
Deuxième paragraphe. — Augmentation de la population. ... 23
Première réflexion sur ces deux paragraphes. ... 24
Deuxième réflexion, sur le libre-échange. ... 26
Troisième réflexion, sur les craintes d'un trop grand déplacement de la population. ... 31

DEUXIÈME PARTIE.

Exposition. — Nécessité d'augmenter le respect pour le pouvoir. ... 39
Première section. — *Premier paragraphe.* — Vénération pour le pouvoir avant la Révolution. ... 44

Pages.

Deuxième paragraphe.—Suite sur le même sujet, sous l'Empire, la Restauration et depuis. 48

DEUXIÈME SECTION.—Deuxième moyen pour relever le prestige du pouvoir. 56

TROISIÈME SECTION.—*Premier paragraphe.*—Du gouvernement de l'Algérie.—De l'Administration.—Opinion de M. le général d'Hautpoul. 60

Note sur les premières Colonies anglaises et françaises. . . . 65

Rappel d'un projet d'ordonnance en 1852. 72

Deux historiettes algériennes avant 1847. 79

TROISIÈME PARTIE.

INTRODUCTION.—Prière au Sénat, etc., etc. 81

PREMIÈRE SECTION.—*Premier paragraphe.*— Deux contrats Kodjaberry en 1834.—Ventes pour deux rentes de 720 fr. . 85

Deuxième paragraphe.—Séquestre.—Formes singulières des poursuites du domaine en 1841 et 1842.—Décisions judiciaires singulières.—Quittance notariée en 1845. 89

Troisième paragraphe.—Nouvelles actions judiciaires. — Imprudence et nullité des formes suivies pour ces actions. . 93

1847.—Pétition et prière à l'administration pour connaître les droits de la famille Kodjaberry, etc. 96

1850.—Rappel de pétition de 1847.—Protestation contre les menaces de l'administration. 100

Quatrième paragraphe.—Documents sur la terre Kodjaberry-Foudouk.—Premier règlement d'indemnité. — Deuxième règlement la modifiant.—Forme de procédure. 102

Danger d'agir arrière des intéressés. 106

DEUXIÈME SECTION. —*Premier paragraphe.* — Faits relatifs à l'Haouche-Kouch. — Détails inconcevables relatifs à cette terre. 107

Bizarreries d'évaluation. — Singularités administratives. — Avis donnés à la direction, à Paris. 111

Nouveaux avis et révélations *des plus étranges.* 116

Lettre ministérielle du 10 décembre 1853.—Espoir. 119

Deuxième paragraphe.—Nouveaux faits relatifs à l'Haouche-Kouch.—Déception. 124

Pages.

Troisième paragraphe. — Le Foudouk. — Arrêté administratif.—Nouvelle déception.—Ses causes.—Réflexions. 129

CONCLUSIONS MORALES sur les deux premières sections de la troisième partie. — Première réflexion sur la conduite singulière de l'administration. 136

Deuxième réflexion.—Mélanges et indication de la nécessité de modifier le mode du gouvernement de l'Algérie. 142

TROISIÈME SECTION. —Introduction. 145

Premier paragraphe. —Premier transport à M. Bruat. 146

Réflexions à ce sujet. 148

Deuxième paragraphe. — Nouveaux transports à M. Bruat et réflexions. 150

Habbous arabes en 1639 et acte arabe intelligible. 153

Copie du troisième acte signifié par M. Bruat.—Acte inintelligible comme ceux qui le suivront. 156

Copie du quatrième acte, aussi clair que le précédent. 160

Copie du cinquième acte (gâchis indéchiffrable). 161

Copie du sixième acte et note. 165

Copie du septième acte et note. 167

Copie des huitième et neuvième actes. 168

Copie du dixième acte et notes. 168

Copie du onzième acte (assignation de M. Bruat et premières réflexions. 174

DE LA FOI DUE AUX ACTES ARABES.—*Premier exemple* de singularités concernant les domaines, la justice et la valeur des actes arabes. 180

Observations sur l'arrêt Embarek. 193

Extraits des mémoires de 1847. 195

Et de lettres de 1851. 196

Conclusion sur ce premier exemple. 197

Deuxième exemple. —Autre acte arabe, mensonges, etc. 200

Troisième exemple. —Exemple de drôleries de toute espèce, nouveaux mensonges. 201

Première partie.—Première section.—Faits généraux algériens. 202

Deuxième section.—Renseignements divers. 208

Pages.

Troisième section.—Motifs de résistance. — Conseils à cet égard............................ 219
Deuxième partie.—Première section.—Du séquestre.—Du domaine.—De la forme singulière suivie dans l'affaire citée par le troisième exemple. — De ses dangers et des actes arabes............................ 222
Vol non recherché et impuni.................. 224
Réponse à la prétention que l'Etat peut lever le séquestre mis sur des Arabes comme et quand il veut........... 229
Deuxième section.—Singularité de la procédure en Algérie.— Ses inconvénients pour le trésor public et réflexions diverses............................ 235
Copie de jugement singulier comme l'arrêt de l'affaire Embarek............................ 238
Première réflexion contre ce jugement.—Singularités..... 244
Deuxième réflexion. — Observations.............. 247
Troisième réflexion. —Réflexion sur dommages-intérêts accordés dans le cas donné et refusés dans d'autres....... 250
Histoire d'une expropriation tentée. — D'une tentative ridicule. —Village de l'Afroun, etc., etc............ 251
Quatrième réflexion. — Préjudice souffert par le trésor public et réflexions sur l'ordonnance de 1843........... 256
Exemple tiré d'une affaire Ben-Ischti.............. 261
Troisième section. —Comment je me suis occupé de la copie rouennaise et résultat de mes premières démarches.... 267
Une demande de 2,810 fr. réduite en taxe à 418 fr....... 272
Premier exemple.—Du peu de bon vouloir administratif... 275
Laconisme et sévérité..................... 276
Deuxième exemple.—Propriétés nos 11 et 22.......... 278
Perte de vingt-huit originaux d'exploits............ 279
Troisième exemple. — Singularités domaniales. — Affaire Sidi-Ieklef............................ 284
Renseignements du domaine.................. 286
L'ordonnance de 1844 repoussée ou plutôt éludée par jugement............................ 289
Deuxième paragraphe.—Autre mystification........... 294
Nouveau document du domaine................ 297

Pages.

Quatrième section.—Action de M. Bruat.—Observation préliminaire importante. 300
Premier paragraphe.—Action du 11 mars 1856. — Indication de huit actes signifiés. 302
Neuvième copie. — Cession du 13 avril 1853. 303
Dixième, onzième et douzième copies. 306
Treizième copie.—Cession du 10 octobre 1849. 306
Quatorzième et quinzième copies insignifiantes. 307
Seizième copie intéressante à lire. — Véritable hiéroglyphe égyptien. 308
Dix-septième copie.—Cession du 17 janvier 1853.—Pas d'indication des rentes cédées. 310
Dix-huitième et dix-neuvième copies. —Autre cession et prétendue ratification. 313
Vingtième, vingt-unième, vingt-deuxième, vingt-troisième et vingt-quatrième copies.—Autres cessions. 361
Première réflexion sur l'action du 11 mars 1856. 321
Deuxième réflexion. — Tableaux du bénéfice des spéculations sur les rentes arabes. 326
Conclusion sur le premier paragraphe de la quatrième section. —Première condition pour agir en justice. 328
Deuxième condition pour agir. 334
Deuxième paragraphe.—Action de M. Bruat du 18 mars 1857. 341
Première observation.—Fin de non-recevoir. 342
Deuxième observation.—Autre fin de non-recevoir. 343
Troisième observation.—Conclusion du deuxième paragraphe. 346
Note sur Mlle Godefroy. 346
Conclusion et réflexions diverses sur l'ensemble de la troisième partie pour prouver la nécessité de modifier le régime de l'Algérie, avec le droit de nommer ses députés. . 349

ERRATA.

Page 13 de la Préface, 2me ligne : au lieu du retour *aux idées* lisez aux *croyances* et pratiques religieuses

Page 67, 14me ligne : lisez *se traîne* au lieu de *se trouve*

Page 120, 1re ligne de la note : lisez 1850 au lieu de 1852

Page 123, 19me ligne : lisez on se rendit *à Paris*

Page 184, 17me ligne : lisez *appeler* et non *rappeler*

Page 278, 3me ligne : lisez *forme* et non *sorte*

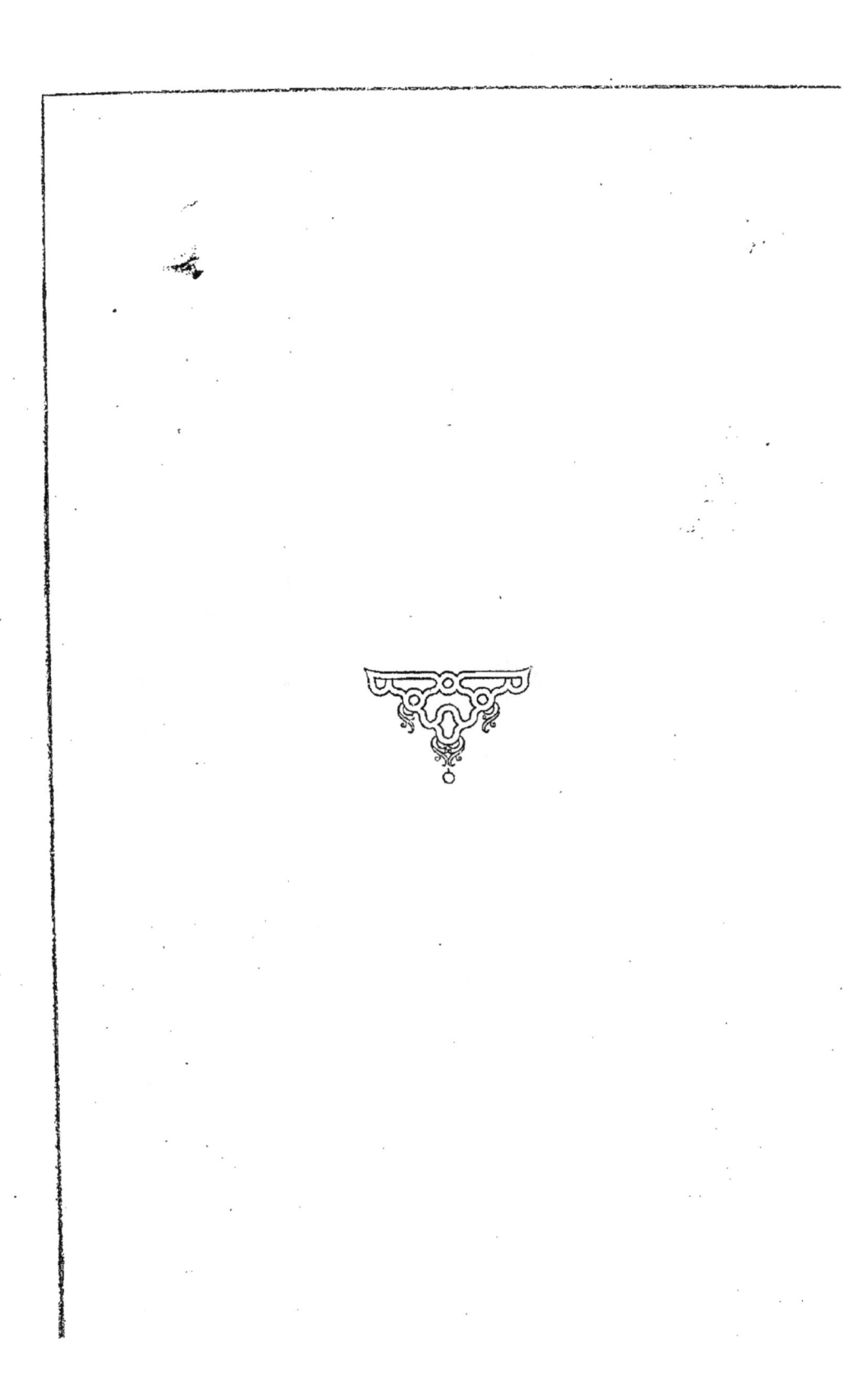

www.ingramcontent.com/pod-product-compliance
Lightning Source LLC
Chambersburg PA
CBHW060555170426
43201CB00009B/790